港珠澳大桥岛隧工程

林鸣 董政 梁桁 卢永昌 著

工厂法沉管预制

科学出版社

北京

内 容 简 介

本书详细介绍了目前世界最大的超级沉管预制工厂设计、施工及 33 节沉管预制技术。依托港珠澳大桥沉管隧道工程，对预制技术集成了沉管钢筋流水线生产、大型自动化液压模板、混凝土全断面浇筑及控裂技术、7.8 万 t 沉管顶推等成套技术进行了详尽介绍。通过工厂法技术的成功应用，该工程实现了超大型混凝土构件的工业化制造，攻克了世界首次曲线沉管工厂法预制难题，形成了近百项专利，实施的成果可大力推广至行业其他领域构件预制中，大大提高了土木行业施工标准化及品质。

本书可供高等院校道路工程、桥隧工程、土木工程等专业师生及相关专业工程技术人员参考使用。

审图号：GS（2018）5374 号

图书在版编目（CIP）数据

港珠澳大桥岛隧工程工厂法沉管预制/林鸣等著. —北京：科学出版社，2019.2

ISBN 978-7-03-060585-6

I. ①港… II. ①林… III. ①跨海峡桥－桥梁工程－工程技术－研究－中国②沉管隧道－隧道工程－工程技术－研究－中国 IV. ①U448.19②U459.9

中国版本图书馆 CIP 数据核字（2019）第 032671 号

责任编辑：郭勇斌 欧晓娟/责任校对：彭珍珍
责任印制：张克忠/封面设计：黄华斌

科学出版社 出版

北京东黄城根北街 16 号
邮政编码：100717
http://www.sciencep.com

中国科学院印刷厂 印刷

科学出版社发行 各地新华书店经销

*

2019 年 2 月第 一 版 开本：787×1092 1/16
2019 年 2 月第一次印刷 印张：35 1/2 插页：2
字数：824 000

定价：228.00 元

（如有印装质量问题，我社负责调换）

港珠澳大桥岛隧工程工厂法沉管预制

主　　编　林　鸣　董　政　梁　桁　卢永昌

副 主 编　吴凤亮　尹海卿　翟世鸿　梁杰忠　杨绍斌

　　　　　陈伟彬　陈良志

编写人员（以姓氏笔画排序）：

马　勇	王　李	王　俊	王晓东	方　东
申昌洲	吕勇刚	朱　成	刘可心	刘经国
李　阳	李　超	杨　红	杨秀礼	邹正周
汪华文	张文森	张宝兰	张　洪	陈　聪
陈　伟	陈海峰	林　巍	孟庆龙	姜立德
高纪兵	唐永波	黄文慧	黄清飞	屠柳青
彭晓鹏	戴双全	戴书学	魏　杰	

序　言

经过一个世纪的发展,世界上有近 20 多个国家采用沉管隧道技术修建了一百多条沉管隧道。沉管隧道法理念产生于英国,实践于美国,发展于荷兰、日本和中国。著名的沉管隧道有连接欧亚两大洲的博斯普鲁斯海峡沉管隧道、连接丹麦与瑞典的厄勒海峡沉管隧道、连接韩国釜山与巨济岛的釜山沉管隧道以及我国被誉为"新世界七大奇迹"之一的连接珠海与香港的港珠澳大桥沉管隧道。

港珠澳大桥沉管隧道是当今世界上规模最大的公路沉管隧道,是世界上第一条深埋沉管隧道,也是中国第一次在复杂海况下建设的沉管隧道。沉管隧道长 6.7 km,其中沉管段 5664 m,由 33 节管节组成,标准管节长 180 m,采用混凝土自防水结构,重约 7.8 万 t;隧道最大水深近 50 m,最大埋深超过 20 m;设计使用寿命 120 年,建设标准遵循内地、香港、澳门三地标准就高不就低原则。可以说,在这样困难的条件下,要建设一条品质完美,滴水不漏的隧道,不管是在沉管隧道技术还处于起步阶段的中国,还是在世界范围都是极具挑战的。

如何将如此巨大的混凝土结构制造出来是摆在建设者面前的第一道难关。作为设计施工总承包单位,中国交通建设股份有限公司的工程师们遵循"大型化、工厂化、标准化、装配化"理念,在世界范围内做了大量调查及研究工作,走遍了珠江口所有可能选用的沉管制造场地,经过数十次方案论证,最终选择了珠海牛头岛作为预制工厂,用工厂法沉管预制方案代替干坞法预制方案。

然而,中国并没有工厂法沉管预制先例,世界上也仅有厄勒海峡沉管隧道有此经验,且厄勒海峡沉管隧道没有曲线沉管,能提供帮助和借鉴的只是一些概念性方案。因此,港珠澳大桥沉管工厂法预制技术难题只能靠自己攻克。

在港珠澳大桥岛隧工程全体参建人员的努力下,仅用 14 个月建设成了世界上规模最大的沉管预制工厂;集成开发了沉管钢筋流水线生产、全液压模板、混凝土全断面浇筑及控裂、管节顶推等成套技术;用 4 年多时间生产了 33 节巨型沉管管节,创造了浇筑百万方混凝土无浇筑裂缝的记录;首次实现了工厂法预制超大曲线沉管,丰富和发展了世界超大型混凝土构件工厂法预制技术。

撰写此书的目的是为了记录港珠澳大桥工厂法沉管预制从无到有的全过程建设经

验，包括方案比选、厂址论证、预制场设计与施工、工厂化流水线技术及工厂文化等，希望可以为国内外类似工程所借鉴，推进大型构件制造技术的进步。由于水平有限，本书难免有错误、遗漏及理解不全之处，还望读者不吝赐教，对此表示深深的感谢。

最后向参与了港珠澳大桥沉管工厂法预制的所有建设者们表示由衷的敬意。

作　者

2018 年 12 月

目　　录

第1章 概　述

1.1　沉管预制技术发展

1810 年英国人在伦敦首次进行了沉管隧道施工试验，直到 19 世纪末期，沉管法才得以完善。1910 年，美国在跨越加拿大和美国的底特律河建造了世界上第一条沉管铁路隧道，标志着沉管隧道技术得以成功应用。目前世界上已建成了 150 多条沉管隧道，中国已建成约 15 条，已建成的大型沉管隧道工程有厄勒海峡沉管隧道、韩国釜山—巨济沉管隧道、土耳其博斯普鲁斯海峡沉管隧道等，这些工程的成功建设都为沉管隧道的发展提供了新的思路。

总体来说，按照建成时间先后和结构特点基本上可以把沉管隧道结构及预制类型划分为三个主要发展阶段。

1）第一阶段沉管隧道成型于 20 世纪 20～40 年代，其典型特征为：①钢壳结构；②单个行车道内不超过 2 车道；③造船厂预制沉管。例如，1910 年美国建成的第一条沉管铁路隧道——底特律河水底铁路隧道，水下段由 10 节长 80 m 的钢壳管节组成。

2）第二阶段沉管隧道成型于 20 世纪 40～60 年代，其典型特征为：①钢筋混凝土（或预应力）结构；②矩形断面；③干坞内或造船厂预制沉管。沉管以钢筋混凝土结构为主，在车道布置形式上更加灵活，满足了道路通行的基本要求，解决了交通拥挤的问题。沉管法修建水底隧道一个明显的进步，是 1941 年在荷兰建成的穿越马斯河的水下公路隧道。管节用钢筋混凝土制成矩形结构，内设 4 车道并附设自行车和人行的专用通道。管节断面为 24.8 m×8.4 m，外面用钢板防水，并用混凝土作防锈保护层。

3）第三阶段沉管隧道成型于 20 世纪 60 年代后期，其典型特征为：①节段式管节；②混凝土结构自防水；③工厂法预制开始得以应用。第三阶段沉管隧道建设中最大的技术进步当属混凝土预制水平提高，沉管自防水能力得以成功应用。自 20 世纪 80 年代末以来，将混凝土沉管隧道的防水重点放在加强混凝土裂缝控制方面，通过节段式管节和整体式浇筑尽可能地减少温度裂缝的出现，使混凝土自身成为永久的防水屏障，不再使用外包材料进行辅助防水，而且可以根据浮运条件与设备能力制作较长的隧道管节。

由于各国的地域、环境不同，施工技术水平不同，选用的沉管结构形式及施工方法也不同。从世界沉管隧道工程发展历史，大致可以看出世界沉管隧道的技术发展趋势：

1）每节管节长度越来越长，每节管节中的车道数越来越多。

2）从单一用途向多用途发展。

3）沉管隧道的地基适应性越来越复杂。沉管隧道可修建在较坚硬地基（河床、海床）上，亦可修建在软弱地基（河床、海床）上。世界上已建成的150余条沉管隧道中，不少是修建在软弱地基上的。

4）制造管节材料逐步由钢筋混凝土取代，采用高性能的混凝土。

5）在钢筋混凝土管节预制过程中，需采取多种控制混凝土裂缝的技术措施，以确保钢筋混凝土管节的质量，特别要防止贯穿裂缝的出现。

6）标准化的防水体系日趋完善。

7）管节的浮运、沉放、连接等系统日趋科学、简便，以适应多变的外界施工环境。

8）沉管设计计算逐渐趋于规范化。

目前世界沉管隧道的建设统计，如表 1-1 所示。

表 1-1　世界主要沉管隧道建设统计表

编号	隧道名称	国家	完工年份	沉管长度/m	断面结构	施工方法
1	底特律河水底铁路隧道	美国	1910	800	双层钢壳、圆形	造船厂制造+沉设到位后浇筑内部、外部混凝土
2	底特律—温莎隧道	美国	1930	670	双层钢壳、圆形	造船厂制造
3	荷兰穿越马斯河水下公路隧道	荷兰	1942	584	钢筋混凝土箱型结构	干坞内浇筑底板、墙体和端封门，漂浮状态下再浇筑顶板
4	伊丽莎白河隧道	美国	1952	638	双层钢壳、圆形	造船台预制钢壳并浇筑混凝土
5	贝敦隧道	美国	1953	778	单层钢壳、矩形	造船厂预制钢壳+浇筑混凝土
6	巴尔的摩港隧道	美国	1957	1 920	双层钢壳、圆形	造船厂制造
7	汉普顿跨海湾公路隧道	美国	1957	2 091	双层钢壳、圆形	造船厂预制钢壳
8	伊丽莎白河 2 号隧道	美国	1962	1 010	双层钢壳、圆形	造船厂预制钢壳+浇筑混凝土
9	切萨皮克湾跨越隧道	美国	1964	1 750	双层钢壳、圆形	造船厂制造
10	香港红磡海底隧道	中国	1972	1 600	单层钢壳、圆形	造船厂预制钢壳
11	扇岛海底 chengnan 隧道	日本	1974	664	单层钢壳、矩形	干坞预制钢壳+驳船浇筑混凝土
12	汉普顿公路 2 号跨河隧道	美国	1976	2 229	双层钢壳、圆形	造船厂预制钢壳+码头浇筑混凝土
13	香港地铁过海隧道	中国	1979	1 400	钢筋混凝土圆管结构	干坞分批预制
14	大场隧道	日本	1980	672	单层钢壳、矩形	造船厂预制钢壳+码头浇筑混凝土
15	斯海尔德隧道	比利时	1980	510	钢筋混凝土箱型结构	干坞预制
16	亚伯尔隧道	比利时	1980	336	钢筋混凝土箱型结构	干坞预制
17	海姆斯普尔隧道	荷兰	1980	1 475	钢筋混凝土箱型结构	干坞预制
18	麦克亨利堡隧道	美国	1987	3 292	双层钢壳、圆形	造船厂预制钢壳
19	香港东区海底隧道	中国	1989	1 860	钢筋混凝土箱型结构	干坞预制

编号	隧道名称	国家	完工年份	沉管长度/m	断面结构	施工方法
20	664 号州际公路隧道	美国	1992	1 425	双层钢壳、圆形	造船厂预制钢壳并浇筑部分内衬混凝土+码头处浇筑最后混凝土
21	广州珠江隧道	中国	1993	457	钢筋混凝土箱型结构	干坞分批预制
22	第三座海港隧道	美国	1994	1 172.9	双层钢壳、圆形	造船厂预制钢壳
23	那霸港临港公路沉管隧道	日本	1994	724	双层钢壳、矩形	造船厂预制钢壳+码头浇筑混凝土
24	川崎港海底沉管隧道	日本	1994	1 187	双层钢壳、矩形	造船厂预制钢壳+干坞浇筑混凝土
25	多摩川沉管隧道	日本	1994	1 550	双层钢壳、矩形	造船厂预制钢壳+码头浇筑混凝土
26	宁波甬江水底隧道	中国	1995	420	钢筋混凝土箱型结构	干坞一次性预制
27	神户港港岛沉管隧道	日本	1997	520	双层钢壳、矩形	造船厂预制钢壳+干坞浇筑混凝土
28	香港西区海底隧道	中国	1997	1 364	钢筋混凝土箱型结构	干坞分批预制
29	厄勒海峡沉管隧道	丹麦、瑞典	2000	3 510	钢筋混凝土箱型结构	工厂法预制
30	东京港 daiichikoro 隧道	日本	2001	1 328.8	钢筋混凝土箱型结构	船坞内预制
31	宁波常洪沉管隧道	中国	2002	395	钢筋混凝土箱型结构	干坞一次性预制
32	上海外环隧道	中国	2003	736	钢筋混凝土箱型结构	干坞预制
33	博斯普鲁斯海峡沉管隧道	土耳其	2008	1 387	半钢壳、箱型	浅干坞浇筑底板混凝土+临时码头浮态浇筑剩余混凝土
34	釜山—巨济沉管隧道	韩国	2010	3 240	钢筋混凝土箱型结构	干坞内露天预制
35	沙农沉管隧道	爱尔兰	2010	675	钢筋混凝土箱型结构	干坞分批预制
36	广州仑头—生物岛沉管隧道	中国	2010	277	钢筋混凝土箱型结构	移动干坞（半潜驳）预制

1.2 结 构 分 类

1.2.1 沉管纵向结构形式

（1）整体式

整体式管节结构的纵向刚度大，在地基反力的作用下，会呈现"宁折不弯"的结构特性，其适应地基变形能力弱，沉管结构易产生较大的纵向内力，差异沉降变形会集中反映在沉管接头，沉管接头需要具有更高的传力能力。整体式管节不宜设计得过长，目前已建沉管隧道的整体式管节长度以 100 m 左右的居多，原因是长度越长，对结构纵向受力和沉管接头传力的要求越高，结构设计的难度越大。整体式管节如图 1-1 所示。

图 1-1　整体式管节

（2）节段式

节段式管节由若干个节段通过临时预应力组合成大管节，每个小节段为刚性段，沉管受力变形时能利用更多的节段接头及时消化变形，吸收平衡内力。与整体式管节相比较，其适应地基变形能力较强，会呈现"以柔克刚"的结构特点。由于小节段的管节具有柔性结构特点，将沉管设计成不同长度时，对沉管纵向结构设计都不会构成特别的影响。节段式管节如图 1-2 所示。

图 1-2　节段式管节

1.2.2　沉管的结构类型

沉管的结构类型有钢筋混凝土结构、钢壳混凝土组合结构及预应力钢筋混凝土结构。

（1）钢筋混凝土结构

钢筋混凝土结构沉管使用最为广泛，技术十分成熟。既可以采用整体式管节结构设计以期得到更好的防渗漏功能，也可采用节段式管节结构，让沉管纵向获得更好的柔性去适应地基变形。

钢筋混凝土结构管节预制一般采用干坞法及工厂法两种。当采用小节段管节结构时可以将沉管管节设计得更长。如果沉管规模足够大、沉管足够长，还可以考虑采用工厂法预制。采用更长管节的设计方案可获得更短的安装工期；采用工厂法预制可以得到更稳定的预制质量控制环境。钢筋混凝土结构管节如图 1-3 所示。

图 1-3　钢筋混凝土结构管节

（2）钢壳混凝土组合结构

钢壳混凝土组合结构分为全钢壳混凝土组合结构和单侧钢壳混凝土组合结构。全钢壳混凝土组合结构又称"三明治组合结构"，断面有单圆形、双圆形或矩形等，钢壳包于混凝土的内外表面，能够让钢材更好地发挥结构效率，进而有可能获得断面尺度最经济的沉管结构设计；单侧钢壳混凝土组合结构的钢壳外包于混凝土单侧表面，主体结构仍然采用钢筋混凝土结构，能够更好地发挥其防水功能。

钢壳混凝土组合结构沉管已有较长的历史，早期美国及日本都有采用，工程案例多，设计、制造和施工技术成熟。该结构最大的优势是可以实现工业化制造，对现场干坞和临时工程的要求相对较低。钢壳混凝土组合结构沉管在防渗、结构抗震方面具有优势，并且由于能够实现工业化制造，其质量控制也有明显优势。然而，其造价一般较高。钢壳混凝土组合结构管节如图 1-4 所示。

图 1-4　钢壳混凝土组合结构管节

（3）预应力钢筋混凝土结构

预应力钢筋混凝土结构沉管，准确地说应该属于"部分"预应力钢筋混凝土结构。所谓"部分"有两层含义：①通常只需要在沉管顶板、底板部位设置预应力体系；②设置的预应力体系需要与普通钢筋混凝土体系配合使用，共同发挥作用。总体上来说，钢筋混凝土是主受力体系，在结构中增设部分预应力体系是为了提高沉管顶板、底板结构抗裂性能，通过这样的组合，使得沉管能以更低的配筋率获得更大的横断面跨度和更为经济的结构断面。如图1-5所示，其施工工法与钢筋混凝土结构管节类似。

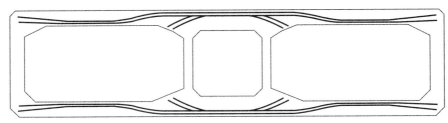

图 1-5　预应力钢筋混凝土结构示意图

1.3　沉管预制方法

随着各国沉管隧道修建技术的发展，越来越多的水下隧道采用沉管法施工，沉管预制方法及场地是沉管隧道修建的重要因素。其预制方法总体可分为干坞法和工厂法两大类，干坞法又分为移动干坞方案和固定干坞方案。通过对各种方案进行综合比较，确定不同环境中适宜选用的方法，达到最经济、合理的目标。

1.3.1　干坞法

干坞根据其构造型式，一般分为移动干坞和固定干坞两类。

（1）移动干坞方案

移动干坞方案即修造或租用大型半潜驳作为可移动式干坞，在移动干坞上完成管节的预制，然后利用拖轮将半潜驳拖航到隧道附近已建好的港池内下潜，实现管节与驳船的分离，再将管节浮运到隧道位置完成沉放安装工作。

移动干坞方案是世界沉管隧道建设中的一个创举，与固定干坞方案相比，它主要具有以下几个方面的优点：

1）省去了固定干坞的建造时间，一开工就可以直接进行管节的预制，有利于节省工程工期。

2）在半潜驳上进行管节的预制，可以大大减少岸上施工场地的占用，尤其在施工场地紧张时更具优势。

3）管节预制完成后，可以通过半潜驳运载管节到隧道附近，由于半潜驳的吃水深度比管节小，可以大大节省航道的疏浚费用，有利于降低工程造价。

当然，移动干坞生产效率低，只适合沉管数量少、场地受制约的情况。

（2）固定干坞方案

根据与隧道位置的关系固定干坞方案分为轴线干坞方案和另选位置干坞方案。

轴线干坞方案即将干坞布置在隧道轴线岸上段主体结构位置。该方案将干坞与隧道岸上段相结合，减少了施工场地的占用，同时岸上段和干坞共用了一部分基坑开挖和支护，可以减少一部分工程费用，并且管节从坞内拖出后，直接沿隧道纵向浮运，减少了航道疏浚费用。然而，由于干坞和岸上段主体结构相干扰，不能形成沉管段与岸上段并行作业，该方案管节沉放只能从一端往另一端进行，与两端往中间对称沉放方案相比，将增加管节的沉放工期，如图1-6所示。

图1-6 轴线干坞

另选位置干坞方案即在隧道轴线以外选择合适的位置建造干坞。另选位置干坞方案可实现岸上段结构、管节制作及基槽开挖等关键性的工序并行作业，从而可以最大限度地节省工期，典型代表为韩国釜山—巨济沉管隧道沉管预制厂，如图1-7所示。

图1-7 另选位置干坞

1.3.2 工厂法

标准管节采用工厂化全天候预制沉管节段，在厂区内流水线进行沉管各工序施工，稳定环境下可完成全天候预制高质量节段要求。该方法适用于钢筋混凝土节段式管节及钢壳混凝土管节的钢壳生产，高效、标准化及流水线生产是其最大的特点。

钢筋混凝土结构管节采用工厂法时，在室内进行钢筋流水线绑扎，混凝土全断面浇筑，并且待浇段与已预制的前一节段匹配浇筑，连续顶推，完成钢筋混凝土管节主体结构。设置浅坞区和深坞区两级坞系统，将预制管节沿轨道顶推到浅坞区（池底高于海平面），采用临时水平预应力将每个节段连接成整体管节。注水将管节浮运入深坞区等待出坞浮运至隧址沉放，实现管节预制、管节舾装和管节浮运流程化。

由丹麦和瑞典两国合资兴建的厄勒海峡沉管隧道首次采用工厂法进行钢筋混凝土管节的预制工作，成为钢筋混凝土沉管隧道的工程典范，如图1-8所示。

图 1-8　厄勒海峡沉管隧道沉管预制厂

1.4　港珠澳大桥岛隧工程沉管预制的限制条件

1.4.1 自然条件

1. "三高" 环境

港珠澳大桥位于珠江口外伶仃洋海域，北靠亚洲大陆，南临热带海洋，属于典型的亚热带海洋性季风气候区。香港、珠海、澳门三地年平均温度22.3～23℃，极端最高温度38.9℃，极端最低温度−1.8℃；海域月平均相对湿度为80%，3～9月平均相对湿度均大于83%，年内日最大相对湿度可达99%；三地年平均降雨量1800～2300 mm，年平均降雨天数 140 d 左右，年平均暴雨天数 10～13 d，日降雨极值 620.3 mm（珠海），一小时降雨极值 133.0 mm（珠海）。

港珠澳大桥工程区水域宽阔，水下地形具有中部、西部宽浅而东部窄深的显著特点，桥区滩槽冲淤缓慢，海床稳定性好。该区潮汐类型属于不规则的半日潮混合潮型，具有高潮位由外海向珠江口逐渐升高，低潮位由外海向珠江口逐渐降低的特点。由于受西部陆架径流注入和东部水域中层、底层受入侵陆架底高盐水影响，该区水域盐度特点为东部高于西部；表、中、底三层从上往下递增，大小潮期间有差异，但东部较西部小。东、西水域实测最高盐度分别为 32.9 和 25.4，出现在底层；最低盐度分别为 8.1 和 10.4，出现在表层。

海域地下水化学成分与海水相似，为氯镁钙型水（$Cl^--Mg^{2+}Ca^{2+}$）或氯钙镁型水（$Cl^--Ca^{2+}Mg^{2+}$）。在Ⅱ类环境下，海域地下水与海水对混凝土具有结晶类中等腐蚀性、结晶分解复合类强腐蚀性，综合判定海域地下水和海水对混凝土具有强腐蚀性。按《岩土工程勘察规范》（GB 50021—2001）关于环境水的腐蚀性评价标准，场区海水在干湿交替时对钢筋混凝土结构中的钢筋具有强腐蚀性，在长期浸水时海水和地下水对钢筋混凝土结构中的钢筋具有弱腐蚀性；场区环境水对钢结构具有中等腐蚀性。

综上所述，港珠澳大桥工程区环境具有高温、高湿、高盐的特点，所处水环境对结构物有较强腐蚀性，只有确保各结构物的耐久性，才能保证港珠澳大桥 120 年的使用寿命。

2. 灾害性天气系统

港珠澳大桥外伶仃洋海域灾害性天气系统主要有热带气旋、暴雨及强对流天气带来的龙卷风、雷击和短时雷雨大风。其中，热带气旋强度强、频率高、灾害重，是影响该区域的最具威胁性的自然灾害之一。

（1）热带气旋

凡登陆、影响珠江三角洲及附近地区和在南海北部活动的热带气旋，对该区均可造成较大影响，根据历史台风灾害分析，在广东中部的热带气旋，均可穿过或严重影响工程区。在 1949～2003 年 55 年间，在阳江—惠东一带沿海地区登陆的热带气旋有 100 个，年平均 1.82 个，其中达到台风量级的有 48 个，其中有 13 个年份登陆的热带气旋个数有 3 个以上，最多的年份 1999 年有 6 个热带气旋在此区域登陆。正面袭击工程区并对工程区产生严重影响的热带气旋有 19 个。热带气旋带来的狂风、暴雨和风暴潮，破坏力巨大，严重危及工程和生命财产的安全。

（2）龙卷风

1951～2003 年，工程区附近区域共出现龙卷风 113 次，其中香港共记录到 32 次水龙卷或陆龙卷，珠海记录到 2 次龙卷风，澳门观测到水龙卷和漏斗云共 28 次。由于监测网络和监测方法的限制，记录到的龙卷风个例比实际出现的龙卷风事件要少，然而，将为港珠澳大桥工程带来诸多不确定因素。

3. 海洋生态敏感区

根据港珠澳大桥工程项目的施工特征，结合广东省海洋功能区划，与岛隧工程相关联的主要环境敏感区如表 1-2 所示。

表 1-2　主要环境生态保护区统计表

环境敏感区	地点	与本项目最短距离	保护内容
珠江口中华白海豚国家级自然保护区	内伶仃岛至淇澳岛连线以南海域	拟建项目从该保护区穿越	海洋生态环境和物种多样性
广东内伶仃岛-福田国家级自然保护区	深圳市境内、内伶仃岛附近海域	北向约 13 km	物种多样性
淇澳岛海洋生态系统保护区	珠海市香洲区淇澳岛西部沿岸海域	北向约 15 km	海洋生态环境

与港珠澳大桥工程有关环境敏感区如图 1-9 所示。

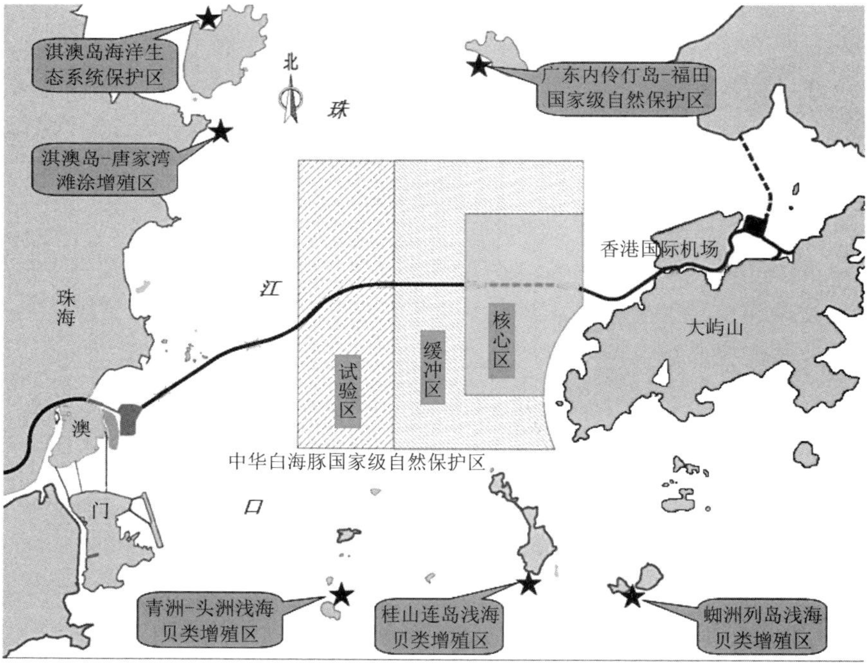

图 1-9　环境敏感区分布图

其中以珠江口中华白海豚国家级自然保护区最为敏感。该保护区类型属于珍稀濒危水生动物保护区，主要保护对象是国家一级保护动物中华白海豚，其次是国家二级保护动物江豚。保护区位于珠江口伶仃洋中部偏东水域，其东界线为特别行政区界，西界线为东经 113°40′00″，南界线为北纬 22°11′00″，北界线为北纬 22°24′00″，核心区面积 140 km²，缓冲区面积 192 km²，试验区面积 128 km²。

港珠澳大桥项目处于中华白海豚国家级保护区核心区、缓冲区和试验区，招标文件对中华白海豚保护提出了诸如瞭望观察、监视、噪声及水污染监测与控制等要求。项目施工工艺选择、施工安排将因此受到限制。

1.4.2 标准体系及技术标准

1. 对标准体系的考虑

港珠澳大桥连接珠江东岸香港及西岸的澳门、珠海。大桥主体工程设计需同时满足三地标准及规范要求,并参考国际最新规范,以提高项目品质。对于内地及香港规范均不能涵盖的工程内容,采用国际上成熟的规范及标准。

根据《港珠澳大桥设计技术规范使用指南》对三地规范进行分析后,结合港珠澳大桥项目的特点,给出了对港珠澳大桥设计技术规范的使用指南。

结合笔者在以往项目中对香港规范及内地规范的理解,发现香港与内地的设计规范体系及规范细目不完全一致,内地交通行业技术标准及规范体系主要沿袭苏联体系并考虑内地的一些特殊性形成,适用于内地所有范围;香港技术标准及规范体系主要执行英国标准,对香港特殊性的部分(如风、地震、海港等)另行专门规定。

但两地规范的目标是一致的,即设计的公路、桥梁、隧道"安全、适用、经济"。分别采用各自规范设计的项目均能适合两地车辆通行。

为达到同时满足三地规范的要求,将按以下原则处理:

①由于澳门可以通过允许遵照内地规范建设(如澳门西湾大桥),所以港珠澳大桥仅需同时满足内地及香港的技术标准和规范。

②综合两地规范重新研究出一套新的规范需花费很多时间,分别报批周期长且复杂,因此,通过比较两地现行规范,根据具体设计内容及要求确定采用哪一方规范条款,同时能够满足另一方规范要求显得更为可行。

③深化设计中对香港规范与内地规范存在差异部分,按"总体就高不就低、运营管理设计满足管理者要求、不明确问题具体分析"的原则确定规范使用原则,对工程安全及耐久性(如设计寿命、地震设防标准等)有影响的条款需严格按照就高不就低的原则取用,满足双方规范要求。

④为达到满足双方规范要求的目标,研究过程中遵照上述规范使用原则,同时在完成后分别由内地的设计单位及香港设计单位按照各自规范进行复核,达到满足两地规范的目标。

2. 技术标准的采用

港珠澳大桥跨越香港、内地和澳门,三地各自的技术标准及规范体系存在差异,大桥作为一个统一的整体,由三地共建,宜同时满足三地标准及规范要求。

港珠澳大桥包括公路、桥梁、海底隧道、深海人工岛等多个部分,对内地及香港规范中都无专门规范部分，拟参考国际上成熟的标准及规范，同时参考国际最新规范也是提高项目品质，实现国际一流工程的需要。

1.4.3　工期及接口限制

港珠澳大桥岛隧工程沉管隧道长达 5664 m，共计 33 节管节，此类沉管隧道在世界尚属首次。分析丹麦、韩国、土耳其等国类似工程，土建主体工期一般在 6 年左右。港珠澳大桥岛隧工程沉管隧道长度约为以上工程的两倍，而预制工期基本相同，十分紧迫，施工安排必须缜密，对资源投入密度、时机和有效性都带来极大的挑战，对项目策划、组织与执行提出了更高的要求。

由于沉管预制工作与沉管安装工作紧密相连，受天气、回淤及航道的诸多影响，安装工作存在很多不确定性因素，需特别协调好外海沉管安装作业对沉管预制工序接口问题。

第2章 预制方案论证

2.1 厂址调研与论证

2.1.1 选址思路

1. 选择原则

　　①离沉管隧道安放现场距离近；
　　②地质条件好，适应开挖和管节预制；
　　③水深条件好，有良好的出坞航道和浮运航道，航道距离短；
　　④交通运输和材料来源，供水、供电可保证；
　　⑤陆域场地面积大，征地拆迁费用低，陆域的用地性质和使用功能合适、明确；
　　⑥有适合管节寄放的水域；
　　⑦施工工期短，满足隧道建设总体进度需要。

2. 选址范围

　　港珠澳大桥位于珠江口外，考虑沉管浮运风险最小因素，预制厂选址主要在珠江口附近进行。

2.1.2 厂址调研

　　根据港珠澳大桥所在位置，初步考察了珠江口附近如下厂址：坭洲头、沙仔岛、中船基地、沙角、长安、中山横门、南沙港区、深圳大铲湾、淇澳岛、万山群岛等。
　　经过现场考察，结合场地与隧址关系，以及建设条件相关因素，初步选择如下场地作为预制备选场地：南沙港区、深圳大铲湾、中山横门和万山群岛附近地块。

1. 南沙港区

　　南沙港区范围内有中船修造船基地、南沙粮食及通用码头两个备选厂址，位于珠江口伶仃洋喇叭湾湾顶、龙穴南水道以东，其上游为川鼻水道，下游为通向外海的伶仃水道。

中船修造船基地厂址位于南沙港区围垦区中部，南沙粮食及通用码头厂址位于南沙港区中船修造船基地下游，如图2-1所示。

图 2-1　南沙港区形势示意图一

中船修造船基地可利用码头岸线 7.6 km，包括 3 个造船坞和 2 个修船坞，年造船 300 万 t，修船 120 余艘。目前基地支航道水深−8.5 m。该区域目前已吹填形成陆域，并已晾晒较长时间。可用于建设预制厂的陆域面积仅约 19 hm²，岸线长 240 m，纵深约 800 m，进行预制厂建设比较紧张。

南沙粮食及通用码头工程建设 10 万吨级和 7 万吨级粮食卸船泊位各 1 个，2000 吨级粮食装船泊位 5 个，1 个 7 万吨级和 3 个 5 万吨级通用泊位，大码头岸线 1618 m，小码头岸线 587 m。可用于预制场地已完成征地手续，陆域已经形成，用地面积 27 万 m²，分阶段提供用地，如图2-2所示。

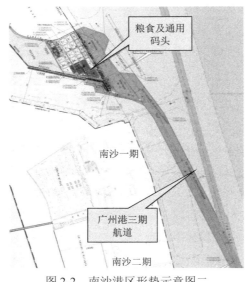

图 2-2　南沙港区形势示意图二

（1）区位条件

水路距离港珠澳大桥略近，约 45 km。

（2）水域条件

该区位于规划中部挖入式港池，风浪掩护条件较好。原泥面标高在+3 m 左右，虽然开挖航道长度仅约 1.5 km，但是水域开挖量约 400 万 m³，且水域开挖后回淤量也较大。水域目前为基本农田，水域开挖改变土地性质须征得相关土地主管部门的认可。

（3）陆域条件

该区已完成征地手续，陆域已经形成，由于吹填料基本为淤泥，所以软基处理费用相对较高。

（4）外协条件

1）交通条件

南沙交通便利，是区域性水、陆交通枢纽。由南沙港快速路、京珠高速公路和黄榄支线、江中高速公路等组成的骨干交通路网，使南沙与广州中心城区乃至珠江三角洲地区的路网形成快速便捷的联系，充分发挥南沙作为珠三角交通枢纽的优势。龙穴岛已建成与外界联系的桥梁有新龙特大桥和凫洲大桥。目前，由南部快速路通过新龙特大桥，由疏港大道、龙穴大道、中船修造船基地、南沙粮食及通用码头后方的中港大道可到工程陆域后方，具备了本工程施工所需的陆上通道。

2）供水、供电及通信

随着南沙港区一期工程、二期工程、物流一期工程及中船修造船基地的陆续建成投产，南沙地区供水、供电、通信等配套设施日趋完善。

3）建筑材料

工程所需要的大宗建筑材料主要为码头结构等物料所采用的块石和砂。建港用砂可在附近采砂场取得，石料需从周边其他地区解决。

4）施工条件

工程所处海域掩护条件好，基本不受波浪影响，施工条件良好。华南地区施工队伍众多，建港经验丰富，施工机具完备，施工力量和技术完善，可以满足工程建设需要。

（5）航道

广州港现有航道长 115 km，南沙港区以北航段底宽 160 m，底标高为–13.0 m，满足 5 万吨级船舶单向乘潮通航；南沙港区以南航段底宽 226 m，底标高为–15.5 m，满足 5 万吨级船舶双向乘潮通航和 10 万吨级船舶单向乘潮通航。按照规划，广州港出海航道三期工程拟建规模为珠江口至南沙港区，全长约 70 km，航道底标高为–17.0 m，航道底宽 239 m，满足 10 万吨级集装箱船不乘潮、12 万吨级散货船乘潮的单向通航要求，如图 2-3 所示。

图 2-3　南沙港区航道形势示意图

2. 深圳大铲湾港区

　　大铲湾港区位于珠江口内伶仃洋的矾石水道东南部，在深圳市西部南头半岛西侧，妈湾港区北部，隔伶仃洋与南沙港区相望。工程位置水路距隧址约 30 km，大铲湾厂址位于大铲湾港区一期工程后方，属于大铲湾港区的远期工程发展用地。

　　前湾厂址位于大铲湾港区南侧预留发展用地区，前湾厂址与大铲湾厂址邻近，厂址陆域面积约 32 万 m²，岸线长度约 730 m，但纵深较小（最大处约 460 m，见图 2-4），预制厂难以布置。

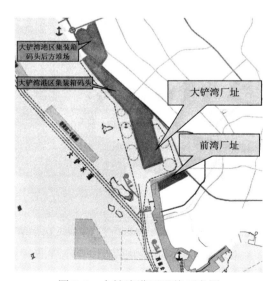

图 2-4　大铲湾港区形势示意图

根据交通运输部批复《深圳港总体规划》，大铲湾港区是大型专业化集装箱港区，以集装箱远洋干线运输为主，兼顾近洋、内支航线和少量内贸运输，结合后方物流园区大力发展综合物流，远期有条件部分发展为保税港区。大铲湾港区采取分期建设，一期、二期、三期和远期规划情况如图 2-5 所示。

图 2-5　大铲湾港区规划示意图

（1）区位条件

大铲湾厂址位于大铲湾港区东侧，水路离港珠澳大桥约 30 km。

（2）水域条件

大铲湾厂址前方水域为大铲湾远期规划港区港池，水域开阔，同时可利用深圳西部港区公共航道，因此仅需对厂址前方的港池水域及与主航道连接部分的水域进行适当疏浚便能满足使用要求。

（3）陆域条件

大铲湾港区远期工程场地长约 2.8 km，纵深约 500 m，陆域目前已吹填形成，并已晾晒较长时间，但尚未完成软基处理工作。

（4）外协条件

1）交通条件

大铲湾港区的交通体系完善，港区货运疏港交通主干道有 107 国道、广深高速公路、机荷高速公路及广深沿江高速公路。

2）供水、供电及通信

大铲湾港区的供水、供电、通信等配套设施比较完善。

3）建筑材料

大宗建筑材料主要为码头结构等所采用的块石和砂等。建港用砂可在附近采砂场取得，石料需从周边其他地区解决。

4）施工条件

该处海域掩护条件好，基本不受波浪影响，施工条件良好。华南地区施工队伍众多，建港经验丰富，施工机具完备，施工力量和技术完善，可以满足工程建设需要。

（5）航道

铜鼓航道位于珠江口伶仃洋东部铜鼓岛至大濠岛西北海区，北连暗士顿水道，南接大濠水道。铜鼓航道在大濠岛西北侧水域与广州港出海航道伶仃南段相交，交汇点位于马友石灯船以北约 3.4 km 处，铜鼓航道在该交汇点以南长约 6.5 km 的航道与广州港出海航道伶仃航段及大濠航段的轴线重合。

目前深圳港西部港区的大型船舶进出港航道一条为香港的东博寮水道、马湾水道、暗士顿水道，另一条就是铜鼓航道。铜鼓航道通航标准为满足 10 万吨级集装箱船全天候单向通航要求，航道有效宽度为 210 m，设计底标高为 –15.8 m，长 23.7 km，如图 2-6 所示。

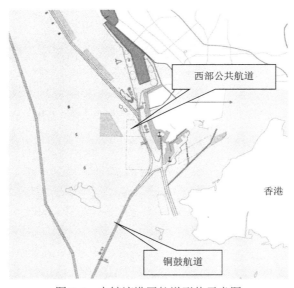

图 2-6　大铲湾港区航道形势示意图

3. 中山横门

中山横门地块为国家中山火炬高技术产业开发区临海工业园，位于中山市横门岛马安片区，规划占地面积 28 000 多亩[①]，东临珠江口，北与广州南沙区万顷沙隔水相望，西连开发区中心城区，南与伶仃洋深水航道相通。现已形成工业用地 12 000 多亩，建成 30 km 市政道路，园区配套的排水、供水、供电等基础设施已基本完成，如图 2-7 所示。

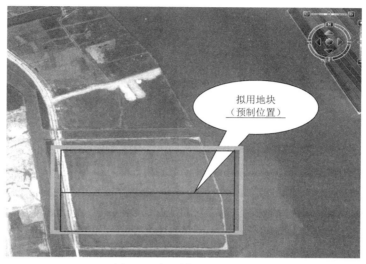

图 2-7　中山横门厂址位置

拟选地块为临海地块，地块总面积 32 万 m²，呈近似平行四边形，东边临海岸线长为 670 m，西边线长 644 m，南边线长 545 m，北边线长 503 m，东面临海，北面临宽约 100 m 的河涌，如图 2-8 所示。

图 2-8　中山横门用地与河涌

该地块有岸线 670 m，具备建造出运码头条件，面积也能满足港珠澳大桥预制需要。

（1）区位条件

水路距离港珠澳大桥略近，约 35 km。

---

① 1 亩≈666.7 m²。

（2）水域条件

在拟用地块岸线对开为浅水区，浅水区外为中山港至珠江口的航道（横门东水道），即入中山港的货轮及港澳飞翼船航道，目前已疏浚完毕，水深在 6 m 以上，航道宽 120 m，可双向通航 3000 吨级海轮。由此水路去珠三角各地均很方便，到中山港 4 n mile，到拱北 35 n mile，到蛇口 25 n mile，到香港大屿山 35 n mile。

（3）陆域条件

该地块为围海造地形成，护岸已完工，护岸离横门东水道约 500 m，该区域为浅水区，需自行疏浚。该地块吹填刚刚开始，吹填完工尚需时日，如图 2-9 所示。

图 2-9　中山横门正在吹填

（4）外协条件

1）交通条件

陆路交通便利。经南沙港快速路至苏十顷出口，再经广珠东线高速公路过三角镇、民众镇到横门岛，距广州市区约 100 km，行程约 1.5 h；距珠海约 60 km，行程约 45 min。岛上目前有一座桥梁与市区相连，规划有 3 座桥连接市区。近期交通规划兴建高速公路南连沿海高速公路，北接广州南沙新龙快速。远期规划兴建轻轨铁路，连接广珠城际铁路。

2）供水、供电及通信

岛上已建有发电厂，并与市区电网相连，道路、水电等条件已具备（自来水供到主干路边，电可以自行申报容量配变压器），投资环境相对成熟，总体规划较清晰。

3）建筑材料

工程所需要的大宗建筑材料主要为码头结构等所采用的块石和砂等。建港用砂可在附近采砂场取得，石料需从周边其他地区解决。

4）施工条件

工程所处海域掩护条件较好，施工条件良好。施工队伍众多，施工机具完备，施工力量和技术完善，可以满足工程建设需要。

（5）航道

在拟用地块岸线航道为中山港至珠江口的航道（横门东水道），即入中山港的货轮及港澳飞翼船航道，水深在 6 m 以上，航道宽 120 m，可双向通航 3000 吨级海轮。由此水路连接伶仃航道，交通方便，如图 2-10 所示。

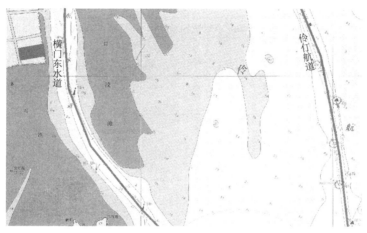

图 2-10　水道形势分布图

4. 万山群岛

万山群岛，位于珠江口正南方，原为万山列岛，为伶仃洋外 100 余岛之总称。现包括担杆列岛、佳蓬列岛、三门列岛、隘洲列岛、蜘蛛列岛、万山列岛和外伶仃岛、桂山岛等大小岛屿，岛屿总面积约 80.582 km²。

考虑地理位置原因，选择离隧址最近的岛作为备选厂址，如桂山岛、牛头岛及三角岛等，如图 2-11 所示。

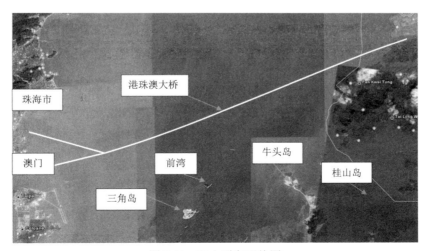

图 2-11　万山群岛形势图

　　三角岛位于香洲东部约 20 km，东距桂山岛约 10 km，西北距大陆（澳门）16 km，三角岛面积约 62 万 m²，附近还有面积约 16 万 m² 的前湾岛，为两个孤岛，与外界无连接。两岛均为花岗岩结构，表层为黄沙土壤，有部分露岩，生长低草和灌木丛。两岛距离隧址约 18 km，水位比较深，为 5～8 m，开挖航道后满足沉管施工水位的要求。但由于交通不便，物资短缺，相对于牛头岛条件较差，故不考虑作为备选场地，如图 2-12 所示。

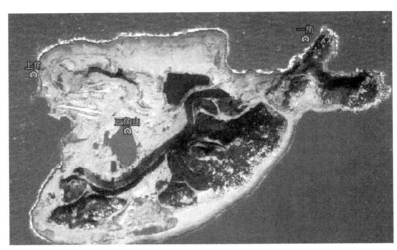

图 2-12　三角岛地形图

　　桂山岛、中心洲岛及牛头岛因为石场开发，三岛已有道路连通。桂山岛为镇级编制，岛上有两个村庄，有基本的镇级市政配套编制，并有海关码头和海关大楼。由于桂山岛大部分岸线已经在政府规划范围内，并且外界干扰较多，故不考虑作为预制场地；中心洲岛面积约 15 万 m²，面积较小且该出水域水深较浅，需要较大的临时航道疏浚量，故也不考虑，如图 2-13 中 1 号位置所示。

　　牛头岛场地开阔，面积约 56 万 m²，水位比较深，为 6～9 m，有多处可利用的位置，且与桂山岛相连，可实现客运船舶与外界交通，可作为预制场备选场地。

　　牛头岛内 2 号位置为天然港池，可综合利用其水深，增加围堰可以做坞；3 号位置可以利用原有石场开挖留下的石坑，减少石方开采数量，如图 2-13 所示。

　　（1）区位条件

　　牛头岛距离港珠澳大桥略近，约 12 km。

　　（2）水域条件

　　位于与桂山岛比邻的牛头岛，与外部大陆无道路相连，为孤岛。

　　（3）陆域条件

　　该地块为地层较简单，征用范围内，场区地质基本为Ⅲ类以上花岗岩，局部堆有石料弃渣，基础条件好，可减少地基处理及止水措施费用。

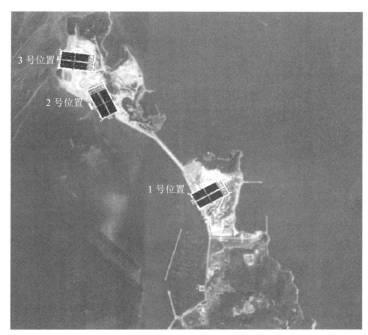

图 2-13　牛头岛地形图

（4）外协条件

1）交通条件

工程位于与桂山岛比邻的牛头岛，与外部无道路相连，但人员可通过桂山镇客运码头与外界交通出行，工程建设材料运输需通过自建码头实现。

2）供水、供电及通信

牛头岛为孤岛，无水、电资源。桂山岛内居民生活用电靠重油发电机自发供电，无法满足预制厂需求。桂山岛具备有线市话条件，通过微波及海底光缆与大陆相连，可接入牛头岛使用。

3）建筑材料

相关建筑材料可考虑外运及牛头岛自身石料资源综合利用的方法。

4）施工条件

工程所处海域掩护条件较好，孤岛作业需要建设相关生活保障设施，以满足施工队伍的生活及娱乐要求，通过一定的投入，可以满足工程建设需要。

（5）航道

港珠澳大桥沉管隧道穿越广州港出海通道伶仃西主航道，临时航道用以解决隧道建设期间受影响的船舶通航问题。根据施工阶段划分，在 E11～E15 管节安装期间，伶仃西航道禁航，社会船舶和商用船舶改行临时航道通航，在安装其他管节时，伶仃航道保持畅通，如图 2-14 所示。

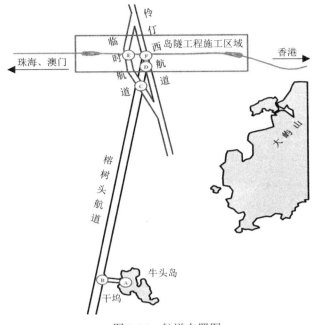

图 2-14　航道布置图

2.1.3　厂址论证

1. 沉管预制场地基本要求

预制场地除了主要功能区之外，后方配套有混凝土拌和站、砂石料堆场及配套材料码头、半成品加工场、碎石加工场、供水设施、供电设施、场内道路及生活区和办公区等配套设施，初步计算总占地约为 30 万 m^2。

①要求厂址靠岸形成，与项目现场的水路畅通，厂址后方空地可供使用，后方经济环境条件可形成有效的支持；

②拖航距离比较符合经济性要求，厂址距离施工现场越近越好；

③厂址在修建技术上经济、可行，可采用开挖形式和围堰形式；

④厂址比选考虑以下几个方面：安全、技术可行、经济、距离、规模、周围施工条件支持、厂址对当地的相关影响。

2. 厂址比选

厂址比选情况见表 2-1。

3. 结论

根据厂址比选表得出，深圳大铲湾及前湾港区由于用地不可租用因素，最先排除；中山横门场地由于当时正在吹填，工期难以保证。回填均为淤泥，厚度最深处达 20 m，工厂运营期间地质情况带来的风险隐患极大，加上航道疏浚量大，费用高，故也不作考虑。

表 2-1 厂址比选表

序号	比选内容	南沙港区	深圳大铲湾港区	中山横门	万山群岛的牛头岛
1	地理位置	离港珠澳大桥约 45 km	离港珠澳大桥约 30 km	离港珠澳大桥约 35 km	离港珠澳大桥约 12 km
2	自然条件	风浪掩护条件非常好，地质条件较差，经处理后可用于建设预制厂	风浪掩护条件良好，地质条件较差，经处理后可用于建设预制厂	风浪掩护条件较好，地质条件较差，淤泥层厚（最深 20 m），地基处理费用极高	风浪掩护条件一般，地质条件极好，无需软基处理
3	水域条件	水域开阔，水深在 +4~ -4.7 m，开挖量较大	水域开阔，开挖量适中	水域开阔，为浅水区，疏浚极大	水域开阔，水深 6~9 m，疏浚量小
4	陆域条件	场地陆域刚形成，吹填土质较差，软基处理费用较高	场地宽阔，陆域已形成，且晾晒时间长	场地陆域正在吹填，吹填土质较差，软基处理费用较高	场地陆域只需进行平整及开挖即可满足建设要求
5	场地面积及岸线	面积为 27 万 m²，岸线长度为 1618 m	面积为 32 万 m²，岸线长度为 2.8 km	面积为 32 万 m²，岸线长度为 670 m	面积为 56 万 m²，孤岛，环岛岸线长
6	外协条件	交通、水电等配套设施齐全，施工能力有保证	交通、水电等配套设施齐全，施工能力有保证	交通、水电等配套设施齐全，施工能力有保证	无交通、水电等配套设施，需自建相关设施
7	场地规划情况	目前正在与广州钢铁厂高层商谈开展钢板物流业务	为远期发展港区，近年内开发	为国家中山火炬高技术产业开发区临海工业园	建设期暂无规划项目
8	用地合作意向	业主表示用地可以租用，且合作态度明朗，但用地涉及业主与广州钢铁厂协议的交叉问题，需进一步洽谈工作，落实用地协议	业主明确表示用地正规划开发，不能租用	该地块的北侧为中国机械进出口（集团）有限公司，规划 5 万吨级船厂；南侧规划为中山新港，中山新港规划 3 万吨级船厂，此地可租用	牛头岛用地资源丰富，成本低廉。可用的牛头岛场地能满足总体使用功能

综合考虑场地的可使用性及工程施工风险，最终选择南沙港区及牛头岛作为备选场地，并开展预制场建设初步设计工作。

2.2 南沙预制厂方案

2.2.1 自然条件与建设条件分析

1. 地理位置

南沙预制厂位于珠江口伶仃洋喇叭湾湾顶、龙穴南水道以东，南沙粮食及通用码头的西侧预留陆域。距离隧道沉管沉放地约 45 km，如图 2-15 所示。

2. 自然条件

南沙厂址位于广州港南沙港区南沙作业区（龙穴岛），周边已建、在建工程众多，具有多年积累的实测数据，风、浪、流、泥沙回淤和工程地质关键性自然条件数据翔实、可靠。

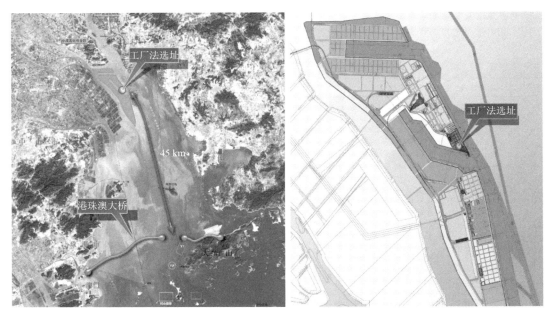

图 2-15　地理位置图

（1）风

常风向为北东方向偏东向，强风向为东—东南向，平均风速≤6 m/s，实测最大风速为 33 m/s。热带气旋虽在珠江口年均登陆 1.3 次，但对龙穴岛影响有限。

（2）浪

工厂水域位于挖入式内汊，50 年一遇极端高潮位下 $H_{13\%}$≤2 m。

（3）流

厂址位于规划中部挖入式港池内，口门内流速小于 0.05 m/s，口门外流速小于 0.2 m/s，口门外涨落潮平均流速小于 0.39 m/s。

（4）泥沙回淤

伶仃海域属低含沙水域，厂址相邻的南沙一期工程的泥沙测量和科研工作得出厂址附近水域水体年平均含沙量为 0.16 kg/m³。根据数模计算，预制厂水域回淤强度约为 0.3 m/a，且骤淤甚微。

（5）工程地质

厂址地质土层自上而下分别为吹填淤泥、淤泥-淤泥质土、冲洪积层、中粗砂层和岩层，+0 m 标高以上基本为近期人工吹填形成，多为淤泥混砂或吹填砂；+0 m 标高以下为冲洪积层，强风化岩面标高为 -24～-29 m。典型地质钻孔如图 2-16 所示。

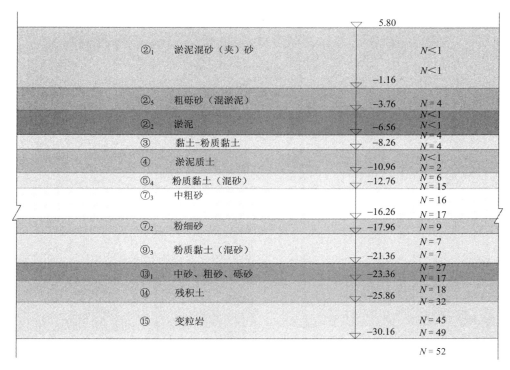

图 2-16　典型地质钻孔图

南沙厂址基础数据可靠，风速小、潮流弱；水域位于伶仃洋西侧内汊，掩护条件优越，受波浪影响小；表层地质虽较为软弱，可通过大面积软基处理并局部辅以桩基解决基础持力问题。

3. 建设条件

（1）用地

工程陆域及水域用地全部位于南沙粮食及通用码头预留用地红线范围内。经核实，工程水域不存在海底管线、光缆等设施。

（2）水

生产用水可从南沙粮食及通用码头供水调节站引入，该接口距离工程约 600 m。

（3）电

生产用电可从南沙粮食及通用码头中心变电站引入，该变电站距离工程约 500 m。

（4）水陆交通

龙穴岛已建两座特大桥与大陆相连，30 m 宽疏港路距离厂址仅 200 m；周边公共码头众多，海关、国检机构齐全，钢筋和进口的止水带运输方便，清关快捷。水泥、砂石料等可以内河运输到达现场。

（5）航道

沉管经开挖支航道、南沙作业区公用进港航道段、广州港出海航道运至隧道施工现场。出海航道现宽 230 m，水深 15.5 m，沉管出运航路沿线的航道（除自用支航道外）宽度和水深均满足拖航要求，无须额外疏浚。

2.2.2 沉管预制工艺选择

钢筋混凝土结构的沉管预制方案及安排是管节预制品质、工程施工安全保证和项目工期控制的成败所在。其方案比选应本着如下原则。

①更好的管节浇筑预制条件，确保管节的水密性、混凝土的优质和生产的连续；

②更优的自然条件，能安全寄存成品；

③更可靠的生产依托条件，保障工期。

根据上述原则，对干坞法预制工艺及工厂法预制工艺进行比选，详见表 2-2。

表 2-2 干坞法预制与工厂法预制比选一览表

比较项目	干坞法预制厂	工厂法沉管预制厂（两条生产线）
工艺布局		
预制条件	①移动大棚半封闭式预制及养护； ②露天固定整体式钢筋绑扎，质量控制难度大； ③混凝土泵车运送多点浇筑； ④管节起浮、出坞前后需停止预制作业，整理场地，工序不流水，不连续	①工厂全封闭室内预制，温控效果好； ②工厂内钢筋绑扎分区流水线作业，标准化钢筋绑扎作业； ③利用布料系统定点浇筑； ④管节的预制、起浮和出坞等可平行作业、互不干扰
	工厂法混凝土浇筑品质可控性好，预制效率高，作业干扰少	
主要设施及队伍投入	①全断面液压模板投入 6 套； ②钢筋绑扎台架投入 6 套； ③养护棚 12 套（1 个节段/套）； ④钢筋、模板班组各投入 6 组	①全断面液压模板投入 2 套； ②钢筋绑扎台架投入 2 套； ③顶推系统投入 2 套； ④养护棚 2 套（2 个节段/套）； ⑤钢筋、模板、顶推班组各投入 2 组
	工厂法施工流水作业，效率高，投入设备及施工人员少	
建设周期和预制开工期	①建设周期为 18 个月； ②节段预制需等干坞全部建成后才能开始，第 21 个月末完成首节管节预制	①建设周期为 18 个月； ②12 个月内完成厂房区和搅拌站区的建设后，即可开始第一批两座管节的预制，按历时 6 个月考虑；期间可同步进行浅坞区和深坞区剩余工程的后续建设，可确保第 18 个月末完成首节管节预制
	工厂法预制速度快，可提早开展节段的预制工作，有利于工程总体工期的保障	

比较项目	干坞法预制厂	工厂法沉管预制厂（两条生产线）
寄存	①需坞外开敞海域坐底存放或建设额外的防波堤形成掩护水域锚泊寄存； ②防波堤必须根据寄存数量的要求一次性建设	利用浅坞区陆上寄存和深坞区寄存，安全性更高
	工厂法厂址的管节安全保障好且对沉放进度调整的适应性强	

工厂法预制沉管在丹麦至瑞典的厄勒海峡沉管隧道工程中被首次运用。通过全室内流水线预制的方式克服了气温低、工期短等诸多不利因素，成功地在 20 个月内持续不断地预制了 20 节尺寸为 38.8 m×8.7 m×175 m、混凝土品质优异的沉管管节。

通过方案比选及厄勒海峡沉管隧道的成功先例，决定采用工厂法预制工艺进行沉管管节的预制工作。

2.2.3　沉管预制厂总平面布置

南沙沉管预制厂干坞布置在南沙粮食及通用码头西侧的预留陆域，主要区域占地面积约 25 万 m^2；自用支航道（包括系泊区）建设在南沙港区规划的中港池水域内，用海面积为 59.6 万 m^2；工厂建设所需的陆域和水域全部处于南沙粮食及通用码头的征地红线范围内，如图 2-17 所示。

图 2-17　南沙沉管预制厂示意图

1. 陆域平面布置

沉管预制厂陆域平面呈"L"形分布，预制车间至浅坞区为直线分布，浅坞区与深坞区并排。工厂西侧为混凝土搅拌站、砂石料堆场及砂石料码头等，工厂东侧布置综合办公楼及中心实验室等，工人宿舍拟利用南沙粮食及通用码头预留宿舍用地建设。

预制车间和浅坞区纵深约 500 m。预制车间设两条生产线，依次布置有底板、侧墙、顶板钢筋绑扎区，模板休整区和浇筑台座。预制车间总宽104 m，考虑了单条生产线宽度要求及两条生产线之间的间距；预制车间总长 169.6 m，满足单条生产线长度要求并留有适当富余。浅坞门与预制车间之间设置4个22.5 m节段长度的顶推空间，总长103.9 m。钢筋绑扎区两翼均设有相应的钢筋存放加工车间。

浅坞区净长度196 m，宽104 m，外周设置8 m宽道路，满足两个完整管节的放置、舾装工艺要求。浅坞区周边建设坝体，坝体顶高程+17.0 m，蓄水后浅坞区水深达11.8 m，满足沉管起浮要求。

预制车间沉管浇筑台座至浅坞区建设8条通长无缝管节滑移轨道满足管节顶推工艺要求。

深坞区净长度192 m，净宽度104 m，满足两个完整管节的寄存工艺要求。深坞区周边建设与浅坞区顶高程相同的坝体，满足深坞区、浅坞区同时蓄水要求。

混凝土搅拌站位于预制工厂西侧，拟设置4座150 m³/h拌和楼，每个拌和楼尺寸约为60 m×30 m，考虑必要的行车通道及变电所等建设用地，总占地面积约为9400 m²。砂石料堆场位于浅坞区西侧紧邻搅拌站，总面积近10 000 m²。砂石料堆场南侧建设砂石料码头，使码头、堆场、搅拌站形成混凝土生产流水线。办公生活区设置综合办公楼、食堂、实验室等，综合办公楼为砖混结构，按三层楼进行设计，食堂和实验室为两层建筑。

2. 水域平面布置及系泊区

沉管出运支航道宽130 m，底标高−12.6 m，疏浚方量约600万 m³，疏浚土可全部就近吹填用于南沙港区三期工程的陆域形成，沉管出坞一次转向即可进入寄存区和舾装区。支航道与南沙作业区公用进港航道段，长约1.2 km。

南沙沉管预制厂干坞由于在浅坞门和预制车间处设有4段节段的生产缓冲区，可在浅坞区陆上寄存2节管节，在深坞区坞内锚泊寄存2节管节，在自用支航道锚泊可寄存3节管节，如图2-18所示。

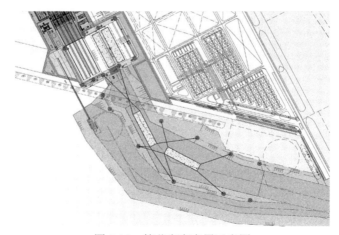

图2-18　管节寄存布置示意图

2.2.4　工厂法预制总体施工工艺

工厂法预制是指按照流水式预制生产线进行工艺布置，所有预制作业在厂房内 24 h 连续进行：将 180 m 长管节分为 22.5 m 长的 8 个节段，每个节段在固定的台座上浇筑、养护 72 h 后，向前顶推 22.5 m，空出浇筑台座，下一节段与刚顶出的节段相邻匹配预制。如此逐段预制逐段顶推，直至完成全部 8 个节段浇筑，整体顶推至浅坞区进行临时预应力索张拉形成整体，完成一次舾装，然后关闭浅坞区与预制工厂之间的滑动坞门，浅坞区灌水，管节起浮移至深坞区，最后打开深坞门浮运至沉放现场。

管节工厂法预制流程见图 2-19，工厂法预制工艺三维视图见图 2-20。

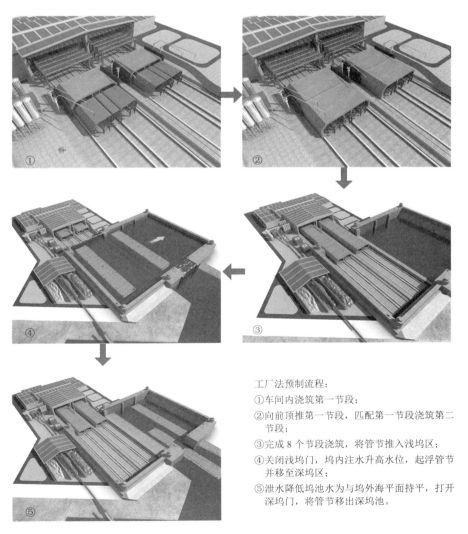

工厂法预制流程：
①车间内浇筑第一节段；
②向前顶推第一节段，匹配第一节段浇筑第二节段；
③完成 8 个节段浇筑，将管节推入浅坞区；
④关闭浅坞门，坞内注水升高水位，起浮管节并移至深坞区；
⑤泄水降低坞池水为与坞外海平面持平，打开深坞门，将管节移出深坞池。

图 2-19　管节工厂法预制流程示意图（南沙港）

图 2-20　工厂法预制工艺三维视图

2.2.5　工艺尺寸及结构要求

1. 单条生产线宽度要求

港珠澳大桥沉管用两孔一管廊截面形式，宽 3795 cm，高 1140 cm，底板厚 150 cm，侧腹板及顶板厚 150 cm，中腹板厚 80 cm，沉管断面图见图 2-21。单节标准管节分 8 个节段，每个节段长 22.5 m。

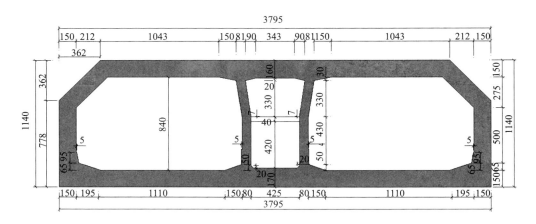

图 2-21　沉管断面图（单位：cm）

单条生产线宽度由浇筑台座宽度决定。浇筑台座宽度计算需考虑管节宽度（$B1$）、管节两边侧模板工作宽度（$B2$）和布料杆工作宽度（$B3$）。

单条生产线总宽度：$B=B3+B2+B1+B2+B3=2+4+37.95+4+2=49.95$ m，如图 2-22 所示。

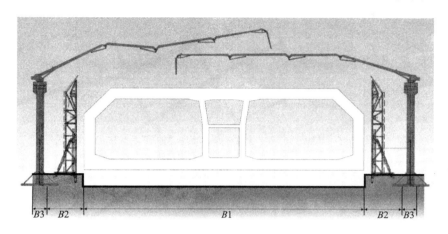

图 2-22　单条生产线宽度计算示意

2. 单条生产线长度要求

单条生产线长度需考虑底板钢筋绑扎台座（$L1$）、侧墙钢筋绑扎台座（$L2$）、顶板钢筋绑扎台座（$L3$）、模板休整区（$L4$）、浇筑台座（$L5$）和必要的间距及富余长度（$L6$）。单条生产线总长度：$L=L6+L1+L6+L2+L6+L3+L4+L5=3.4+25.6+4.9+25.6+4.9+25.6+42.5+23.3=155.8$ m。

3. 浅坞区尺度

浅坞区需满足两节完整管节的一次舾装和起浮要求，宽度与生产线宽度一致，长度上需满足 180 m 管节的停放要求。沉管起浮时水体需淹没沉管不小于 30 cm，浅坞区周边坝体高度需满足浅坞区内蓄水 11.7 m 的挡水要求。

4. 深坞区尺度

深坞区需满足单个管节长度 180 m，宽度 38 m，高度 11.4 m，吃水 11.2 m。深坞区平面尺度及开挖深度需满足两节完整管节同时寄存的要求。深坞区与浅坞区连通，周边坝体高度要求与浅坞区相同。

5. 管节滑移轨道

沉管浇筑完成后需放置在 4 条管节滑移轨道通过顶推移动至浅坞区。沉管浇筑台座至浅坞区需通长设置滑移轨道。滑移轨道梁需根据节段顶推时的结构应力分析结果及曲线段节段顶推的需要进行兼容性布置。

2.3 牛头岛预制厂方案

2.3.1 自然条件与建设条件分析

1. 地理位置

港珠澳大桥沉管管节临时预制厂工程选址在广东省珠海万山海洋开发试验区桂山岛之牛头岛内。该处距隧址 11.6 km，地处香港、深圳、澳门和珠海陆地之间，西距澳门、香洲 17 n mile，北距香港大屿山仅 3 n mile，是各地船只通往珠江口的海上交通要道，具体位置为东经 113°48′，北纬 22°10′，如图 2-23 所示。

图 2-23　地理位置图

2. 自然条件

（1）风

海域夏季多东—东南风，冬季多偏北风。据大万山海洋环境监测站 1974～1994 年的资料，常风向为东—北东方向偏东，频率分别为 23.1% 和 15.1%，其次为北风，频率 10.6%。强风向为北风转东北风，最大风速 33 m/s，其次为东风，最大风速 30 m/s。大于 6 级风的平均天数为 33 d。

（2）浪

珠江口海区的波浪，相对于华南近岸海区来说，属强浪区。1986 年大万山岛测得最大台风波高为 11.9 m，1979 年横栏岛测得台风波高 10.7 m，1982 年荷包岛测得台风波高 7.29 m，近些年来，珠江口连续测到了 5 m 以上的台风波浪。根据多年的台风资料分析，大于 5 m 的波高年平均出现 1.9 次，大于 8 m 的波高平均每隔 3 年出现一次，波高之大与出现次数之频繁，与遮浪海区同为华南沿岸海区之冠。

常见的波高为 0.5～1.9 m，该波级出现频率占 80.38%，小于 0.5 m 的波高只占频率的 4.91%（一年中约有 18～19 d），2 m 以上的波浪也占少数，只占频率 6.71%，每年有 24～26 d。30 m 水深处的波浪，测得最大波高为 11.9 m（波向 SSW），SE 向的最大波高 7.6 m。

（3）流

该海区为不正规半日潮，潮流运动由于受岛岸地形影响，具有往复流特性，其中深槽位置及近岸水域往复流特征明显。一般涨潮流为偏北向，落潮流偏南向，落潮流速明显大于涨潮流速。大潮期间流速明显大于小潮期间流速。流速的垂线分布，一般表层流速最大，底层次之，中层流速略小。落潮实测最大流速出现在 $L1$ 点，流速 1.74 m/s，流向 190°；涨潮实测最大流速为 0.68 m/s，流向为 358°。

（4）泥沙回淤

伶仃海域属低含沙水域，珠江口东部泥沙来源少，并且潮流作用强，处于冲蚀状态。2009 年 7 月 6 日～7 月 17 日现场水文观测表明，大潮期间水体平均含沙量 0.041 kg/m³，小潮期间水体平均含沙量 0.027 kg/m³，水体含沙量较小。工程海域海床表层沉积物中值粒径为 0.007～0.06 mm，平均为 0.015 mm。

（5）工程地质

牛头岛地层较简单，在建设坞址范围内，场区地质基本为Ⅲ类以上花岗岩，局部堆有石料弃渣，如图 2-24 所示。

总体而言，牛头岛无大的不良地质现象发育，适宜场地建设。

图 2-24　牛头岛坞址地貌图

3．建设条件

（1）用地

桂山岛用地资源丰富，成本低廉。可用于使用的牛头岛场地（56 万 m²），满足总体使用功能。

（2）水电通信

岛内无供水及供电网，桂山岛居民使用水电不足以供预制厂生产所需。桂山岛具备有线市话条件，通过微波与大陆相连，牛头岛可由桂山岛接入市话线路。

（3）水陆交通

工程位于与桂山岛比邻的牛头岛，与外部无道路相连，但人员可通过桂山镇客运码头与外界交通出行，工程建设材料运输需通过自建码头实现。

（4）航道

工程通过榕树头航道出运沉管管节。榕树头航道的设计底标高为−9.0 m，设计底宽为160 m，设计边坡 1∶10，可满足 2 万吨级船舶乘潮通航要求，通过疏浚及扩宽可满足沉管浮运安装需要。

2.3.2　沉管预制工艺选择

预制工艺同南沙预制厂方案比选，详见 2.2.2 节。

2.3.3　关于坞口方向的考虑

（1）关于坞口方向的考虑一（航道）

牛头岛出坞航道的选择需要结合隧道区及附近水域的现有通航航道进行总体规划，建设期间附近航道主要有：伶仃西航道、铜鼓航道、榕树头航道和龙鼓西航道等。就近的铜鼓航道建设期未开通，可选择榕树头航道汇入伶仃西航道穿越隧道施工区域。

临时航道设计思路遵循如下原则。

①规模及尺度应维持现有伶仃西航道的尺度和相应船舶的通航要求；

②平面布置应减少或避免对周边水域已有设施的影响，并应考虑隧道施工各工序水上作业的展布要求；

③选线应尽量利用天然水深，减少开挖量，节省工程投资；

④临时航道开挖和投入使用时间安排满足沉管隧道总体施工进度要求；

⑤为引导船舶安全进、出临时航道，确保通航安全，临时航道应按相关标准要求设置助航、导航标志。

（2）关于坞口方向的考虑二

该海区属强浪区，海区常浪向为 SE(ESE-SSE)，夏季有部分是 S 向浪。冬半年，受偏 N 大风的影响，桂山等岛屿距离陆地有相当的风区长度，也能形成较大偏 N 波浪。夏半年，受台风的侵袭，珠江口海区会出现强大的台风波浪，波向多为 E-ESE。根据大万山岛 1984～1986 年 3 年实测资料和 1949～1980 年 32 年影响此海域的 215 次台风浪对此海区波浪特征分析如下。

从实测波浪看，常见的波高为 0.5～1.9m，该波级出现率占 80.38%，小于 0.5 m 的波高只占频率的 4.91%（一年中有 18～19 d），2 m 以上的波浪也占少数，只占频率 6.71%，每年有 24～26 d，常浪向和强浪向主要出现在 E-SSW 向，而 E-SSW 向以涌浪为主。30 m 水深处的波浪，测得最大波高为 11.9 m（波向 SSW），SE 向的最大波高 7.6 m，平均波高以 ENE、E 为最大，常浪向以 SE、ESE 为主。大万山实测波浪玫瑰图如图 2-25 所示[①]。

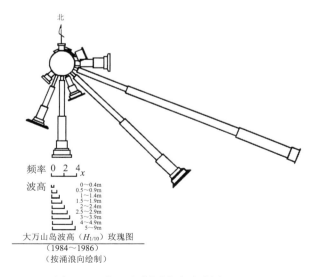

图 2-25 大万山实测波浪玫瑰图

① 牛头岛属于大万山区域，此处可视作牛头岛海域。

考虑航道出运最优及坞口的波浪最小的原则，选择牛头岛波浪最小的西、北方向作为出坞方向，通过榕树头航道出运沉管管节（图 2-26）。榕树头航道的设计底标高为 $-9.0\,\text{m}$，设计底宽为 $160\,\text{m}$，设计边坡 $1:10$，可满足 2 万吨级船舶乘潮通航要求，通过疏浚可满足沉管浮运安装需要，如图 2-26、图 2-27 所示。

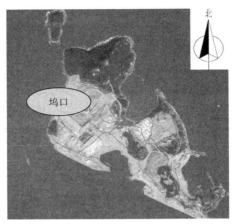

图 2-26　坞口布置示意图

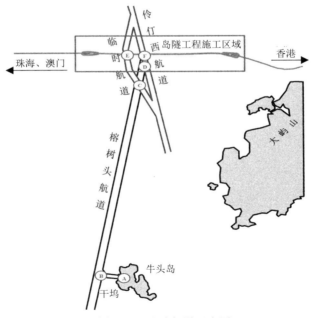

图 2-27　出坞航道示意图

2.3.4　沉管预制厂总平面布置

沉管预制厂用地约 56 万 m^2，岛西侧约 $0.8\,\text{km}$ 处为榕树头航道，水域开挖支航道与现有榕树头航道连接，利用榕树头航道浮运管节至沉放地点。厂内设置厂房及浅坞区、深坞区，厂房、浅坞区和深坞区"L"形布置，深坞区与浅坞区并行布置。预制厂主要分为工厂厂房、浅坞区、深坞区、坞口区，堆场区及搅拌站，办公生活区，码头区四大部分，沉管预制厂总平面布置如图 2-28 所示。

图 2-28　预制厂总平面布置图

1. 陆域平面布置

牛头岛沉管预制厂陆域平面呈"L"形分布，预制车间至浅坞区为直线分布，浅坞区与深坞区并排。工厂西南侧为混凝土搅拌站、砂石料堆场及砂石料码头等。深坞区东侧布置办公楼，生活区与办公区分开，布置于场地北侧，工地实验室在搅拌站附近设置。

预制车间和浅坞区纵深约 500 m，设两条生产线，依次布置有底板、侧墙、顶板钢筋绑扎区，模板休整区和浇筑台座。预制车间总宽 104 m，考虑了单条生产线宽度要求及两条生产线之间的间距；车间总长 168.7 m，满足单条生产线长度要求并留有适当富余。浅坞门与预制车间之间设置 4 个 22.5 m 节段长度的顶推空间，总长 104.8 m。钢筋绑扎区两翼均设有相应的钢筋存放加工车间。

浅坞区净长度 196 m，宽 104 m，外周设置 8 m 宽道路，满足两节完整管节的一次舾装及临时放置工艺要求。浅坞区周边建设坝体，坝体顶高程+15.65 m，蓄水后浅坞区水深达 11.7 m，满足沉管起浮要求。

预制车间沉管浇筑台座至浅坞区建设 8 条通长无缝管节滑移轨道满足管节顶推工艺要求。

混凝土搅拌站位于预制工厂西南侧，拟设置 4 座 150 m³/h 拌和楼，每座拌和楼尺寸约为 60 m×30 m，占地面积约为 9400 m²。砂石料棚堆场紧邻搅拌站，总面积近 10 000 m²。砂石料码头设于港池周围，位于工厂东侧，需进行短距离运输至砂石料棚。办公生活区、实验室为砖混+框架结构，按最高二层楼进行设计，食堂为单层建筑。

2. 水域平面布置及系泊区

预制厂水运主要包括深坞区、码头区及出坞航道。

深坞区净长度 203 m，净宽度 192 m，底标高为-12.8 m，满足 4 节管节的寄存要求。深坞区周边建设与浅坞区顶高程相同，满足深坞区、浅坞区同时蓄水要求，沉管的系泊及二次舾装均在深坞区内完成。

沉管出坞后直接通过支航道与西侧榕树头航道连接，支航道总长约 1.2 km，方位角为 315°57′5″～135°57′5″，与榕树头航道夹角为 125°41′57″。支航道在深坞口门往外约 229 m 长度段宽度为 61 m，之后支航道宽度通过喇叭口放大到 240 m。回转水域面积 540 m×540 m；底标高-13.2 m，疏浚量为 350 万 m³，如图 2-29、图 2-30 所示。沉管预制厂水域主尺度汇总表见表 2-3。

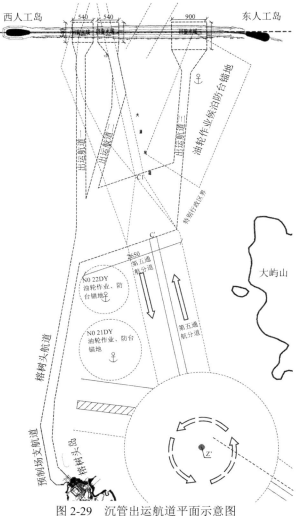

图 2-29　沉管出运航道平面示意图

图 2-30 深坞区、浅坞区平面布置图

表 2-3 沉管预制厂水域主尺度汇总表

序号	名称		尺度或高程/m
	沉管出运水域主尺度		
1	深坞区		203×192
2	航道宽度		240
3	航道底高程		−13.2
	配套码头主尺度		
1	泊位长度	散料码头	85.24
		件杂货码头	110
2	码头面高程	散料码头	+3.2
		件杂货码头	+3.2
3	码头前沿设计底高程（结构底高程）	散料码头	−6.4
		件杂货码头	−6.4
4	码头前沿停泊水域宽度	散料码头	30
		件杂货码头	40
5	船舶回旋水域直径	散料码头	117
		件杂货码头	172
6	船舶回旋水域底高程	散料码头	−6.4
		件杂货码头	−6.4
7	航道有效宽度		70
8	航道底高程		−6.4

工厂在浅坞门和预制车间处设有 4 个节段的生产缓冲区，浅坞区陆上可寄存 2 节管节，在深坞区坞内锚泊寄存 4 节管节，并且在坞口关闭状态下，安全性能极佳，可抵抗台风正面登陆。

2.3.5 工艺尺寸及结构要求

1. 单条生产线宽度

单条生产线宽度由浇筑台座宽度决定。浇筑台座宽度考虑管节宽度(B1)、管节两边侧模板工作宽度(B2)和挡墙工作宽度(B3)，见图2-31。

单条生产线总宽度：$B=(B3)/2+B2+B1+B2+(B3)/2=4/2+4.025+37.95+4.025+4/2=50$ m。

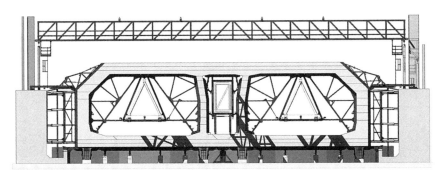

图 2-31　单条生产线宽度计算示意图

2. 单条生产线长度

单条生产线长度考虑底板钢筋绑扎台座($L1$)、侧墙钢筋绑扎台座($L2$)、顶板钢筋绑扎台座($L3$)、休整区($L4$)、浇筑台座($L5$)和必要的间距及富余长度($L6$)。单条生产 $L=(L6+L1)+(L6+L2)+(L6+L3)+L4+L5=155$m。

3. 浅坞区尺寸

浅坞区约 196 m×104 m，底标高+1.75 m，挡水坝顶标高+15.8 m，满足两节完整管节的一次舾装和起浮要求，宽度参考单条生产线宽度设计，长度满足 180 m 管节的停放要求。沉管起浮时水体淹没沉管不小于 30 cm，浅坞区周边坝体高度满足浅坞区内蓄水11.7 m 的挡水要求。浅坞门为可移动式钢结构闸门，采用卷扬机启闭。

4. 深坞区尺寸

深坞区约 203 m×196 m，底标高−12.8 m，满足单节管节长度 180 m、宽度 37.95 m、高度 11.4 m 及吃水 11.2 m 的要求。深坞区平面尺度及开挖深度满足 4 节完整管节同时寄存的要求（一般情况下寄存 2 节标准段管节，极端条件下寄存 4 节标准段管节）。深坞区与浅坞区连通，周边坝体高度与浅坞区相同。深坞区浮坞门采用钢筋混凝土沉箱+钢扶壁结构，坞内设有寄放区，采用卷扬机启闭。

5. 管节滑移轨道

沉管节段混凝土浇筑完成后，需通过支承系统放置在 4 条管节滑移轨道上，经过顶推装置移动至浅坞区。沉管浇筑台座至浅坞区通长设置滑移轨道。滑移轨道梁根据节段顶推时的结构应力分析及曲线段节段顶推的需要进行合理布置。综合考虑操作空间、模板支撑及顶推系统要求，滑移轨道长 323.3 m，截面为倒 "T" 形，尺寸 2.2 m×0.65 m，采用混凝土和钢垫板梁组合结构形式。

2.4 方 案 比 选

预制厂方案比选见表 2-4。

表 2-4 预制厂方案比选表

序号	比选内容	南沙预制厂	牛头岛预制厂
1	自然条件	①水域开阔，水深在+4～-4.7 m，开挖量较大；②水域为伶仃洋内汊，风小、流弱、浪低，掩护条件较好；③场地陆域刚形成，吹填土质较差，软基处理费用较高	①水域开阔，水深-6～-9 m，疏浚量小；②水域为开敞式外海，风、流、浪交替影响频繁；③天然岩基，只需进行平整及开挖即可满足建设要求
2	寄存条件	深坞区可寄存 2 节管节，浅坞区可临时寄存 2 节，支航道锚泊可寄存 3 节	深坞区可寄存 4 节管节，浅坞区可临时寄存 2 节
3	航道条件	拖航距离 45 km，航道疏浚量约 600 万 m³。沉管拖航经开挖支航道、南沙作业区公用进港航道段、广州港出海航道运至隧道施工现场	拖航距 12 km，航道疏浚量约 350 万 m³。利用支航道接榕树头航道拖航，为拖航距离最近地块，时间短
4	外协条件	①与大陆相接，市政水、电供应充足，生产、生活物资水陆交通运输便利；②建设用地及水域均在已征红线范围内，用地的性质和功能符合规划，周边无军事设施及海底管线；③多年自然条件实测数据及后报数据积累	①外海孤岛，水、电供应缺乏，生产、生活物资需海运上岛；②水域使用需论证报批；③实测自然条件数据少
5	用地合作意向	业主已表示用地可以租用，并且合作态度明朗，但用地涉及业主与广州钢铁厂协议的交叉问题，需进一步洽谈工作，落实用地协议	牛头岛用地资源丰富，成本低廉。可用于使用的牛头岛场地，满足总体使用功能
6	预制工期及质量	可达到同样的工期及品质效果，满足港珠澳大桥总体施工要求	

应该说，南沙预制厂及牛头岛预制厂方案均可达到同样的工期及品质效果，满足港珠澳大桥总体施工要求。根据当时政府部门合作意向及牛头岛天然岩基、浮运距离短等因素，最终选择了牛头岛预制厂方案。

第3章 工厂设计与施工

3.1 工厂法预制总工艺

3.1.1 工厂法预制工艺概述

工厂法预制按照流水式预制生产线进行工艺布置，所有预制作业在厂房内 24 h 连续进行：180 m 长管节分为 8 个节段，每个节段长 22.5 m，节段在固定的台座上浇筑、养护达到顶推强度要求后，向前顶推 22.5 m，空出浇筑台座，下一节段与刚顶推出的节段相邻匹配预制。如此逐段预制逐段顶推，直至完成全部 8 个节段浇筑后，整体向前顶推至浅坞区（顶推距离约 132 m），临时预应力索张拉形成整体，完成一次舾装，然后关闭浅坞区与预制工厂之间的滑动坞门，浅坞区灌水，管节起浮横移至深坞区，进入沉管浮运安装施工环节。

工厂法预制工艺简图见图 3-1，工厂法预制流程见图 3-2。

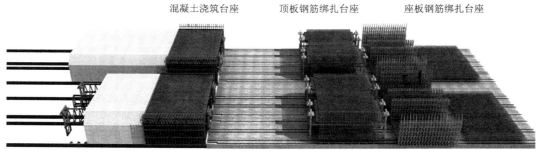

混凝土浇筑台座　　顶板钢筋绑扎台座　　座板钢筋绑扎台座

隔墙钢筋绑扎台座

图 3-1　工厂法预制工艺简图

3.1.2 总体施工顺序

沉管管节总数为 33 节，采用两条生产线分批次预制，每批次 2 节，根据沉放进度安排，管节预制顺序及批次见表 3-1。

工厂法预制流程：
①车间内浇筑第一个节段，匹配第一个节段浇筑第二个节段；
②完成 8 个节段浇筑，180m 长管节整体顶推至浅坞；
③关闭滑动坞门，坞内灌水管节起浮横移至深坞区；
④坞内排水，管节深坞区内系泊，同时后续管节预制顶推；
⑤管节深坞区内舾装，浮运出坞。

图 3-2   工厂法预制流程示意图

表 3-1   管节预制顺序及批次表

预制顺序	管节编号	生产线编号	管节长度	备注
1	E1、E3	1 号		
2	E2、E4	2 号		
3	E5、E7	1 号		
4	E6、E8	2 号		
5	E9、E11	1 号		
6	E10、E12	2 号		
7	E13、E15	1 号	E1、E2 长各为 112.5 m；E30 长为 175 m；E29 长为 172 m；E32、E33 长各为 135 m；最终接头 12 m（9.6 m）；其余长度均为 180 m	除 E29～E33 为曲线段外，其余均为直线段
8	E14、E16	2 号		
9	E17、E19	1 号		
10	E18、E20	2 号		
11	E21、E23	1 号		
12	E22、E24	2 号		
13	E25、E27	1 号		
14	E26、E28	2 号		
15	E33、E31	1 号		
16	E32、E29	2 号		
17	E30	1 号		
18	最终接头	—	—	—

3.1.3   主要工艺流程

工厂法主要工艺：钢筋绑扎、模板施工、混凝土浇筑、节段顶推、一次舾装及管节起浮横移，预制施工工艺流程见图 3-3。

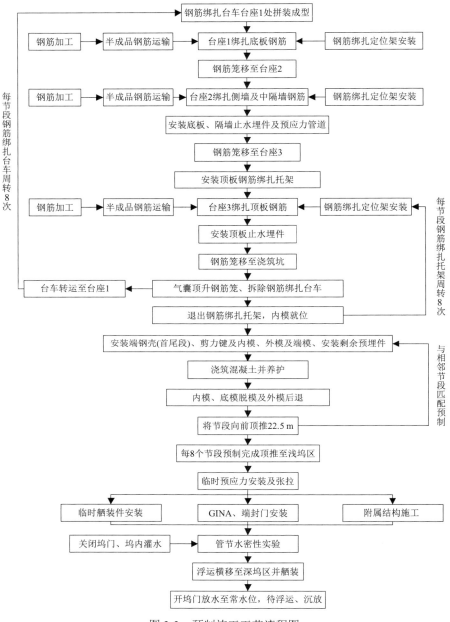

图 3-3　预制施工工艺流程图

3.1.4　管节预制顺序

采用工厂法流水施工工艺，设置 2 条生产线，每条由 3 个钢筋绑扎台座、1 个混凝土浇筑台座、1 套顶板钢筋绑扎托架、1 套固定底模、1 套内模、1 套外模及 4 个钢筋绑扎台车组成。施工流程见图 3-4。

钢筋绑扎台车

1-1断面

隔墙钢筋绑扎支架

2-2断面

顶板钢筋绑扎托架

3-3断面

顶板钢筋绑扎托架

4-4断面

第一步：台座1处安装钢筋绑扎台车，绑扎1号节段底板钢筋：

顶推滑移轨道

内模　内模滑移梁　钢筋绑扎台车

顶板钢筋托架　底模

混凝土浇筑台座

顶板钢筋

绑扎1号节段底板钢筋

台座1　台座2　台座3

第二步：1号节段底板钢筋连同钢筋绑扎台车一起滑移至台座2，绑扎隔墙钢筋；台座1安装钢筋绑扎台车进行2号节段底板钢筋绑扎：

内模　内模滑移梁

顶板钢筋托架

混凝土浇筑台座

绑扎1号节段隔墙钢筋

绑扎2号节段底板钢筋

台座1　台座2　台座3

第三步：将2号台座1号节段钢筋骨架连同钢筋绑扎台车一起滑移至台座3，绑扎隔墙钢筋，台座1安装钢筋绑扎台车绑扎2号节段底板钢筋；钢筋绑扎托架滑移就位，绑扎1号节段顶板钢筋：

内模　内模滑移梁

混凝土浇筑台座

顶板钢筋托架

绑扎1号节段顶板钢筋

绑扎2号节段隔墙钢筋

绑扎3号节段底板钢筋

台座1　台座2　台座3

第四步：台座3绑扎1号节段顶板钢筋：

内模　内模滑移梁

混凝土浇筑台座

绑扎1号节段顶板钢筋

绑扎2号节段隔墙钢筋

绑扎3号节段底板钢筋

台座1　台座2　台座3

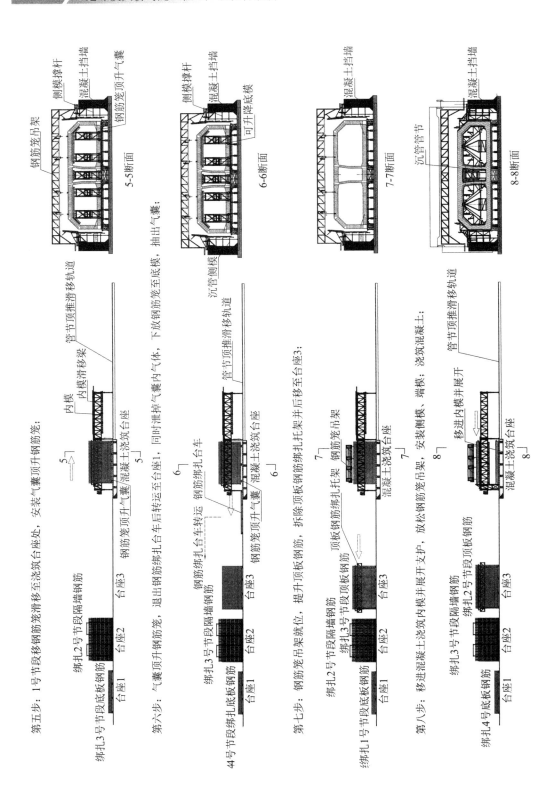

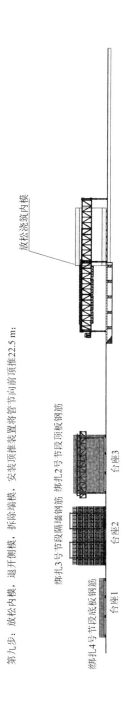

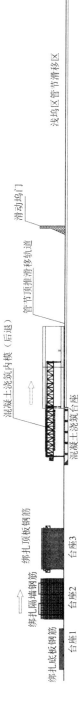

第九步：放松内模、退开侧模、拆除端模、安装顶推装置将管节向前顶推22.5 m；

第十步：清理内模，并向前滑移至1号节段内腔，完成一节管节预制循环施工，准备下一节段预制；

第十一步：按照与1号节段相同的方法完成2号节段混凝土浇筑并将管节向前顶推22.5 m，台座1、台座2、台座3继续流水作业绑扎钢筋；

第十二步：按照相同的方法完成3、4、5、6、7、8号节段施工，将管节顶推至浅坞滑移区，完成临时预应力整体张拉，同时完成尾端的钢封门等剩余的一次舾装施工；台座1、台座2、台座3继续流水作业绑扎下一节管节钢筋：

第十三步：同时关闭滑动坞门，开启水泵抽水至工作水位，管节自浮后将其浮运至深坞区管节寄放区，预制工厂正常预制下一节管节；

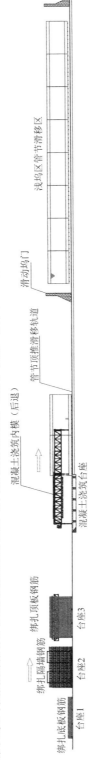

第十四步：开启滑动坞门将坞池水位放至常水位，将管节寄放至深坞区寄存出运、安装，开启滑动坞门为后续管节顶推至浅坞区做好准备，按照上述方法循环预制所有管节。

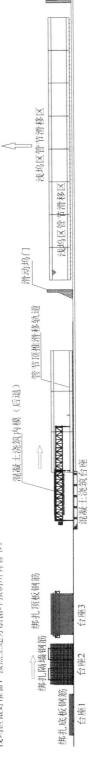

图3-4 管节预制施工工艺流程图

3.2　总平面布置

3.2.1　总平面布置原则

①总平面布置应符合珠海市万山海洋开发试验区桂山岛总体规划的要求，并遵守国家及珠海市政府的有关法律、法规等。

②陆域布置功能分区合理、明确，布置紧凑，既避免相互干扰和影响，又尽可能节省用地，同时，符合环境和生态保护、安全卫生方面的要求。

③深坞区坞坑应根据地形条件，避开山包，充分利用已有采石深坑，以减少坞坑开挖工程量。

④充分利用现有的榕树头航道，水域布置在空间布局形态和建设序列上做到协调合理，保证沉管出运和配套码头船舶靠离泊的安全作业要求。

⑤总平面布置应有利于沉管预制、出坞、锚泊和出运，做到沉管预制流畅、出坞便利、锚泊安全、出运顺畅。

⑥配套码头应布置在波浪掩护条件较好的水域，并与后方场区布置相协调。

3.2.2　建设条件

牛头岛自然条件与建设条件详见 2.3.1 节。

3.2.3　主要区域尺寸设计

沉管预制厂主要区域尺寸设计参照 2.3.4 节、2.3.5 节。

3.2.4　主要区域标高设计

根据尽量节省土石方开挖工程量的原则，结合现有地形资料，确定预制厂厂区陆域场地平整标高统一按+3.5 m 考虑，沉管预制厂深坞区设计底高程为−12.8 m，浅坞区轨顶（沉管底）设计底高程+3.5 m，浅坞区轨道之间设置人行通道，通道底高程+1.75 m。钢筋存放加工区设计底高程为+5.5 m，预制车间钢筋绑扎台座区设计底高程+3.5 m，现浇台座区设计底高程+1.25 m。浅坞区与深坞区挡水坝坝顶高程为+15.8 m。综合办公楼陆域高程为+24.0 m。生活区陆域高程为+19.0 m，如图 3-5 所示。

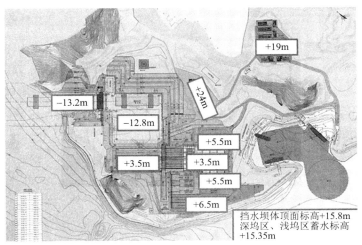

图 3-5　主要区域标高设计图

3.3　施工组织方案

3.3.1　工厂施工总体思路及流程

预制场分为四大部分：工厂厂房、浅坞区、深坞区、坞口区，办公生活区，码头区，堆场区及搅拌站。

施工作业顺序主要分为以下 8 项：

①附属码头施工；

②深坞区及坞口土石方爆破开挖、深坞区东北边深坑填筑土石方；

③厂房区石料堆开挖移运、混凝土生产区填筑土石方、场地平整；

④厂房区土石方爆破开挖、浅坞区土石方爆破开挖；

⑤深坞填筑区埋坡，散料码头及防波堤埋坡，深坞区及浅坞区边坡防护施工；

⑥厂房区土建施工，深坞区、浅坞区拦水坝、坞口结构、水泵房、深坞门沉箱施工，办公生活区房建、工厂区道路施工，生产区浇筑台座、顶推轨道梁、浅坞门基础施工；

⑦钢结构厂房施工，设备安装；

⑧其他配套设施施工。

工厂建设总体工艺流程见图 3-6。

3.3.2　施工总工期

（1）场地平整及土石方爆破开挖

2010 年 12 月开始工厂区爆破开挖，2011 年 7 月完成深坞区、浅坞区、预制生产区

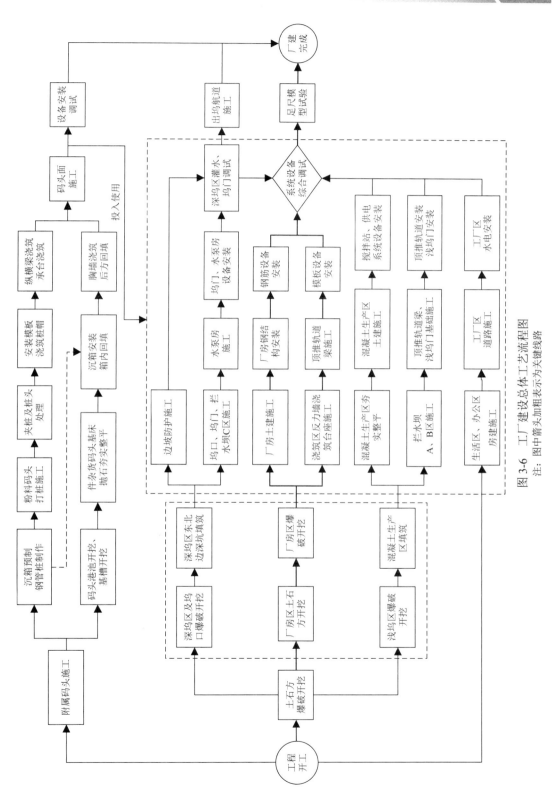

图 3-6　工厂建设总体工艺流程图

注：图中箭头加粗表示为关键线路

及坞口的爆破开挖。

（2）附属码头

2011年3月开始件杂货码头施工，2011年6月完成件杂货码头及散料码头混凝土施工。

（3）生活区、办公区

2011年6月3日生活区、办公区房建开工，2011年11月底生活区、办公区具备居住和办公条件。

（4）坞室拦水坝及坞口施工

2011年6月22日开始坞室A区、B区拦水坝施工，2011年12月30日完成深坞门沉箱、坞口底板、坞口拦水坝及水泵房土建施工，深坞门及水泵房进入设备安装阶段。

（5）生产线浇筑台座

2011年8月10日完成2号生产线浇筑台座土建基础，2011年9月10日完成1号生产线浇筑台座土建基础。

（6）厂房建设

2011年12月30日完成厂房土建及钢结构施工。

（7）浅坞区施工与坞室蓄水

2012年8月8日浅坞区钢闸门安装完毕，深坞区、浅坞区具备蓄水条件，2012年9月9日深坞区、浅坞区整体蓄水到+15.35 m试压成功。

（8）出坞航道爆破开挖

2011年12月陆上土石方开挖清岩施工转战坞口外北边坡，2013年4月19日完成出坞航道清礁、扫测验收合格。

3.4　场地平整工程与深坞区、浅坞区开挖

3.4.1　场地开挖分区

预制场地开挖分为7个区，一区至七区分别为：深坞区、预制生产区、深坞坞口、浅坞区、坞口坡堤及水下炸礁、砂石料堆场、深坞区拦水坝，见图3-7。

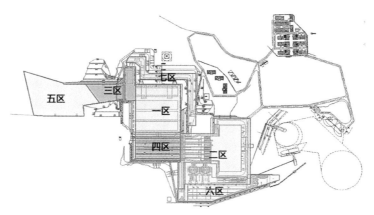

图 3-7　厂区开挖分区图

3.4.2　土石方平衡及施工顺序

厂区采用填挖平衡法,根据余料堆存备用的原则进行总体开挖及回填施工顺序安排,经断面计算土石方平衡见图 3-8。

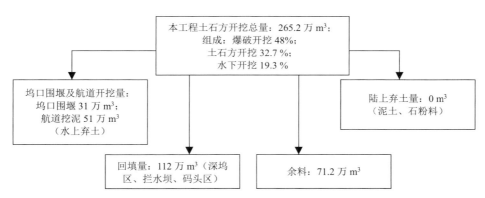

图 3-8　土石方开挖平衡计算

根据土石方平衡原则,首先进行一区、二区及四区土石方开挖,同步回填六区、七区及码头护岸等区域,最后进行三区、五区陆上及水下开挖部分。采用分区爆破开挖方案,即低台阶区和高台阶区两个区域,并在各区按山体高度分台阶开挖,各区先开挖表层碎石土后钻爆、自上而下分层开挖,爆破以中深孔松动控制爆破为主,局部低矮地和边坡及临时道路采用小直径浅眼爆破法,其主要顺序如下。

①深坞区爆破开挖,坞口碎石土开挖及爆破、边坡防护;

②预制生产区碎石土开挖,砂石料堆场、深坞区拦水坝填筑;

③浅坞区、预制生产区爆破开挖、边坡防护。

坞坑开挖完后进行构筑物的施工,预制生产区开挖的碎石土,在砂石料堆场和深坞区拦水坝北侧同时填筑,总体施工流程如图 3-9 所示。

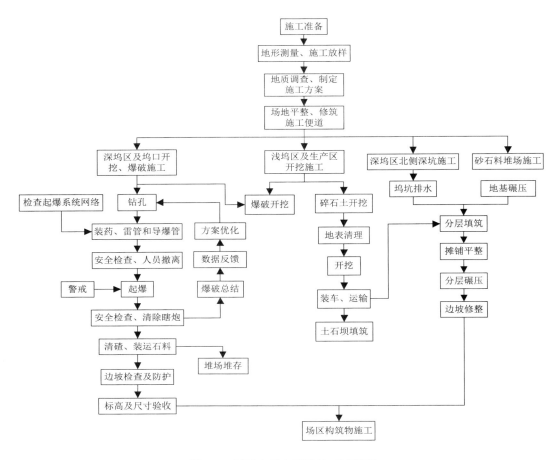

图 3-9　厂区土石方开挖施工流程图

　　根据坞坑开挖施工特点及进度要求，合理安排多工作面、多工序间的平行作业及工序衔接关系，做到"平面多工序，立体多层次"，统筹安排施工程序，加强各工作面的防干扰安全措施，以提高各工作面的效率，如图 3-10～图 3-14 所示。

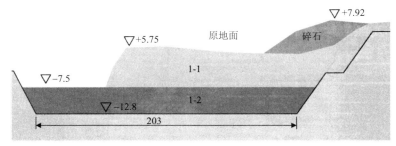

图 3-10　一区开挖断面图（单位：m）

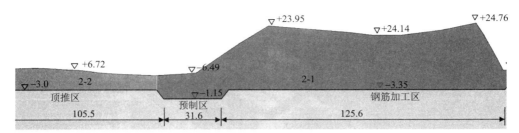

图 3-11　二区开挖断面图（单位：m）

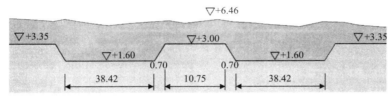

图 3-12　四区开挖断面图（单位：m）

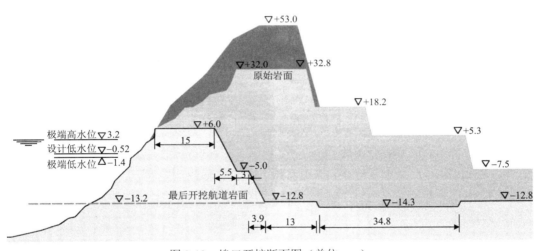

图 3-13　坞口开挖断面图（单位：m）

图 3-14　深坞区开挖全景

3.4.3 主要机械设备配置

主要机械设备配置见表3-2。

表3-2 主要机械设备配置

序号	船机设备名称	规格型号	数量	序号	船机设备名称	规格型号	数量
1	挖掘机	1.5～2 m³	22 台	12	发电机	350 kW	4 台
2	自卸车	20～25 t	70 辆	13	平板运输车	30 t	3 辆
3	潜孔钻机	ϕ140	10 台	14	混凝土凿除机	PC-200	2 台
4	手风钻	ϕ38～42	10 台	15	油罐车	10 t	1 个
5	推土机	TY240	6 台	16	水罐车	5～10 t	2 台
6	压路机	18～21 t	2 台	17	炸礁船	1 500 m³	1 艘
7	履带凿岩机	PC200	2 台	18	抓斗式挖泥船	13 m³	1 艘
8	混凝土搅拌站	HZS120	1 套	19	泥驳	1 500 m³	3 艘
9	交通艇	12 座	1 艘	20	混凝土搅拌站	50 m³/h	1 套
10	拖轮	400hp	1 艘	21	定位方驳	1 000 t	1 艘
11	锚艇	30 t	1 艘	22	反铲船	1 000 m³	3 艘

3.5 沉管预制厂房

沉管预制厂房内有 2 条生产线，每条生产线设置钢筋加工区、钢筋绑扎区、混凝土浇筑及养护区。单条生产线呈"L"形设置，形成钢筋加工、钢筋绑扎及混凝土施工流水线，详见图3-15。

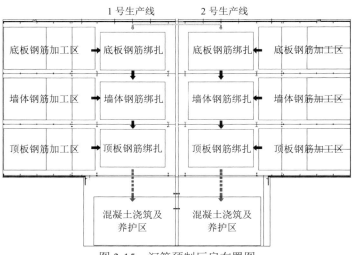

图3-15 沉管预制厂房布置图

钢筋加工区主要功能包括钢筋原材存放及验收、钢筋加工、半成品存放及验收、材料运输。

钢筋绑扎区主要功能包括底板、墙体、顶板钢筋平行绑扎及顶推。

混凝土浇筑及养护区主要功能包括钢筋笼顶推进入及体系转换、模板的安装、混凝土浇筑及养护、管节顶推。

3.5.1　钢结构厂房

钢结构厂房是沉管的主要生产区，是沉管预制的核心建筑物，建筑平面形体为"T"字形，其他建构筑物均围绕厂房进行相关布置、设计。立面以横向的采光兼通风玻璃窗作为设计的主导元素，结合局部山墙开敞、彩钢板围护墙体的色彩分区等，力求创造整体、美观的现代化生产厂房。

在满足生产工艺和使用功能要求的前提下，依据总平面布置，结合主导风向，在建筑平面布置上尽量考虑自然通风、天然采光，努力做到功能布局合理、经济实用；在立面上尽量采用简洁明快的设计手法，充分体现工厂高效的流水线作业风格。

根据生产工艺和使用功能要求，结合临时建筑的特点，合理安排建筑单体的平面功能空间，使建筑物室内空间敞亮、舒适、使用方便；根据功能布局合理设置各种出入口和垂直交通，做好厂区内部交通组织、防火设计和安全疏散设计，满足防火规范的各项要求。

厂房建筑性质为工业建筑，结构主体采用钢结构，抗震设防烈度为 7 度，屋面防水等级为Ⅲ级，建筑耐火等级为二级，生产火灾危险性分类为丁类。

1. 平立面及结构尺寸设计

厂房各区域均为单层建筑，高度从 12.0 m、19.0 m、21.4 m（室内地面 3.5 m 至梁底），建筑面积为 26 879 m²，占地面积 26 879 m²。主要使用功能为钢筋绑扎、两翼的钢筋存放加工区、模板休整区、浇筑区等多个连续区域；室内标高设计为：绑扎区为 3.5 m、两翼 5.7 m、休整区 3.5 m、浇筑区 1.3 m，中间钢筋绑扎区域同室外连接道路（3.5 m）平顺连接，两侧区域为钢筋存放及加工区，室内外地面高差为 0.2 m，如图 3-16 所示。

厂房内钢筋加工区设 6 台 10 t 龙门式起重机（以下简称龙门吊），钢筋绑扎区设 6 台 2×5 t 桥式起重机（以下简称桥吊），模板休整区及浇筑区共设 8 台 15～20 t 钢筋吊架。

厂房平面形体为"T"字形，钢筋加工区及钢筋绑扎区总宽度为 201 m，其中单条生产线钢筋加工区宽度为 55 m，钢筋绑扎区宽度为 45.5 m，室内外结构标高设计详见图 3-17。

钢筋加工区分为底板、墙体、顶板 3 个区域，总长度为 91.5 m，3 个区域等跨度设置，每个区域 30.5 m，每个区域设置 10 t 门式起重机（以下简称门吊），详见图 3-18。

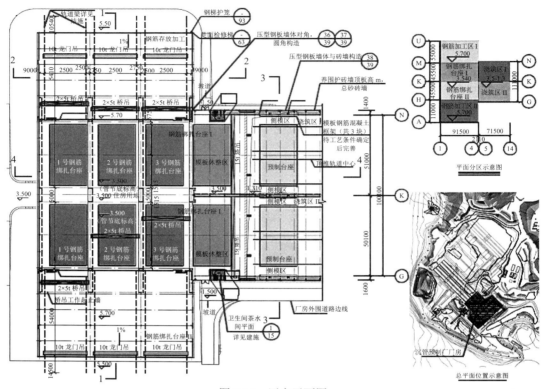

图 3-16　厂房平面图

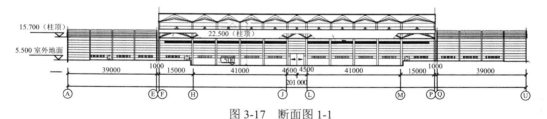

图 3-17　断面图 1-1

注：图中尺寸标注单位为 mm，标高为 m

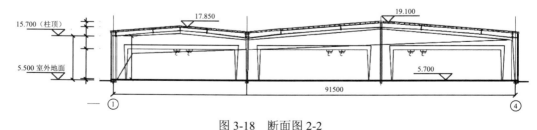

图 3-18　断面图 2-2

注：图中尺寸标注单位为 mm，标高为 m

混凝土浇筑及养护区总宽为 105.2 m，单条生产线宽 52.6 m，每条线浇筑区设置 4 台 20 t 门吊，室内外标高等详见图 3-19。

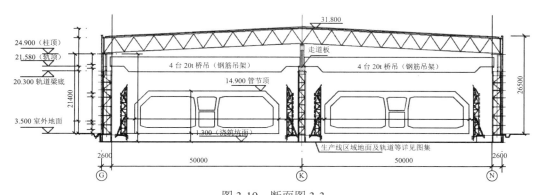

图 3-19　断面图 3-3

注：图中尺寸标注单位为 mm，标高为 m

厂房总长度为 168.7 m，钢筋绑扎区长与钢筋加工区相同为 91.5 m，休整区长 31 m，浇筑区长 44.2 m，每条线钢筋绑扎区设置 3 台 2×5 t 桥吊，室内外标高等详见图 3-20。

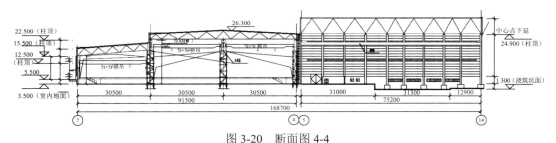

图 3-20　断面图 4-4

注：图中尺寸标注单位为 mm，标高为 m

2. 施工流程

厂房施工流程见图 3-21。

3. 基础

根据地质勘查报告，厂房区域地质主要为中风化及弱风化岩，无须加固处理；部分在基础位置开挖至原设计基底标高以下 1.5 m 没有碰到基岩层的基础，设计采用强夯加固处理，强夯标准按相关规范执行。根据荷载条件，厂房基础结构类型分为柱下独立基础、杯口独立基础。

（1）柱下独立基础

钢筋加工区厂房基础设计为柱下独立基础。基础分扩大基础及短柱两部分，均为钢筋混凝土结构。钢柱与混凝土短柱通过预埋锚栓连接，两柱间预留调节灌浆层，如图 3-22 所示。

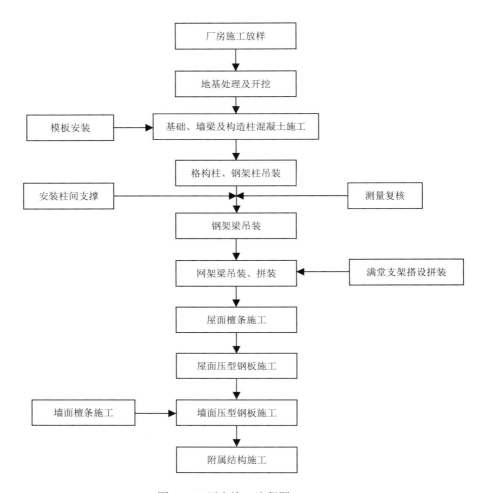

图 3-21　厂房施工流程图

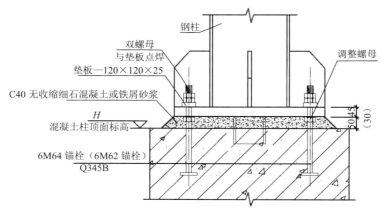

图 3-22　钢柱与基础连接大样图（单位：mm）

（2）杯口独立基础

钢筋绑扎区及休整区厂房基础设计为杯口独立基础，基础为钢筋混凝土扩大基础，基础顶部预留杯口槽。钢格构柱柱脚在杯口槽内通过后灌注 C40 无收缩细石混凝土进行锚固连接，详见图 3-23。

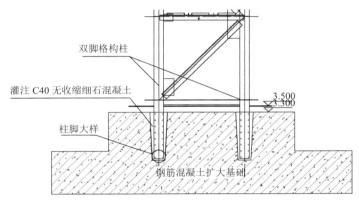

图 3-23　杯口独立基础示意图（单位：m）

4. 钢结构

（1）柱

厂房钢结构柱根据不同的高度，设计采用不同结构，以满足稳定性要求，如图 3-24 所示，①～④轴的钢筋加工区及①轴所有区域柱结构均采用独立钢柱结构，钢柱数量为 42 根，②～⑭其他柱结构采用格构柱结构，数量为 51 根，厂房钢结构 2 条生产线完全对称。

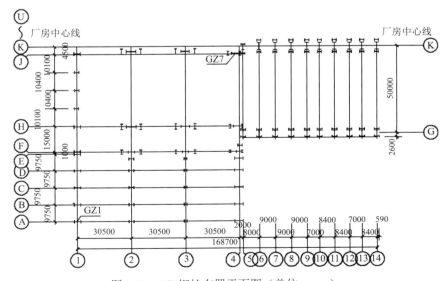

图 3-24　1/2 钢柱布置平面图（单位：mm）

独立钢柱取 GZ1 柱为例，结构详见图 3-25、图 3-26。

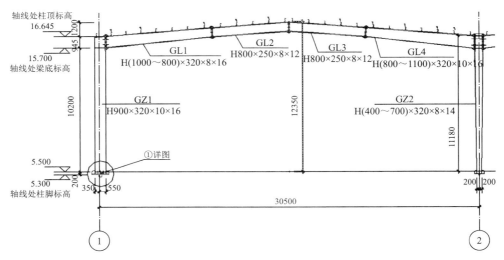

图 3-25　GZ1 柱详图（单位：mm）

图 3-26　钢柱安装图

格构柱统计以 GZ7 柱为例，结构如图 3-27、图 3-28 所示。

图 3-27　格构柱安装图

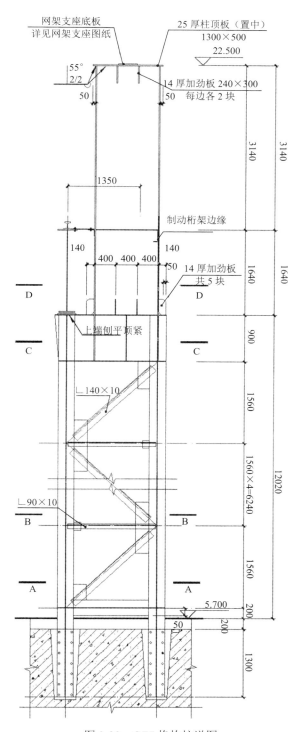

图 3-28　GZ7 格构柱详图

注：图中尺寸标注单位为 mm，标高为 m

（2）吊车梁

吊车梁又叫桁车梁，分布于钢筋绑扎区、休整区及混凝土浇筑区，分别满足各区域吊车使用要求。根据高程不同，设计吊车梁分别为：12.5 m 与 19.5 m 标高吊车梁（1～4/F～P）、21.73 m 标高吊车梁（5～14/G～N），采用焊接型轨道联结，轨道 43 kg/m。取 12.5 m 标高吊车梁（1～2/F～P）平面布置图为例，详见图 3-29。

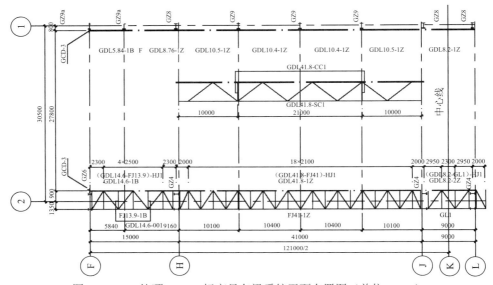

图 3-29　1/2 轨顶 12.5 m 标高吊车梁系统平面布置图（单位：mm）

吊车梁采用吊车起吊安装，分为单机吊装和双机抬吊。出于结构变形及安全考虑，41.8 m 长的吊车梁采用双机抬吊，详见图 3-30，其他长度梁采用单机吊装。

图 3-30　双机抬吊示意图

（3）屋面、墙面系统

厂房屋面结构设计为网架、刚架两种结构。主体结构钢柱柱脚采用刚接，钢筋存放加工区的钢梁、钢柱节点采用端部加螺栓连接；网架支点采用平架支座连接。屋面檩条采用 Z 型冷弯薄壁型钢，表面处理为热浸连续锌，镀锌不低于 180 g/m，其材质为 Q345A。屋面保温隔热层采用离心超细玻璃丝纤维棉毡（A 级建筑材料），采光带的采光板板型应与屋面板板型相配合，板材表面应覆有抗紫外线、抗老化保护贴膜。

屋面恒载设计：压型钢板+檩条+支撑系统+照明及其他悬挂荷载 0.30 kPa，基本风压为 0.85 kPa，调整系数为 1.0 或 1.05（用于轻型结构或构件），地面粗糙度为 A 类，风荷载体型系数按规范要求选取。

①厂房门式钢架结构分布于钢筋加工区，即钢柱、钢架梁形成门式钢架结构，梁上布置屋面檩条，支撑屋面板，板材均采用 Q345B，具体如图 3-31、图 3-32 所示。

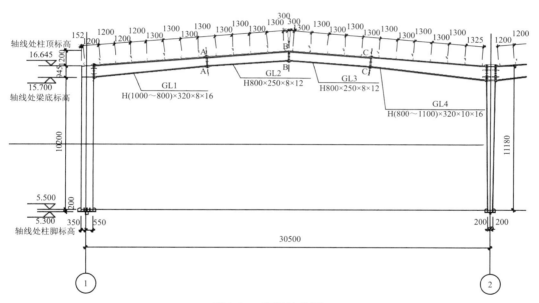

图 3-31　钢梁结构图

注：图中尺寸标注单位为 mm，标高为 m

图 3-32　屋面檩条安装

②厂房网架结构分布于（1～4/F～P）、（5～14/G～N）轴，柱及网架形成空间结构，网架上弦永久荷载：0.30 kPa（不含网架自重），屋面活荷载：0.30 kPa（网架整体计算）/ 0.5 kPa（构配件设计）；下弦荷载仅考虑灯及电线荷载（荷载计入上弦永久荷载），如图 3-33、图 3-34 所示。

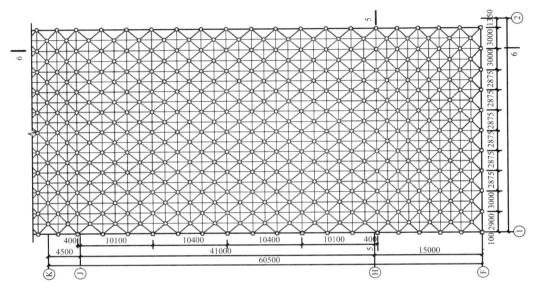

图 3-33　网架平面布置图（单位：mm）

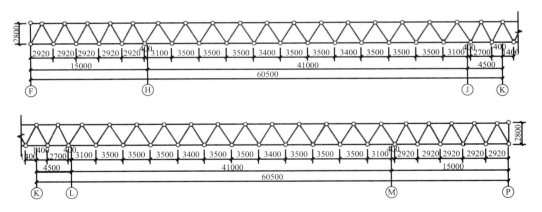

图 3-34　6-6 断面图（单位：mm）

厂房屋面施工分 5 个区域，其中一区、二区、三区屋顶为螺栓球网架安装区域，一区、三区采用滑移脚手架进行网架空中拼装；二区用钢筋吊架上进行网架空中拼装；三区与四区、五区交接处采用空中单点散装法施工；五区屋顶为刚架结构，在地面整体拼装完成后，吊机安装，如图 3-35～图 3-38 所示。

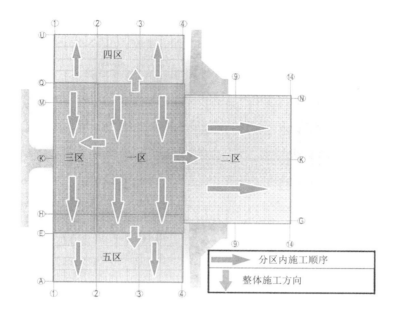

图 3-35　网架安装分区图

图 3-36　移动脚手架安装网架

图 3-37　桁车安装网架

图 3-38　屋面网架

③墙面墙梁采用 Z 型冷弯薄壁型钢，表面处理为热浸连续锌，镀锌不低于 180 g/m，其材质为 Q345A，墙梁或檩条间撑杆采用钢管套圆钢或 Z 型冷弯薄壁型钢，拉条采用圆钢，示意图见图 3-39 和图 3-40。

图 3-39　墙面檩条安装

图 3-40　厂房全景

3.5.2　钢筋加工区

1. 场地布置原则

钢筋加工采用工厂化流水线加工方式，总体设计方案遵循如下原则。

①采购现代化数控钢筋加工设备，遵循简单、快捷、科学的生产原则，提高自动化生产效率；

②单条钢筋加工生产线内设备采用集中式布置，避免分散式布置，节约占地面积；

③钢筋传送采用传送及转运设备，避免人员搬运；

④场地布置要充分考虑移动设备及人员通道、路线规则、安全规范。

2. 功能分区设计

沉管预制厂每条生产线的钢筋加工区分为底板、墙体、顶板 3 个区域，每个区域分为原材存放区、原材检验区、钢筋加工区、半成品存放区及半成品检验区，加工区面积约 5000 m²，地面标高为+5.7 m。分区主要尺寸如图 3-41 所示。

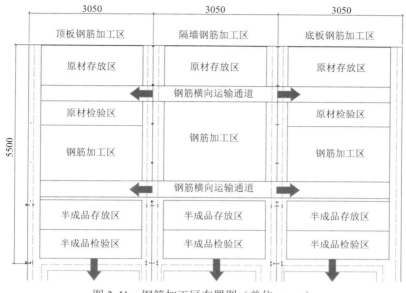

图 3-41　钢筋加工区布置图（单位：mm）

3. 钢筋加工设备比选

为适应港珠澳大桥岛隧工程沉管施工标准的质量要求，钢筋加工设备选择自动化生产线，锯切及弯曲设备均为数控设备，综合考虑自动化生产设备的优越性，对比传统加工方法，主要有以下几点。

（1）施工占地面积小

按每天（8～10 h）加工 60 t 钢筋的需求，对比传统人工加工与自动化生产线的占地面积（表 3-3）。

表 3-3　占地面积对比

项目	传统人工加工	自动化生产线
钢筋剪切（每组）	10 m×3.5 m	15 m×3 m
钢筋弯曲（每组）	10 m×3.5 m	15 m×4 m
需求组数	5	1
占地面积对比	10：3　　传统人工加工	自动化生产线

（2）施工人数

按每天（8～10 h）加工 60 t 钢筋的需求，对比传统人工加工与自动化生产线的施工人数（表3-4）。

表3-4　施工人数对比

项目	传统人工加工	自动化生产线
钢筋剪切（每组）	2	2
钢筋弯曲（每组）	2	2
需求组数	4×5	4×1
施工人数对比	5∶1 	

（3）产能

按每天（8～10 h）加工 60 t 钢筋的需求，对比传统人工加工与自动化生产线的产能（表3-5）。

表3-5　产能对比

项目	传统人工加工	自动化生产线
钢筋剪切（每组）	3	60
钢筋弯曲（每组）	3	60
需求组数	20	1
产能对比	20∶1 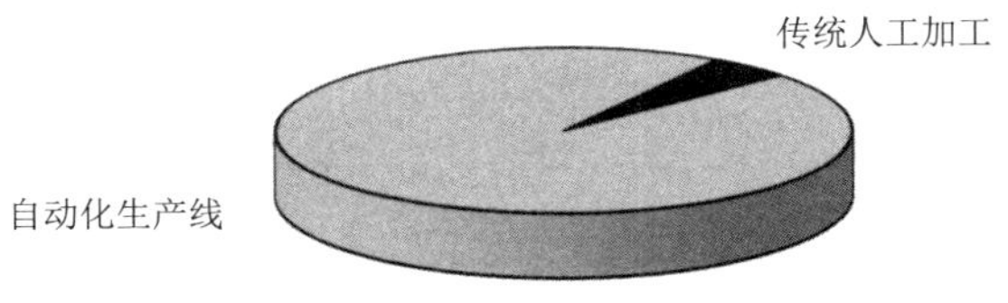	

（4）能耗

按每天（8～10 h）加工 60 t 钢筋的需求，对比传统人工加工与自动化生产线的能耗（表3-6）。

表 3-6　能耗对比

项目	传统人工加工	自动化生产线
钢筋剪切（每组）	4 kW·h	9 kW·h
钢筋弯曲（每组）	5 kW·h	7 kW·h
需求组数	9 kW·h×10 组×8 h	16 kW·h×1 组×8 h
能耗对比	5.6∶1 	

（5）加工精度

传统人工加工与自动化生产线的加工精度对比见表 3-7。

表 3-7　加工精度对比

项目	传统人工加工	自动化生产线
可控进度	因工人素质而差异	±1mm
保障方式	人工	伺服控制系统

注：钢筋加工精度的高低直接决定了绑扎时的工作效果，尤其在一些弯曲封闭钢筋绑扎时，此差异表现得更为明显，如果钢筋加工精度达不到要求，将会出现绑扎时无法将钢筋放入模具的情况，从而严重影响绑扎工作的进行。

（6）其他

其他项目比选结果见表 3-8。

表 3-8　其他对比

项目	传统人工加工	自动化生产线
安全	人员多、工地易乱，容易产生安全隐患	机器封闭性能强，不会产生加工危险
原材料损耗	会产生大量的钢筋废料	基本不会产生钢筋的浪费
管理成本	施工人员多，不好管理	简单、方便，好管理
工期	加工速度慢、误差大影响钢筋绑扎进度	加工速度快、及时，加工误差小能促进钢筋绑扎进度
文明施工	施工现场杂乱无章	施工现场整洁有序，工程整体形象好

综上所述，根据沉管施工工艺及施工强度，合理选择自动化加工生产设备，以满足沉管预制的工厂化、标准化的总体要求。

4. 设备选型及安装

通过广泛调研国内外数控加工设备及物料流水线，最终选择以进口数控剪切、弯曲设备结合国产锯切、套丝设备和物料流水线组成自动化、高精度、高效率的钢筋加工生产流水线。

根据总体布置原则，进行设备生产工效分析，制定最优设备采购方案，如表 3-9 所示。

表 3-9　钢筋加工设备工效分析表

设备名称	单位	钢筋型号	加工数量（每天）	加工数量（7 天）	每节段设计量	单条生产线配置数量
锯切线	根	通用	2 400	16 800	11 980	1 套满足（含钢筋输送辊道）
剪切线	根	Φ16	9 000	63 000	5 000	1 套满足
	根	Φ20	7 200	50 400	32 714	
	根	Φ25	5 400	37 800	2 100	
	根	Φ32 以上	2 000	14 000	少量	
立弯机	次	Φ16	12 000	84 000	5 000	1 台满足
	次	Φ20	7 000	49 000	32 714	
	次	Φ25	3 600	25 200	2 100	
平弯机 B-33	根	Φ16～Φ28	1000～2000	7000～14000	2 717	1 台满足
平弯机 B-52	根	Φ32～Φ40	500	3 500	1 999	1 台满足
套丝机	个	通用	400	2 800	11 980	5 台满足
墩粗机	个	通用	200	1 400	182	1 台满足
摩擦焊	根	通用	3000	21 000	23 214	1.5 台满足

根据表 3-9 所示，钢筋加工区总体上采用横跨顶板、隔墙和底板 3 个车间的钢筋集中加工方式，3 个车间的原材料通过一辆 30 t 过跨车实现过跨运输，套丝和弯曲成型后的制品（半成品）通过两个 20 t 动力过跨车配合龙门吊周转至 3 个半成品堆放区。采用锯切线下料的材料，从传送辊台到两条套丝生产线钢筋连续动力转运，套丝后直条钢筋收集于集料槽，由龙门吊周转至相应弯曲主机。

摩擦焊生产拉钩筋，选择另外车间进行单独加工，不设在生产线上，如图 3-42 所示。

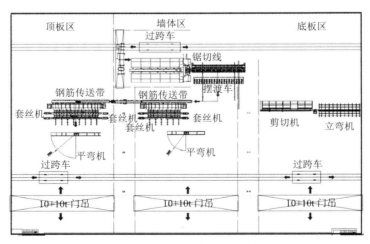

图 3-42　钢筋加工设备平面布置图

5. 基础及管道

钢筋加工区的设备基础均在混凝土地坪上直接固定即可，无须设计扩大基础。材料存放区在地坪上设枕梁，枕梁根据材料荷载分钢筋混凝土及钢结构两种。

龙门吊基础为独立扩大基础，由 C15 混凝土垫层、C30 钢筋混凝土基础及 P43 轨道钢组成，如图 3-43、图 3-44 所示。

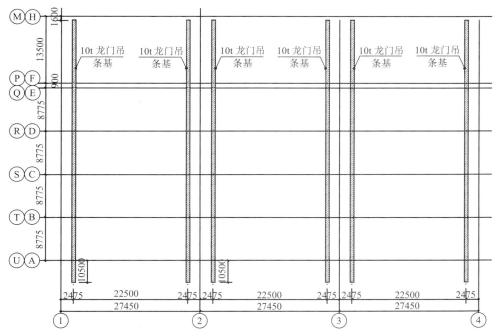

图 3-43　龙门吊基础平面布置图（单位：mm）

图 3-44　钢筋加工区

3.5.3　钢筋绑扎区

1. 钢筋绑扎流水线

沉管钢筋采用分区绑扎、顺序顶推的流水线施工工艺。采用移动式台架分别在底板、墙体及顶板钢筋绑扎台座同步施工，完成绑扎后，顺序顶推钢筋笼至下一作业区，顶板钢筋笼绑扎完成后顶推进模板区，利用气囊和钢筋笼吊架将钢筋笼置换至底模上，实现全断面钢筋笼的受力体系转换，即钢筋台架受力转换为模板受力。

钢筋绑扎区的轨道、钢筋台架及顶推装置均为装配式，需将钢筋绑扎区域的地坪标高控制好，保证场地整体平整度，如图 3-45 所示。

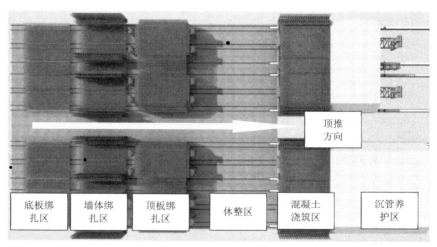

图 3-45　钢筋绑扎流水线示意图

2. 功能分区设计

单条生产线钢筋绑扎区分为底板绑扎区、墙体绑扎区、顶板绑扎区，呈纵向直线向布置，钢筋绑扎区宽度为 42 m，两侧预留绑扎台架工作宽度为 1.525 m，每个区工作净宽度为 37.95 m（同沉管断面宽度），长度为 22.5 m（同沉管节段长度），相邻绑扎区之间设预留通道，绑扎区地面标高均为+3.5 m，如图 3-46 所示。

3. 钢筋笼荷载条件

根据沉管钢筋笼全断面施工荷载初步设计条件，分别设计底板、墙体及顶板钢筋绑扎台架，荷载图如图 3-47 所示。

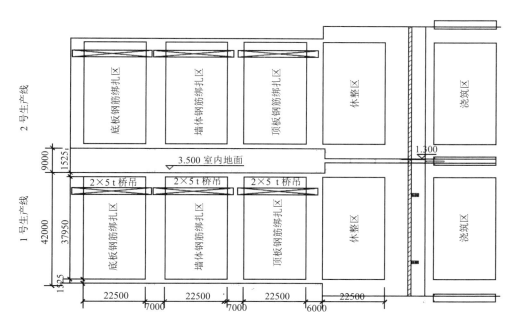

图 3-46　钢筋绑扎区布置图

注：图中尺寸标注单位为 mm，标高为 m

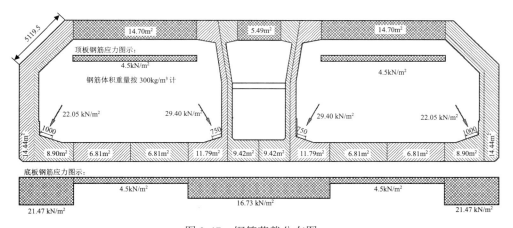

图 3-47　钢筋荷载分布图

4. 轨道布置

为了实现流水线绑扎工艺，并结合钢筋笼设计荷载条件，钢筋绑扎区共设置 14 条固定滑移轨道，每条轨道 117.5 m，由底板绑扎区延伸至休整区。混凝土浇筑区设置 14 条活动轨道，每次钢筋笼顶推至浇筑区时与固定轨道对接，实现钢筋笼入模，轨道平面布置图如图 3-48 所示。

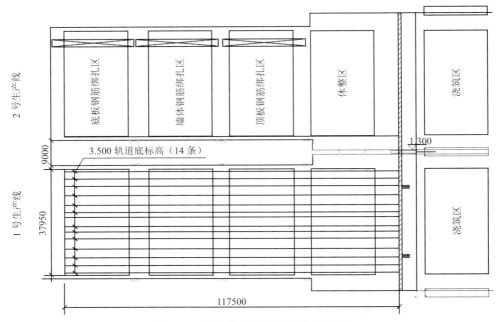

图 3-48　钢筋绑扎区滑移轨道布置图

注：图中尺寸标注单位为 mm，标高为 m

　　滑移轨道系统由滑移轨道槽+不锈钢板与特氟龙滑板+滑移方钢形成滑移面，钢筋笼绑扎均在滑移轨道上进行，实现顶推滑移功能，轨道轴线及标高允许偏差为 5 mm，如图 3-49、图 3-50 所示。

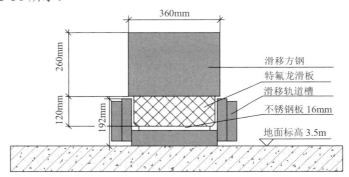

图 3-49　滑移轨道系统示意图

图 3-50　滑移方钢安装

为满足钢筋笼顶推功能，设置 4 条顶推轨道，与钢筋笼滑移轨道平行，长度为 117.5 m。轨道钢轨材质为 65Mn，需防止焊接变形。轨道顶部标高允许偏差为 10 mm，轨道顶端保持平滑，防止有突起。轨道中线允许偏差为 5 mm，在轨道拼接处须平滑过渡，如图 3-51～图 3-53 所示。

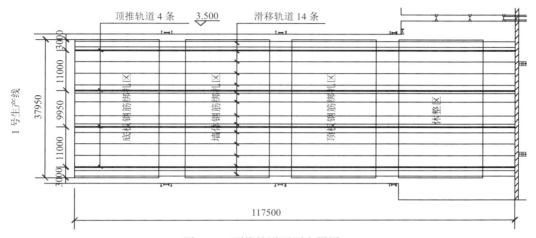

图 3-51 顶推轨道平面布置图

注：图中尺寸标注单位为 mm，标高为 m

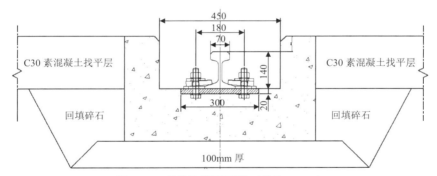

图 3-52 顶推轨道断面图（单位：mm）

图 3-53 钢筋区轨道

5. 绑扎台架设计

底板、墙体、顶板钢筋绑扎区分别设不同类型绑扎台架，3 个区域外侧面绑扎台架均为可伸缩式固定台架，内侧为可拆装式活动台架，如图 3-54 所示。

图 3-54　绑扎台架

（1）底板钢筋绑扎台架

底板钢筋绑扎台架由外侧绑扎架及 14 条滑移轨道组成，底板钢筋绑扎工艺和底板钢筋绑扎台架见图 3-55 和图 3-56。

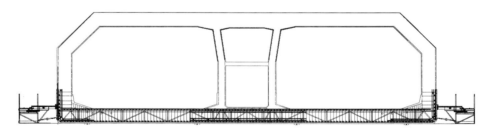

图 3-55　底板钢筋绑扎工艺图

图 3-56　底板钢筋绑扎台架

（2）墙体钢筋绑扎台架

墙体钢筋绑扎台架由外侧绑扎台架、内侧可拆卸式绑扎台架及内台架底座组成，墙体钢筋绑扎工艺和墙体钢筋绑扎台架见图 3-57 和图 3-58。

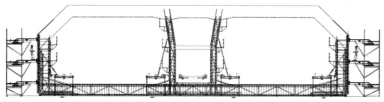

图 3-57　墙体钢筋绑扎工艺图

图 3-58　墙体钢筋绑扎台架

（3）顶板钢筋绑扎台架

顶板钢筋绑扎台架由绑扎内台架及外侧绑扎台架组成，顶板钢筋绑扎工艺和顶板钢筋绑扎台架见图 3-59 和图 3-60。

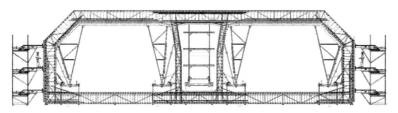

图 3-59　顶板钢筋绑扎工艺图

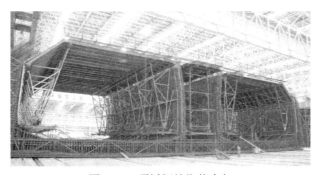

图 3-60　顶板钢筋绑扎台架

6. 设备选型

（1）钢筋笼顶推系统

1）顶推力计算

钢筋笼+台架重量为 13 000 kN。

顶推静摩擦系数（摩擦副为钢板对钢板）为 0.12，根据以往滑移经验，在滑道上涂抹黄油后，静摩擦系数为 0.1，正常滑移时滑移摩擦系数为 0.08，预留一定安全系数，取 0.12。

顶推水平力：$T \geqslant 13000 \times 0.12 = 1560$ kN。

共布置 4 套顶推装置，平均每个顶推千斤顶的额定水平推力为 390 kN。考虑顶推装置在顶推过程中，并不保持水平状态，而是有一定的升角，最大升角 $\alpha = 8°$，油缸的额定推力为 390/cos8° = 394 kN[①]。

2）顶推系统介绍

钢筋笼顶推系统采用计算机控制液压顶推系统，实现自动化同步顶推操作，并设置预警预报系统，达到钢筋笼顶推零风险的目标。该系统包括：4 台 500 kN 千斤顶（配 4 套楔形夹轨器、4 套传感器）、2 套泵站、4 条顶推轨道（与滑移轨道平行设置）、1 条顶推横梁、1 套计算机控制系统。

在正向顶推过程中，通过楔形块的单向自锁装置自动夹持轨道形成反力；在油缸反向回缩时，由于楔形块无自锁，油缸带着楔形夹轨器夹持装置自动回缩到初始位置，实现间歇式顶推前行，如图 3-61 所示。

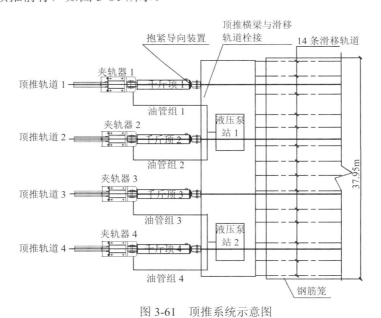

图 3-61　顶推系统示意图

---

① 顶推轨道只承受楔形夹轨器装置的顶推反力，顶推结构（钢筋笼）的重量通过滑移轨道来支撑，选择 4 台 500 kN 千斤顶满足钢筋笼顶推要求。

　　夹轨器直接夹持在轨道上面，通过连接耳板和销轴与顶推千斤顶连接。同时，为了防止顶推夹紧装置倾翻，增加了导向装置，使得夹紧装置始终平行于轨道行走，顶推系统组成及抱轨导向装置如图 3-62、图 3-63 所示。

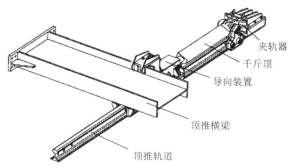

图 3-62　顶推系统组成示意图

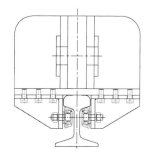

图 3-63　抱轨导向装置示意图

　　计算机控制系统主要包含主控制器 1 台，泵站分控制器 2 台，油缸行程传感器 4 套，油缸压力传感器 4 套，以及相应的电线电缆，是一套分布式实时控制系统，能够自动、手动和顺控，实现同步顶推施工，并且对所有顶推状态参数进行实时监控，控制界面如图 3-64 所示。

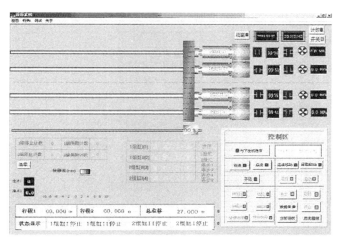

图 3-64　顶推控制界面图

通过油缸行程传感器检测各个顶推有效行程，并反馈给主控计算机，由计算机进行位置同步控制。同时，检测各个顶推千斤顶的油压，防止顶推卡阻导致局部顶推力过大，钢筋笼失稳。

为确保顶推安全，设置顶推超差限位，超过10 mm系统自动停机。

（2）体系转换系统

钢筋笼体系转换是钢筋笼顶推进入模板区后，采用桁车吊架悬挂及气囊顶升的方式，退出滑移轨道，并实现台架支撑钢筋转换为模板支撑的过程。

钢筋笼体系转换时，在钢筋笼底部布置气囊，通过气囊垫板与钢筋笼底板接触，以增大接触面积。气囊配备空气压缩机、管路、进排气阀、安全装置、压力表，可实现并联供气或者有选择性供气，滑移轨道和气囊位置如图3-65所示。

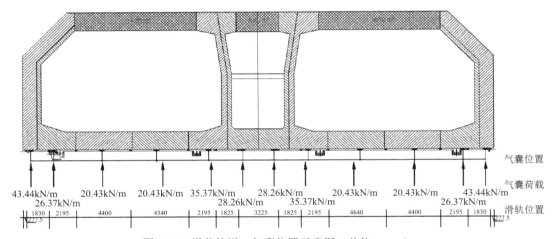

图 3-65　滑移轨道、气囊位置示意图（单位：mm）

气囊自由充气直径为250 mm，长度为23 m，额定压力4 bar[①]，通过气囊垫板与钢筋笼底板接触，初步设计气囊垫板由10 mm厚钢板与3 mm厚细木工板组成。气囊如图3-66、图3-67所示。

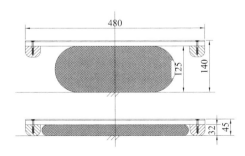

图 3-66　气囊垫板示意图（单位：mm）

---

① 1bar=10^5Pa。

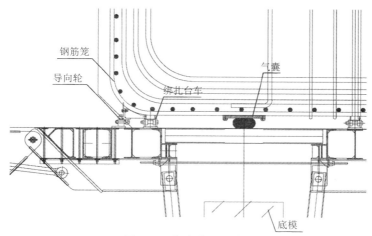

图 3-67　气囊布置示意图

体系转换过程中钢筋笼顶部均匀分布 4 台桁车吊架,每台吊架上设两排吊点,单台桁车共 8 个吊点,每个吊点提供 70 kN 吊力,防止钢筋笼不下挠,以利于顶板钢筋内台架顺利脱开,模板进入,完成内模安装工作,吊架悬挂示意图和钢筋笼体系转换分别如图 3-68、图 3-69 所示,图中桁车吊架为 20 t 桥吊,即为钢筋笼体系转换使用,也为模板及预埋件安装施工所用。

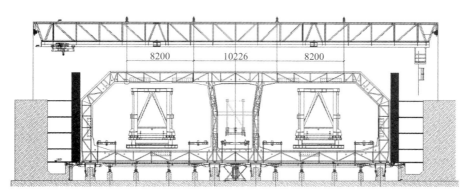

图 3-68　吊架悬挂示意图(单位:mm)

图 3-69　钢筋笼体系转换

3.5.4 混凝土浇筑及养护区

1. 全断面一次性浇筑工艺

管节采用全断面一次性浇筑工艺，每次浇筑 1 个节段（22.5 m），底模、侧模、内模均采用整体式液压模板。外墙模板不使用对拉杆，确保外侧防水的水密性。根据全断面一次性浇筑工艺，底模、侧模、内模均为一次性安装完成，倒角及部分端模浇筑过程中进行安装，外墙模板所受的侧向压力由墩墙来支撑，墙体模板设计时考虑承受的最大混凝土侧向压力为 50 kN/m²，详见图 3-70。

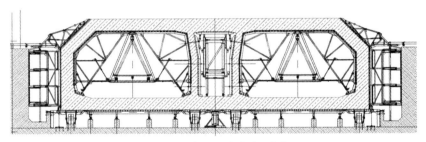

图 3-70　全断面浇筑断面图

2. 浇筑坑

浇筑坑为底模操作施工区，设计底标高为 1.25 m，设钢筋混凝土条形基础梁、顶推轨道梁及支墩等结构，详见图 3-71～图 3-73。

浇筑坑共设置 256 个钢筋混凝土支撑立柱，垂直于顶推滑移轨道方向共分为 16 排，每排 16 个。每排支撑立柱分为 3 组由条形基础连为一体，条形基础断面宽 600 mm，高 600 mm，坐落于岩层上。在条形基础顶部设置 600 mm×600 mm×550 mm 的支撑立柱。支撑立柱顶预埋螺栓方便底模板支撑系统的安装和调平。

浇筑坑共设置 18 个针形梁支撑墩，沿顶推滑移轨道方向共分为 3 列，每列 6 个支墩，支墩尺寸见表 3-10。

表 3-10　支墩统计表

	支墩编号	长×宽×高	支墩数量	备注
第一列	ZD1	7200 mm×1200 mm×2350 mm	4	顶部预埋钢板
	ZD2	4200 mm×1200 mm×2350 mm	2	顶部预埋钢板
第二列	ZD3	7000 mm×1500 mm×2100 mm	4	—
	ZD4	3000 mm×1500 mm×2100 mm	2	—
第三列	ZD5	7000 mm×1200 mm×1040 mm	4	—
	ZD6	4400 mm×1200 mm×1040 mm	2	—

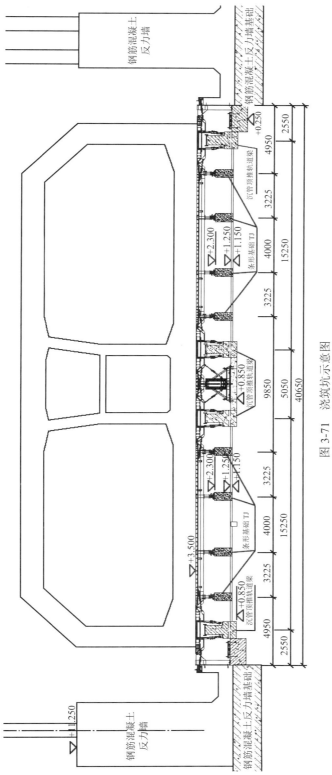

图 3-71 浇筑坑示意图

注: 图中尺寸标注单位为 mm, 标高为 m

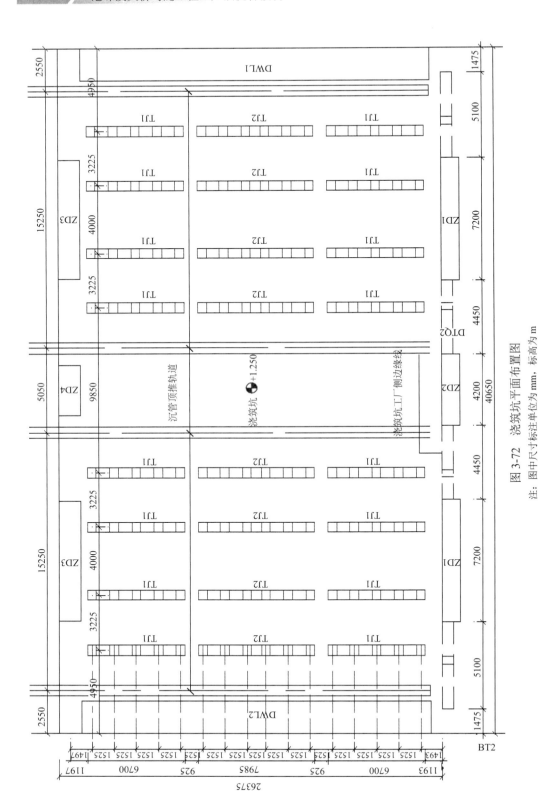

图 3-72 浇筑坑平面布置图

注：图中尺寸标注单位为 mm，标高为 m

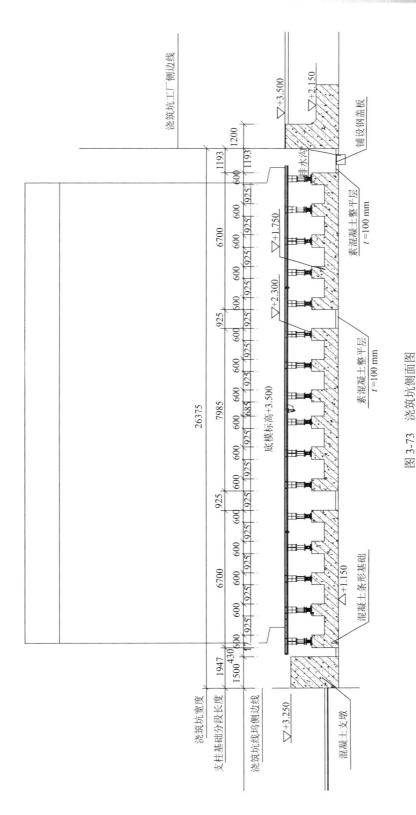

图 3-73　浇筑坑侧面图

注：图中尺寸标注单位为 mm，标高为 m

浇筑坑的支撑立柱、支持墩均为钢筋混凝土结构，不设桩基，均坐落于岩基之上，施工前清理多余碎石土，分别进行垫层及钢筋混凝土结构量测施工，如图3-74、图3-75所示。

图 3-74 立柱、支持墩基础施工

图 3-75 浇筑坑

3. 反力墙

反力墙为侧模提供反力，设计顶标高为11.25 m，为钢筋混凝土结构。

反力墙共设置64个预埋件（KL1、KL2）与模板桁架连接，高度方向分4排，模板纵向分16列，如图3-76～图3-78所示。

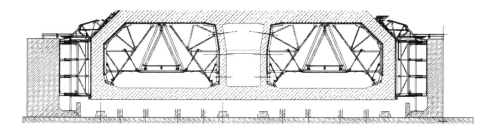

图 3-76 模板系统断面图

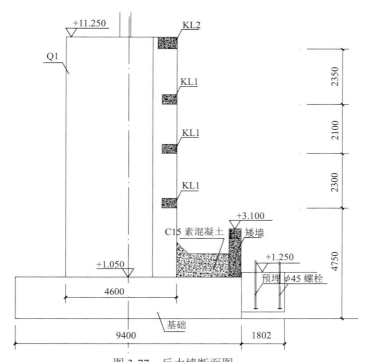

图 3-77　反力墙断面图一

注：图中尺寸标注单位为 mm，标高为 m

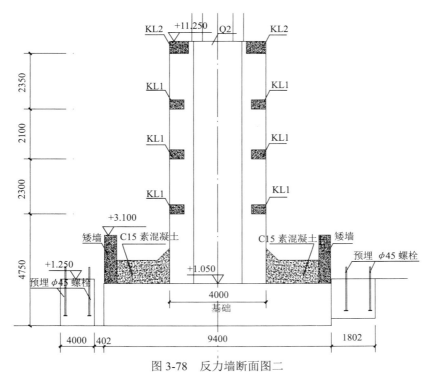

图 3-78　反力墙断面图二

注：图中尺寸标注单位为 mm，标高为 m

反力墙基础不设桩基，坐落于岩基之上，均钻孔埋设锚杆增加反力墙抗倾覆能力，如图 3-79～图 3-81 所示。反力墙墙身为钢筋混凝土结构，分层、分段进行钢筋绑扎及混凝土浇筑工作，施工过程中最关键是要控制墙身的整体平面度，便于侧面桁架的安装。

图 3-79　反力墙基础锚杆施工

图 3-80　反力墙施工

图 3-81　反力墙全景

4. 养护棚

养护棚结构主体采用钢结构，设计使用年限为 10 年，抗震设防烈度为 7 度，屋面防水等级为Ⅲ级，建筑耐火等级为二级，生产火灾危险性分类为丁类，采用门式钢架结构布置方式，与厂房钢结构类似。

养护棚总长 36 m，跨度 41.8 m，分有移动架式养护棚、固定养护棚，相对应高程分别为 20.595 m、17.595 m，其主要尺寸如图 3-82 所示。

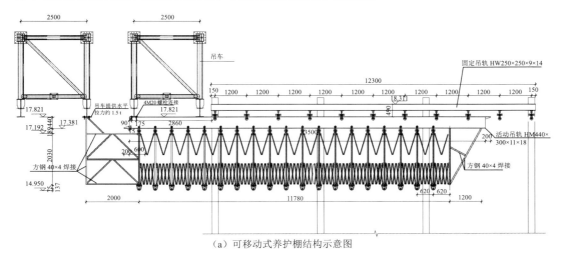

图 3-82　养护棚侧面图

注：图中尺寸标注单位为 mm，标高为 m

由于厂房房顶高程为 31.8 m，空间空旷不利于沉管养护，故需要设置包裹式可移动式养护棚对厂房模板区外的沉管进行养护。可移动式养护棚张开及收缩分别为沉管预制流水线的不同阶段，目的是避免端模安装及预埋件调整与养护棚产生冲突。

可移动式养护棚的 1 个端头（靠近浇筑台座区）、固定棚的端头（出棚方向）和首个预制管节的 1 个端头（出棚方向）采用帆布隔离以实现封闭养护功能。

可移动式养护棚长度为 34.2 m，设计为 19 个可移动式机构（图 3-83～图 3-86），每个机构完全伸展开长度为 1.8 m，完全收缩长度为 0.62 m。

（a）可移动式养护棚结构示意图

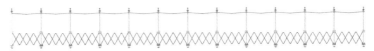

（b）可移动式养护棚展开示意图

图 3-83　可移动式养护棚示意图
注：图中尺寸标注单位为 mm，标高为 m

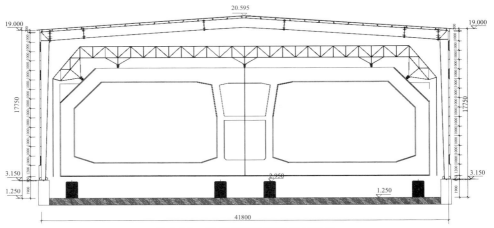

图 3-84　厂房区移动养护棚示意图
注：图中尺寸标注单位为 mm，标高为 m

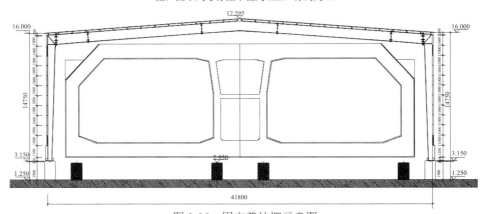

图 3-85　固定养护棚示意图
注：图中尺寸标注单位为 mm，标高为 m

图 3-86　养护棚

3.5.5　模板总工艺

预制厂单条生产线模板包括一套底模、两套公路隧道内模、一套中间廊道内模、两套外墙模板及两套端模，端模板设计考虑了节段止水带与管节间端钢壳的安装固定装置。

模板设计同时考虑了直线段与在水平面轴线方向上 5000 m 曲率半径曲线段管节的要求。为了满足水平方向多边形方式接近弧线连接的要求，内模与外模将在浇筑曲线段管节时，在水平方向上可进行 ±400 mm 的调整。

在浇筑曲线段管节时上部荷载将对底模造成不对称的作用力。在第一节管节与第八节管节外端头模板设计时，考虑纵向有些管间有最多 3% 的角度要求，如图 3-87 所示。

1. 底模

底模位于整个管节底部，在浇筑混凝土时，它承托整个管节。底模需保证水平推动系统的操作空间。底模可下降 190 mm，混凝土荷载将分别由若干升降装置（机械支墩及液压控制系统）及滑移梁两边的关节支杆支撑与转递。单个关节支杆上的受力为 500～1000 kN。

第一步：底模模板处于立模状态，浇筑混凝土结束，如图 3-88 所示。

第二步：模板处于拆模状态，底模中间模块下降 190 mm，底模外边模块处于收折状态，廊道底模下降 70 mm，滑移梁上部的底模拆模，并临时支撑在滑移梁上，如图 3-89 所示。

第三步：模板处于拆模状态。将公路隧道底模的边模块收折下来，廊道底模处于收折状态，将滑移梁上部的底模移到公路隧道上，临时存放，拆模完毕，如图 3-90 所示。

2. 内模、侧模

内模分公路隧道内模及廊道内模，由针形梁与内模模块组成。针形梁包括前支座、后支座，内模单块长 12 m，两个模块保证模板在针形梁上移动时荷载分布的合理性及安全性。针形梁在浇筑混凝土时不承受顶板荷载，此荷载通过临时支撑转给墙体底部的拆模脚，并由它转给混凝土底板混凝土结构，再转给底模板。内模的边模将固定在挂架上，挂架与针形梁的固定是悬挂式连接。在浇筑混凝土时，此挂架承受水平方向转递的混凝土侧向荷载并传向节段结构的另一面。

侧模设置在整个管节外墙的外边，不设穿墙拉杆，混凝土对外墙模的侧向压力要通过支撑杆传递到反力墙。

侧墙模板在纵向分别有两个 12 m 长的大模块，每个模块被挂在固定在中间及两边墩墙的水平千斤顶上。

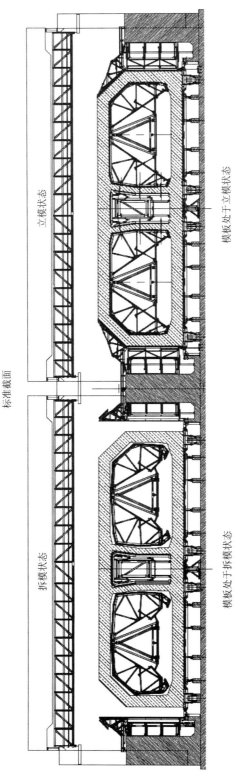

图 3-87　模板拆模、立模状态示意图

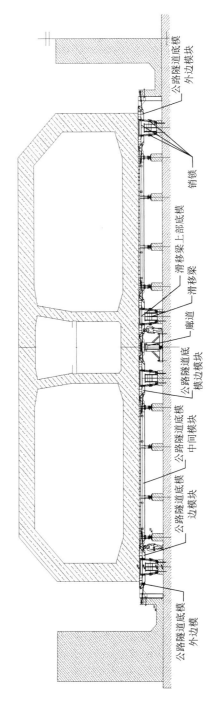

图 3-88　底模施工第一步示意图

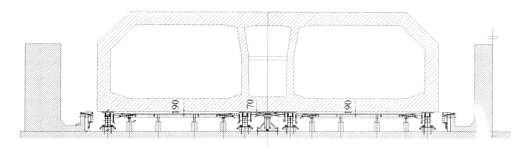

图 3-89　底模施工第二步示意图（单位：cm）

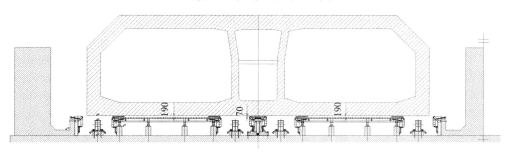

图 3-90　底模施工第三步示意图（单位：cm）

混凝土对模板的侧向压力由水平支撑框架来支撑传力，支撑点的间距在纵横向分别是 1.5 m 及 2 m。模块将与底模连接固定，以防浮动。内侧模施工步骤如图 3-91 所示。

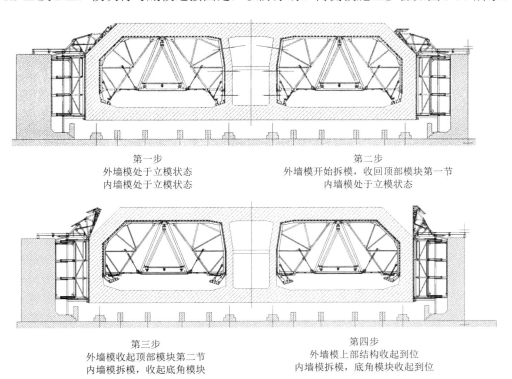

第一步
外墙模处于立模状态
内墙模处于立模状态

第二步
外墙模开始拆模，收回顶部模块第一节
内墙模处于立模状态

第三步
外墙模收起顶部模块第二节
内墙模拆模，收起底角模块

第四步
外墙模上部结构收起到位
内墙模拆模，底角模块收起到位

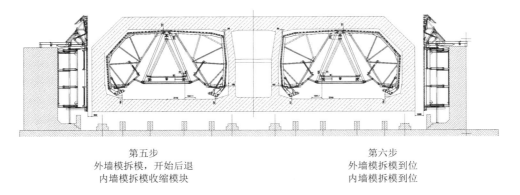

第五步
外墙模拆模，开始后退
内墙模拆模收缩模块

第六步
外墙模拆模到位
内墙模拆模到位

图 3-91　内侧模施工步骤示意图

3. 针形梁

针形梁相对内模工艺如图 3-92～图 3-96 所示。

第一步：安装针形梁前后临时支撑，进行针形梁受力转换。

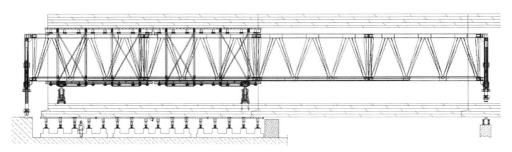

图 3-92　针形梁施工步骤示意图一

第二步：提起针形梁前后支腿，使其受力均在临时支撑之上，移动针形梁，使其对称布置于沉管管节。

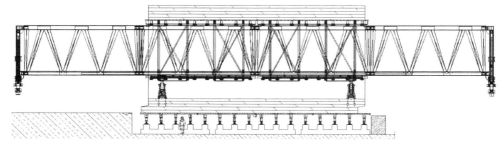

图 3-93　针形梁施工步骤示意图二

第三步：顶推移动沉管一个标准节段长度后，移动针形梁至立模状态。

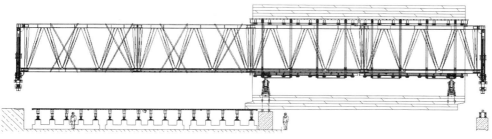

图 3-94　针形梁施工步骤示意图三

第四步：下放针形梁前后支腿，准备移动内模至立模状态。

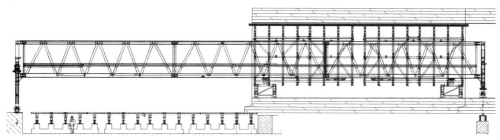

图 3-95　针形梁施工步骤示意图四

第五步：内模移动至立模状态，进入下一个节段施工。

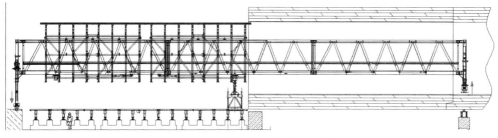

图 3-96　针形梁施工步骤示意图五

4．端模

端模为散拼模板，由吊装设备配合人工进行装拆工艺。端模由两套模板组成，一套为节段接头模板（可满足中埋式可注浆钢边止水带安装），另一套为管节接头模板（可在浇筑过程中调整端钢壳），断面浇筑面整体平整度要求达到±5 mm，如图 3-97 所示。

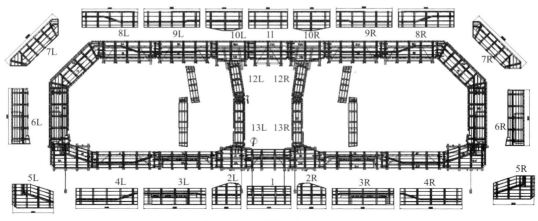

图 3-97　端模结构示意图

3.5.6　顶推轨道

1. 结构设计

　　管节顶推轨道由模板区至浅坞区通长布置，长度为 318 m，每个管节设 4 条顶推轨道。管节下设置 4 条顶推滑移轨道梁，分别位于侧墙和中隔墙下方。滑移轨道基础为钢筋混凝土梁，上部结构宽 0.65 m，高 0.9 m；下部结构宽 1.55 m 和高 0.45 m，由预计沉降量为零的坚硬岩石直接支撑，两侧回填碎石，并碾压密实，滑移轨道梁基础如图 3-98、图 3-99 所示。

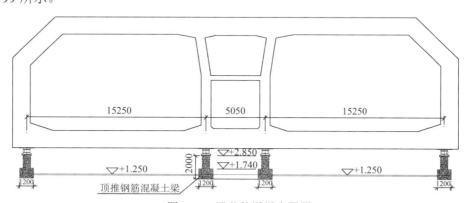

图 3-98　滑移轨道梁布置图

注：图中尺寸标注单位为 mm，标高为 m

　　在滑移梁基础上方安装滑移钢轨，钢轨定位后，将滑移轨道梁基础与钢板间的空隙用高强环氧砂浆灌满，确保滑移轨道的均匀受力。为抵抗顶推时滑移钢轨与砂浆层、滑移轨道基础的剪力，在滑移钢轨下部每隔 1 m 设置 1 道加劲肋。滑移钢轨由两部分组成：

　　①水平钢板和不锈钢板：水平钢板，宽 740 mm，厚 35 mm；其上布置 3 条 3 mm 厚的不锈钢平行条，不锈钢板与水平钢板以角焊缝方式连接。

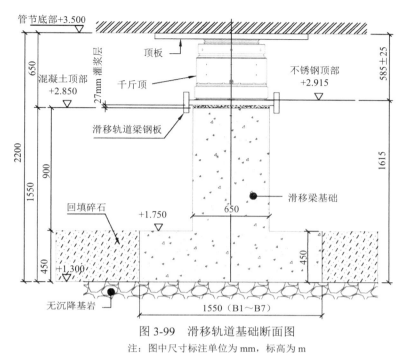

图 3-99　滑移轨道基础断面图

注：图中尺寸标注单位为 mm，标高为 m

②侧向钢板：高 185 mm、宽 45 mm，共两块，钢板连续、垂直，并与水平钢板以熔透焊方式连接；侧向钢板上还需进行开槽，用以作为顶推千斤顶的反力点，如图 3-100 所示。

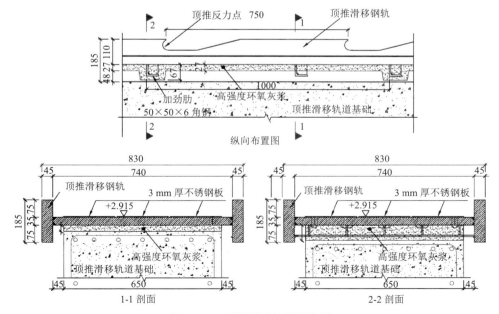

图 3-100　顶推滑移轨道钢轨图

注：图中尺寸标注单位为 mm，标高为 m

2. 轨道梁基础施工

顶推滑移轨道梁混凝土为 C40，垫层为 C15，混凝土分上下两层浇筑，模板分层拼装，如图 3-101、图 3-102 所示。

图 3-101　H 型滑移钢梁　　　　　　　　　　图 3-102　浅坞区全景

3. 滑移轨道 H 型钢安装

滑移轨道 H 型钢安装前先在基础上安装砂浆垫块找平，利用滑移梁的 C 型支架固定滑移梁模型，见图 3-103，调整 C 型支架，确保滑移梁模型的顶板标高在（+2.912±3）mm。按设计位置安装定位后，进行环氧灌浆，灌浆质量是确保顶推竖向荷载传递的关键，同时也是连接基础与滑移钢梁成整体，抵抗顶推滑移中不均衡水平荷载的重要保证。

图 3-103　轨道梁灌浆施工

环氧砂浆的指标性能要求如下。
①自由流动；
②无收缩；
③7 d 最小抗压强度：75 MPa；
④7 d 最小抗拉强度：15 MPa；

⑤7 d 最小抗弯强度：25 MPa。

浆液从侧面预埋的管道压入，当出浆口出浆时，封闭第一个进浆口，改由下一个进浆口进浆，直至顶部的出浆口冒出浆液，完成灌浆操作。第一次注浆完成 12 h 后，还需进行二次补浆，从滑移梁顶口的预留孔道压入。压浆完成后，对滑移梁顶部用小锤进行敲击，如有空响现象还应从顶口进行三次补浆。

3.6　混凝土生产与输送

3.6.1　原材料输送方案

1. 粉料输送

粉料输送采用 1000～2000 吨级散装海船运输，停靠码头后，使用绞龙式卸船机卸料，通过螺旋杆输送到粉料罐车，再运输至粉料储存罐的方案，如图 3-104、图 3-105 所示。

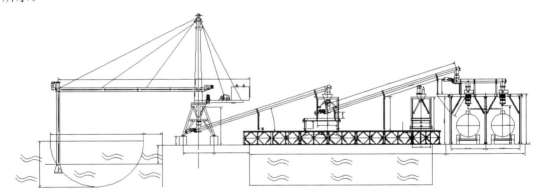

图 3-104　粉料卸船机示意图

图 3-105　粉料卸船机

2．砂石料输送

砂石料利用自卸式海船运至预制厂码头，船舶卸料至码头运输皮带机直接输送至砂石料堆场；利用装载机上料，运输车运送至砂石料堆场，如图 3-106、图 3-107 所示。

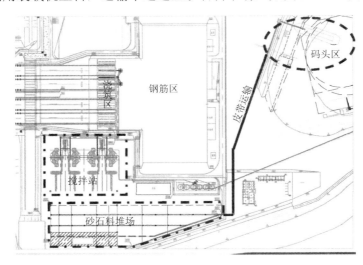

图 3-106　砂石料堆场布置图

图 3-107　砂石料堆场

3．其他材料输送

其他大型、中型、小型材料通过货运船舶运输至杂货码头，设备可通过滚装码头上船，杂件通过码头吊装设备吊装上岸，并运输至指定地点。生产用水通过船运至水码头，管道泵输送至蓄水池。

3.6.2　混凝土拌和系统设置

搅拌区域共设搅拌站区、存放区、1000 m³ 蓄水池、6 个中间仓储料罐，总面积约

18 000 m²，地面设计标高为 6.5 m。

粉料的总储存量为：水泥 5600 t，粉煤灰 3600 t，矿粉 3600 t，均可满足 6 个节段的混凝土生产用量，如图 3-108、图 3-109 所示。

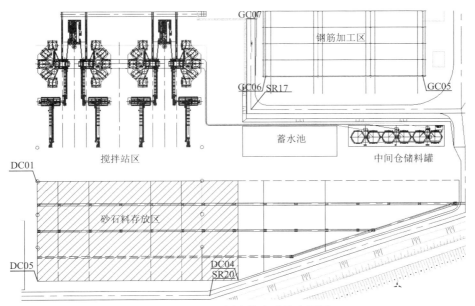

图 3-108　混凝土拌和系统布置图

图 3-109　砂石料仓

每个搅拌站设 2 个 500 t 水泥罐，1 个 500 t 粉煤灰罐、1 个 500 t 矿粉罐和 1 个 500 t 备用储料罐。每 2 个搅拌站设 1 个冰库，冰库由蓄水池、冷却水泵及冷却塔组成，如图 3-110 所示。

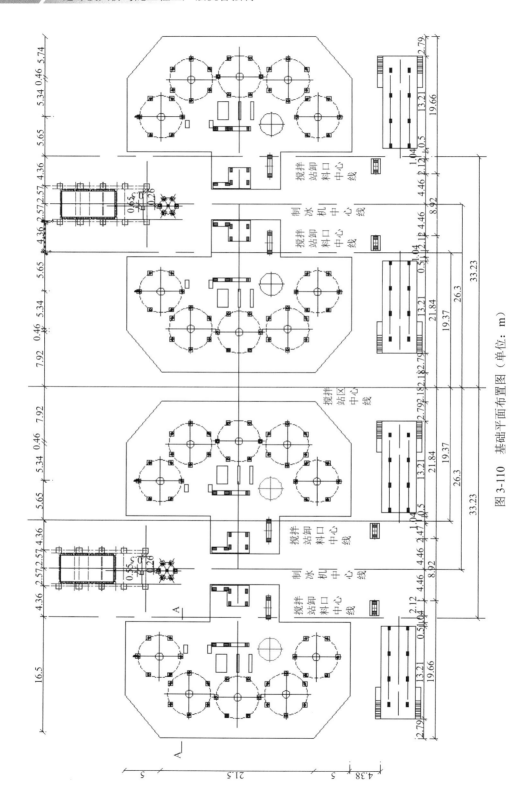

图 3-110　基础平面布置图（单位：m）

中间储存仓对 3 种粉料各设 2 个 800 t 中间储存罐，中间储存仓平面尺寸为：56 m×14.5 m。设计地面标高 5.5 m，如图 3-111、图 3-112 所示。

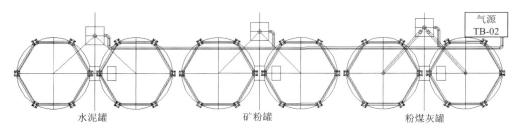

图 3-111 中间储存仓布置图

图 3-112 混凝土拌和系统全景

3.6.3 混凝土控温

1. 原材料

沉管是结构与施工工艺复杂的大体积混凝土结构，特别容易因温度收缩在施工阶段就出现危害性裂缝，严重威胁沉管隧道的使用寿命。为防止危害性裂缝的出现，沉管混凝土需严格控制浇筑温度，按照沉管预制工艺条件，控制混凝土浇筑温度，必须首先控制各种混凝土原材料的温度。

为保证沉管混凝土的浇筑温度满足控裂要求，需要控制各种原材料进场时与搅拌前的温度，具体指标如表 3-11 所示。

表 3-11 原材料温度指标

混凝土材料	拌和水	水泥	粉煤灰	矿粉	碎石	河砂	外加剂
进场温度/℃	—	≤70	≤60	≤60	—	—	—
搅拌前温度/℃	≤5	≤55	≤45	≤45	≤28	≤28	≤30

根据原材料温度控制指标要求，采用下列措施控制各种原材料温度。

（1）水泥温度控制

检测进场水泥的进场温度，控制不超过 70℃；沉管预制厂配备了 8 个 500 t 水泥储罐及 2 个 800 t 中间储存罐，在各储罐外壁刷涂浅色涂料以减少阳光照射吸热，并在各水泥储罐顶端设置冷水喷头，高温季节通过对储罐外壁喷淋冷水降温。快速检测合格的水泥先运至中转储罐，待进场水泥常规检测项目合格后，再转运至搅拌站的储罐，通过 2 次倒运，控制混凝土搅拌前水泥温度不超过 55℃，如图 3-113 所示。

图 3-113　粉料罐温控图

（2）粉煤灰、矿粉温度控制

检测进场每一船粉煤灰与矿粉的温度，控制进场温度不超过 60℃；针对粉煤灰与矿粉，各配备了 4 个 500 t 储罐与 2 个 800 t 中间储存罐，同样采取与水泥相同的降温措施，控制混凝土搅拌前粉煤灰、矿粉温度不超过 45℃。

（3）碎石、河砂温度控制

沉管预制厂搭设了 3 个碎石料仓、1 个河砂料仓，确保储量可以满足一个沉管节段混凝土生产的需要，混凝土浇筑前碎石、河砂提前进仓。碎石、河砂料堆顶部与料仓之间的垂直距离大于 10 m，便于空气流通，降低骨料温度。在碎石与河砂料堆上方设置冷水喷头，高温季节采用 20 min 间隔喷雾喷水雾 20 min 的方式，控制搅拌前骨料温度不超过 28℃，设置的冷水喷头如图 3-114、图 3-115 所示。将碎石、河砂称量区与上料皮带整体包裹起来，设置冷风机组，在混凝土生产过程中通入冷风，确保称量、上料过程中骨料温度不上升。

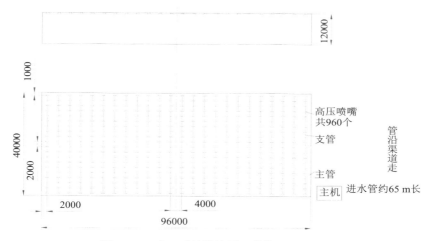

图 3-114　冷风系统设计图（单位：mm）

图 3-115　原材输送过程冷风设置

（4）拌和水温度控制

采取冷却水及碎冰替代部分常温拌和水，在生产混凝土前利用制冷机组提前生产冷却水，存储于保温水池中，冷却水温不超过 5℃。碎冰厚度不超过 3 mm，提前制备存储于环境温度低于−8℃的冰库中，通过外覆保温层的水平螺旋输送机送至搅拌系统中，确保碎冰在输送至搅拌机的过程中不会融化。

（5）外加剂温度控制

采用塑料储罐存储外加剂，控制外加剂温度不高于 30℃。

除了上述原材料温度控制措施，在沉管混凝土生产过程中，还应对各种原材料温度进行监测，据此调整沉管混凝土中碎冰替代拌和水的比例。

1）胶凝材料温度监测

在搅拌站胶凝材料储罐埋设温度传感器对胶凝材料温度进行实时监测，在沉管混凝土生产过程中，按照 4 h 一次间隔利用手持式测温仪进行温度校核监测。

2）骨料温度监测

在搅拌站骨料秤上设置温度传感器对骨料温度进行实时监测，在沉管混凝土生产过程中，按照 4 h 一次的间隔利用手持式测温仪进行温度校核监测。

2. 搅拌及输送

混凝土搅拌过程中，通过制冰机制冰及冰水，降低混凝土的出机温度。加冰量依据环境温度和浇筑温度要求变化，高温季节加冰量 40～70 kg，常温季节加冰量 10～40 kg，低温季节视具体情况是否加冰。

加冰示意图及加冰速查表详见图 3-116、表 3-12。

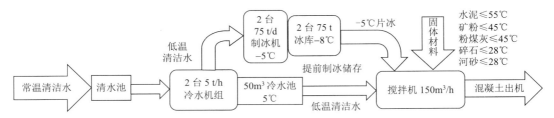

图 3-116 混凝土搅拌过程温控示意图

表 3-12 加冰量速查表

日平均温度/℃	12	13	14	15	16	17	18	19	20	21	22	23	24
加冰量/(kg/m³)	0	3	6	9	12	15	18	21	24	27	30	33	36
日平均温度/℃	25	26	27	28	29	30	31	32	33	34	35	36	37
加冰量/(kg/m³)	39	42	45	48	51	54	57	60	63	66	69	70	73

防止运输过程混凝土温度上升措施有：运输罐车包裹、输送拖泵遮阳、输送泵管降温等。

3. 养护

①混凝土浇筑过程中，混凝土温度控制在 25℃以下；

②浇筑完后所有裸露面覆盖土工布，并保持湿润，拆模后进入养护棚喷雾养护，相对湿度控制 85%～90%，养护水温度与混凝土表面温度差≤15℃；

③3 d 拆模顶推后，控制内表温差≤25℃，棚内养护，相对湿度 85%～90%，降温速率≤3 ℃/d，持续养护 14 d。

3.6.4 混凝土输送设备比选

1. 皮带机输送

（1）方案总体思路

①采用已在国外广泛使用并逐步普及的方案；

②该方案通过降低混凝土坍落度、降低水灰比、增大骨料粒径等措施可大大提高混

凝土工程质量；

③通过降低水泥用量，降低后期易损件使用成本，可有效降低施工总成本；

④通过优化配置，使布料灵活度大大提高，布料点转换方便，无需其他设备，后期清洗方便，基本无废料残留；

⑤采用专用缓冲舱来储存混凝土及分料，能与搅拌站实现联动；

⑥主要设备在施工完成后可完全退出厂房，方便其他工序施工；

⑦设备可靠性高，设备维护更加简单，同时在运输中不会发生堵管现象，保证施工连续性和施工质量；

⑧布料能力强，施工效率高，有效保证施工进度。

（2）总体布置

混凝土输送系统主要包括主皮带输送机及缓存仓等。主皮带机布置 2 条（1 条备用），单条输送能力不小于 170 m³/h，分为厂房外主送料皮带与厂房内的移动式皮带机。厂房外的主送料皮带为固定式结构；厂房内皮带机设计为移动式皮带，共分为两段，供应远端和近端浇筑台座。为了不影响 1 号线钢筋笼移动至浇筑台座，厂房内移动式皮带机设计为自移动式结构，可以移出厂区存放。

搅拌站的缓存仓与横向输送皮带相接，输送混凝土至场外固定送料皮带，再运输至厂房内移动式皮带，在可移动皮带末端设置 7 m³ 左右的分料仓，将混凝土分料至 5 个布料皮带。该分料仓设计为可移动式结构，在混凝土浇筑完成后需移出生产线，确保不影响后续工作，如图 3-117 所示。

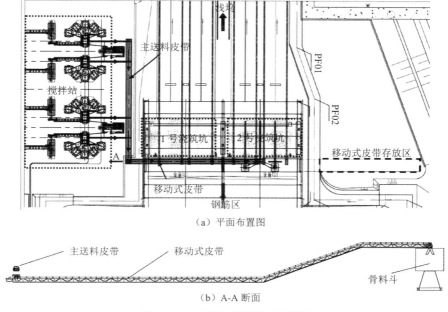

（a）平面布置图

（b）A-A 断面

图 3-117　皮带输送混凝土示意图

（3）布料系统

混凝土布料皮带机设 5 台，其中 2 台 32 m 伸缩皮带机和 3 台箱内皮带机。布料皮带机能力不小于 110 m³/h，沉管顶板、侧墙、中隔墙和部分底板混凝土采用 2 台 32 m 长伸缩皮带机布料，其余底板混凝土采用两个行车道和廊道里面的纵向皮带机布料，其中行车道内的输送机末端配置一条 4～5 m 长的旋转皮带，可以沿着皮带出料口四周任意旋转，将混凝土输送到任意位置。混凝土浇筑皮带机布置见图 3-118。

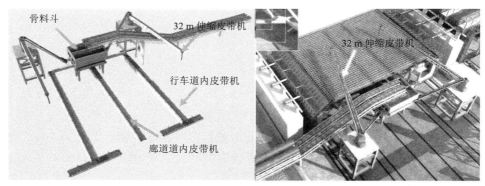

图 3-118　布料皮带机示意图

皮带机安装高度最高 12 m，同时考虑厂房立柱间距的影响，皮带机和送料皮带的总宽度将控制在 8～9 m。此时皮带机最大布料半径为 31.7 m，管节最远端在尾胶管的配合下也能够完全覆盖，如图 3-119 所示。

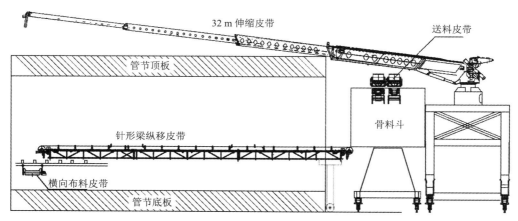

图 3-119　布料皮带机纵向布置示意图

公路隧道腔内纵皮带轨道安装在针形梁下方，可纵向移动，横皮带在轨道下方安装，先安装一个金属结构架，该结构架可以随纵皮带一起纵向移动，横皮带安装在该结构架上，长度约为结构架一半，可在结构架上横向移动，纵横两条皮带结合后能够对整个管节腔内腹板实现布料。中廊道腔内布一条纵向皮带即可满足布料要求，如图 3-120 所示。

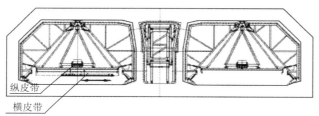

纵皮带

横皮带

图 3-120　腔内布料皮带机布置示意图

2. 泵送工艺

（1）方案总体思路

①工艺成熟，采用国内、国外质量最优的泵送设备；
②通过优化配置，使布料灵活度大大提高，布料点转换方便，无需其他设备；
③采用混凝土罐车运输，优化场地布置，减少对其他工序干扰；
④设备在施工完成后可完全退出厂房，方便其他工序施工；
⑤设备可靠性高，保温、保湿效果好，保证施工连续性和施工质量；
⑥布料能力强，施工效率高，有效保证施工进度。

（2）运输

根据混凝土的输送及布料强度，每小时最大浇筑方量约 150 m³，根据搅拌站的生产能力计划采用 10 m³ 的混凝土搅拌车进行运输，按照每台车每 2 h 运输 3 次计算，需要 10 台 10 m³ 的混凝土搅拌车进行运输。

（3）布料

混凝土的布料分为底板、侧墙和顶板 3 个部分，底板混凝土布料采用 4 台布料半径 7 m 倒置式布料杆，布料杆分别进行行车道底板的布料（每个车道内 2 台），布料杆悬挂于内模针形梁上。

同时通过 4 台布料半径为 32 m 的移动式布料机进行底板墙体下方布料；中间廊道通过顶板移动式布料机接两道中墙布料管至合适高度布料；顶板浇筑通过 4 台布料半径为 32 m 的移动式布料机进行布料。各布料机的布料如图 3-121、图 3-122 所示。

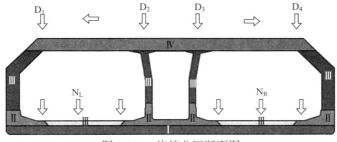

图 3-121　浇筑分区断面图

图 3-122　顶板布料机布料

3. 比选

在足尺模型浇筑过程中，运输皮带和浇筑皮带机在浇筑过程中均出现一些问题，主要如下。

①结构设计不合理，容易跑偏，严重影响输送效率。

②分料仓设计不合理，过程中出现卸料门无法正常开闭，分料仓无备用系统，出现故障将严重制约浇筑。

③行走皮带动力机构设计不合理，难以保证正常行走。

④从搅拌站出机的混凝土，经过皮带机长距离输送后，坍落度会有一定的损失，对比搅拌站出机混凝土及浇筑现场混凝土坍落度变化，除个别异常外，输送到浇筑现场的混凝土坍落度损失为 20～40 mm。分析其原因，混凝土在输送过程中的坍落度损失，与皮带机长距离无防护输送及分级输送过程中刮浆板的刮浆作用有明显关联性。由于皮带机运输过程中无任何防护措施，混凝土的水分容易散失，混凝土坍落度有所损失（图 3-123）。

⑤受皮带机刮浆板的影响，在分级输送过程中，每一级都会有一定的砂浆损耗，砂浆会散落于皮带机下方，并且每隔一段时间需要用高压水冲洗皮带机下方基座，以免造成砂浆的大量累积，砂浆的损耗不仅会造成混凝土流动性降低而且容易造成浇筑现场混凝土离析、骨料富集的现象。

比选表如表 3-13 所示。

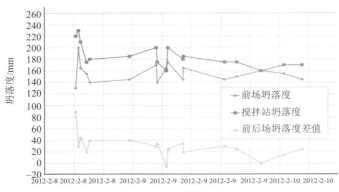

图 3-123 坍落度变化和混凝土运输

表 3-13 比选表

序号	对比项目	对比分析	对比优势
1	资金投入	两种方案经分析资金投入相近	相当
2	技术可行性	皮带机输送及泵送工艺均为成功方案	相当
3	质量及安全保证	①皮带机运输距离较长，约 200m，暴露在空气中，受风、日照等外界因素影响较严重，混凝土性能波动大； ②皮带机仅有 2 条皮带机、1 个分料仓，施工风险极大，易导致混凝土浇筑中断； ③皮带机输送易导致混凝土浆、料分离，入模前混凝土就已经离析，振捣极其困难； ④皮带机输送工艺的顶板 2 台布料杆不能满足 4 道墙体的布料工艺，易导致浇筑分层冷缝现象； ⑤泵送高强混凝土技术工艺成熟，不受外界因素影响，性能稳定	泵送工艺
4	标准化管理	①布料机、皮带机在浇筑混凝土过程中都存在皮带上混凝土刮不干净，对地面、模板及杆件造成污染，施工现场杂乱； ②泵送工艺场地较为清洁，标准化措施可控	泵送工艺
5	输送效率	①混凝土输送皮带跑偏导致输送能力低，并且数量少，操控困难，不易进行实时调整； ②混凝土泵送工艺输送稳定，并且 6 台拖泵能弥补某台机械故障的损失	泵送工艺

经比选，皮带输送方案，不利于保温、保湿，对需严格控制沉管混凝土浇筑在输送过程中的温度及水分散失不利，故选择泵送工艺。

3.7 深坞区与浅坞区

3.7.1 平面布置

整个沉管预制厂坞区分为深坞区、浅坞区及四周的拦水坝。深坞区底标高−12.8 m，浅坞区标高+3.5 m，拦水坝顶标高+15.8 m，深坞区、浅坞区四周由拦水坝和原有山体组成封闭的止水体。管节横移时，关闭浅坞门和深坞门，即可满足坞内蓄水标准至+15.35 m，管节可起浮并移至深坞区。坞区布置详见图 3-124。

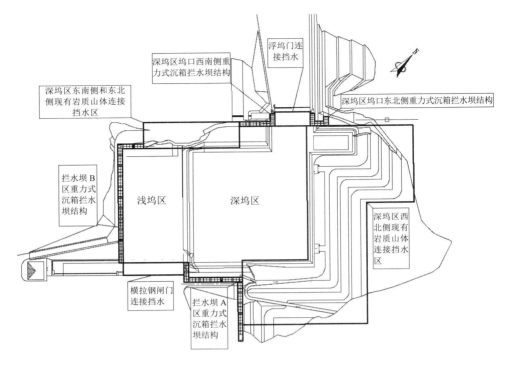

图 3-124 深坞区、浅坞区布置图

浅坞区约 196 m×104 m，底标高+1.75 m，拦水坝顶标高+15.8 m，满足两节完整管节的一次舾装和起浮要求，宽度参考单条生产线宽度设计，长度上满足 180 m 管节的停放要求，如图 3-125 所示。

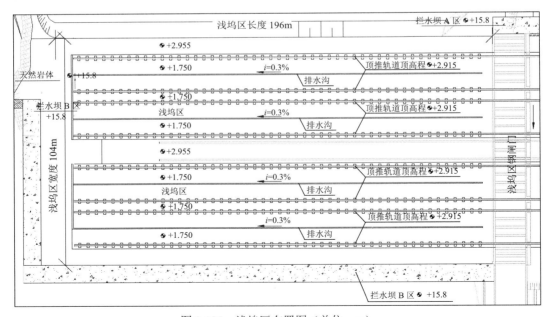

图 3-125 浅坞区布置图（单位：m）

深坞区约 203 m×196 m，底标高–12.8 m，满足 4 个管节长度 180 m、宽度 37.95 m、高度 11.4 m 寄存的要求，如图 3-126 所示。

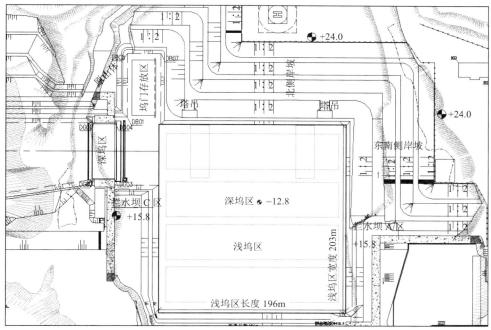

图 3-126　深坞区布置图（单位：m）

3.7.2　荷载条件

深坞区、浅坞区总体拦水结构为：沉箱拦水坝挡水结构、浅坞区钢闸门挡水结构、利用现有岩质山体挡水和浮坞门挡水结构。这四部分之间的连接关系如图 3-127 所示。深坞区、浅坞区拦水结构荷载条件见表 3-14。

拦水坝 A 区重力式 沉箱拦水坝结构	长约 105.5m 的横拉式钢闸门连接挡水 ←——————————————→	拦水坝 B 区重力式 沉箱拦水坝结构
深坞区西北侧原有 岩质山体连接挡水 ↕	深坞区、浅坞区区域	深坞区东南侧和东北侧 现有岩质山体连接挡水 ↕
深坞区坞口西南侧重力 式沉箱拦水坝结构	长约 59m 的浮坞门连接挡水 ←——————————————→	深坞区坞口东北侧重力式 沉箱拦水坝结构

图 3-127　深坞区、浅坞区拦水结构

表 3-14　深坞区、浅坞区拦水结构荷载条件

挡水构筑物	静水压力	扬压力	波浪力
深坞浮坞门	√	—	√
深坞区坞门墩	√	—	√
深坞区、浅坞区拦水坝	√	√	—

注：静水压力时坞内侧蓄水高度+15.35 m；选择用"√"，不选用"—"。

3.7.3　坞体构造

1. 沉箱拦水坝设计

现浇重力式沉箱拦水坝应用于拦水坝 A 区和拦水坝 B 区和深坞坞口区拦水坝。沉箱拦水坝采用 C30 现浇钢筋混凝土重力式沉箱结构，单个结构段长度不等（约 19 m），宽 8 m，舱格平面尺寸 5 m×3.5 m，沉箱拦水坝顶标高+15.8m，拦水坝坝基为中风化基岩，沉箱底板上设置 0.8 m 高的防渗抗剪凸榫嵌入岩层。

拦水坝前沿设置防渗注浆孔，上部结构完成后进行防渗注浆，注浆孔纵向间距 1.5 m，钻入至凸榫底部以下 3m。沉箱与沉箱之间设置 30 mm 宽结构缝，在坞内侧结构缝设置 Z9-30 橡胶止水带（止水带嵌入开挖岩面 100 mm，并注浆），坞外侧结构缝之间用沥青木丝板填塞，沉箱舱格内回填碎石土。沉箱拦水坝的端部均采用现浇 C30 素混凝土拦水坝结构与现有岩质山体连接，同时预留注浆孔，待连接结构完成后注浆防渗。

拦水坝基础岩面存在贯通的裂缝应局部进行注浆处理，拦水坝坝基范围内清除至中风化基岩面。

拦水坝端部与原有山体岩面连接处，山体岩面表面较破碎且呈孤立状的岩块全部凿除，清理出较为完整的岩面后进行 C30 素混凝土拦水坝连接，若该岩面存在贯通的裂缝应局部进行注浆处理。沉箱拦水坝设计，如图 3-128～图 3-133 所示。

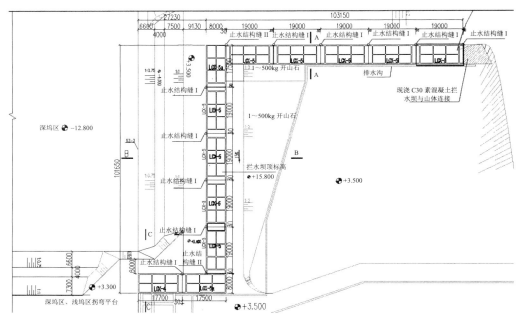

图 3-128　拦水坝 A 区平面布置图

注：图中尺寸标注单位为 mm，标高为 m

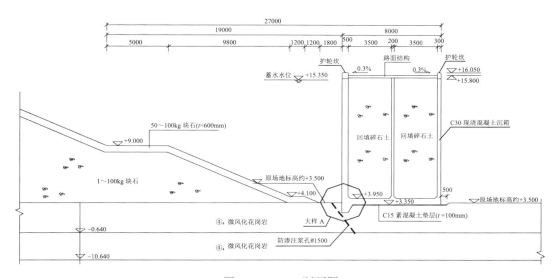

图 3-129　A-A 断面图

注：图中尺寸标注单位为 mm，标高为 m

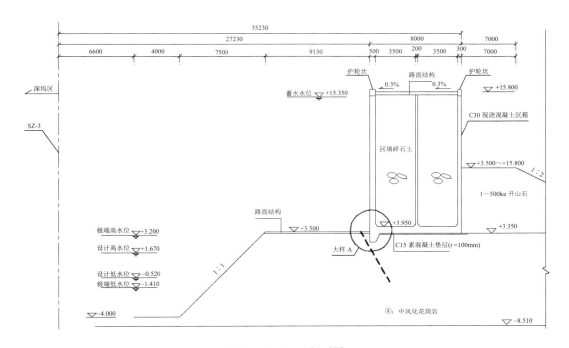

图 3-130　B-B 断面图

注：图中尺寸标注单位为 mm，标高为 m

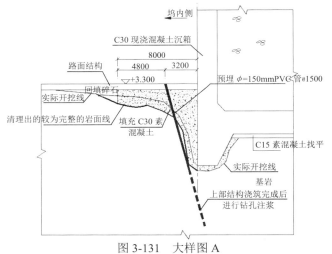

图 3-131　大样图 A

注：图中尺寸标注单位为 mm，标高为 m

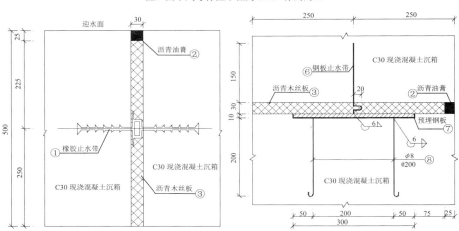

图 3-132　止水结构缝 I 、II 平面图

注：图中尺寸标注单位为 mm，标高为 m

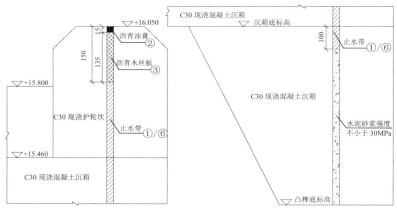

图 3-133　止水结构缝顶部、底部处理示意图

注：图中尺寸标注单位为 mm，标高为 m

2. 沉箱拦水坝施工

沉箱拦水坝施工主要包括：坝基开挖、钢筋、模板、混凝土、止水及回填施工。

坝基开挖后，清理至中风化岩面，并清理完上部附着碎石土。局部超挖采用碎石找平后浇筑 C15 混凝土垫层。根据岩面高低分布情况，混凝土垫层分层分块浇筑。

沉箱钢筋采用定点绑扎、吊具整体吊装工艺，如图 3-134 所示。

（a）上层钢筋整体吊装一　　　　　　　　　（b）上层钢筋整体吊装二

图 3-134　沉箱钢筋绑扎吊装示意图

模板及混凝土施工如图 3-135、图 3-136 所示。

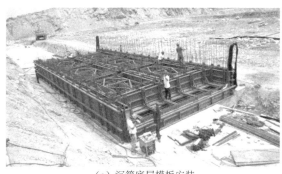

（a）沉箱底层模板安装

（b）沉箱上层内模安装　　　　　　　　　（c）沉箱上层外模安装

图 3-135　沉箱拦水坝模板施工

图 3-136　拦水坝混凝土浇筑

箱内碎石土回填采用吊机吊抛与挖掘机回填配合施工，如图 3-137 所示。

图 3-137　箱内回填施工图

3. 岩体止水施工

沉箱底及沉箱拦水坝与岩壁搭接处止水设预埋直径 150 mm PVC 管，间距若是按 1.5 m，入岩深度暂按 2.0 m，垂直防水，孔尾向下倾斜 3°。素混凝土浇筑完并养护达到要求后，再进行钻孔、注浆，如图 3-138～图 3-141 所示。

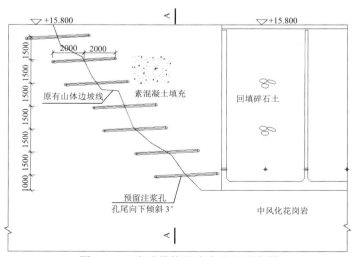

图 3-138　岩壁搭接处止水处理示意图

注：图中尺寸标注单位为 mm，标高为 m

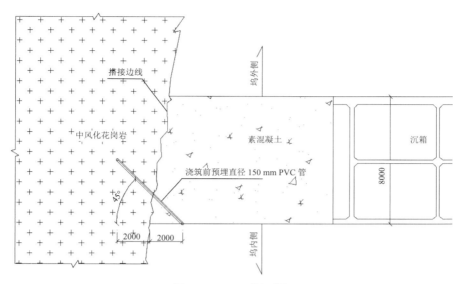

图 3-139　A-A 断面图

图 3-140　预埋管图

图 3-141　拦水坝实景

4. 深坞区岸坡

为减小坞内灌水量，深坞区北侧和东南侧填筑碎石土岸坡。北侧岸坡设置 2 个固定式塔式起重机（以下简称塔吊），塔吊平台采用现浇钢筋混凝土重力式沉箱结构，顶部为现浇混凝土胸墙，沉箱底标高为–7.50 m，胸墙顶标高 2.0 m。平台与岸坡路面之间用 10 m 宽的道路相连，道路两侧采用现浇素混凝土挡墙，挡墙底标高–2.5 m。平面布置如图 3-142～图 3-144 所示。

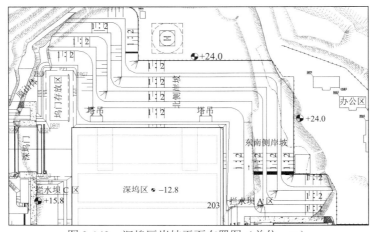

图 3-142　深坞区岸坡平面布置图（单位：m）

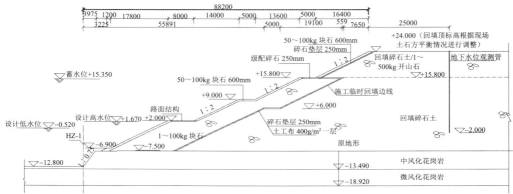

图 3-143　深坞区侧岸坡断面图

注：图中尺寸标注单位为 mm，标高为 m

图 3-144　深坞区岸坡

3.7.4　深坞坞口

深坞坞口包括：深坞门基础、深坞浮坞门和深坞坞门墩。深坞坞口宽 61 m，深坞浮坞门长 59 m，浮坞门与两侧坞门墩之间有 1 m 的空隙，坞口基础顶标高−12.8 m，坞门墩顶标高+15.8 m，如图 3-145、图 3-146 所示。

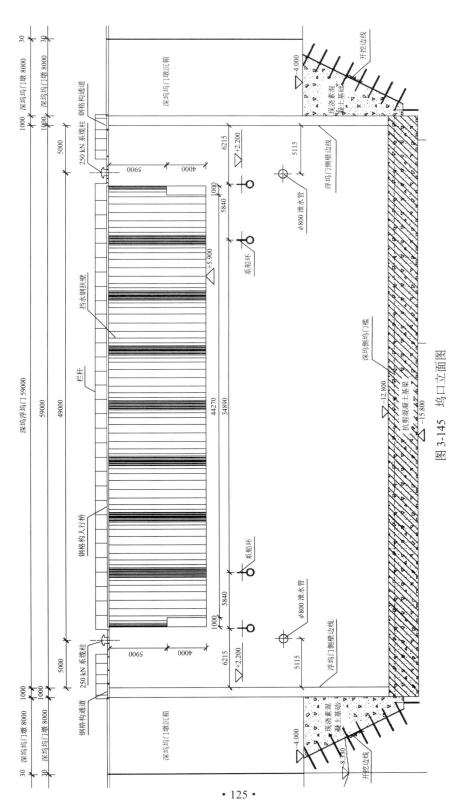

图 3-145　坞口立面图

注：图中尺寸标注单位为 mm，标高为 m

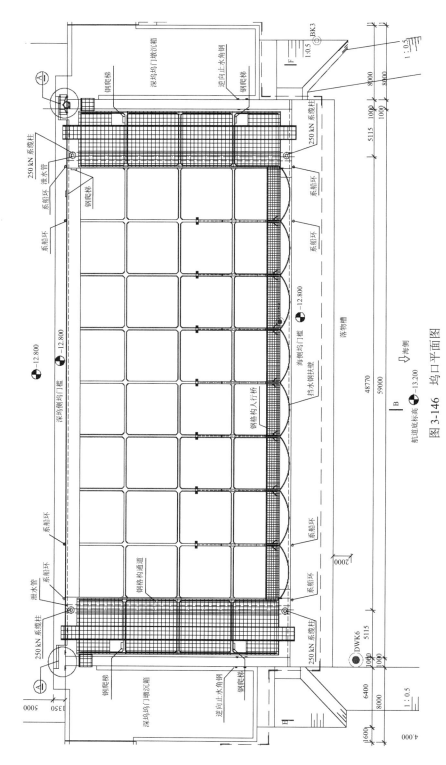

图 3-146　坞口平面图

注：图中尺寸标注单位为 mm，标高为 m

1. 坞门基础

深坞坞口基础包括防渗混凝土基础梁（深坞区内侧）、抗剪混凝土基础梁（海侧）和 3 条支撑混凝土基础梁，5 条混凝土基础梁之间采用混凝土连系板连接。

为保证浮坞门坐底后，浮坞门底板与坞口基础梁接触应力分布均匀，在基础梁顶部对应浮坞门纵横舱隔交叉处设置橡胶垫，每个橡胶垫由 0.5 m×0.5 m×0.09 m 的橡胶垫组成，橡胶垫顶标高−13.3 m。

防渗混凝土基础梁位于深坞区内侧，C30 钢筋混凝土结构，长 66 m，宽 2.8 m，高 0.91 m（顶标高−13.390 m）。防渗混凝土基础梁顶部设置高 0.59 m 坞门槛（顶标高−12.8 m）。底部设置防渗混凝土凸榫，嵌入微风化岩层，凸榫底标高−15.35 m。防渗混凝土基础梁两端坞门墩交接处、底部和侧面所有空隙和超挖部分全部用 C30 素混凝土填充防渗。

抗剪混凝土基础梁位于海侧，C30 钢筋混凝土结构，长 61 m，宽 5.3 m，高 0.91 m（顶标高−13.390 m），底部设预埋锚筋。抗剪混凝土基础梁顶部设置高 0.59 m 坞门槛（顶标高−12.8 m）；底部设置抗剪混凝土凸榫，嵌入微风化岩层，凸榫底标高−15.8 m。在抗剪混凝土基础梁两端坞门墩交接处、底部和侧面所有空隙和超挖部分全部用 C30 素混凝土填充。

3 条支撑混凝土基础梁位于防渗混凝土基础梁和抗剪混凝土基础梁之间，支撑梁中心线正对浮坞门沉箱纵向舱隔位置。支撑梁长 61 m，宽 1.3 m（其中一条宽 2.15 m），高 0.91 m（顶标高−12.8 m）。具体如图 3-147～图 3-149 所示。

坞门基础为钢筋混凝土结构，施工完成后，进行橡胶垫的安装。橡胶垫由预埋 M10×340 mm 长锚栓固定。安装完成后，校核保证橡胶垫顶面平整度在 2 mm 以内，同时将橡胶垫加劲钢板及锚栓外露部分涂刷 250 μm 厚聚酰胺固化环氧漆，如图 3-150、图 3-151 所示。

2. 浮坞门

（1）浮坞门设计

深坞区浮坞门采用钢筋混凝土沉箱形+钢扶壁组合结构。

深坞区浮坞门沉箱长 59 m，宽 25.2 m，高 29.1 m，整个沉箱高度方向分为两个部分，标高−13.39～+5.300 m 内浮坞门由 40 个舱格（长度方向 10 个，宽度方向 4 个）组成；标高+5.300 m 以上浮坞门靠坞门墩两侧舱格（共 2 列 8 个舱格）高出 10.5 m，高出的舱格之间靠海侧处设置 10.5 m 高挡水钢扶壁。浮坞门 40 个舱格划分为 4 个独立大舱隔，每个大舱格由 10 个舱格组成，舱格之间由 φ500 mm 的透水孔连通。

在浮坞门四边舱格内分别设置 1 台潜水泵和 1 个进水孔（配置钢阀门，控制排水管启闭），用于控制 4 个独立大舱格内压载水水位，调整浮坞门垂直度。浮坞门两侧−2.000 m 标高处分别设置直径 800 mm 的排水钢管，钢管上设置钢阀门，用于排空深坞

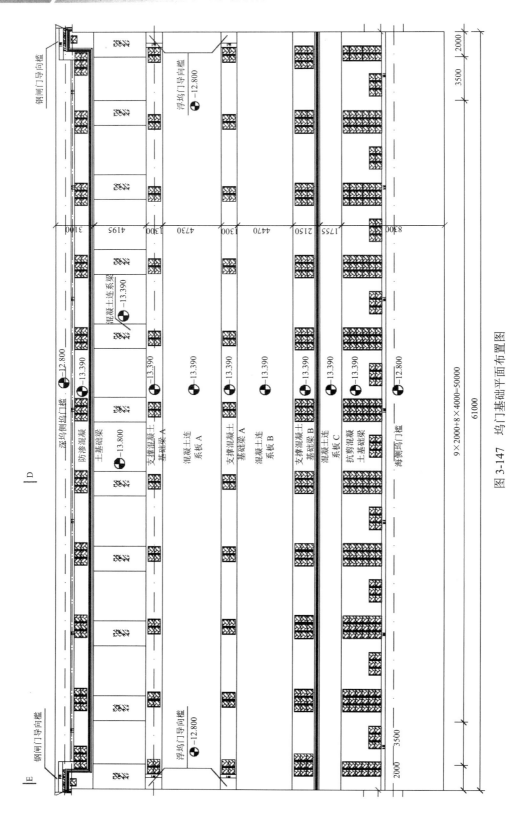

图 3-147 坞门基础平面布置图

注：图中尺寸标注单位为 mm，标高为 m

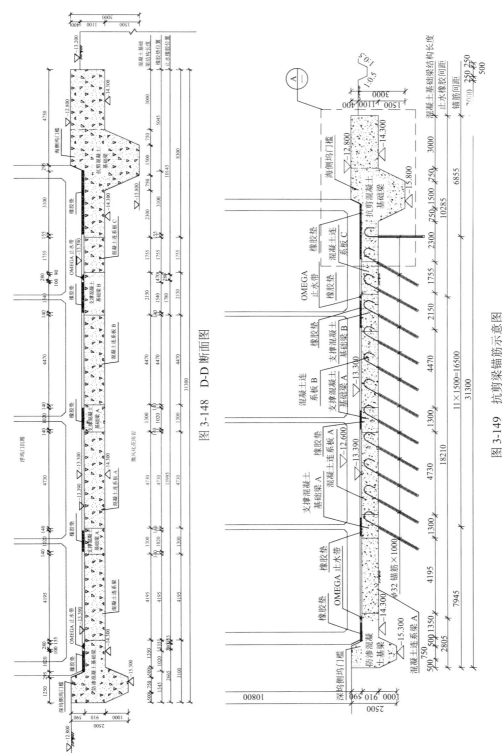

图 3-148　D-D 断面图

图 3-149　抗剪梁锚筋示意图

注：图中尺寸标注单位为 mm，标高为 m

图 3-150　橡胶垫安装

图 3-151　坞门基础

区、浅坞区内的蓄水，直至坞内水位与海平面齐平。浮坞门顶部设置 4 套 250 kN 系缆柱供系泊用，侧面设置 16 个系船环供绞缆用。整个浮坞门顶部采用钢格构桥面连通，方便人员在浮坞门上操作。

浮坞门底部 0.5 m 范围内四边侧面削成斜面，整个浮坞门为楔字形，该斜面表面铺设抗压钢板与坞内侧和海侧坞门槛及基础梁两端导向槛相匹配。浮坞门就位坐底过程中，通过四边斜面与底部坞门槛和导向槛起导向作用，保证浮坞门精确就位坐底。同时坞内侧和海侧坞门槛在浮坞门蓄水和逆向止水期间抵抗水平向静水压力。

浮坞门坞内侧壁设置用于坞口止水的止水底座。止水底座宽 700 mm，沿浮坞门高度方向通长布置，凸出浮坞门表面 100 mm（厚度可调），通过二次浇筑和调平钢板保证止水底座的表面平整度和垂直度，同时确保浮坞门安放后浮坞门和坞门墩侧面止水底座错台偏差在设计允许范围内。

深坞区浮坞门主要尺寸如下。

浮坞门主要尺寸：长 59 m，宽 25 m，高 28.6 m。

浮坞门舱格尺寸：长 5.565 m，宽 5.78 m。

壁厚：底板 700 mm 厚，内隔板 250 mm 厚，坞内侧壁 690 mm 厚，海侧壁 640 mm 厚，靠坞门墩侧壁 500 mm 厚。

浮坞门混凝土：C40，混凝土用量 5400 m³。

挡水钢扶壁：Q235B，钢材用量 122 t。

附属设施：浮坞门顶部钢桥面、系缆柱、钢爬梯和潜水泵等。

如图 3-152～图 3-157 所示。

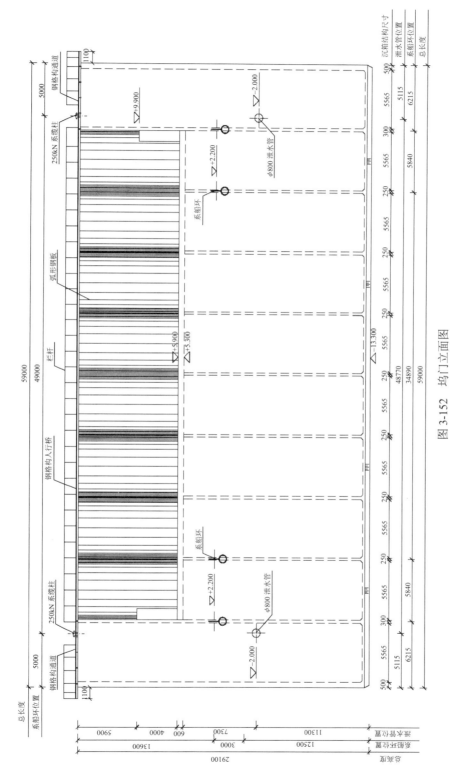

图 3-152　坞门立面图

注：图中尺寸标注单位为 mm，标高为 m

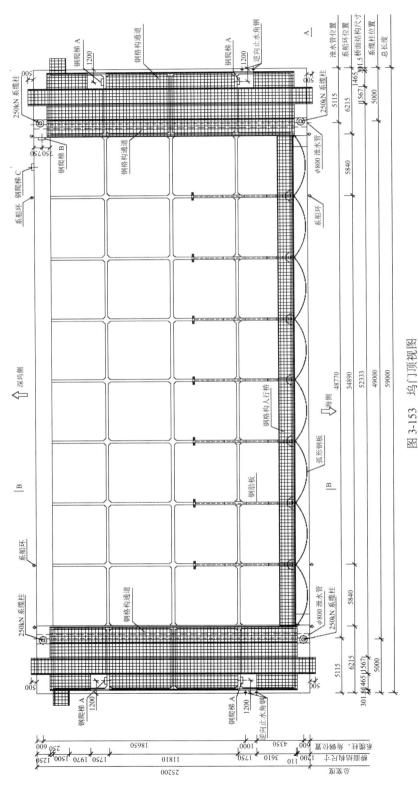

图 3-153　坞门顶视图

注：图中尺寸标注单位为 mm，标高为 m

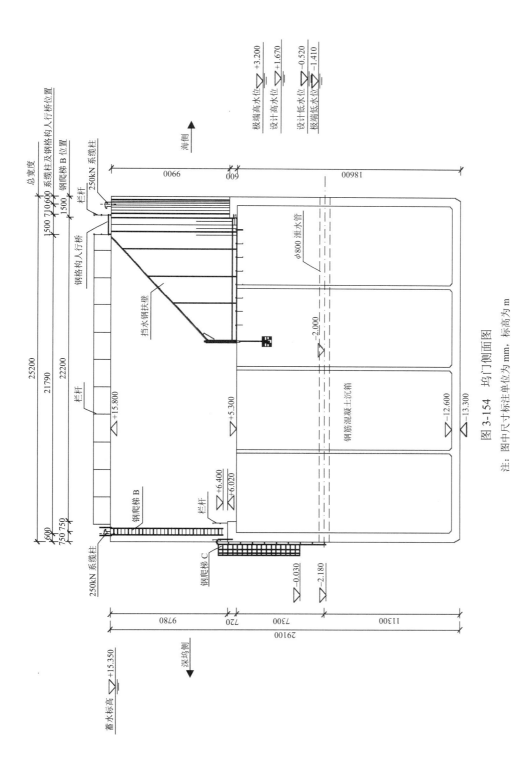

图 3-154　坞门侧面图

注：图中尺寸标注单位为 mm，标高为 m

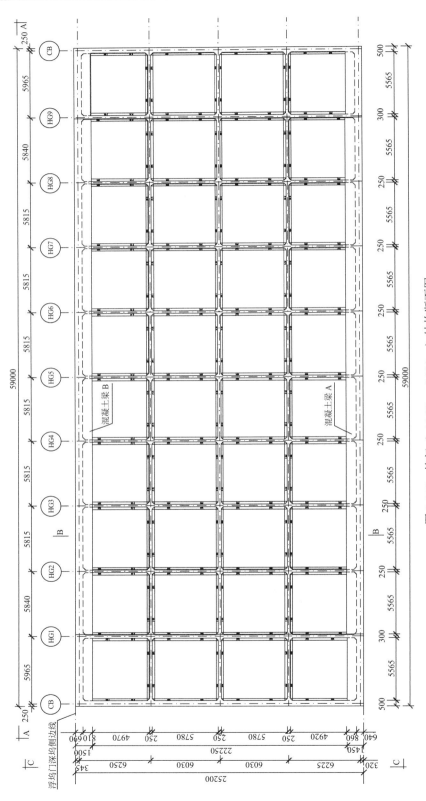

图 3-155　坞门（−13.39～+5.300 m）结构断面图

注：图中尺寸标注单位为 mm，标高为 m

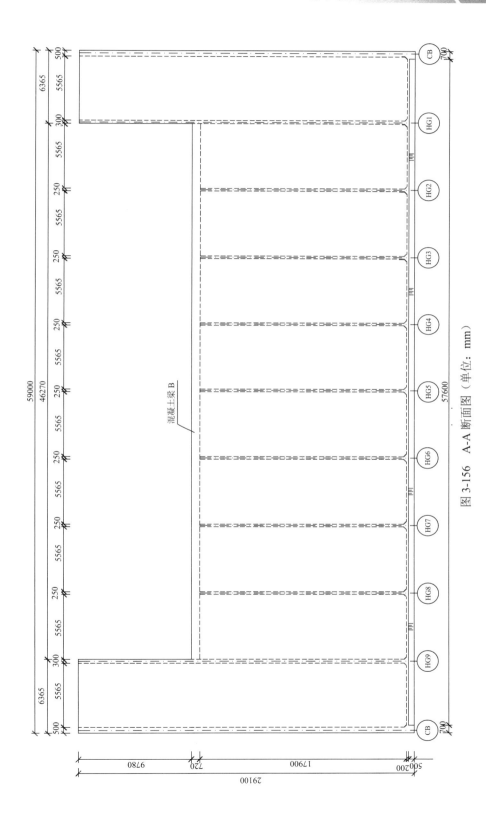

图 3-156 A-A 断面图（单位：mm）

混凝土梁 B

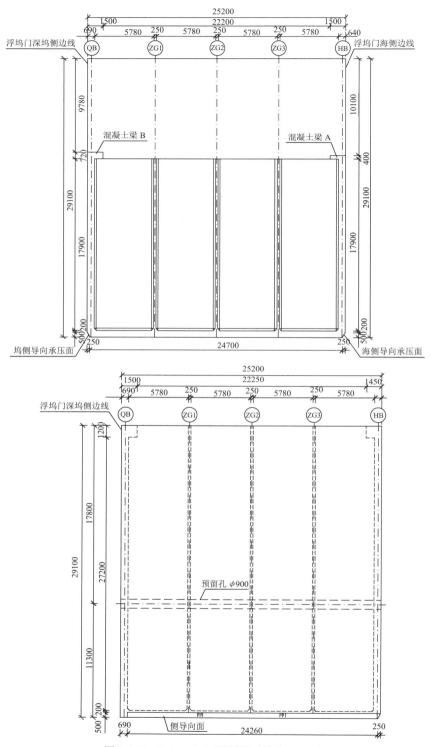

图 3-157　B-B、C-C 断面图（单位：mm）

（2）浮坞门施工

浮坞门施工主要包括坞门沉箱、钢扶壁及深坞门钢闸门 3 个部分。

1）坞门沉箱

坞门沉箱分 8 层，每层分 2 段施工。

施工顺序为：A1 层→B1 层→A2 层→B2 层→A3 层→B3 层→A4 层→B4 层→A5 层→B5 层→A6 层→B6 层→A7 层→B7 层→A8 层→B8 层。施工顺序详见图 3-158。沉箱配备底层外模板 1 套、标准层外模板 1 套，箱格内模 24 套，浇筑盖板 20 块，内平台 40 块。

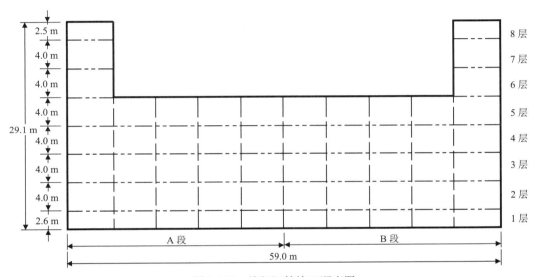

图 3-158　坞门沉箱施工顺序图

工艺流程如图 3-159 所示。

坞门沉箱预制选在深坞区内进行，待深坞区灌水时起浮、绞移安装到位。施工区域包括沉箱预制底模区、移动塔吊轨道基础、钢筋加工及存放区、现场办公休息区和场地道路，共 8880 m²。

底模采用混凝土胎模，场地平整压实后浇筑 C15 混凝土垫层，混凝土垫层预留纵向凹槽 1 道、横向凹槽 3 道，槽内填沙，槽上覆盖锌铁皮。浇筑完成后，场地测量放线，铺设隔离材料，如图 3-160、图 3-161 所示。

坞门钢扶壁包括钢扶壁肋板、钢爬梯、钢格平台、二次混凝土浇筑结构。

2）工艺流程

钢扶壁安装工艺流程如图 3-162 所示。

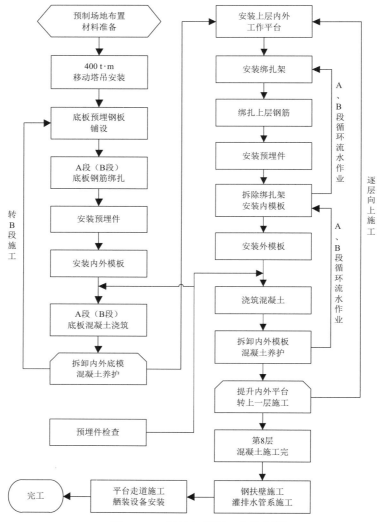

图 3-159　深坞门预制工艺流程图

图 3-160　坞门底层混凝土施工

图 3-161　坞门沉箱全景

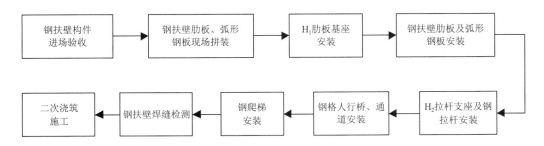

图 3-162 钢扶壁安装工艺流程

3）现场拼装

钢扶壁现场拼装有肋板、弧形板、拉杆及附属钢结构等，如图 3-163 所示。

图 3-163 钢扶壁安装

钢扶壁每个拉杆支座通过两根钢拉杆（$\phi60$）锚固于沉箱舱壁上。钢拉杆顶部通过螺母与支座连接，底部通过下连接支座、插销（$\phi64$）与沉箱舱壁的预埋孔钢套管连接。H_1 肋板基座组装见图 3-164。

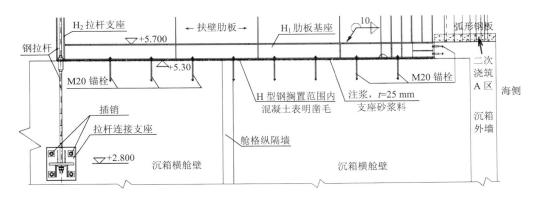

图 3-164 H_1 肋板基座组装图（单位：m）

附属钢结构主要包括管道及排水泵等电器设备，如图 3-165 所示。

图 3-165　坞门成品

3. 坞门墩

深坞坞门墩采用现浇钢筋混凝土重力式结构，分为坞门墩基础与坞门墩沉箱两部分。

坞门墩基础为倒直角梯形现浇素混凝土结构，现浇于开挖基岩面上。为增强素混凝土与开挖岩面的整体性，在开挖岩面上打置直径 32 mm 锚筋（间距 1.5 m×1.5 m 方形布置）与素混凝土基础连接。

坞门墩沉箱顶标高+15.8 m，底标高–4.0 m，长 21.5 m，宽 8 m，高 19.8 m，坞门墩沉箱内回填碎石土，顶部设置临时路面结构。坞门墩与相邻的沉箱拦水坝之间设置橡胶止水带。

坞门墩临近浮坞门处设置用于坞口止水的止水底座，标高范围：–12.8～+15.8 m。止水底座宽 700 mm，凸出坞门墩表面 100 mm（厚度可调），通过二次浇筑和调平钢板保证止水底座的表面平整度和垂直度，同时确保浮坞门安放后浮坞门和坞门墩侧面止水底座错台偏差在设计允许范围内。坞门墩结构图详见图 3-166。

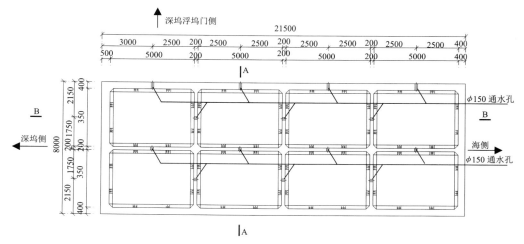

图 3-166　坞门墩结构平面图（单位：mm）

–4.0 m 标高以下为坞门墩基础，–4.0 m 标高以上为坞门墩沉箱。

坞门墩施工时坞口采用两台 250 t·m 固定式塔吊配合 200 t 履带吊，混凝土浇筑采用臂长 47 m 与 37 m 共两台泵车,施工方法与坞门施工相似,总体施工布置见图 3-167、图 3-168。

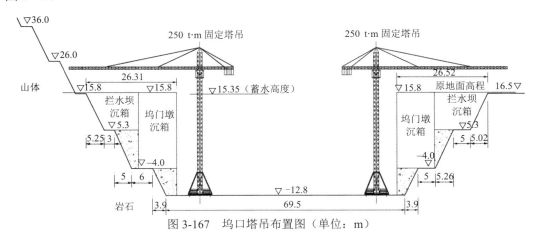

图 3-167 坞口塔吊布置图(单位:m)

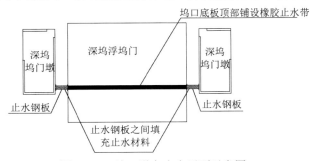

图 3-168 坞口全景

4. 坞门止水结构

坞口止水分为两个部分:坞口底部止水和浮坞门侧面止水,如图 3-169 所示。

图 3-169 坞口逆向止水平面示意图

坞口底部止水:坞口防渗混凝土基础梁顶部及中部分别铺置两道 OMEGA 止水带(高出橡胶垫 3 cm),浮坞门就位坐底后浮坞门底板与 OMEGA 止水带压紧止水,详见图 3-170、图 3-171。

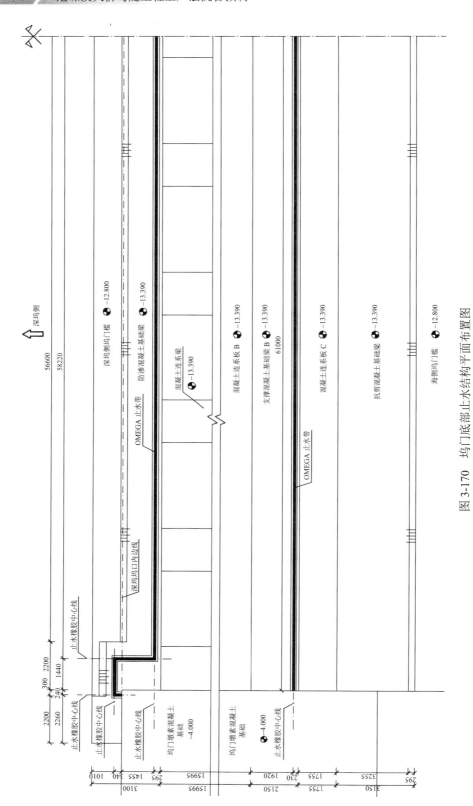

图3-170 坞门底部止水结构平面布置图

注：图中尺寸标注单位为mm，标高为m

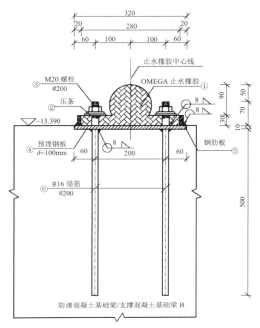

图 3-171　坞门底部止水橡胶示意图

注：图中尺寸标注单位为 mm，标高为 m

OMEGA 止水带分别布置在混凝土基础梁顶面与防渗混凝土基础梁上，通过两侧钢肋板进行限位，M20 螺栓进行固定。止水带安装顺序为：预埋钢板表面杂物清理→定位 M20 螺栓、钢肋板→M20 螺栓焊接→钢肋板焊接→止水带开孔→预埋钢板、螺栓、钢肋板防腐→止水带安装→压条安装→止水带两端头防渗处理。止水带现场开孔，两端采用高强环氧砂浆灌浆进行防渗止水，如图 3-172 所示。

图 3-172　安装完成的止水带

浮坞门侧面止水：坞口宽度 61 m，浮坞门宽度 59 m，浮坞门与两侧坞门墩之间存在 1m 间距。两侧各 1 m 空隙通过钢闸门进行止水。

钢闸门由 $\phi 700$ mm 壁厚 16 mm 的钢管(Q345B)，钢管两侧分别焊接宽 570 mm，厚 20 mm，长 29.1 m 的止水钢板。止水钢板侧面（靠坞内）焊设间距 0.25 m 加强肋；止水钢板海侧面通长铺设 60 mm×200 mm 的承压垫和 OMEGA 止水橡胶，如图 3-173 所示。

当蓄水时，浮坞门就位坐底后，利用坞门墩顶部吊机吊装钢闸门，钢闸门就位后，侧面 OMEGA 止水橡胶分别与坞门及坞门墩止水面贴紧。钢闸门底面设置底止水钢板与坞口底部 OMEGA 止水橡胶压紧止水。

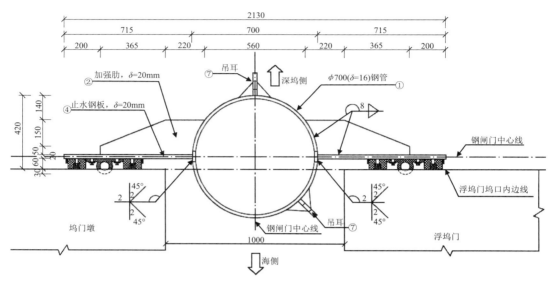

图 3-173　侧壁止水钢闸门顶部示意图

注：图中尺寸标注单位为 mm，标高为 m

坞口开启状态下，钢闸门系存在坞门墩侧面，如图 3-174～图 3-176 所示。

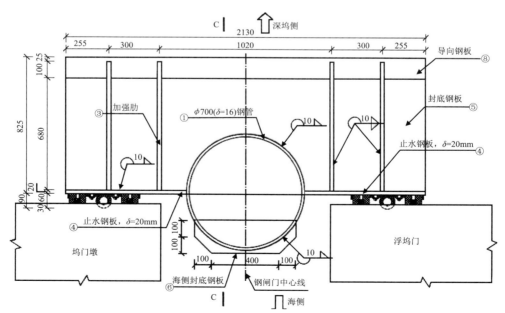

图 3-174　侧壁止水钢闸门底部示意图

注：图中尺寸标注单位为 mm，标高为 m

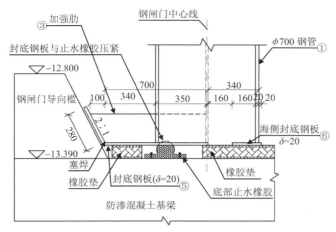

图 3-175　侧壁止水钢闸门底部 C-C 断面图

注：图中尺寸标注单位为 mm，标高为 m

（a）深坞区钢闸门现场对接

（b）承压垫及止水带安装

（c）钢闸门水平移位

（d）桅杆吊与履带吊配合吊装钢闸门

图 3-176　深坞区钢闸门吊装

5. 给水泵房

给水泵房墩位于深坞坞口西南侧，采用高桩墩式结构。墩台顶标高+5.000 m，厚度 1.2 m，长 30 m，宽 11 m，墩台中部设置 21.2 m×2.5 m 的水泵吊装孔。为掩护潜水泵，给水泵房墩临海侧 0.000～+3.000 m 标高范围内设置一道长 24.5 m，厚 1m 的挡浪墙。墩台下部基础由 10 根 1000 mm 的混凝土立柱组成，混凝土立柱端部设置一个 2 m×2 m×

1.5 m 的方形基础，沿墩台横断面方向方形基础之间采用 1 m×1.2 m 的连系梁连为一体，如图 3-177 所示。

为了满足深坞区、浅坞区 142 万 m³ 灌水需求，配置 8 台 550QW3960-15-220 潜水泵，每小时灌水量约为 3 万 m³。

图 3-177　给水泵房

3.7.5　浅坞区钢闸门

1. 荷载条件

浅坞区钢闸门设计以坞内蓄水至+15.35 m，钢闸门前后支撑梁对钢闸门前后滑移轨道梁产生的竖向荷载和水平向荷载为荷载条件，对横拉式钢闸门进行抗倾覆、抗滑稳定性验算，并验证静止水压力产生的钢闸门主体钢结构在应力及组合应力作用下的变形情况。

2. 钢闸门轨道基础

钢闸门滑移轨道梁包括钢闸门前轨道梁和钢闸门后轨道梁，全长 222.02 m，沿长度方向分为钢闸门作业区和钢闸门存放区两个结构段，其中作业区长 107 m，存放区长 115 m，两结构段之间设 20 mm 结构缝。

钢闸门前后轨道梁通过 1000 mm×1000 mm 的连系梁连接在一起。钢闸门存放区，钢闸门前轨道基础梁采用顶宽 800 mm、底宽 1680 mm、上部高 355 mm、下部高 610 mm 的倒 T 形梁；钢闸门后轨道基础梁采用顶宽 800 mm、底宽 1680 mm、上部高 355 mm、下部高 610 mm 的倒 T 形梁；前后轨道基础梁均嵌入基础 610 mm，并在基础梁下分别设置 100 mm 厚的 C15 素混凝土垫层和 200 mm 厚的碎石垫层。

钢滑板铺设于滑移轨道梁顶部作为钢闸门滑道，顶标高为+2.650 m。钢滑板上设有注浆孔（排气孔）和调平螺栓孔，滑移钢板和混凝土面之间设置 25 mm 的空隙（注浆用），滑移钢板安装调平后采用高强度环氧灌浆料进行二次注浆，如图 3-178～图 3-180 所示。

钢闸门前滑移轨道梁嵌入基岩 1 m，同时梁底进行注浆防渗，钢闸门后滑移轨道梁嵌入基岩 1.5 m 抗剪，顶部设置 0.7 m 高牛腿支撑钢闸门，如图 3-181～图 3-183 所示。

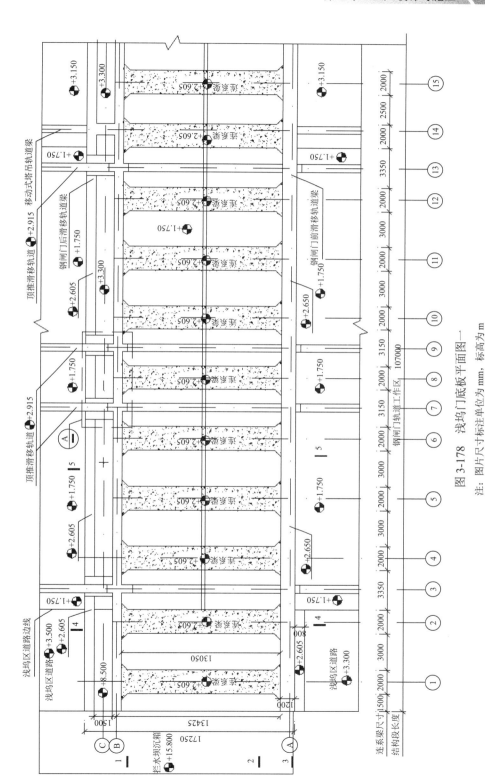

图 3-178　浅坞门底板平面图一

注：图片尺寸标注单位为 mm，标高为 m

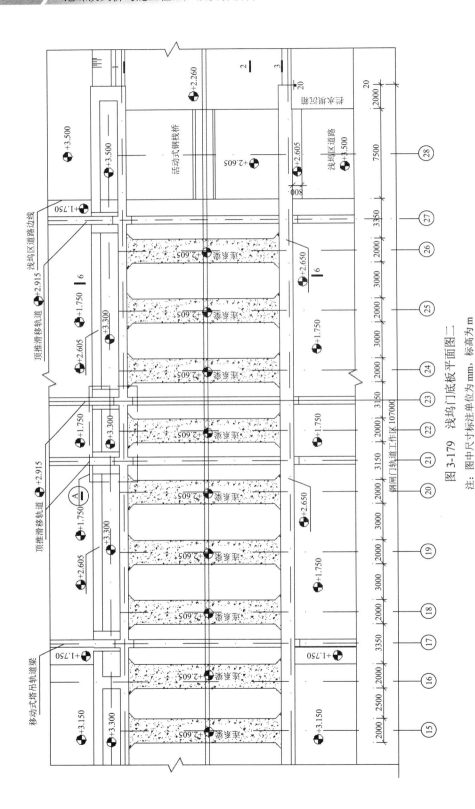

图 3-179　浅坞门底板平面图二

注：图中尺寸标注单位为 mm，标高为 m

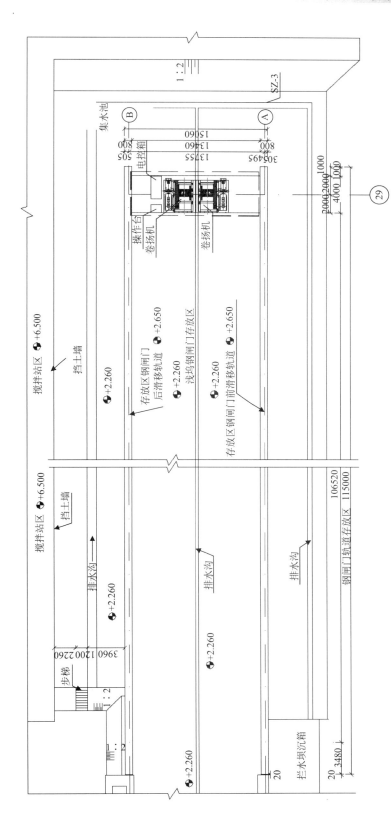

图 3-180　浅坞门底板平面图三

注：图中尺寸标注单位为 mm，标高为 m

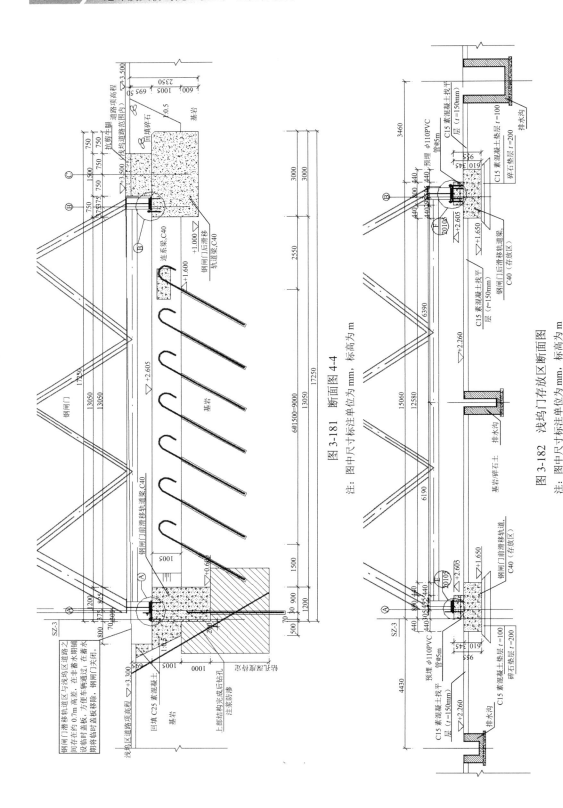

图 3-181　断面图 4-4

注：图中尺寸标注单位为 mm，标高为 m

图 3-182　浅坞门存放区断面图

注：图中尺寸标注单位为 mm，标高为 m

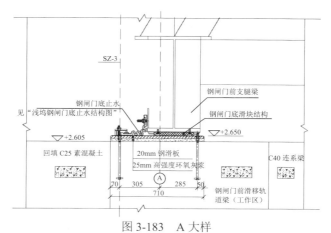

图 3-183　A 大样

注：图中尺寸标注单位为 mm，标高为 m

钢闸门基础如图 3-184 所示。

图 3-184　浅坞钢闸门基础

3. 钢闸门结构

（1）结构设计

钢闸门采用由工字钢及钢管组合成的混合桁架结构形式，以三角钢架为基本受力单元，通过相互联系的撑杆形成整体受力钢架。三角钢架由工字钢梁组成三角边，底边中心距为 14.25 m，顶部（标高为+15.930 m）至钢闸门滑道（顶标高为+2.650 m）距离为 13.28 m，内部再设置交叉的圆管支撑形成基本的受力单元。三角单元共 37 榀，支承于 800 mm 高的工字钢梁上，纵向间距主要为 3 m（局部 2.7 m 和 2.8 m），总长（中心距）105.2 m，三角钢架间设置钢管系杆和斜撑，从而形成钢架整体受力体系。

钢闸门以三角钢架为基本受力单元，通过相互联系的撑杆形成整体受力钢架。由于采用三角钢桁架式结构，钢闸门可在水压作用下自身达到稳定状态，如图 3-185～图 3-187 所示。

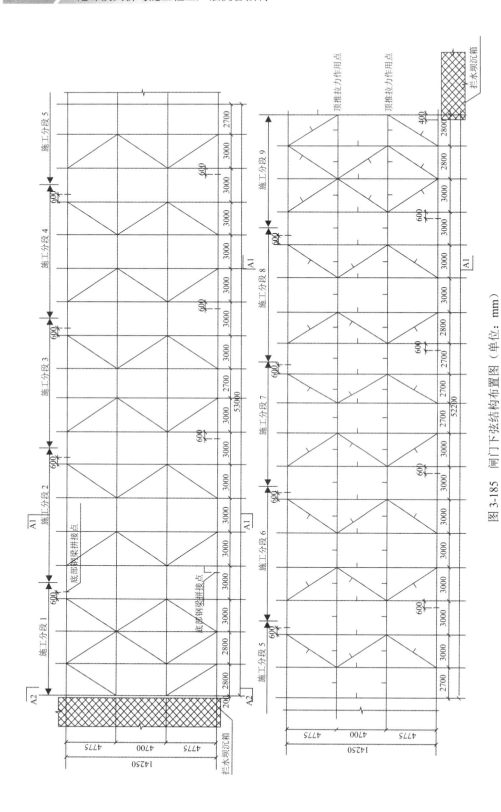

图 3-185　闸门下弦结构布置图（单位：mm）

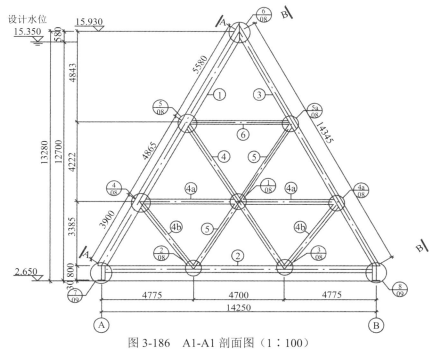

图 3-186　A1-A1 剖面图（1∶100）

注：图中数字表示编号；尺寸标注单位为 mm，标高为 m

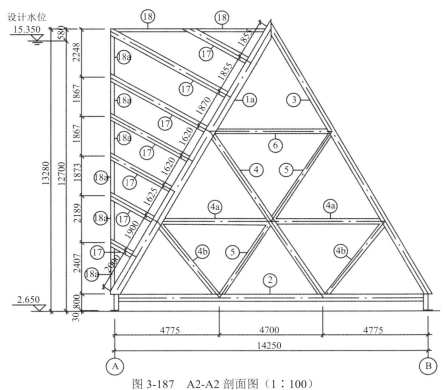

图 3-187　A2-A2 剖面图（1∶100）

注：图中数字表示编号；尺寸标注单位为 mm，标高为 m

（2）施工方法

浅坞门钢结构安装工艺流程如图 3-188 所示。

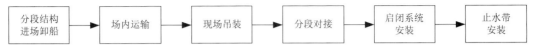

图 3-188　浅坞区钢闸门安装工艺流程

钢闸门 9 个分段均为整体制造、整体运输、整体吊装。选用 1 台 200 t、1 台 300 t 轮式起重机双机抬吊，满足要求，见图 3-189。

图 3-189　浅坞区钢闸门分块安装

9 个分段安装就位后，在滑移轨道上通长拼装对接，如图 3-190 所示。钢闸门底梁下安有滚轮，能在滑移轨道上行走，通过手拉葫芦牵引将钢闸门两两对接，接口高低调节用钢闸门底梁下千斤顶顶升实现。

图 3-190　浅坞区钢闸门整体拼装

4. 滑移及启闭系统

钢闸门总重量约为 750 t，设计采用坦克轮滚动滑移。钢闸门允许启闭作业风速为 6 级，另考虑轨道长期的使用后的不平整性，摩擦系数取 0.05，计算得钢闸门启闭力设计值为 375 kN。滑移系统由 26 个坦克轮分两组坦克轮均匀分布在滑移轨道方向，采用螺栓连接钢闸门与坦克轮，坦克轮高 200 mm。布置示意图见图 3-191，安装示意图见图 3-192。

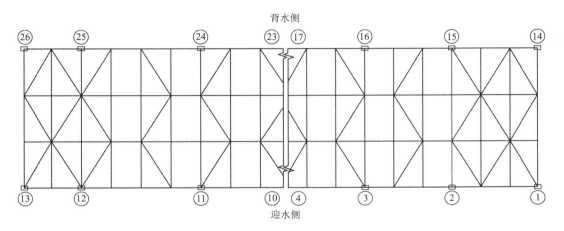

图 3-191　坦克轮布置示意图

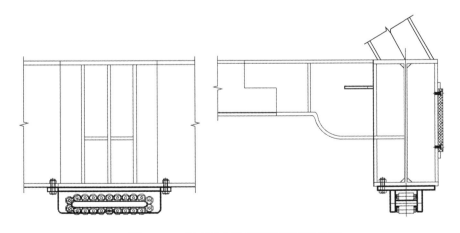

图 3-192　坦克轮安装侧面及断面示意图

钢闸门启闭采用两台 75 t 绞车，牵引钢闸门在轨道上滚动滑移，实现启、闭功能。两台绞车设于钢闸门存放区尾端，绞车钢丝绳布置见图 3-193 中情况，启闭过程始终为一台绞车负责牵引，一台绞车负责溜尾。

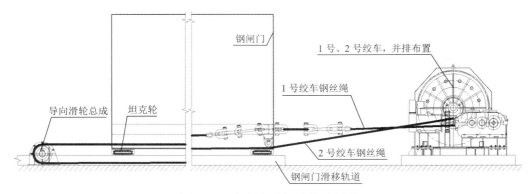

图 3-193　钢闸门启闭过程示意图

5. 止水结构

钢闸门底止水和侧止水采用安装波形橡胶止水带（以下简称波形止水带）实现。止水带一端固定于钢闸门上，另一端固定于滑移钢板及沉箱拦水坝上。钢闸门关闭就位后铺设通长止水带，并安装栓接式止水压板，确保止水带有 5 mm 的预压缩量，如图 3-194～图 3-196 所示。

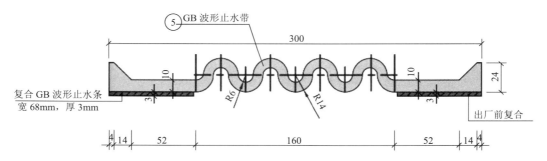

图 3-194　波形止水带详图

图 3-195　止水带安装效果图

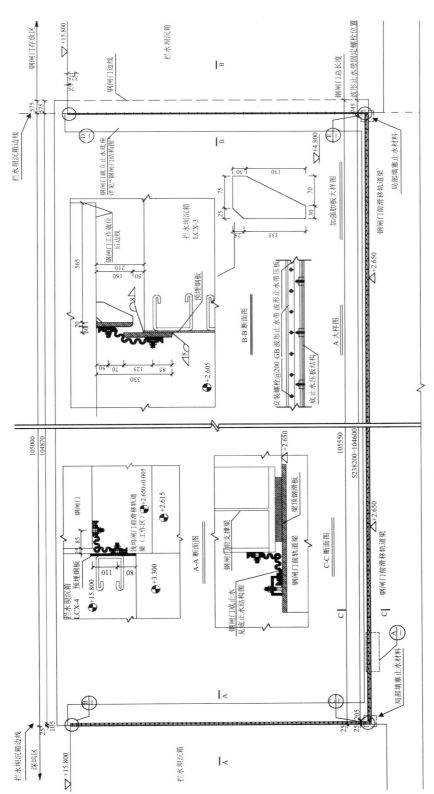

图 3-196　止水带安装大样图

3.7.6　系泊绞缆系统

1. 风浪条件

深坞区坞口区域水流不受外围环境水流、风浪影响，主要是由涨落潮的潮差产生压力差影响，综合分析 2008～2012 年桂山岛潮汐得知，坞口最大流速为 0.32 m/s。管节横移拖带在封闭的坞内进行，不受外海风、浪、流等因素影响，不考虑流速影响。

2. 平面布置

为了实现管节起浮、横移、系泊、出坞及坞门的启闭，在深坞区、浅坞区周围设计一整套系泊绞缆系统。整体设计原则为受力安全、合理、操作方便、便于维护保养。

系泊绞缆系统由绞车、控制系统、导缆器、缆桩、缆绳、带缆艇、带缆脱扣器、索具等部分组成。根据作用和环境位置的相关性，满足绞移和带缆系泊功能，绞车、导缆器及系缆柱位置，需满足实现各功能共享的要求。

主绞车共 10 台于坞室周围边坡或拦水坝上分 5 处布置，每处 2 台。导缆器与部分缆桩一体设计为桩柱式导缆器，桩柱式导缆器分 30 处布置，系缆柱分 21 处布置。

具体布置如图 3-197、图 3-198 所示，具体数据详见表 3-15。

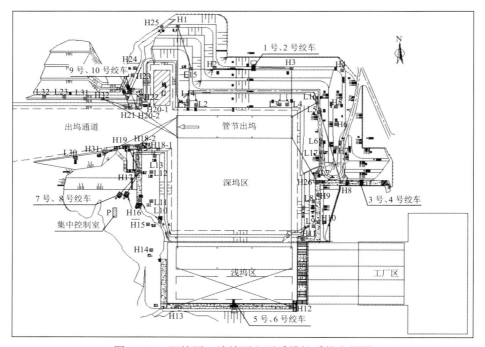

图 3-197　深坞区、浅坞区主要系缆柱系统布置图

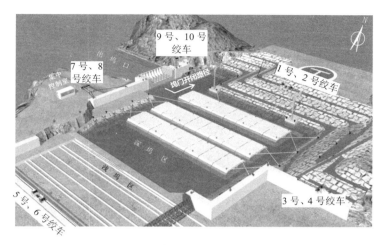

图 3-198 系泊绞缆系统平面布置图

表 3-15 深坞区、浅坞区主要缆桩系统布置表

序号	缆桩代号	基座面设计高程	缆桩形式	规格	用途
1	L1	2.25	系缆柱（单挡檐型）	250 kN	低水位深坞区内管节系泊和辅助出坞
2	L2	2.25	系缆柱（单挡檐型）	250 kN	低水位深坞区内管节系泊和辅助出坞
3	L3	2.25	系缆柱（单挡檐型）	250 kN	低水位深坞区内管节系泊和辅助出坞
4	L4	2.25	系缆柱（单挡檐型）	250 kN	低水位深坞区内管节系泊和辅助出坞
5	L5	2.3	系缆柱（单挡檐型）	250 kN	低水位深坞区内管节系泊和辅助出坞
6	L6	2.7	系缆柱（单挡檐型）	250 kN	低水位深坞区内管节系泊和辅助出坞
7	L7	4.0	系缆柱（单挡檐型）	250 kN	低水位深坞区内管节系泊和辅助出坞
8	L8	3.5	系缆柱（单挡檐型）	250 kN	低水位深坞区内管节系泊和辅助出坞
9	L9	3.0	系缆柱（单挡檐型）	250 kN	低水位深坞区内管节系泊和辅助出坞
10	L10	3.5	系缆柱（单挡檐型）	250 kN	低水位深坞区内管节系泊和辅助出坞
11	L11	3.2	系缆柱（单挡檐型）	250 kN	低水位深坞区内管节系泊和辅助出坞
12	L12	3.9	系缆柱（单挡檐型）	250 kN	低水位深坞区内管节系泊和辅助出坞
13	L13	5.0	系缆柱（单挡檐型）	250 kN	低水位深坞区内管节系泊和辅助出坞
14	L14	2.25	系缆柱（单挡檐型）	350 kN	低水位深坞区内管节系泊和辅助出坞
15	L15	2.3	系缆柱（单挡檐型）	350 kN	低水位深坞区内管节系泊和辅助出坞
16	H1	16.0	导缆桩（组合II型）	350 kN	管节横移带缆
17	H2	16.0	导缆桩（组合VI型）	350 kN+350 kN	管节横移、坞门开闭带缆
18	H3	16.0	导缆桩（组合II型）	350 kN	管节横移带缆

序号	缆桩代号	基座面设计高程	缆桩形式	规格	用途
19	H4	16.0	导缆桩（组合Ⅱ型）	350 kN	沉管出坞、降水系泊带缆
20	H5	16.0	系缆柱（单挡檐型）	250 kN	降水系泊带缆
21	H6	16.2	系缆柱（单挡檐型）	250 kN	降水系泊带缆
22	H7	16.0	系缆柱（单挡檐型）	250 kN	降水系泊带缆
23	H8	16.05	导缆桩（组合Ⅱ型）	350 kN	沉管出坞和降水系泊带缆
24	H9	16.05	导缆桩（组合Ⅲ型）	250 kN	管节横移和降水系泊带缆
25	H10	16.05	导缆桩（组合Ⅲ型）	250 kN	管节横移和降水系泊带缆
26	H11	16.05	导缆桩（组合Ⅲ型）	250 kN	管节横移和降水系泊带缆
27	H12	16.05	导缆桩（组合Ⅱ型）	350 kN	管节横移和降水系泊带缆
28	H13	16.05	导缆桩（组合Ⅱ型）	350 kN	管节横移和降水系泊带缆
29	H14	16.7	导缆桩（组合Ⅲ型）	250 kN	管节横移和降水系泊带缆
30	H15	17.0	导缆桩（组合Ⅲ型）	250 kN	管节横移和降水系泊带缆
31	H16	16.05	导缆桩（组合Ⅲ型）	250 kN	管节横移和降水系泊带缆
32	H17	16.05	导缆桩（组合Ⅲ-1型）	250 kN	管节横移和降水系泊带缆
33	H18-1	16.05	导缆桩（组合Ⅲ型）	250 kN	降水系泊、坞门开闭带缆
34	H18-2	16.05	导缆桩（组合Ⅱ-1型）	350 kN	坞门开闭带缆
35	H19	16.05	导缆桩（组合Ⅰ型）	550 kN	沉管出坞、坞门开闭带缆
36	H20-1	16.05	导缆桩（组合Ⅲ型）	250 kN	降水系泊、坞门开闭带缆
37	H20-2	16.05	导缆桩（组合Ⅱ-1型）	350 kN	坞门开闭带缆
38	H21	16.05	导缆桩（组合Ⅰ型）	550 kN	沉管出坞、坞门开闭带缆
39	H22	16.05	系缆柱（单挡檐型）	350 kN	坞门系泊带缆
40	H23	20.6	导缆桩（组合Ⅱ型）	350 kN	降水系泊、坞门开闭带缆
41	H24	21.2	系缆柱（单挡檐型）	350 kN	坞门系泊带缆
42	H25	22.1	导缆桩（组合Ⅱ型）	350 kN	坞门开闭带缆
43	H26	16.05	导缆桩（组合Ⅵ型）	350 kN+350 kN	沉管出坞带缆
44	A1 H31	6.0 地平+4.50	导缆桩（组合Ⅰ-1型）	550 kN	沉管出坞带缆
45	A2 H32	6.0 地平+4.50	导缆桩（组合Ⅰ型）	550 kN	沉管出坞带缆
46	A3 L30	3.2 地平+3.0	导缆桩（组合Ⅰ-1型）	550 kN	沉管出坞带缆
47	A4 L31	3.2 地平+3.0	导缆桩（组合Ⅰ型）	550 kN	沉管出坞带缆
48	L32	3.2	导缆桩（组合Ⅰ型）	550 kN	沉管出坞带缆
49	L33	3.2	系缆柱（单挡檐型）	450 kN	沉管出坞带缆
50	L16	3.2 地平+3.0	导缆桩（组合Ⅱ型）	350 kN	沉管出坞带缆
51	L17	3.2 地平+3.0	导缆桩（组合Ⅱ型）	350 kN	沉管出坞带缆
52	J8	3.2 地平+3.0	预埋机座	50 kN	固定卷扬机

3. 拖带力计算

（1）坞门拖带力计算

1）坞门安装过程中流速计算

坞口水流不受外围环境水流、风浪影响，主要是由涨落潮的潮差产生压力 形成。综合分析 2008～2012 年桂山岛潮汐得知，最大潮差为 54 cm。

坞口流速最大状态是坞门在坞口时，潮差在坞内产生的水量通过坞门两侧各 1 m 空隙流出，坞内面积按+1.6 m 水面淹没面积为 53 690 m²，经计算整理，得出坞口最大流速为 0.32 m/s。

2）坞门沉箱拖带力计算

坞门沉箱采用卷扬机在坞内拖带，坞内水流在坞口处最大，这时卷扬机需要克服水流力拖带坞门。根据《重力式沉箱码头设计与施工规范》（JTJ 290—98），坞门沉箱拖带力为

$$F=A\gamma_W(V^2/2g)K \qquad A_横=\alpha(T+\delta)=613.6 \text{ m}^2 \qquad A_纵=262.08 \text{ m}^2$$

式中，F——拖带力标准值(kN)；

$\quad A$——受水阻力面积(m²)；

$\quad \gamma_W$——水的重度(kN/m³)，本工程取 10.25 kN/m³；

$\quad \alpha$——沉箱吃水宽度(m)，本工程取横向 59 m，纵向 25.2 m；

$\quad T$——沉箱吃水深度(m)，本工程取 10.4 m；

$\quad \delta$——涌水高度(m)，通常取 0.6 倍航程中可能出现的波高 H，本工程由于受风浪

$\qquad$ 影响较小，可取 $\delta=0$；

$\quad V$——对水流的相对速度(m/s)；

$\quad K$——挡水形状系数，对矩形 K 取 1，对流线形 K 取 0.75；

沉箱的拖带力计表结果见表 3-16 所示。

表 3-16　沉箱拖带力计算表

拖带速度/(m/s)	0.1	0.2	0.3	0.4	0.5	0.6	0.7	0.8	0.9	1.0
沉箱横拖阻力/kN	3.21	12.84	28.88	51.34	80.22	115.52	157.24	205.37	259.92	320.89
沉箱纵拖阻力/kN	1.37	5.477	12.32	21.9	34.23	49.29	67.09	87.63	110.9	136.92

坞门沉箱在静水中拖带时对水流的相对速度为坞门的拖带速度，拖带时水的阻力 F_1 可根据表 3-16 查得。当坞门进入坞口逆水拖带时，坞门对水流的相对速度为坞口水流速度与坞门拖带速度之和，这时的拖带力 F_2，也可根据表中相对速度对应查得。最大相对速度 0.32+0.1=0.42 m/s（水流速度+拖带速度），对应的坞门横拖阻力为 F_2=57.12 kN。

3）坞门沉箱惯性力计算

坞门沉箱拖带时，启动或停止均需克服坞门沉箱的惯性力。坞门沉箱的整体质量等

于其排水量的质量为 $m = 59 \times 25.2 \times 10.4 \times 1.025 \times 10^3 = 1632476 \, \text{kg}$，在启动或停止时所克服的惯性力计算见表 3-17。

表 3-17 沉箱惯性力计算表

启动或制动时间/s	10	20	30	50	60	70	80	90
沉箱制动加速度 $a=V/t/(\text{m/s}^2)$	0.01	0.005	0.003 33	0.002 5	0.001 67	0.001 43	0.001 25	0.001 11
惯性力 $F=ma/\text{kN}$	158.49	79.25	52.78	39.62	26.47	22.66	19.81	17.59
制动时沉箱前行距离 $s=(V_{12}-V_{02})/2a/\text{m}$	0.5	1.0	1.5	2.0	3.0	3.5	4.0	4.5

施工时选择最快启动或制动时间为 20 s，从表 3-17 中对应查得沉箱制动时前行距离为 1 m，惯性力为 $F_3=79.25 \, \text{kN}$。

4）风压力计算

坞门在坞内口开闭和寄泊过程中，其干舷高，受风面积大，应考虑其受风压力，风压力计算根据中国船级社《海船规范》给定的经验公式，计算结果见表 3-18。

$$F_w = 0.63 \times \Sigma \, (C_s \times C_h \times A_i) \, V_w^2 /10^3 = 134.12 \, \text{kN}$$

式中，F_w——风力(kN)；

C_s——形状系数，矩形取 1，本工程由于上部结构舱室多，按船舶甲板室群取 1.1；

C_h——高度系数，构件中心至水面距离，不大于 15.3 m 取 1；

A_i——各受风构件的正投影面积(m^2)，本工程受风面积 $A_i=59 \times (29.1 - 10.5)=1097.4 \, \text{m}^2$；

V_w——有效风速(m/s)，按下式计算：$V_w=0.6 \times V_{10}+0.4 V_1$，$V_{10}$ 为 10 min 平均风速 (m/s)，V_1 为 1 min 平均风速(m/s)，在缺乏资料的情况下可取为 $1.2 V_{10}$。

表 3-18 坞门受风压力计算表

风级	4 级	5 级	6 级	7 级	8 级	9 级
$F_w = 0.63 \times \Sigma (C_s \times C_h \times A_i) \, V_w^2 /10^3/\text{kN}$	39.86	77.58	134.12	213.11	318.66	453.14
$V_w=0.6 \times V_{10}+0.4 V_1$	7.24	10.1	13.28	16.74	20.47	24.41
V_{10}(查蒲福氏风级表，取中间值)/(m/s)	6.7	9.35	12.3	15.5	18.95	22.6
$V_1=1.2 V_{10}$/(m/s)	8.04	11.22	14.76	18.6	22.74	27.12

本工程选择工作状态风力小于等于 6 级风，寄泊状态风力小于等于 7 级，坐底压水状态风力可大于 7 级。

5）橡胶靠球摩擦力计算

坞门沉箱每侧采用 3 个橡胶靠球用于坞门沉箱进入坞口安装定位，当坞门调位移动时则需要克服橡胶靠球的摩擦力，其摩擦力根据经验公式计算如下：

$$F_4=(F_c'+F_d') \times f=(-38.656 - 121.72) \times 0.04 = -6.415 \, \text{kN}$$

式中，F_4——橡胶靠球的摩擦力(kN)，负值表示与坞门运动方向相反；

f——橡胶靠球的滚动摩擦系数，按类似工程经验取 0.04；

$F_c{'}$——左侧靠球对坞门的压力 F_c 的反力(kN)；

$F_d{'}$——右侧靠球对坞门的压力 F_d 的反力(kN)。

F_c、F_d 压力的产生见图 3-199，理想状态两缆牵引力 F_a、F_b 平衡时，F_c、F_d 值均为 0。当两力 F_a、F_b 作用不平衡时，F_a、F_b 对坞门产生一个转动力矩，坞门转动引起左右靠球产生压力，这时靠球对坞门产生一个平衡力矩。F_a、F_b 最不平衡状态为其中一力 F_b 为绞车最大拉力 250 kN，F_a 为拉动坞门的余下作用力（即 $F_a \cos45° = F_0 - F_b \cos45°$），则有如下平衡方程：

$F_0 = (F_a + F_b) \cos45°$

$M_{ab} = (F_b - F_a) \cos45° \, L \, 1/2 - (F_b - F_a) \sin45° \, B \, 1/2$

$M_{cd} = F_c \, L_c + F_d \, L_d$

$M_{ab} = M_{cd}$

$F_d - F_c = (F_b - F_a) \sin45°$

解上述方程组得：$F_a = 132.53$ kN，$F_b = 250$ kN，

$F_c = -F_c{'} = -38.656$ kN，$F_d = -F_d{'} = -121.72$ kN

式中，F_0——坞门拖动总阻力，取 $F_0 = 270.49$ kN，即水流最大相对速度横拖阻力 F_2、惯性力 F_3、风压力 F_w 之和；

　　　F_a——坞门左侧牵引力(kN)；

　　　F_b——坞门右侧牵引力(kN)，取绞车最大力 250 kN；

　　　F_c——坞门左侧靠球对坞门的压力(kN)，假设左侧靠球压力集中于 c 点；

　　　F_d——坞门右侧靠球对坞门的压力(kN)，假设右侧靠球压力集中于 d 点；

　　M_{ab}——F_a、F_b 对坞门垂直中心轴的力矩(kN·m)；

　　M_{cd}——F_c、F_d 对坞门垂直中心轴的力矩(kN·m)。

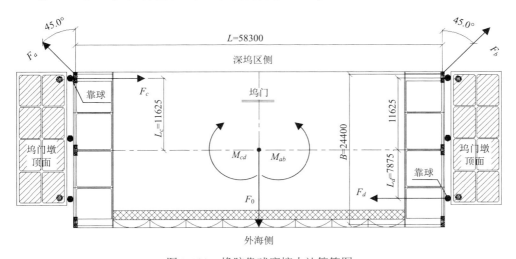

图 3-199　橡胶靠球摩擦力计算简图

6）坞门沉箱各工况牵引力总结

坞门沉箱各工况拖带力总结见表3-19。

表3-19 坞门沉箱各工况拖带力总结表

序号	工况阶段	拖动时需克服的作用力	总拖带力/kN
1	寄存区起拖阶段（纵拖）	启动惯性力、静水阻力	$F_3+F_0=79.257+1.37=80.627$
2	坞门在静水中横拖	启动惯性力、静水阻力、6级风压力	$F_3+F_0+F_W$ $=79.25+3.21+134.12=216.58$
3	达到坞口制动阶段	制动惯性力、水流力、6级风压力	$F_3+F_1+F_W$ $=79.25+51.34+134.12=264.71$
4	进入坞口安装调节阶段	启动惯性力、水流力、橡胶靠球的摩擦力、6级风压力	$F_3+F_1+F_4+F_W$ $=79.25+51.34+6.415+134.12=271.125$
5	在坞口起浮开拖阶段	启动惯性力、相对水流力、橡胶靠球的摩擦力、6级风压力	$F_3+F_2+F_4+F_W$ $=79.25+57.12+6.415+134.12=276.905$
6	寄放系泊状态	横向受风压力7级	213.11（7级）

（2）管节拖带力计算

管节横移拖带在封闭的坞内进行，不受外海风、浪、流等因素影响，在横移过程中只需对管节的横移启动、横移牵引、横移制动力进行计算。

1）管节横移启动牵引力

管节的质量根据与浮体排水量相等原理算得

$$m=418.525m^2 \times 180m \times 10.25kN/m^3 \div 9.8=78713.4 \text{ t}$$

管节横移启动时其加速度不同，则启动所用的时间和作用的牵引力也不同，不同加速度所作用的牵引力计算见表3-20。

表3-20 管节牵引力计算表

管节启动时间/s	20	30	50	60	70	80	90
管节启动加速度 $a=V/t/(m/s^2)$	0.005	0.003 33	0.002 5	0.001 67	0.001 43	0.001 25	0.001 11
启动牵引力 $F=ma$/kN	393.56	262.12	196.78	131.2	112.56	98.39	87.37
启动时管节前行距离 $s=(V_1^2-V_0^2)/2a$/m	1.0	1.5	2.0	3.0	3.5	4.0	4.5

注：设牵引绞车额定速度为0.1 m/s，即管节正常横移运行速度为0.1 m/s。

根据计算可选择管节横移起步时间为60 s，牵引力 $F=131.2$ kN，60 s内管节行走距离 $s=3$ m。

2）管节横移牵引力计算

管节在坞内横移的牵引力根据《重力式沉箱码头设计与施工规范》（JTJ 290—98），有

$$F=A\gamma_W(V^2/2g)K \qquad A=\alpha(T+\delta)$$

式中，F——拖带力标准值(kN)；

A——受水阻力面积(m^2)；

γ_W——水的重度(kN/m^3)，本工程取 10.025kN/m^3；

α——吃水宽度(m)，本工程取 180 m；

T——吃水深度(m)，本工程取 11.37 m；

δ——涌水高度(m)，通常取 0.6 倍航程中可能出现的波高 H，本工程由于受风浪影响较小，可取 $\delta=0$；

V——对水流的相对速度(m/s)；

K——挡水形状系数，对矩形 K 取 1，对流线形 K 取 0.75。

管节横移相对水流速度为管节牵引速度即 0.1 m/s，则管节移横拖带力为

$$F=180\times11.37\times10.25\times(0.12\div2\div9.8)\times1=128.4 \text{ kN}$$

3）管节横移制动力计算

管节横移时，以卷扬机的额定速度 0.1 m/s 牵引前行，若要管节停止，则牵引卷扬机停止牵引，溜尾卷扬机需克服管节的惯性力制动管节运动，其制动力、制动时间及制动时管节因惯性前行的距离见表 3-21。

表 3-21　管节制动力计算表

管节制动时间/s	20	30	50	60	70	80	90
管节制动加速度 $a=V/t$/(m/s²)	0.005	0.003 33	0.002 5	0.001 67	0.001 43	0.001 25	0.001 11
制动力 $F=ma$/kN	393.56	262.12	196.78	131.20	112.56	98.39	87.37
制动时管节前行距离 $s=(V_1^2-V_0^2)/2a$/m	1.0	1.5	2.0	3.0	3.5	4.0	4.5

注：设牵引绞车额定速度为 0.1 m/s，即管节正常横移运行速度为 0.1 m/s。

施工时可选择制动时间为 60～90 s，管节制动时前行距离 3～4.5 m，需克服的惯性力为 $F=131.2～87.37$ kN。

4）溜尾缆张力及作用效果计算

管节横移前方采用两台卷扬机垂直管节平行牵引，后方采用两台恒张力卷扬机溜尾，溜尾缆交叉布置控制管节前行方向和保证管节及时制动，溜尾缆与管节纵向角度最小为 4.2°（管节启动时），最大角度为 57.3°（管节移到位后）。

根据布置特点溜尾缆对第一节管牵引到位时对牵引方向制动作用最大，对第四节管牵引到位时对牵引方向制动作用最小；于是选择溜尾缆以保证第四节管牵引到位时能得到有效制动为准。

设管节以绞车额定速度 0.1 m/s 前行，最快制动时间选为 70 s，制动时前行距离 3.5 m，管节完全止住，这时应克服管节的惯性力为 $F=112.56$ kN，要求单根溜尾缆恒张力大于等于 $F_0=F/(2\sin35.9°)=96$ kN。横移过程中选择溜尾缆恒张力为 $F_0=100$ kN 对管节进行溜尾控制，控制过程中的作用力计算见表 3-22。

表3-22 单根溜尾缆对管节作用力效果计算表

管节状态	缆绳与管节角度/(°)	对管节横向作用分力/kN	对管节纵向作用分力/kN	制动时间/s	制动时横向移动距离/m
第一管节启动时	19.2	32.9	94.4	—	—
第一管节横移到位制动时	56.9	83.8	54.6	48	2.4
第二管节启动时	4.2	7.3	99.7	—	—
第二管节横移到位制动时	50.9	77.6	63.1	52	2.6
第三管节启动时	19.2	32.9	94.4	—	—
第三管节横移到位制动时	44.3	69.8	71.6	58	2.9
第四管节启动时	4.2	7.3	99.7	—	—
第四管节横移到位制动时	35.9	58.6	81.	69	3.4

注：表中"到位制动时"指管节移到预定位置前4 m开始停止牵引，恒张力开始制动。

5）管节横移牵引力计算

管节横移牵引力计算总结见表3-23。

表3-23 管节横移各工况牵引力总结表

序号	工况阶段	牵动时需克服的作用力	总牵引力/kN
1	第一管节和第三管节起拖阶段	启动惯性力、静水阻力、溜尾缆张力	131.2+10.7+32.9×2=207.7
2	第一管节横移到位制动前	静水阻力、溜尾缆张力	10.7+83.8×2=178.3
3	第一管节横移到位调节	启动惯性力、静水阻力、溜尾缆张力	131.2+10.7+83.8×2=309.5
4	第二管节和第四管节起拖阶段	启动惯性力、静水阻力、溜尾缆张力	131.2+10.7+7.3×2=156.5
5	第二管节横移到位制动前	静水阻力、溜尾缆张力	10.7+77.6×2=165.9
6	第二管节横移到位调节	启动惯性力、静水阻力、溜尾缆张力	131.2+10.7+77.6×2=297.1
7	第三管节横移到位制动前	静水阻力、溜尾缆张力	10.7+69.8×2=150.3
8	第三管节横移到位调节	启动惯性力、静水阻力、溜尾缆张力	131.2+10.7+69.8×2=281.5
9	第四管节横移到位制动前	静水阻力、溜尾缆张力	10.7+58.6×2=127.9
10	第四管节横移到位调节	启动惯性力静水阻力、溜尾缆张力	131.2+10.7+58.6×2=259.1

4. 设备选型

（1）坞门

坞门拖带时，采用两缆牵引与坞门成45°对称布缆，选用250 kN卷扬机作为坞门安装和坞门开闭牵引，安全系数$n=1.27$。

卷扬机缆绳选用$\phi40$ mm钢丝绳，破断力为1010 kN，安全系数$n=4.0$。

坞门系泊时横向受风7级风力213.11 kN。坞门系泊带缆一般与坞门成45°角对称带缆，系泊缆为8股$\phi60$ mm锦纶绳缆，破断力626 kN，安全系数$n=4.15$。

（2）管节出坞及横移

1）后方溜尾绞车

后方溜尾绞车选择恒张力卷扬机 2 台，其性能为：卷扬机转换为恒张力功能时，额定恒张力为 100 kN，即当缆绳受力大于 100 kN 时，卷筒出缆；当缆绳受力小于 100 kN 时，卷筒收缆，缆绳保持操作档次张力。

刹车制动力 300 kN，满足应急制动要求。钢丝绳直径 ϕ32 mm，破断力 645 kN，安全系数 n=645/150=4.3，取容绳量 500 m，满足管节牵引长度要求。

2）前方牵引绞车

前方牵引绞车选择 2 台 250 kN 电控慢速卷扬机，卷扬机额定拉力为 250 kN，满足管节横移到位调节牵引力要求 F=309.5÷2=154.75 kN。刹车制动力 500 kN，满足应急制动要求。钢丝绳直径 ϕ40 mm，破断力 1010 kN，安全系数 n=1010/250=4.0。容绳量 500 m，满足管节牵引长度要求。

3）系泊缆绳

系泊缆选用高强纤维绳缆，质轻，强度高，伸长率小，ϕ40 mm 高强纤维绳缆，破断力 974 kN，400 kN 拉力时伸长 4.5%～4.6%。满足系泊力要求 F=131.3 kN，安全系数 n=974/131.2=7.4。

4）坞内降水高强纤维缆

坞内寄放两节管节时，两管节横移到位后，坞内水位从+15.35 m 降至+1.0 m 的过程中，坞内降水各缆绳的伸长量见表 3-24，由表可知缆绳伸长最大的为 H10，其伸长率 δ = (59.2–57.4)÷57.4×100%=3.0%<10%。查缆绳参数表 3-25，得 ϕ40 mm 高强缆绳伸长率 3%时，受力 F=974.12×1%=9.74 kN，可见在坞内降水过程中，高强缆绳的伸长量产生的拉力较小，不调节缆绳长度即可满足降水要求。

表 3-24　坞内降水缆绳伸长率计算表

缆绳编号	+15.8 m 长度/m	+1.3 m 长度/m	伸长量/m	伸长率/%
H24	101.7	102.7	1.0	0.98
H20	95.2	96.3	1.1	1.16
H18	80.6	81.2	0.6	0.74
H17	86.3	87.5	1.2	1.39
H16	86.6	87.8	1.2	1.39
H15	62.5	64.2	1.7	2.72
H10	57.4	59.2	1.8	3.00
H9	60.3	62.0	1.7	2.82
H8	112.3	113.2	0.9	0.80
H6	116.6	117.5	0.9	0.77
H5	103.4	104.4	1.0	0.97
H4	102.6	103.6	1.0	0.97

表 3-25　缆绳参数表

缆绳规格/mm	高强 $\phi40$	高强 $\phi44$	高强 $\phi48$	高强 $\phi52$	锦纶 $\phi80$	丙纶 $\phi80$
材料重量/(kg/m)	0.678	0.818	0.97	1.154	3.94	3.045
破断力/kN	974.12	1150.03	1334.76	1538.6	1078	756.12
受力状况	缆绳伸长率统计					
1%/%	3	3	3	3	8～10	8～10
10%/%	4	4	4	4	12～15	12～15
20%/%	4.2	4.2	4.2	4.2	15～18	15～18
30%/%	4.35～4.4	4.35～4.4	4.35～4.4	4.35～4.4	18～20	18～20

根据设备设备及缆绳计算，配置如下设备，如表 3-26 所示。

表 3-26　深坞区、浅坞区系泊绞缆设备配置表

设备名称	型号规格	性能	数量(台/套)	备注
25 t 卷扬机	JM25T	250 kN	2	—
25 t 双卷筒卷扬机	—	2×250 kN	1	—
15 t 双卷筒恒张力卷扬机	100 kN 恒张力	2×150 kN	1	—
25 t 恒张力卷扬机	150 kN 恒张力	250 kN	2	—
25 t 双卷筒恒张力卷扬机	2×150 kN 恒张力	2×250 kN	1	—
5 t 卷扬机	JM5TB	50 kN	2	—
单轮转向滑车	开式	550 kN	4	—
四滚柱导缆器	四滚柱型	—	4	—
立式导缆器	$\phi250$	—	2	—
导缆桩配置表				
导缆桩 I	配 55 t 开式单滑车	套	4	—
导缆桩 I -1	配 55 t 开式单滑车	套	2	—
导缆桩 II	配 35 t 开式单滑车	套	10	—
导缆桩 II -1	配 35 t 开式单滑车	套	2	—
导缆桩III	配 25 t 开式单滑车	套	8	—
导缆桩III-1	配 25 t 开式单滑车	套	1	—
导缆桩VI	配 35 t+35 t 开式滑车	套	2	—
合　计	—	套	29	—
电器及控制系统				
电器控制系统	—	整套系统	—	—
视屏监视系统	—	整套系统	—	—
集中控制室	6 m×2.4 m×2.6 m	—	1	—
机旁控制室	3 m×2.4 m×2.6 m	—	5	—

各类导缆桩类型如图 3-200～图 3-205 所示。

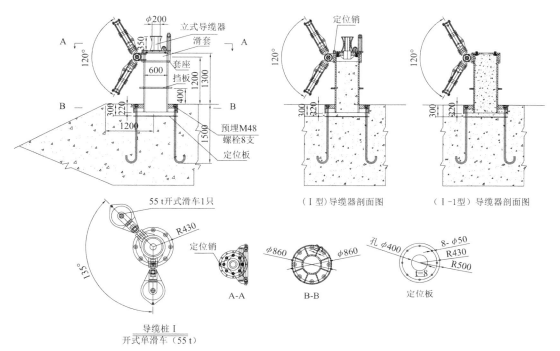

图 3-200　导缆桩（Ⅰ）

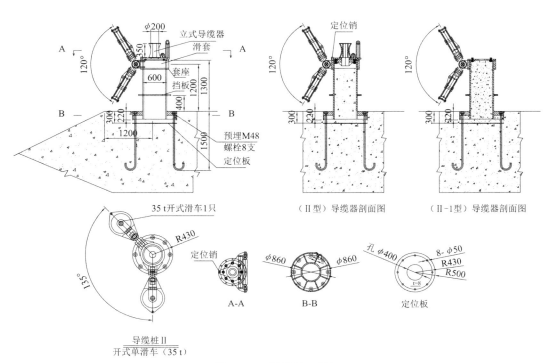

图 3-201　导缆桩（Ⅱ）

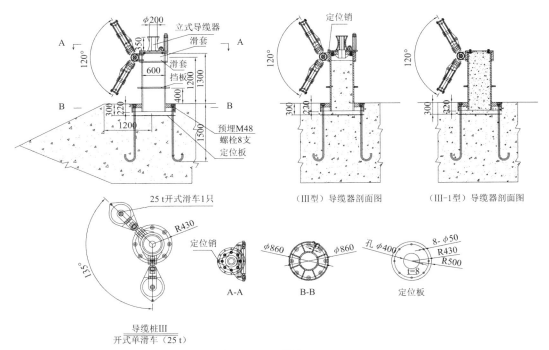

图 3-202　导缆桩（Ⅲ）

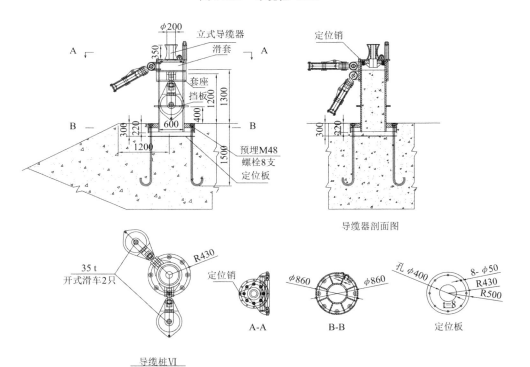

图 3-203　导缆桩（Ⅳ）

图 3-204　绞车

（a）550 kN 管节出坞导缆器

（b）350 kN 管节出坞导缆器

（c）250 kN 管节横移导缆器

（d）250 kN 双绳导缆器

图 3-205　各功能导缆器

3.7.7　舾装设施

1. 限制条件

浅坞区尺寸为 196 m×104 m，180 m 标准管节寄放在浅坞区后，浅坞区两侧及中间分别有 7.5 m、11 m 宽道路，管节一端距离钢闸门 9 m，另一端距离山体围堰 7 m，整体工作空间较为狭窄，如图 3-206 所示。

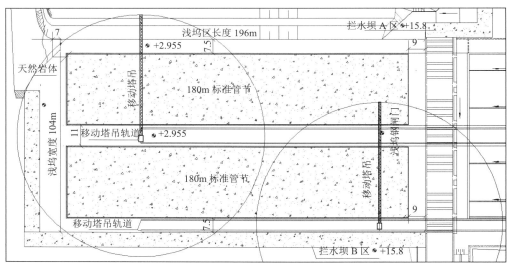

图 3-206　浅坞区设备平面布置图（单位：m）

浅坞区一次舾装主要分项有：钢端封门、压载系统、管内通风照明系统、GINA 止水带、管顶舾装件、张拉及聚脲喷涂工程。各分项分布于管顶、管侧、管内、管节端部，施工周期短，劳动强度大，交叉作业频繁，需要投入多辆大型吊装设备及运输设备。而浅坞区整体工作空间较为狭窄，若每个作业点均设置普通吊装设备，不仅工作空间不够，而且占用进出通道，不利于多分项平行作业的要求。

根据浅坞区管内、管外的施工限制条件，管外选择移动塔吊配合临时吊车及登高车进行材料吊装及高空作业；管内选择叉车及小型登高车进行材料的吊装及人员登高作业。其他设备均选择常规设备，满足总体施工需求，如图 3-207 所示。

图 3-207　浅坞区主要设备布置

2. 设备选型

主要设备配置表见表 3-27。

表 3-27 主要设备配置表

序号	设备名称	型号规格	生产能力	数量/台	备注
1	移动塔吊	60 m 吊幅	450 t·m	2	—
2	汽车吊	—	50 t	1	—
3	叉车	CPCD100-WX1	10 t	4	—
4	汽车吊	—	35 t	1	—
5	叉车	—	3 t	2	—
6	登高车	—	25 m	2	—
7	小型登高平台	SJY1.0-10	1 t	8	—
8	吊架	41m	13	1	GINA 止水带吊装
9	吊带	—	5 t	40	—

3.8 生产、生活保障设施

3.8.1 码头

1. 平面布置

牛头岛与外界仅有一条道路连接桂山岛，人员可通过桂山镇客运船舶与外界交通出行，但其无法满足沉管预制的物资材料运输强度要求，故需自建码头。

经比选，在工厂东南侧天然港湾内，港湾内风浪流均较小，水深及水域面积能满足交通船、砂石料船和散货船的靠泊要求，适合作为沉管预制厂配套码头。

件杂货码头布置在崎沙湾东南侧，单独布置。泊位长度：L_b=12+86+12=110 m（泊位长度由 2000 DWT 件杂货船控制），并考虑兼具停靠滚装船，在码头端头布置 10 m 斜坡段，后端回填至陆域。

散料码头码头长度：L_b=10+78+10=98 m。考虑散料码头接近湾口，并且为临时码头工程，为避免对船舶进出港造成影响，码头长度结合水工结构适当缩短，定为 85.24 m。

抛砂、石船停靠区护岸长度根据抛石及存放要求，设计总长度为 90 m。

码头前沿顶面高程取+3.2 m，详见图 3-208。

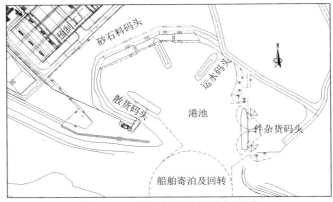

图 3-208　港池码头区平面布置图

2. 件杂货码头

件杂货码头泊位长 110 m，码头采用重力式沉箱结构。码头附属设施考虑设 250 kN 系缆柱及 DA-A400H×3000 mm 和 DA-A400H×2000 mm 标准型橡胶护舷（竖向）、D300×300×1500 mm 标准反力型橡胶护舷（水平向）。

码头设计均载 20 kPa，考虑行走 Q25、20 t 平板车、70 t 汽车吊作业，码头上布置 2 台 20 t-30 m 的桅杆式起重机。

如图 3-209～图 3-211 所示。

码头施工分为基槽挖泥、基床抛填、基床夯实、基床整平、沉箱预制、沉箱安装、回填、胸墙施工、面层施工及附属工程。

其中沉箱安装为风险较大工程，需要专家评审方案后方可施工，沉管数量为 16 件，其安装顺序如图 3-212 所示。

本工程预制区至件杂货码头安装区的海上航行距离约 1.2 km，故采用 1000 t 自航起重船吊运及安装，不采用驳船运输沉箱，为本工程沉箱安装的最大特点。

选用 1000 t 自航起重船，吊装沉箱 400 t 荷载条件下，其工作幅度为 38 m，对应起吊高度为 49 m，船艏吃水深度为 3.3 m，满足吊装出运及安装区域的吃水深度要求，如图 3-213、图 3-214 所示。

3. 散料码头

散料码头由 1 个工作平台、2 个系缆墩、1 条接岸引桥组成。

工作平台：工作平台采用高桩墩式结构，平面尺寸 35 m×9 m，墩台顶标高 3.20 m，墩台厚度为 1.7 m；基础采用 ϕ700B 型 PHC 桩，共 26 根。散料码头工作平台中部设置 1 道步梯，步梯共 12 级踏步，长 1.5 m、宽 0.6 m、高 250 mm，最底层踏步标高为 +0.2 m。

系缆墩：系缆墩采用高桩墩式结构，平面尺寸 5 m×5 m，墩台顶标高 3.20 m，墩台厚度为 1.5 m；基础采用 4∶1 的 ϕ700 的 B 型 PHC 斜桩，共 5 根。

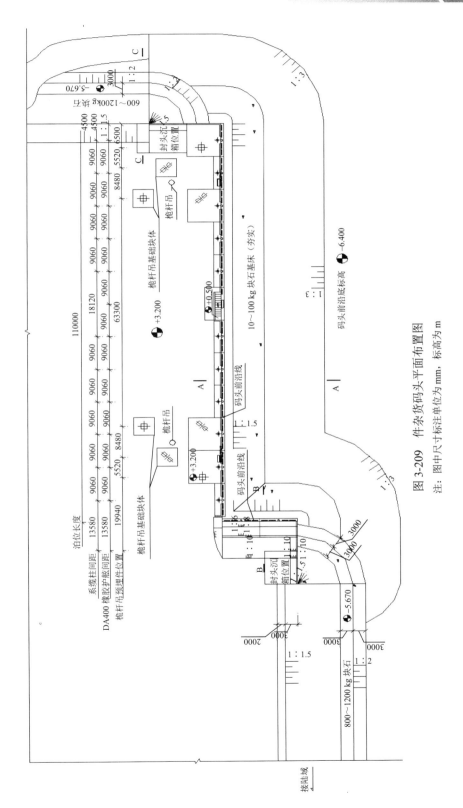

图 3-209　件杂货码头平面布置图

注：图中尺寸标注单位为 mm，标高为 m

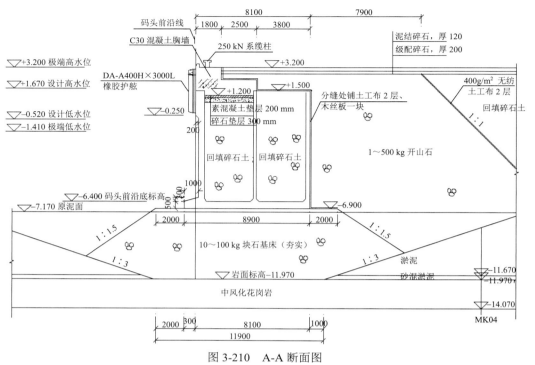

图 3-210　A-A 断面图

注：图中尺寸标注单位为 mm，标高为 m

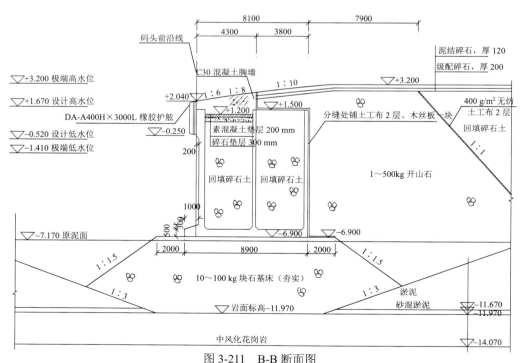

图 3-211　B-B 断面图

注：图中尺寸标注单位为 mm，标高为 m

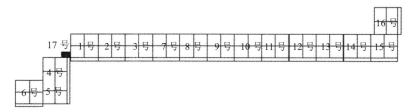

图 3-212　沉箱安装顺序图

图 3-213　沉管安装施工

图 3-214　件杂货码头全景

接岸引桥：接岸引桥采用钢桁架结构，桥宽 6.3 m，长 18.12 m。引桥钢桁架采用贝雷架结构净跨 19.24 m，靠近工作平台贝雷架搁置在 1.4 m×1 m×6.3 m 横梁上，横梁下部基础采用 2 根 φ700B 型 PHC 桩，陆侧贝雷架搁置在素混凝土挡土墙上，如图 3-215～图 3-218 所示。

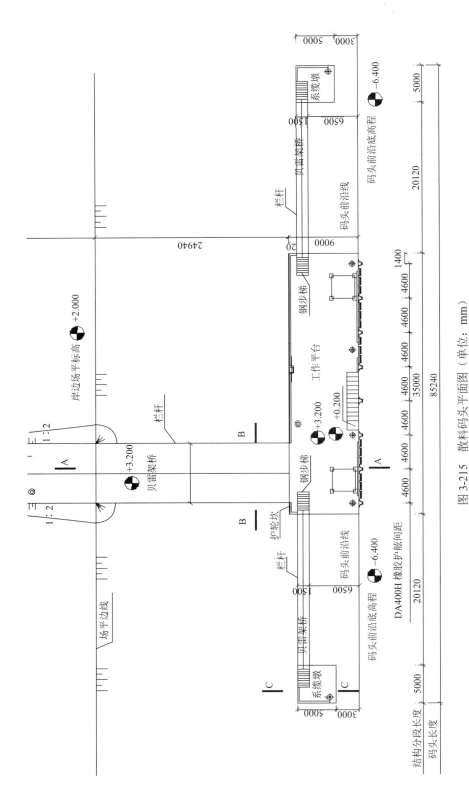

图 3-215　散料码头平面图（单位：mm）

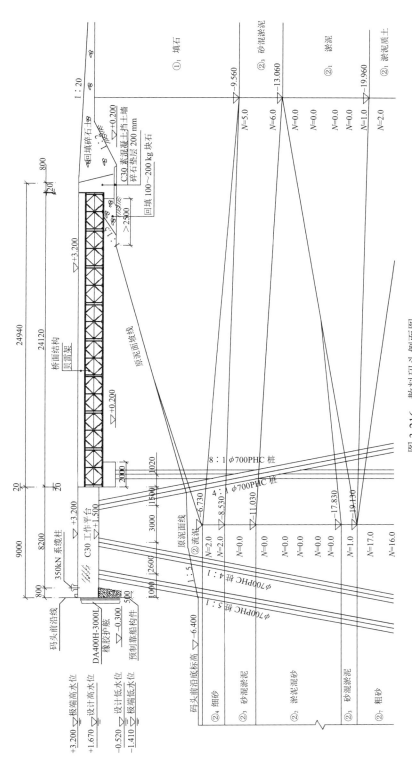

图 3-216　散料码头头侧面图

注：图中尺寸标注单位为 mm，标高为 m

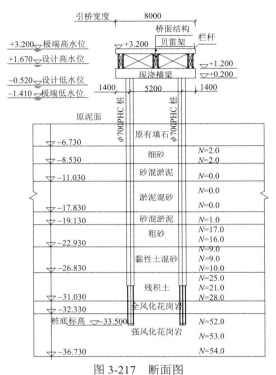

图 3-217 断面图

注：图中尺寸标注单位为 mm，标高为 m

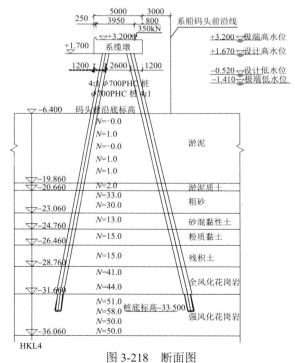

图 3-218 断面图

注：图中尺寸标注单位为 mm，标高为 m

散料码头附属设施考虑设 350 kN 系缆柱及 DA-A400H×3000 mm 和 DA-A400H×2000 mm 标准型橡胶护舷（竖向）、D300×300×1500 mm 标准反力型橡胶护舷（水平向）。

工作平台和系缆墩之间设置贝雷架人行钢引桥（净跨 20.12 m）。

码头设计均载：20 kPa，码头及引桥考虑行走 16 t 轮胎吊及作业，码头上布置 2 台散料固定式卸船机，每台卸船机共 4 个支腿，支腿间距 3 m，每点重量约 10 t，整机倾覆力矩：300 kN·m（工作状态），360 kN·m（非工作状态）。

散料码头为高桩码头，施工主要特点为工期紧，水上作业需赶潮水。主要工序有沉桩施工、桩芯施工、夹桩及反吊架施工、模板安装、钢筋混凝土施工及附属工程，如图 3-219 所示。

工作平台、系缆墩、横梁底模均采用反吊工艺。通过支撑槽钢与桩芯钢筋笼焊接固定，搁置双拼槽钢作为挑梁，外套 PVC 套管的丝杆反吊槽钢横梁，在槽钢上铺设槽钢及木方作底模支承，同时利用夹桩槽钢对横梁进行辅助支撑。侧模放在底模槽钢上，通过螺杆和栏杆锁定，如图 3-220 所示。

图 3-219　水上打桩

图 3-220　反吊模板施工

散料码头有三座钢桥，其中两座与左右两个系缆墩平台连接，为系缆平台通道，长度 20.12 m，宽 1.5 m，重 6.9 t。另外一座为工作平台与码头后方陆域连接的引桥，长度为 24.12 m，桥面宽 8 m，引桥总重为 36 t，如图 3-221 所示。

图 3-221　散料码头全景

4. 护岸

护岸采用斜坡式块石护面结构，抛砂船停靠区总长度为 90 m，两侧与现有岸线相接。堤心石采用 10～100 kg 块石，护岸外坡坡度为 1∶1.5。堤身采用 600～1200 kg 块石护面，护脚长度为 12 m，厚度不小于 1500 mm，护脚顶面标高为–3.500 m，如图 3-222 所示。

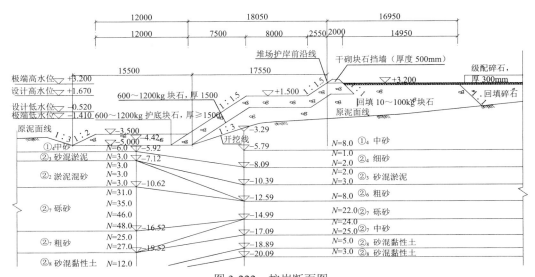

图 3-222 护岸断面图

注：图中尺寸标注单位为 mm，标高为 m

港池内侧护岸兼做砂石料码头，位于码头港池内湾北侧，沿原有岸线向后延伸 50 m 的范围，如图 3-223 所示。施工材料通过装卸车运转至料仓，场地分两级边坡放坡至港池底。

图 3-223 护岸全景

3.8.2 给排水

项目用水量较大，而项目所在地淡水资源较为紧张，桂山镇所能提供的淡水资源较少，且无保障，故采用船舶运水方案。

1. 用水需求

（1）生活用水

厂区工作、管理人员约 1500 人，综合厂区办公、食堂、宿舍等用水情况考虑取 220 L/(人·日)；则日均用水量约 330 m³，生活年用水量约 12 万 m³。

（2）生产用水

预制场最高日有效混凝土量 3400 m³，混凝土搅拌、冲洗、养护用水量按 0.3 m³ 水/m³ 混凝土考虑；则最高日用水量为 1020 m³，生产年用水量约为 9.8 万 m³。

（3）其他用水

项目所在地淡水资源较为紧张，在用水高峰期岛内储水无法满足项目用水要求，需补充其他水源。因此厂区供水不考虑船舶上水，仅考虑少量的绿化和场地冲洗等用水，日用水量按 50 m³ 考虑。

（4）未预见用水量

未预见用水量按厂区最高日用水量的 15%计算。

（5）最高日用水量

经计算本工程最高日用水量约 1500 m³（不含消防用水）。由于最高日用水量仅为浇筑混凝土时发生，故采用蓄水池方案，解决日用水量相差较大问题，并可保证恶劣天气时供水不间断。

2. 给水系统

（1）船舶给水系统

淡水通过 1000 m³ 运水船运至供水码头，经船泵加压并通过 $DN200$ 和 $DN150$ 给水管分别输送至生活储水区和生产储水区，生活储水区和生产储水区阀门的启闭均采用人工控制，如图 3-224 所示。

生活+生产+消防给水系统：采用常高压给水系统，水流由生活储水区高位水池重力流入各用水点。沿道路边沿敷设管道，并按规范要求布置 SS100/65 型室外消火栓。当生产蓄水池内水量不足时，可开启生活和生产蓄水池区的阀门从生活区高位水池往生产蓄水池内补水。

常温生产给水系统：常温生产给水系统设置 1 座泵房，泵房内设置 1 套供水能力 Q=40 m³/h、H=40 m 的变频供水泵组，用于提供混凝土拌和、养护、冲洗等常温生产用水。

中水给水系统：采用常高压给水系统，中水水流由生活储水区高位水池重力流入各用水点。

图 3-224　供水主干线

热水给水系统：结合厂址气温和节能等因素综合考虑，选用空气源热泵热水机组供水方案。设计选用 4 台 RSJ-770/S-820 热水机，同时配置 70 m³ 热水箱 1 座。采用集中式供热方式，整套热水供水设备放置在生活区东侧的高地上。

（2）生产和消防给水系统

生产水池设置于工厂厂房高点。给水主管线管道一般敷设在道路边沿。构件预制厂房设置供水龙头等，以提供冲洗和养护用水。沿厂区道路设置若干 SS100/65-1.0 型室外地上式消火栓，间距不超过 120 m。

（3）蓄水构筑物

生活储水区共设置 3 座 1000 m³ 和 1 座 200 m³ 矩形钢筋混凝土结构蓄水池。其中 1000 m³ 蓄水池主要储存生活用水和部分生产用水，3 座蓄水池互相连通。200 m³ 蓄水池用于储存中水，主要用于生活区和生产区冲厕用水。

生产储水区设置有 1 座 1000 m³ 和 1 座 1500 m³ 矩形钢筋混凝土结构蓄水池，用于储存常温、无侵蚀性的生产用水，如图 3-225 所示。

图 3-225　蓄水池施工

3. 排水系统

（1）排水条件

生活污水排放标准执行《污水综合排放标准》（GB 8978—1996）一级标准。污染物具体排放标准限值如下：化学需氧量 COD≤90 mg/L；五日生化需氧量 BOD_5≤20 mg/L；悬浮物 SS≤60 mg/L；NH_3-N≤10 mg/L；石油类≤5 mg/L。厂区雨水和经处理达标后的雨污水可经雨水排水系统排入水域。

（2）排水制度和排水量

厂区排水制度采用雨、污分流制，即生活污水、生产污水和雨水分别设置独立的排水系统。生活污水日产生量约为 205 m^3；混凝土搅拌区最大生产污水量按搅拌区 10 min 雨水量考虑，为 200 m^3。

（3）雨水管网

厂区雨水主要通过路边的排水沟收集，排水沟宽度 0.3～1.0 m，坡度 0.001～0.002。根据厂区地势情况，设置以下排水出口。

管理人员生活办公区和施工人员生活区雨水经排水明沟收集后排至附近地势低洼区域。

砂石料堆场等标高为 6.50 m 区域雨水直接散排至西南侧水域。

混凝土搅拌站等标高为 5.00 m 区域和预制车间大部分屋面雨水经收集后汇入沉淀蓄水池，尽可能回收用于厂房降温和冲洗。

浅坞区内边沿设置排水明沟，在深坞区、浅坞区过渡段内预埋排水管以排除浅坞区内生产用水和雨水。

预制工厂区边沿设置排水明沟，此区域雨水和冲洗水经排水明沟收集后汇入 SS1 变电所东北侧调节池，在 SS1 变电所下方预埋排水管，管末端设置单向阀；调节池内设置潜水泵，当本区域雨水较大同时遭遇高潮位无法及时排除时，启动潜水泵强排。

预制车间浇筑坑设置潜水泵强排。

（4）污水管网

1）生活污水的处理

主要来源于厂区办公室、食堂、宿舍等建筑物内。生活污水经化粪池、食堂含油污水经隔油池处理后一同排入厂区生活污水处理站进行处理，达标后排放。

重力流污水管采用高密度聚乙烯双壁波纹管，密封胶圈承插连接；压力流污水管采用钢丝网骨架塑料复合管，电热熔连接；采用砂垫层基础，埋地敷设。污水检查井采用砖砌结构，均采用国标图集型号。

2）生产污水的处理

主要是来源于混凝土浇筑过程中产生的废水、模板清洗及混凝土养护过程中产生的污水，以及混凝土搅拌站搅拌区域冲洗污水和雨污水。

其中混凝土搅拌区设置 1 座有效容积为 200 m³ 的沉淀池。

生产污水主要通过路边的排水沟收集，沟宽 0.3～0.6 m，坡度 0.001～0.002。

3）坞区排水

管节在预制过程中，要保证干地施工，及时排除场地雨水。浅坞区雨水主要通过设置在浅坞区边沿的排水明沟收集后直接排入深坞区。当深坞区坞内水位高于坞外时，利用坞门内外水位差，通过设置在坞门墩灌排水泵房内的钢制闸门重力流排除坞内积水，钢制闸门采用启闭机控制。

预制件托运出去时，开启设置在坞墙灌排水泵房的钢制闸门，利用坞门内外水位差，坞内水通过连通水道重力流排出。

（5）污水处理及回用

设污水处理站，生产污水经处理后可就近供给室外环保用水及厕所用水。经深化处理后的出水，达到《城市污水再生利用城市杂用水水质》（GB/T 18920—2002）城市杂用水水质冲厕标准限值，可作为中水用于冲厕，出水水质呈浅黄色，无味，无浮油，如图 3-226 所示。

图 3-226 污水处理站

3.8.3 供电

1. 预制厂供电需求

沉管预制厂用电设备主要有混凝土设备、钢筋加工设备、特种设备、管节顶推设备及一次、二次舾装设备等。用电设备总功率见表 3-28。

表 3-28 预制厂设备功率统计表

供电区域	序号	设备名称	单位	数量	装机功率/kW
搅拌站区	1	搅拌站	台	4	1 385
	2	制冰供冰成套设备	套	2	800
生产线区	3	模板	套	2	786
	4	顶推	套	2	600
	5	钢筋加工机械	套	2	520
	6	起重吊装设备	套	2	900
坞区	7	大型水泵	台	8	1 760
	8	坞区缆系成套设备	台	10	370
粉料码头	9	沉管试验室设备	套	1	510
	10	粉料卸船设备	套	1	160
生活办公区	11	生活设施	套	1	1 076
二次舾装区	12	塔吊	套	1	280
件杂货码头	13	桅杆吊	台	2	410
高压供电站区域	14	发电机房用电设备	套	1	380
	15	浅坞门	套	1	160
	16	骨料输送	套	1	320
其他	17	照明及零星用电	套	1	500

2. 高压供电系统

沉管预制厂由高压供电站供电，高压供电系统包括发电站和输配电系统。配置 5 台高压柴油发电机组（轻柴油），机组输出电压 10 kV，频率 50 Hz。高压输配电系统由埋地高压电缆、开闭所、箱式变电站等组成，按施工区域划分及各区域用电负荷确定变电站位置、容量。

（1）发电站

高压发电站为预制厂电力供应中心，配置有：高压柴油发电机组（型号 10.5 kV/1600 kW）5 台，10 kV 抽屉式开关柜 12 台，变压器（型号 10 kV/0.4 kV 500 kV·A）2 台，抽屉式低压柜 9 台，低压电容补偿柜 2 台，直流屏（110 V/120 Ah）1 套。5 台发电机组可依据线路负荷自动启、停，自动并网发电。每套发电机组配置有尾气净化系统，对机组运行产生的废气进行处理。同时，通过对发电站机房设备设施的散热、排气进行隔声降噪处理，使发电机组排放及噪声达到环保要求，并通过专业机构的环保评审，如图 3-227 所示。

图 3-227　发电机房

（2）供电网络

10 kV 高压电由发电机输出自动并网，一部分就近输送给机房两台变压器 T1、T2，另一部分采用高压电缆 YJV22-8.7/15 kV 输送至 SS1、SS2、SS4 箱式变压器（以下简称箱变）开闭所 1、开闭所 2。SS5、SS6 箱变连接开闭所 1，引入 10 kV 高压电源；SS3、SS7 箱变连接开闭所 2，引入 10kV 高压电源。各箱变均为单母线运行。供电网络如图 3-228 所示。

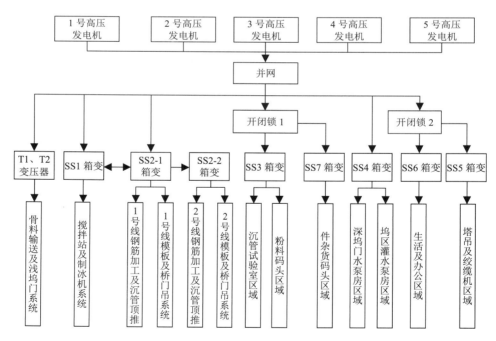

图 3-228　供电网络图

（3）各区域供电系统布置

箱变 SS1 设在搅拌站附近，自发电机房引入 1 回路 10 kV 电源引线，并与厂房变电所 SS2-1 之间设置 1 条联络线，单母线运行，容量 1250 kV·A。内设 10 kV 抽屉式开关柜 4 台，10 kV/0.4 kV 1250 kV·A 变压器 2 台（1 用 1 备），固定式低压柜 11 台，低压电容补偿柜 4 台，供搅拌站、制冰机、二次粉料输送系统及附近照明用电。

厂房箱变 SS2-1 与 SS2-2 分别设置在预制厂 1 号、2 号生产线，从发电机房引入 10 kV 电源进线连接 SS2-1，SS2-1 与 SS2-2 设置 1 条联络线形成 1 回路，两箱变容量各为 1250 kV·A，配置 10 kV/0.4 kV 1250 kV·A 变压器各 1 台。供 1 号、2 号生产线对应模板区、桥吊、龙门吊、顶推设备、钢筋加工设备及厂房照明用电。

箱变 SS3 设在粉料码头后方，自开闭所 2 引入 1 回路 10 kV 电源进线，容量 630 kV·A。内设 10 kV 抽屉式开关柜 4 台，10 kV/0.4 kV 630 kV·A 变压器 2 台（1 用 1 备），固定式低压柜 9 台，低压电容补偿柜 2 台，供试验区散料码头，件杂货码头及附近动力照明用电。

箱变 SS4 设在深坞区水泵房附近，自发电机引入 2 回路 10 kV 电源进线，1 用 1 备，容量 1250 kV·A。内设 10 kV 抽屉式开关柜 4 台，10 kV/0.4 kV 1250 kV·A 变压器 2 台，固定式低压柜 9 台，低压电容补偿柜 2 台，供灌水泵房，坞门水泵及附近动力照明用电。

箱变 SS5 设在二次舾装码头，自开闭所 1 引入 1 回路电源进线，容量 500 kV·A。内设 1 台 500 kV·A 变压器，供固定塔吊，绞缆机配电箱及附近照明供电。

箱变 SS6 设在生活区西南角，自开闭所 1 引入 1 回路 10 kV 电源进线，容量 630 kV·A。内设 10 kV 抽屉式开关柜 4 台，10 kV/0.4 kV 630 kV·A 变压器 2 台（1 用 1 备）。供办公区，生活区供电。

箱变 SS7 设在件杂货码头堆场附近，自开闭所 2 引入电源进线，容量 400 kV·A。内设 1 台 400 kV·A 变压器。供桅杆吊，岸电箱及附近照明供电。

（4）供电线路

高压电缆均选用 YJV22-8.7/15 kV 交联聚乙烯绝缘聚氯乙烯护套铜芯电缆。低压电缆均选用 YJV-0.6/1 kV 交联聚氯乙烯绝缘聚氯乙烯护套铜芯电缆。低压 220 V、380 V 供电回路中，电缆的额定电压不低于 450/750 V，电缆的额定电压不低于 0.6/1 kV。预制厂高压电缆均采用电缆沟敷设、沿电缆桥架敷设及穿聚氯乙烯管埋地敷设，电缆沟沿线全部设置高压电标识。

3. 低压供电系统

低压供电实行三级配电，即箱变（高低压转换部分）—总配电箱—分配电箱—开关箱。沉管预制厂力低压系统接地采用 TN-C-S 形式，即从箱变处接出三相四线制电源进入总配电箱的同时，由箱变接地网引出镀锌扁钢 40×4 至总配电箱，扁钢通过 PE 线与总配电箱 PE 端连接形成总配电箱 PE 极。由总配电箱送往分配电箱、开关箱或设备的线路使用三相五线制。

4. 防雷及防静电措施

根据《建筑物防雷设计规范》（GB 50057—2010）的相关规定，预制厂房年雷击次数为 1.118 69 次，按第三类防雷建筑物进行防雷保护设计。利用压型钢板屋面作为接闪器，利用梁、柱和基础内钢筋作为引下线和接地装置，接地装置接地电阻不大于 1 Ω，并与厂区接地干线连接。建筑物、构筑物内主要金属物，如设备、管道、构架等，均与建筑物内接地干线连接。

食堂、实验室、办公楼等建筑物按第三类防雷建筑物进行防雷保护设计。在屋顶设置避雷短针和避雷带作为接闪器，利用建筑物、构筑物屋面板、梁、柱和基础内钢筋作为引下线和接地装置，接地装置接地电阻不大于 1 Ω，并与厂区接地干线连接。建筑物、构筑物内主要金属物，如设备、管道、构架等，均与建筑物内接地干线连接。

各个变电所设置环型主接地装置；在屋顶设置避雷短针和避雷带作为接闪器，利用建筑物、构筑物屋面板、梁、柱和基础内钢筋作为引下线和接地装置。箱式变电站利用金属外壳直接接地。接地装置接地电阻不大于 1 Ω，并与厂区接地干线连接。

码头利用水工基础内引上的主钢筋作为接地体，各接地体用接地线连接，接地装置接地电阻不大于 1 Ω，并于厂区接地干线连接。

低压配电系统采用 TN-C-S 接地系统，工作接地、保护接地、防雷接地和其他接地共用接地极，接地电阻不大于 1 Ω。用 40×4 镀锌扁钢沿电缆管线与各处接地体互连，构成厂区统一防雷接地网。厂区内所有电气设备、电缆铠装层、屏蔽层、金属构筑物、建筑物、构筑物等均与接地干线可靠连接。

在堆场利用高杆灯基础内引上的主钢筋作接地体，高杆灯顶上设置避雷针，利用灯杆作引下线；每个高杆灯接地电阻不大于 10 Ω，并与厂区接地干线连接。

为防止雷电波侵入建筑物、构筑物，本工程采取以下措施。

①采用电缆线路，厂区内所有室外电缆均在地下敷设。

②在高压进线柜、低压进线柜和总配电箱处装设阀式避雷器和过电压保护装置。

③进出建、构筑物的架空金属管道、电缆桥架等在进户处与建筑物内接地干线连接。

3.8.4 附属建筑

工厂辅助建筑物有办公楼、实验楼、食堂、宿舍、超市、医疗室、仓库及道路等；主要分布在生产区、办公区、生活区。建筑面积约 41 752 m²，总建筑基底面积 33 009 m²。

依据总平面布置，结合主导风向，结合临时建筑的特点，合理安排建筑单体的平面功能空间，使建筑物室内空间敞亮、舒适、使用方便；根据功能布局合理设置各种出入口和垂直交通，做好建筑交通组织、防火设计和安全疏散设计，满足防火规范的各项要求，如图 3-229、图 3-230 所示。

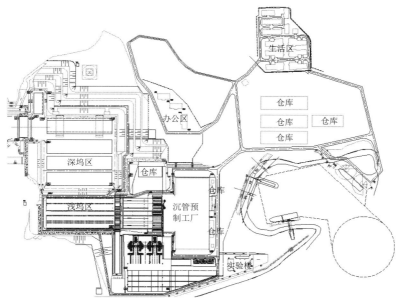

图 3-229　附属建筑总体布置图

图 3-230　生活区

3.9　坞口航道

3.9.1　出坞航道设计

1. 航道选择

浮运航道总长约 14 km，基槽内浮运最大距离约 1.2 km，每节管节浮运有 3 次航道转换，根据管节与航道对应位置，如图 3-231 所示，共有 3 条浮运线路。

①预制厂支航道→榕树头航道→出运航道一→第一转向区→基槽→安装位置（E1～E8 管节，经第一转向区，沿基槽向西浮运至安装位置；E10 管节，经第一转向区，沿基

槽向东浮运至安装位置）；

②预制厂支航道→榕树头航道→出运航道二→伶仃西航道→第二转向区→基槽→安装位置（E9、E11～E19 管节，经第二转向区，沿基槽浮运至安装位置）；

③预制厂支航道→榕树头航道→出运航道三→第三转向区→基槽→安装位置（E20～E28、E33～E29 管节，经第三转向区，沿基槽向东浮运至安装位置）。

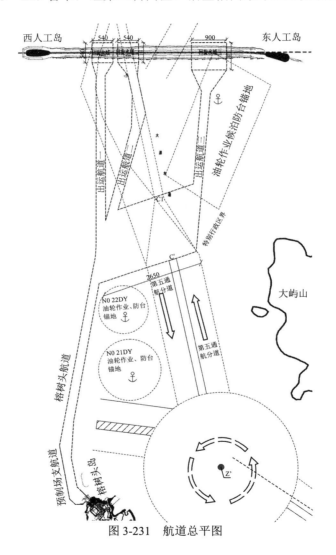

图 3-231　航道总平图

2. 出坞航道设计

出坞航道设计如图 3-232、图 3-233 所示。

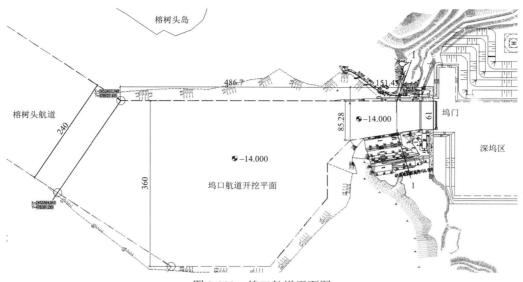

图 3-232 坞口航道平面图

注：图中尺寸标注单位为 mm，标高为 m

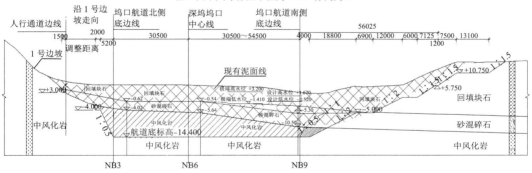

图 3-233 剖面图 1-1

注：图中尺寸标注单位为 mm，标高为 m

3.9.2 出坞系统设计

出坞系统设计详见 3.7.6 节。

3.9.3 坞口航道施工

出坞航道施工包括陆上爆破开挖、水下爆破开挖及连接水域疏浚。从坞口围堰（用于施工期间挡水的岩体围堰）至航道连接水域。陆上爆破开挖 0.43 万 m³，水下爆破开挖 9.47 万 m³，连接水域疏浚 107 万 m³，施工难点如下。

①爆破区内岩层厚实，裂隙发育，爆破产生大块孤石；

②炸礁工程量大，工期短，工作面狭小，工序交叉；

③爆破位于中华白海豚保护区域，紧邻坞口；

④施工区域季候风频繁。

坞口航道开挖分为 A、B、C、D 及坞口围堰区。由于该区域是坞门安装就位后施工的，故在进行该区域爆破开挖过程中，在距离坞门 10 m 外设置预裂孔及减振孔，如图 3-234 所示。

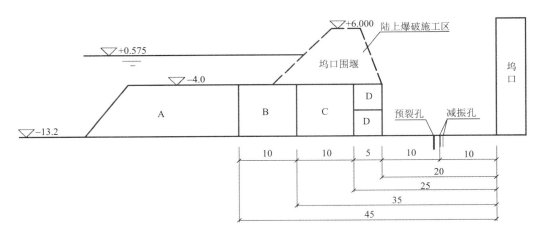

图 3-234 坞口航道开挖分区图（单位：m）

陆上开挖采用爆破开挖，开挖由坞口北侧向南侧进行，距坞口底板 15～20 m 及北侧高边坡采用光面爆破法，20 m 外采用台阶微差控制爆破法。开挖由上至下，由北至南，如图 3-235 所示。

图 3-235 坞口开挖

水下炸礁开挖依次进行近岸航道覆盖层开挖、水下炸礁、清礁，同步进行出运航道挖泥。用 1 艘 150/100 型炸礁船，船上配有 6 台高风压钻机进行水下钻孔爆破，1 艘 13 m³ 抓斗式挖泥船进行清礁。施工流程如图 3-236 所示。

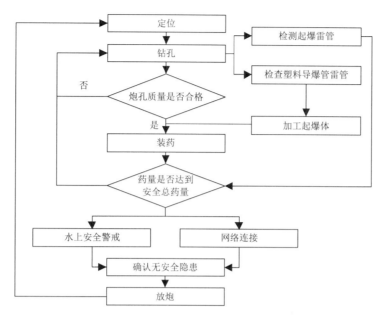

图 3-236　水下钻孔爆破流程图

水下挖泥施工区域为坞口航道至榕树头航道，长约 807 m，采用 8 m³ 抓斗式挖泥船。坞口航道全景如图 3-237 所示。

图 3-237　坞口航道全景

第4章 工厂联动调试

4.1 概　　况

工厂正式投产使用前，需对厂区流水线上各类设备及设施进行试生产调试，在验证各类新工艺的同时，测试设备、设施是否满足生产强度的要求。工厂联动调试主要体现在足尺模型试验、深坞门、浅坞门调试及深坞区、浅坞区蓄水试验中，贯穿了沉管预制工艺全过程，具有极大的指导意义。

4.2　模　型　试　验

4.2.1　实验必要性

港珠澳大桥设计使用年限为120年，预制管节混凝土不允许出现危害性裂缝。港珠澳大桥沉管混凝土结构具有强度高、尺寸大、方量大、管壁厚、无冷却管、全断面浇筑等显著特点，控裂难度高、风险大；同时沉管采用工厂法预制，施工工艺在国内尚无成熟的经验可供参考借鉴。因此有必要在沉管预制施工前进行足尺模型试验，验证预制沉管混凝土原材料、配合比、施工工艺及裂缝控制措施的可行性及可靠性，总结经验用于指导正式沉管预制的质量控制工作。

4.2.2　实验目的

在小尺寸模型试验完成后，基本选定施工用配合比，验证重点转移到预制工艺的验证。为全方位验证混凝土原材料、配合比、施工工艺及裂缝控制措施的可行性及可靠性，在桂山岛预制工厂生产线上按照真实沉管生产工艺流程进行沉管管节足尺模型制作。其目的一是作为典型施工，检验预制沉管各工序工效，检验各种工装设备使用情况，二是验证混凝土原材料、配合比、施工工艺及裂缝控制措施的可行性及可靠性。足尺模型试验具体的试验内容见表4-1。

表 4-1　足尺模型试验内容一览表

序号	项目		验证内容和目的
1	钢筋工程		钢筋配料（接头位置设置）、加工方法、工效
2		钢筋安装工艺、工效	底板钢筋安装
3			侧墙钢筋安装
4			顶板钢筋安装
5			特殊部位钢筋安装（预留洞室、孔）
6			钢筋笼移动体系转化
7			钢筋保护层垫块的安装与检查
8	预留预埋设施	预留预埋件安装与固定	OMEGA 止水带预埋钢板及中埋式可注浆钢边止水带
9			端封门预埋件
10			临时预应力管道
11			端钢壳施工
12			钢剪力键预埋件施工
13			吊点预埋件施工
14			测量塔、人孔、系缆柱等埋件
15			对预埋件测量定位
16	端钢壳工程		端钢壳安装与精度控制
17			端钢壳施工工艺
18	模板工程	模板安装工艺及工效	底模安装
19			内模安装
20			侧模安装
21			端模安装
22			脱模剂及界面剂性能及使用
23			测量对模板变形观测
24	原材料		原材料适应性
25			原材料含水率稳定性
26	混凝土配合比		坍落度及坍落度损失
27			含气量及稳定性
28			新拌混凝土容重及稳定性
29			凝结时间
30	混凝土施工工艺	混凝土生产及运输	投料方式
31			搅拌时间
32			运输功效
33		混凝土分区浇筑	分层分区布料
34			浇筑顺序、时间和强度
35		混凝土振捣	振捣分区
36			振捣工效
37			特殊部位振捣（剪力键、逃生孔、排烟孔、消防孔等）
38			混凝土收面

序号	项目		验证内容和目的
39	混凝土控裂	混凝土温度控制	浇筑区温度、湿度
40			原材料温度
41			出机和浇筑温度
42			最高温度和出现时间
43			水化热温升
44			系统冷量损耗
45		混凝土养护	覆盖养护控制
46			养护区温度、湿度
47	管节顶推		试验段顶推工艺及工效
48			同步顶推系统的可靠性（滑移系统、支撑系统、顶推系统）
49			导向、监控系统可靠性
50			测量监测顶推轴线偏位，与自动监控值比对
51	成品检验	硬化混凝土性能	抗压、劈裂抗拉强度、回弹
52			硬化混凝土容重
53			耐久性检测，包括氯离子扩散系数和抗渗等级
54			外观检测，缺陷、裂缝的检查和修复
55			沉管预制精度（外观尺寸、端钢壳、预埋件）
56			止水带密封性
57	施工效率		定岗人员的配备和效率
58			机动人员的配备和效率
59			定岗人员和机动人员的配合效率
60	设备		验证设备使用情况

4.2.3 足尺模型设计

1. 模型设计

足尺模型按全断面进行预制，共浇筑 S1、S2 两个节段，分别按浅水区、深水区进行结构钢筋布置，纵向长度均为 5.8 m，单节试验段混凝土石方量约 853 m³，钢筋约 245 t。两个节段之间设置节段接头（包括混凝土剪力键浇筑、橡胶软垫层、双道止水带等），其中一个节段外端头设置管节接头，安装端钢壳及钢剪力键，如图 4-1 所示。

设置排烟口、逃生门及消火栓三类预留洞室验证钢筋绑扎及混凝土浇筑工艺。

足尺模型需布置下列预埋件。

①节段接头——混凝土剪力键（钢板、橡胶垫层、泡沫板、密封条、密封钢板、中埋式可注浆钢边止水带、OMEGA 止水带预埋件）。

②管节接头——钢剪力键（橡胶支座、预埋钢板、螺栓）、端钢壳。

③舾装件——端封门（单侧单孔全部预埋件，并安装一块封门）、压载水箱（一面

挡墙所有预埋件）、吊点（一处）、系缆柱（一处）、拉合支座。

④临时预应力（预埋全部的预埋件，顶板、底板各取一孔进行张拉、剪断试验）。

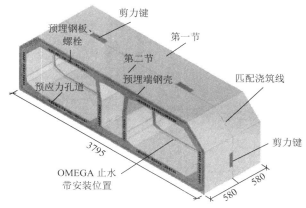

图 4-1　足尺模型试验段结构

2. 工艺设计

根据沉管预制厂生产线总体布置，施工现场共分四大施工区域：钢筋加工区、钢筋绑扎区、混凝土浇筑区和浅坞区；足尺模型试验段钢筋加工均在 2 号生产线顶板加工车间进行。第一段钢筋绑扎、混凝土浇筑在 2 号生产线浇筑区进行，第二段钢筋绑扎在 2 号生产线顶板绑扎台座台车上进行，绑扎成型后整体移动到浇筑坑进行体系转换，浇筑混凝土。足尺模型试验施工平面布置见图 4-2。

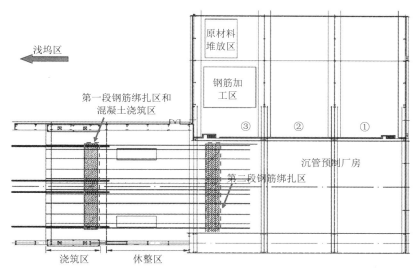

图 4-2　足尺模型试验施工平面布置图

①第一段（5.80 m）足尺模型试验段钢筋按照底板、侧墙、顶板的顺序在浇筑坑底

模上进行绑扎（其中顶板钢筋待内模安装完成后再绑扎），同时安装预埋件、预应力管道，安装模板，浇筑混凝土；

②第二段（5.80 m）足尺模型试验段钢筋在 3 号绑扎台座台车上绑扎，成型后整体移动到浇筑坑，进行体系转换，滑入内模，安装端钢壳，匹配第一段浇筑混凝土；

③底模板采用调试完成的 1/4 节段预制液压钢模板；内模、侧模采用 1/2 节段预制液压模板；

④采用 2 台 HZS180 混凝土搅拌站生产混凝土，第一段利用皮带机输送、布料浇筑，第二段采用搅拌运输车+地泵方式输送、布料浇筑；

⑤混凝土振捣采用以 70 mm、50 mm 插入式振捣器为主，30 mm 插入式振捣器相结合的方式进行；

⑥采用覆盖土工布并洒水的养护措施养护足尺模型试验段；

⑦采用管节分散连续顶推工艺将第一段试验段先向前顶推 5.80 m，再匹配浇筑第二段，最后将两段一同顶推到浅坞区内，完成后续试验后凿除处理。

4.2.4 足尺模型试验实施方案

1. 钢筋工程

足尺模型试验段钢筋分两次分别在浇筑台座上、绑扎台座台车上进行绑扎，钢筋统一在顶板加工车间下料加工。

（1）钢筋加工

S1 节段钢筋采用临时常规设备进行加工，为搭接绑扎方式。

S2 节段钢筋采用自动化钢筋加工设备进行加工：采用自动锯切线对主筋进行锯切下料，精度能达到±1 mm；采用自动弯箍机对箍筋进行弯制，内宽尺寸能达到±1 mm，弯曲角度达到±1°，完全满足正式预制的精度要求，如图 4-3 所示。

（a）   （b）

图 4-3 S2 节段钢筋加工

（2）钢筋安装

足尺模型试验段钢筋安装施工总体包括：底板、侧墙、中隔墙钢筋、顶板钢筋安装施工、剪力键钢筋安装和相关骨架及架立筋的施工。

足尺模型 S1 节段钢筋绑扎采用脚手架和内模作为绑扎支架和台架，S2 节段钢筋绑扎采用滑移梁和专用绑扎台架，模拟管节钢筋笼施工工艺。

1）底板钢筋安装施工

S1 节段钢筋安装绑扎在模板区进行，S2 节段钢筋安装绑扎在钢筋绑扎台座进行，如图 4-4 所示。

（a）　　　　　　　　　　　　　　　　（b）

图 4-4　S1 节段、S2 节段底板钢筋定位与安装

2）侧墙钢筋安装施工

S1 节段侧墙钢筋绑扎前，先安装侧墙外侧临时脚手支撑架及内侧钢筋绑扎支架，利用内外钢筋绑扎支架进行绑扎定位。外侧墙钢筋利用临时脚手支撑支架进行钢筋定位和绑扎。内侧墙钢筋利用节段内部支架进行定位和绑扎；S2 节段使用绑扎台架进行绑扎定位。侧墙钢筋绑扎支架及定位装置、加固支撑如图 4-5、图 4-6 所示。

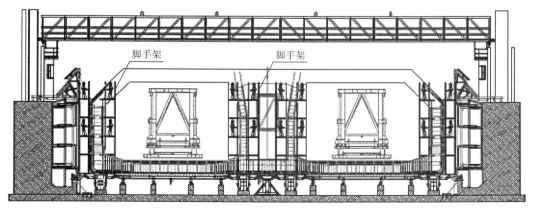

图 4-5　S1 节段侧墙钢筋绑扎支架及定位装置、加固支撑图

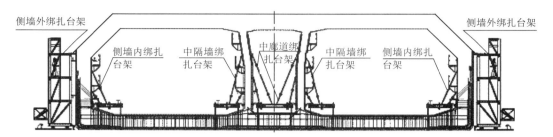

图 4-6　S2 节段侧墙钢筋绑扎支架及定位装置、加固支撑图

在侧墙、中墙箍筋绑扎时，需预先按 2.5 m 的间距预留混凝土下料筒的安放位置，并根据施工实际需要预留混凝土作业振捣通道，待混凝土浇筑过程中进行复位绑扎，如图 4-7 所示。

（a）　　　　　　　　　　　　　　　（b）

图 4-7　S1 节段、S2 节段腹板钢筋绑扎

3）顶板钢筋安装施工

S1 节段顶板钢筋绑扎定位与底板相同，S2 节段顶板钢筋定位采用在托架上焊接定位型钢对横、纵向主筋进行定位，见图 4-8。

（a）　　　　　　　　　　　　　　　（b）

图 4-8　S2 节段顶板钢筋绑扎

（3）钢筋保护层控制

由于沉管预制对钢筋保护层垫块要求高，在足尺模型试验过程中采用与管节结构相

同的混凝土垫块。钢筋保护层垫块规格见图4-9。钢筋保护层外侧为 7 cm，内侧为 5 cm，根据钢筋设置方式不同，保护层垫块分为支垫在主筋和箍筋两种形式。

①垫块的布置根据指定的类型、布置间距和密度控制，不得任意改变。

②必须将垫块牢固绑扎在钢筋交叉节点上，以免钢筋笼在移动过程中和混凝土浇筑过程中晃动和偏位。

③混凝土浇筑前检查保护层定位块的位置、数量及其紧固程度，并指定专人做重复性检查以提高保护层厚度尺寸的施工质量保证率。

（a）垫块类型一（50 mm 保护层垫块）　　　（b）垫块类型二（70 mm 保护层垫块）

图 4-9　钢筋保护层垫块规格图

（4）S2 节段钢筋笼体系转换

S2 节段钢筋笼于 2012 年 4 月 9 日进行试顶推，4 月 14 日顶推入浇筑坑，开始体系转化，至 4 月 22 日凌晨廊道内模进入，体系转换完成，共历时 8 d。其施工工艺顺序如下。

①顶推到休整区，退出廊道支架。

②钢筋吊架将顶板钢筋悬吊起来。

③拆除右侧行车道顶板拖架。

④对右侧行车道气囊充气试顶，验证气压值；气囊顶升右侧行车道，拆出滑道，垫底板垫块。右侧行车道吊点加密后，对气囊充气试顶，首先充气 3 条，最大气压 0.25 MPa，与气囊试验数据吻合，如图 4-10 所示。

⑤拆出顶板台架，调整外侧墙钢筋，外模就位。

（a）　　　　　　　　　　　　　　（b）

图 4-10　气囊顶升

⑥搭设脚手架，安装 OMEGA 木盒，针形梁前支腿下降。

⑦顶板钢筋调整。

⑧滑入内模。顶板 OMEGA 木盒安装完成后，利用吊车吊起倒角下挠钢筋，内模支护到位，顶板钢筋卸荷至内模上完成右侧行车道体系转换。

⑨按照同样的方法进行左侧行车道体系转换。

⑩廊道内模移入。

（5）存在问题及改进

在 S1 节段、S2 节段足尺模型试验中，钢筋工程发现的问题及改进措施汇总表如表 4-2 所示。

表 4-2　S1 节段、S2 节段足尺模型试验中，钢筋工程发现的问题及改进措施汇总表

项目	存在问题	改进措施
钢筋加工	S1 节段常规工艺加工尺寸偏差大。主要体现在环形箍筋、止水带固定渐变面筋及弯曲钢筋的角度	①采用自动化高精度数控加工设备，并加强加工的尺寸控制和抽检的频率； ②钢筋弯曲角度及环形箍筋，在正式加工前先进行实际放样，满足尺寸要求后才正式批量加工； ③对于渐变段钢筋采用数控弯曲机按照加工尺寸逐根进行加工，逐根检查
钢筋安装	剪力键预埋件大、重且锚筋长，钢筋笼不足以承受预埋件，造成钢筋笼变形	设计优化剪力键埋件锚筋长度及数量，减少对钢筋施工的影响；对剪力键预埋件位置增加固定支撑钢筋，以承受其重量
	①剪力键钢筋箍筋类型多，建议统一；剪力槽钢筋过密，振捣困难，建议减少钢筋； ②侧墙剪力槽处弯起横向主筋直径大，弯起数量多，导致该处钢筋密集，整齐度差，并且造成混凝土剪力键预埋件安装困难	设计根据施工情况优化钢筋设计和布置；增大钢筋弯起层间距，使每一层钢筋的弯头相互错开，并使预埋件锚筋顺利通过
	开口箍筋设计中顶端弯起 135°，弯钩内两根主筋安装非常困难，对施工工效和保护层控制影响较大，横向钢筋安装完成后，纵向钢筋后穿困难，建议改为双 U 型箍筋设计	设计优化在 S2 节段顶板及正式管节预制均为双 U 箍筋搭接
	环形箍筋封闭接头处及人孔预留位置套筒连接套丝采用的直滚加长丝，无法满足一级接头的标准	增设墩粗机，采用墩粗直螺纹连接
保护层控制	S1 节段垫块强度不够。强度要求大于 C50，实际抽检只有 C35。根据荷载试验，单个垫块最大荷载为 10 kN，在底板受力较大的位置压碎。梅花形状垫块，侧面的难以固定	调整垫块预制配合比，以沉管预制混凝土配合比调整垫块细石配合比，确保垫块的强度等指标满足要求；对垫块的形状进行调整，采用长条形垫块；加强垫块混凝土的抽检
	S1 节段钢筋加工尺寸精度不够，造成保护层偏差较大。钢筋定位支撑刚度不够，钢筋笼变形（特别是剪力键位置），保护层偏差较大	提高钢筋加工精度，确保钢筋安装的尺寸。加密架立钢筋，确保钢筋笼的整体刚度
S2 节段钢筋笼体系转换	钢筋笼顶推启动摩擦力大，启动困难，启动时最大静摩擦系数达到 0.35，正常推进 0.12。分析原因：①14 条滑移轨道纵向轴线平行度存在偏差，顶推时存在内部剪力；②方形螺栓孔加工存在偏差，滑板与固定地面的滑轨壁之间存在剪力；③不锈钢与滑轨焊点未打磨平顺，滑轨接头不平顺；④轨道不锈钢面未涂油脂；⑤滑轨未进行防护，有灰尘、焊渣吊入	从轴线、标高、焊点打磨、接头平顺度、防护、涂抹油脂几个方向对每条轨道每个接头进行验收；对轴线偏位的轨道切除更换新轨道；在滑移轨道两侧固定橡胶条防止灰尘焊渣等落入；打磨轨道和涂抹润滑油脂减小滑块和滑轨之间摩擦力。 摩擦力增大，30 t 顶推千斤顶顶力不足，增加一套 50 t 千斤顶
	钢筋笼顶推大梁变形较大	根据 1200 kN 顶推力设计优化大梁结构形式
	廊道顶板钢筋下挠达 15 cm，中墙钢筋向内变形，无法与 S1 节段钢边止水带匹配	采用临时吊架提升钢筋笼

续表

项目	存在问题	改进措施
S2 节段钢筋笼 体系转换	顶板钢筋跟随台架一起下降约 10 cm，底部仍未与台架脱离，拖架无法拆出	吊架顶部顶升千斤顶，增加手拉葫芦，同时监测钢筋吊架挠度。顶板钢筋拉升与台架脱离，钢筋吊架最大挠度达 36 mm（吊具设计挠度 45 mm），考虑如两边同时转换，吊架承载问题，行车道分开转化，先进行右侧行车道转换
	S2 节段完成了整个钢筋笼体系转换，但是功效极低，与正式管节预制要求相差较远	从钢筋笼结构上考虑，增设劲性骨架，提高钢筋整体刚度；重新设计顶板钢筋笼吊具，增加吊点数量；在钢筋绑扎前增设预拱度，行车道顶板横向跨中设 +3 cm 预拱度，顶板与侧墙上到角设 +1 cm 预拱度，底板滑轨跨度 4.6 m 区域设 +1 cm 预拱度；对体系转换模板操作流程进行调整：按照侧模→廊道内模→行车道内模→端模板顺序施工

2. 模板工程

（1）足尺模型模板设计

S1 节段足尺模型施工利用 2 号生产线已拼装好的模板系统的部分模板：1/4 节段长度的底模、1/2 节段长度的内模、1/2 节段长度的侧模、节段接头 SJ 端模；另外在浅坞区侧方向设置临时木面板平端模。S2 节段足尺模型施工利用第一次模型试验时 S1 节段所在区域的模板，如图 4-11 所示。

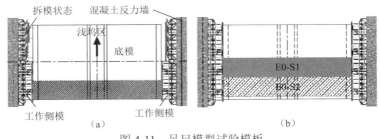

图 4-11　足尺模型试验模板

（2）底模施工

将底模顶升至设计标高（+3.50 m），翻折底板就位，并安装滑移梁上底板。清除模板表面杂物，使用玻璃胶和透明胶对底模的接缝进行封堵，并在底模上涂刷一层脱模剂，如图 4-12 所示。

图 4-12　底模施工

（3）内模施工

足尺模型 S1 节段外模板作为侧墙钢筋绑扎的横向支撑，侧墙和中隔墙钢筋绑扎完成后，移入并撑开内模。由于施工时间较长，在外模和内模上均涂刷了一层模板漆，确保模板表面不生锈，保证节段混凝土的外观质量。

足尺模型 S2 节段待钢筋笼顶推就位后将外模合模到位，以防止钢筋笼在体系转换过程中发生过大的变形。首先是提升针形梁前支腿，以便钢筋笼顶推入模。待钢筋笼体系转换和预埋件安装完毕后，安装匹配端的木盒和木板，如图 4-13 所示。

（a） （b）

图 4-13 节段内外膜

（4）端模施工

端模共计 24 个节块，每个节块由支撑架和面架组成，如图 4-14 所示。端模之间采用丝杆连接，采用浇筑坑的桥吊吊装，人工配合调位和加固，在安装管节间端模前需要完成预埋盒的安装，如图 4-15 所示。

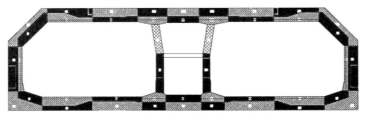

图 4-14 节段接头端模分块示意图

足尺模型 S1 节段浅坞区侧设置临时木面板平端模：在底模、内模上先焊接钢架支撑，然后安装木方背带和竹胶板面板，如图 4-16 所示。

1）节段接头端模

节段接头之间设置有混凝土剪力键和中埋式可注浆钢边止水带，端模分成 24 个节块，在现场进行组装。主要依靠钢围檩与拉杆将端模连接在底模、内模和外模上，然后端模将中埋式可注浆钢边止水带固定在设计位置处。节段接头端模的安装和拆除需要采用桥吊配合人工进行作业，如图 4-17 所示。

（a）　　　　　　　　　　　（b）

图 4-15　节段接头端模安装

（a）　　　　　　　　　　　（b）

图 4-16　临时木面板平端模安装

图 4-17　节段接头端模

2）管节接头端模

在第一个节段与第八个节段前后，须安装端钢壳接头，以便于 GINA 止水带的安装。

为了在浇筑混凝土时保证管节接头的准确位置，端钢壳与端模连接并安装可调节装置，混凝土浇筑过程中必须不断进行测量与调整。该端模的安装和拆除需要采用桥吊配合手工进行作业，如图4-18所示。

图 4-18　管节接头端模

（5）存在问题及改进

在 S1 节段、S2 节段足尺模型试验中，模板工程发现的问题及改进措施汇总见表4-3。

表 4-3　模板工程发现的问题及改进措施汇总

序号	存在问题	改进措施
1	S1 节段顶推 5.8 m 后由于混凝土与内模接触部位发生改变，S2 节段内模倒角模块的局部地方与混凝土出现抵触现象	对出现混凝土偏厚的地方及时进行切除，预留足够的合模空间
2	木模板在安装和使用过程中容易变形，并且拆模时容易破损，难以保证混凝土成型的尺寸和平整度。S2 节段管沟小台阶处的木条拆模后平整度较差，且与 S1 节段之间存在错台	改为固定式的钢模板
3	节段两端使用木制预埋盒加工精度较不理想，同时在安装和使用（尤其是反复使用）过程中木盒子容易变形，而且安装的难度较大，最终会对成型后混凝土的尺寸、平整度等造成不利影响	加强木盒子的加工精度和改为使用钢模

3. 混凝土施工

（1）混凝土生产及运输

1）混凝土生产

混凝土生产采用正式管节混凝土搅拌系统，对原材料和混凝土温度进行监控，同时在主机卸料口、主机观察口、配料机出料口及沙仓配置摄像头，实现全程视频监控。混凝土搅拌站粉料和片冰螺旋采用变频器控制，骨料、水、外加剂则采用粗称和精称，实现每盘±1%计量精度。

2）混凝土运输

S1 节段混凝土采用皮带机进行运输。搅拌站出口设置 1 个 3 m³ 的缓存仓，其下口设置出料皮带输送混凝土至主送料皮带，主送料皮带输送混凝土至现场分料仓，如图4-19所示。

（a）

（b）　　　　　　　　　　　　　　（c）

图 4-19　皮带机输送混凝土

混凝土输送与布料设备由固定皮带、行走皮带、分料仓、伸缩皮带机和腔内皮带机组成。此套设备除伸缩皮带采用德国进口 TELEBELT 外，其余均为国产设备。皮带输送与布料工艺，对混凝土坍落度基本没有限制。浇筑时，坍落度从 220 mm 到 140 mm 均能顺利输送与布料。从最远的 1 号混凝土搅拌站缓存仓至分料仓，距离约 200 m，输送时间 100 s。在此次混凝土浇筑过程中，最大输送强度为 45 m³/h，如图 4-20 所示。

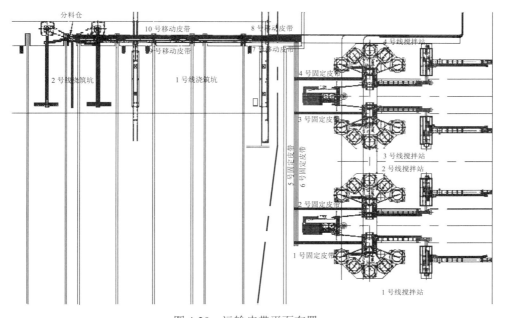

图 4-20　运输皮带平面布置

运输皮带和浇筑皮带机在浇筑过程中均出现一些问题，主要是皮带结构设计问题，基于工期考虑，从 S2 节段开始混凝土运输改为常规的泵送系统。

S2 节段在混凝土搅拌站生产混凝土后，由搅拌运输车在出料口接料，然后运输至前场。E0-S2 节段混凝土浇筑采用 6 台容积为 9 m³ 的搅拌运输车进行混凝土运运，即每个混凝土搅拌站配置 3 台搅拌运输车。

在 2 号生产线厂区外侧设置 4 台拖泵，单台拖泵泵送能力为 36 m³/h，每台拖泵对应浇筑区的一台布料机，搅拌运输车将混凝土运送至现场后，放入拖泵内，拖泵泵送至前场的布料机。

（2）混凝土浇筑与振捣

1）S1 节段

侧墙和中隔墙布料点纵向每 2.5 m 左右设置一个，布设长 9 m 左右的拆卸式串筒，串筒随着混凝土面上升而逐节拆除，确保混凝土的自由下落高度小于 2 m，如图 4-21 所示。

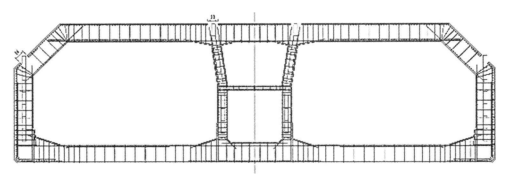

（a）下料管布置立面图

（b）现场图片

（c）现场图片

图 4-21　下料管布置图

顶板设置 2 台 32 m 长的伸缩皮带机，对腹板及顶板进行布料，行车道和廊道内共设置 3 台腔内皮带机对底板混凝土布料，按照节段断面共分 4 个区域进行浇筑，如图 4-22、

图 4-23 所示。

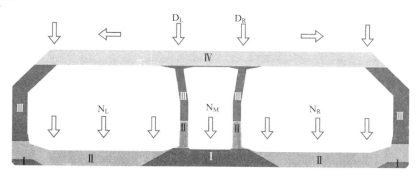

图 4-22 断面浇筑分区

注：分层厚度为 30cm，每个步骤考虑间歇时间为 2 min

图 4-23 混凝土布料浇筑

浇筑混凝土时，主要采用 70 mm 插入式振捣器振捣，对于钢筋较密集特殊位置（如剪力键位置），采用 50 mm 或 30 mm 插入式振捣器振捣，并设振捣孔进行振捣；排烟孔和安全门等地方则采用预埋 PVC 管，振捣棒从 PVC 管穿入，以振捣下部混凝土，如图 4-24 所示。

（a）内模下倒角位置导向振捣　　　　　　　　　（b）止水带位置导向振捣

（c）剪力键处开孔振捣 　　　（d）侧墙剪力键开观察孔 　　　（e）中隔墙剪力键开孔振捣

图 4-24　混凝土浇筑振捣

2）S2 节段

顶板布置 2 台 MX32 的固定式布料机，布料半径可达 32 m；2 个行车道各布置 1 台 RV10 布料机，布料半径为 10 m（可水平折叠），如图 4-25、图 4-26 所示；另外配置一定数量的拖泵管及弯管，布置于廊道内，用于廊道后续的布料操作。

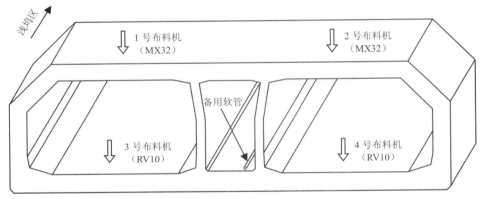

图 4-25　布料机布置图

（a）浇筑现场

（b）RV10 布料机图

（c）MX32 布料机图

图 4-26 混凝土浇筑现场

侧墙和中隔墙布料点纵向每 3.1 m 设置一个下料点，并安装螺旋筋用于串筒的导向和固定，螺旋筋内径为 25 cm；在顶板钢筋和上倒角钢筋顶面开设人孔，并在侧墙和中隔墙内设置纵向的人员振捣通道，如图 4-27 所示。

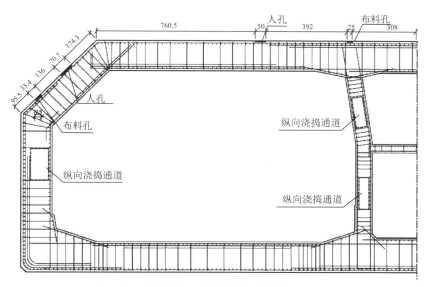

图 4-27 下料点和人孔布置图（单位：mm）

（3）养护

混凝土初凝后，在混凝土表面覆盖一层塑料薄膜，然后在上面铺上一层土工布，并时刻保持土工布湿润，确保混凝土的正常水化。

（4）混凝土浇筑强度分析

足尺模型 E0-S1 节段混凝土预计浇筑时间 30 h，实际浇筑时间 42 h，平均约 21 m³/h，如表 4-4 所示。

表 4-4　S1 节段混凝土浇筑时间

部位	开始	完成		实际/h	理论/h
底板	2012-02-08 14：00	2012-02-09	13：00	23	13
侧墙、中墙		2012-02-10	00：30	11.5	9
顶板		2012-02-10	08：00	7.5	8

底板区混凝土浇筑时间较长，与理论存在较大差异；侧墙及中隔墙理论与实际浇筑时间基本一致。经分析，主要是在浇筑底板混凝土时，分料仓需要不断地更换出料口（2台顶板伸缩皮带机出口和3台腔内皮带机），而分料仓设计存在缺陷，导致施工效率低下，才产生浇筑时间延长的结果。

足尺模型 E0-S2 节段混凝土预计浇筑时间 24 h，实际浇筑时间 28 h，平均约 32 m³/h，如表 4-5 所示。

表 4-5　S2 节段混凝土浇筑时间

部位	开始	完成		实际/h	理论/h
底板	2012-04-30 14：00	2012-04-30	21：00	7	6
侧墙、中墙		2012-05-01	10：00	13	10
顶板		2012-05-01	18：00	8	8

侧墙及中隔墙浇筑时间较长，与理论存在一定差异；底板区和顶板混凝土理论与实际浇筑时间基本一致。经分析，主要是在浇筑左侧侧墙混凝土时，顶部左侧的 MX32 布料机泵管爆裂，维修历时 5 h（从 2012 年 4 月 30 日 19：30 至 2012 年 5 月 1 日 00：30），导致只有 1 台 MX32 布料机进行布料，施工效率低下，才产生浇筑时间延长的结果。

（5）混凝土浇筑质量分析

1）第一次足尺模型试验

第一次足尺模型试验采用了与第四次小尺寸模型试验完全相同的原材料及配合比，通过调整减水剂用量，验证了坍落度处于 85～230 mm 混凝土在皮带输送过程中的性能变化规律。

抽查了 50 多组新拌混凝土，坍落度大部分处于 170～200 mm，含气量处于 1.4%～1.8%，混凝土容重均在 2413～2428 kg/m³，出机温度大部分处于 16.0～17.0℃，如表 4-6 所示。

表 4-6　新拌混凝土坍落度分布规律

坍落度范围/mm	>220	160～220	<160
所占比例/%	6	80	14

从混凝土搅拌站出机的混凝土，经过皮带机长距离输送后，坍落度会有一定的损失，对比混凝土搅拌站出机混凝土及浇筑现场混凝土坍落度变化，除个别异常点外，输送到浇筑现场的混凝土坍落度损失为 20～40 mm。混凝土在输送过程中的坍落度损失，与皮

带机长距离无防护输送及分级输送过程中刮浆板的刮浆作用有明显关联。由于皮带机运输过程中无任何防护措施，混凝土的水分容易散失，混凝土坍落度会有所损失。另外，受皮带机刮浆板的影响，在分级输送过程中，每一级都会有一定的砂浆损耗，砂浆会散落于皮带机下方，并且每隔一段时间需要用高压水冲洗皮带机下方基座，以免砂浆大量累积，砂浆的损耗不仅会造成混凝土流动性降低且容易造成浇筑现场混凝土离析、骨料富集的现象。图示内容见第 3 章图 3-123。

在搅拌站按照 100 m³ 一组的频率留置标准养护试件 9 组，检测硬化混凝土 3 d、7 d、28 d、56 d、90 d 的抗压强度及 3 d 的劈裂抗拉强度。在浇筑现场，按照浇筑底板与顶板部位，留置同条件养护试件 2 组，检测硬化 1 d、3 d、7 d、28 d、56 d 抗压强度，1 d、3 d 的劈裂抗拉强度，3 d、7 d 弹性模量，28 d、56 d 的混凝土抗氯离子渗透性，以及 28 d 抗水压渗透性。钻芯取样位置示意图见图 4-28，现场硬化混凝土力学性能和耐久性见表 4-7 和表 4-8。

S1 节段足尺模型混凝土浇筑完毕 2 d 后，陆续拆除足尺模型混凝土的端模、外模及内模，足尺模型混凝土的外观情况分别如图 4-29 所示。总体上足尺模型混凝土外观良好，无明显的蜂窝、狗洞等因漏振带来的外观缺陷，无明显的大气泡缺陷，无大面积砂斑、砂线缺陷，但局部区域存在砂线、漏浆、过振、缺角等缺陷。此外，还在侧墙外表面存在混凝土黏模及模板漆脱落等缺陷。

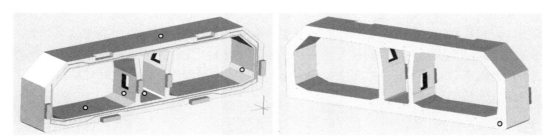

图 4-28　钻芯取样位置示意

表 4-7　现场硬化混凝土力学性能

取样位置	组数	养护条件	抗压强度/MPa						抗拉强度/MPa		弹性模量/($\times 10^4$ MPa)		硬化容重/(kg/m³)
			1 d	3 d	7 d	28 d	56 d	90 d	1 d	3 d	3 d	7 d	
搅拌站	1	标准养护	—	28.9	48.5	60.2	72.1		—	2.26	—	—	2440
	2		—	27.8	46.2	62.7	67.7	71.2	—	2.34	—	—	2442
	3		—	31.4	48.8	51.3	74.5	—	—	2.64	—	—	2450
	4		—	26.3	47.1	61.7	71.9	71.6	—	2.25	—	—	2450
	5		—	27.2	47.1	51.2	70.9	—	—	2.24	—	—	2438
	6		—	25.5	42.1	59.7	69.1	72.8	—	2.10	—	—	2449
	7		—	29.3	46.6	61.4	71.9	74.1	—	2.34	—	—	2436
	8		—	27.0	44.4	60.3	69.8	78.0	—	2.19	—	—	2444
	9		—	27.8	46.4	59.7	73.4	—	—	—	—	—	2441

续表

取样位置	组数	养护条件	抗压强度/MPa						抗拉强度/MPa		弹性模量/(×10⁴ MPa)		硬化容重/(kg/m³)
			1 d	3 d	7 d	28 d	56 d	90 d	1 d	3 d	3 d	7 d	
现场底板	1	同条件养护	22.1	31.6	43.0	53.2	71.0	—	1.05	2.42	2.91	3.54	2432
现场顶板	2		23.3	33.9	44.6	53.1	74.8	—	1.18	2.59	2.90	3.38	2438
S1足尺模型	5	实体钻芯	—	—	—	—	—	—	—	—	—	—	2406～2446

表4-8 现场硬化混凝土耐久性

工况	取样部位	氯离子扩散系数/(×10⁻¹² m²/s)		工况	取样部位	氯离子扩散系数/(×10⁻¹² m²/s)	
		28 d	56 d			28 d	56 d
实体芯样	浅坞区侧端部	3.0	2.2	标准养护	底板	3.2	3.1
	侧墙根部	3.1	2.4		顶板	3.8	3.3
	顶板中部	3.5	2.3		—	—	—
	行车廊道底板中部	4.1	2.5		—	—	—
	中隔墙根部	4.2	2.7		—	—	—
	中间廊道中部	4.2	2.6		—	—	—

2）第二次足尺模型试验

第二次足尺模型试验采用混凝土搅拌运输车与拖泵联合输送，要求混凝土泵送至浇筑现场后仍具有较好的施工振捣性能。与皮带输送工艺不同，混凝土在泵送过程中会有一定程度的坍落度损失但砂浆损失较小，为保证混凝土的工作性能，在第一次足尺模型试验配合比基础上，保持混凝土中浆体比率，保持水泥用量不变，降低粉煤灰与矿粉比例，增大水胶比。

（a）整体外观（侧墙内部）

（b）侧墙内部砂线

（c）侧墙内部气泡

（d）侧墙外部模板漆黏落

（e）倒角碎石堆积

（f）倒角振捣不充分

图4-29 S1节段混凝土外观

沉管具有结构复杂、钢筋密集的特点,为确保搅拌出机的混凝土经长距离泵送至浇筑现场后能满足全断面浇筑施工的需求,但又不能因为混凝土保持塑性的时间及初凝时间过长而影响后续施工,要对优选出的施工配合比工作性能进一步优化。调整缓凝型高性能减水剂保坍、缓凝、增稠成分比例,通过现场泵送试验,测试经过泵送后混凝土性能变化,确定新拌出机混凝土及经过泵送到达浇筑现场混凝土性能应满足表 4-9 要求。

表 4-9　混凝土工作性能要求

出机混凝土		现场混凝土			
坍落度/mm	坍落扩展度/mm	坍落度/mm	坍落扩展度/mm	重塑时间/h	初凝时间/h
200～220	400～450	180～220	350～450	≥8	≥12

第二次足尺模型同时利用 1 号与 2 号搅拌站生产混凝土。1 号搅拌站出机新拌混凝土坍落度大部分处于 180～220 mm,对应的搅拌机工作电流在 64～67 A。未加冰混凝土的出机温度均高于 26℃,根据环境温度的变化,加入 25～60 kg/m³ 碎冰后,可控制混凝土出机温度低于 24℃。加冰量低于 40 kg/m³ 的含气量处于 2.0%～3.0%,混凝土容重在 2360～2390 kg/m³。加冰量为 60 kg/m³ 的混凝土,由于加冰量的增大,碎冰融化后体积收缩会在混凝土中产生一定数量的气泡,混凝土含气量明显增大。

2 号搅拌站新拌混凝土也大部分处于 180～220 mm,对应的搅拌机工作电流在 85～89 A。与 1 号搅拌站一样,未加冰混凝土的出机温度高于 26℃,加入 25～60 kg/m³ 的碎冰后,混凝土出机温度可控制在 24℃ 以下。加冰量低于 40 kg/m³ 的含气量处于 2.0%～3.0%,混凝土容重在 2360～2390 kg/m³。加冰量达到 60 kg/m³ 后,混凝土含气量明显增加,达到 3.0% 以上。1 号搅拌站和 2 号搅拌站新拌混凝土性能见表 4-10、表 4-11。

表 4-10　1 号搅拌站新拌混凝土性能

序号	时间		出机坍落度/mm	含气量/%	新拌混凝土容重/(kg/m³)	出机温度/℃	加冰量/(kg/m³)
1	2012-04-29	14：20	210	1.7	2 388	26.7	0
2	2012-04-29	14：47	200	2.5	2 384	20.4	40
3	2012-04-29	15：38	205	2.7	2 379	20.6	40
4	2012-04-29	16：20	190	2.4	2 382	20.4	40
5	2012-04-29	17：10	185	2.3	2 386	24.6	25
6	2012-04-29	19：30	220	2.4	2 382	25.2	25
7	2012-04-29	20：00	220	2.5	2 380	25.0	25
8	2012-04-29	20：55	205	2.3	2 386	23.7	25
9	2012-04-29	21：35	220	2.2	2 382	22.5	25
10	2012-04-30	10：10	200	2.6	2 390	28.8	0
11	2012-04-30	11：30	190	3.4	2 360	18.9	60

表 4-11　2号搅拌站新拌混凝土性能

序号	时间		出机坍落度/mm	含气量/%	新拌混凝土容重/(kg/m³)	出机温度/℃	加冰量/(kg/m³)
1	2012-04-29	13：00	170	2.4	2 382	28.5	0
2	2012-04-29	13：20	190	2.4	2 382	24.7	25
3	2012-04-29	17：40	180	2.2	2 388	24.8	25
4	2012-04-29	17：25	200	2.4	2 382	24.6	25
5	2012-04-29	17：55	185	2.3	2 386	24.4	25
6	2012-04-29	18：40	195	2.6	2 380	24.9	25
7	2012-04-29	19：50	225	2.5	2 384	23.1	25
8	2012-04-29	21：10	220	2.5	2 384	23.1	25
9	2012-04-30	00：20	225	2.4	2 380	26.1	0
10	2012-04-30	02：44	200	2.1	2 386	26.4	0
11	2012-04-30	04：40	210	2.0	2 374	22.9	25
12	2012-04-30	05：42	210	2.2	2 380	22.0	25
13	2012-04-30	06：45	205	2.1	2 381	22.4	25
14	2012-04-30	08：13	205	2.2	2 383	23.7	25
15	2012-04-30	10：10	195	2.4	2 371	23.9	25
16	2012-04-30	10：55	200	2.3	2 377	21.7	40
17	2012-04-30	12：46	210	2.3	2 377	21.2	40
18	2012-04-30	14：00	210	3.2	2 381	18.4	60
19	2012-04-30	15：10	190	3.2	2 368	18.8	60
20	2012-04-30	17：20	210	3.5	2 361	18.1	60

　　沉管混凝土生产过程中加入碎冰量与出机温度直接相关，但样本离散性较大，可能是受环境温度变化和含水率变化的影响；此外，刚出机混凝土，砂浆温度与碎石温度没有达到完全平衡，混凝土回温幅度较大，台山核电工程也有类似经验。经综合评估，加冰量每增加 10 kg/m³，出机温度约降低 1.2℃，片冰冷量利用率约为 86%。根据原材料温度变化情况，在不同季节按照 0～60 kg/m³ 碎冰替代拌和水控制混凝土出机温度。

　　混凝土出机坍落度与入模坍落度的对比情况如图 4-30、图 4-31 所示。在正常连续浇筑条件下，经过泵送后混凝土坍落度损失较小，不超过 20 mm，不会影响混凝土的泵送浇筑。但若浇筑现场出现停顿，特别是泵车较长时间未运转时，混凝土坍落度损失会迅速增大，经过泵送后的最大坍落度损失可达到 55 mm。

　　混凝土搅拌出机并经过泵送至浇筑现场，新拌混凝土出机温度在 18～26℃时，通过混凝土搅拌运输车及拖泵联合输送至浇筑现场，混凝土温度升高 1.5～4.0℃（图 4-32）。

　　通过调节混凝土中加冰数量，可稳定控制混凝土的出机温度低于 24℃，混凝土经运输、停顿、泵送至浇筑现场后，温度会出现一定程度的上升。在混凝土浇筑等待时间不超过 30 min 的条件下，入模前混凝土的温升不超过 2℃。由于混凝土罐车未采取遮阳保温措施，当浇筑等待时间超过 30 min 后，随着等待时间的延长温度会逐渐升高，在太阳直接照射的高温环境下，入模前混凝土的最大温升可达 4.6℃。

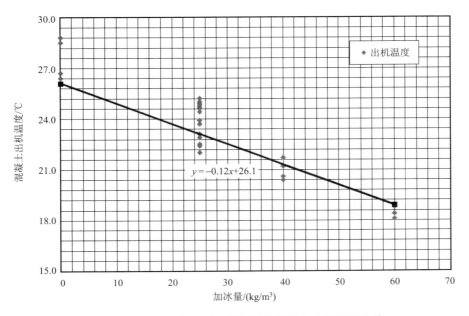

图 4-30 加入碎冰量与新拌混凝土出机温度关系

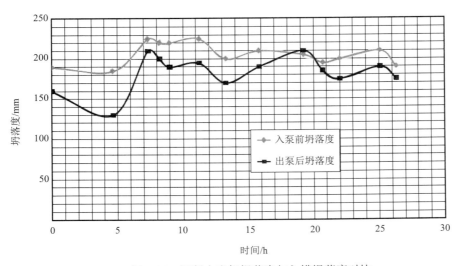

图 4-31 混凝土出机坍落度与入模坍落度对比

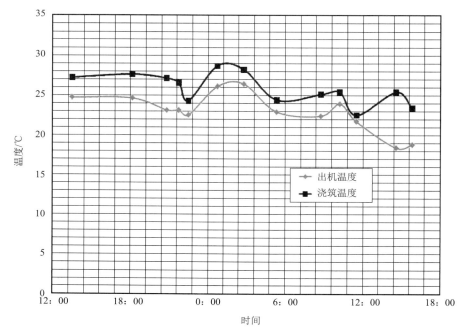

图 4-32　新拌混凝土出机温度与浇筑温度关系

在混凝土搅拌站按照 100 m³ 一组的频率留置标准养护试件,检测硬化混凝土性能,其结果见表 4-12~表 4-15。

表 4-12　混凝土抗氯离子渗透性

取样位置	养护条件	氯离子扩散系数/($\times 10^{-12}$ m²/s)		抗渗
		28 d	56 d	28 d
底板	标准养护	4.5	3.0	>P12
顶板		4.4	2.8	>P12
侧墙根部	实体芯样	2.0	1.8	—
行车廊道底板中部		3.1	2.7	—
中隔墙根部		2.3	2.1	—

表 4-13　混凝土弹性模量

取样位置	弹性模量/($\times 10^4$MPa)	
	3 d	7 d
底板	2.80	3.42
顶板	3.10	3.62

表 4-14 混凝土力学性能

取样位置	编号	养护条件	抗压强度/MPa					抗拉强度/MPa	
			1 d	3 d	7 d	28 d	56 d	1 d	3 d
搅拌站	S2-1	标准养护	—	27.6	43.0	59.8	65.5	—	—
	S2-2		—	28.0	46.1	63.3	66.6	—	—
	S2-3		—	31.8	45.5	60.6	68.0	—	—
	S2-4		—	31.5	44.9	62.9	65.0	—	—
	S2-5		—	30.3	43.7	62.7	66.0	—	—
	S2-6		—	27.3	39.6	57.7	61.1	—	—
	S2-7		—	30.4	44.8	54.4	60.9	—	—
	S2-8		—	28.1	41.2	56.6	61.3	—	—
	S2-9		—	29.4	41.1	57.0	63.2	—	—
S2 节段底板	S2-1（同）	同条件养护	—	33.3	48.4	58.8	61.8	1.48	2.79
S2 节段侧墙	S2-2（同）		22.3	34.0	49.4	58.2	64.2	1.84	2.81
S2 节段顶板	S2-3（同）		20.8	33.2	48.2	58.4	62.0	1.97	2.86

表 4-15 混凝土容重

取样位置	编号	振捣方式	养护条件	硬化混凝土容重/(kg/m³)
搅拌站	1 号	振动台	标准养护	2 405
	2 号			2 400
S2 节段底板	3 号	人工插捣	同条件养护	2 370
S2 节段顶板	4 号			2 385
侧墙	5 号	振捣棒	实体芯样	2 415
中隔墙	6 号			2 435
底板	8 号			2 410

S2 节段足尺模型混凝土外观优于 S1 节段，混凝土浇筑过程中无泌水现象，无蜂窝、狗洞等因漏振带来的外观缺陷，无大面积砂斑、砂线缺陷，但由于工艺原因在墙体及顶板存在以下缺陷。

①由于泵车堵塞，侧墙上下层混凝土浇筑间隔过长（约 7 h），侧墙下部出现了浇筑冷缝；

②中隔墙下部采用附着式振捣，未能对振捣器周围混凝土进行充分振捣，导致中隔墙下部出现漏振区域；

③侧墙上部斜倒角处，振捣不够充分，导致斜面出现大面积气泡；

④顶板上表面，未进行充分的二次振捣，导致顶板上表面边缘出现了松顶。

（6）存在的问题及改进

在 S1 节段、S2 节段足尺模型试验中，混凝土工程发现的问题及改进措施汇总见表 4-16。

表 4-16　混凝土工程发现的问题及改进措施汇总

序号	存在问题	改进措施
1	S1 节段混凝土浇筑过程中在不同部位出现了不同程度的泌水，其中侧墙顶部泌水最为严重，顶板上表面靠近侧墙的区域次之，底板上表面再次之，其余部位未见有泌水	①严格控制坍落度；②在施工中冲洗皮带后应等待皮带表面明水散失后再输送混凝土，在输送混凝土过程中严禁用水冲洗皮带机；③通过外加剂组分调整，进一步增强混凝土的保水性能，减少混凝土泌水
2	由于模板有污损不平整且混凝土振捣时间过长，混凝土表面部分有砂斑、麻点和花斑	①内模和外模在钢筋笼滑入后才就位，及时进行模板清理，并将涂刷脱模剂；②严格振捣控制，振捣棒与模板不得接触
3	端面混凝土颜色不均，分层明显，有少量气泡和水线。主要原因：①混凝土坍落度变化大，浇筑分层等待时间长，不连续，导致色差大且有分层缝；②在上斜倒角及内模下倒角处，振捣排气不充分出现少量气泡；③部分混凝土坍落度大，有泌水现象，出现少量砂线	①确保设备正常，浇筑布料连续进行，严格按照布料点布料；②控制混凝土坍落度，杜绝出现较大坍落度出现泌水；③在钢筋与模板间用 30 mm 振捣棒进行复振，确保气泡完全排出
4	S1 节段运输皮带和浇筑皮带机在浇筑过程中均出现一些问题，包括：①皮带容易跑偏，严重影响输送效率；②支架机构设计强度不足；③分料仓卸料门无法正常开闭，且无备用系统，出现故障严重制约浇筑；④行走皮带动力机构设计不合理，难以保证正常行走	结构改造将耗费大量时间，基于工期考虑，S2 节段开始混凝土运输改为常规的泵送系统
5	S2 节段混凝土浇筑过程中在不同部位出现了泵管从接头处破开。1 号、2 号、4 号拖泵陆续出现堵管现象，其中，1 号拖泵在 18：30 时排通管道（堵管点在拖泵变径管处），2 号拖泵在 30 日凌晨零点排通，主要堵管在弯管和软管处，排堵时共爆裂掉 3 个快速管卡，都在 MX32 布料机上，4 号拖泵在 22：00 左右排通，主要堵点在变径管及对应的 RV10 布料机的弯管上	主要原因：①泵管密封性欠佳，易漏浆和漏水；②管道管卡承受的输送压力不能满足此次混凝土输送；③泵管弯管设置较多，为了保证运距，拖泵压力较大，在接头及弯管位置易脱开。混凝土工作性能的稳定问题。混凝土坍落度较小，获停滞时间稍长就会堵管。改进措施：①更换 O 型圈密封型泵管，更换快速管卡，并合理规划泵管线路，减少弯管数量，确保混凝土输送连续；②优化混凝土配合比，现场严格控制混凝土工作性能，减少泵送停滞时间
6	足尺模型 E0-S2 节段浇筑时在部分中隔墙、侧墙和剪力键位置设置了空气驱动式附着式振捣器。①振捣器高度方向影响范围约 1 m，需要将该部分 1 m 的混凝土布料完成至少 2 h 后，进行一次性振捣（E0-S2 节段时中隔墙部分浇筑时：布料完成半小时后，刚启动振捣器，在下倒角出现大量翻浆）；②振捣后混凝土表面出现大面积露石和小型气泡	主要原因：①附着式振捣器振捣力很大，而混凝土刚浇筑时坍落度较大，容易出现翻浆现象；②中隔墙较薄（80 cm 厚），附着式振捣器振捣力太大，迫使浆液与石子分离，浆液上浮、石子下沉，以致出现大面积露石情况；侧墙处安装附着式振捣器后反而出现较多气泡，在 30 s 振捣时间内无法及时排出。改进措施：以人工插入式振捣为主，附着式振捣为辅，人工难以到达区域采用附着式振捣器
7	左侧 MX32 布料机 2012 年 4 月 30 日 19：30 发生堵管，次日 00：30 排除故障，左幅侧墙混凝土无法及时供给，导致左幅侧墙 1.4 m 左右位置出现混凝土布料分层现象	①优化泵管布置线路，做到各浇筑设备间的互补，避免堵管停滞较长时间；②优化混凝土配合比，适当延长混凝土的凝结时间
8	S1 节段串筒使用 1.5 mm 厚的薄钢板卷制加工而成，单节串筒重约 13 kg。正式浇筑时，串筒是由底节逐节向上拆除的，且人孔内空间较小，钢串筒不可压缩，将占据部分空间，不便于振捣人员进行振捣作业和拆除串筒	在市场上寻找一种替代产品——橡胶串筒，该种串筒质量较轻，便于拆除；对接牢靠且方便；并且不会占用振捣人员的作业空间（未下料时，橡胶串筒可被挤压）
9	S2 节段浇筑时采用了两种不同材质的下料串筒，但在浇筑一段时间后，由于混凝土磨损，串筒出现破裂或从半腰位置断开，浇筑时需大量更换	在市场上寻找钢制或橡胶式耐磨串筒产品

4. 预埋预留设施

S1 节段主要预埋件见表 4-17。

表 4-17　S1 节段预埋件清单

部位	预埋件名称	位置	构件名称	单位	数量
S1 节段	混凝土剪力键预埋件	中墙剪力键榫	预埋件 A	件	4
			预埋件 D	件	4
		侧墙剪力键榫	预埋件 B	件	4
			预埋件 E	件	4
		底板剪力键榫	预埋件 C	件	4
			预埋件 F	件	4
		顶板剪力键槽	预埋件 C	件	4
			预埋件 F1	件	4
	人孔井预埋件	顶板	—	套	1
	测量塔预埋件	顶板	—	套	1
	OMEGA 止水带预埋件	节段接头	—	套	1/2
	橡胶密封条	节段接头	—	套	1
	中埋式可注浆钢边止水带	节段接头	—	套	1
	预留孔洞	中墙左侧	安全门预留孔	个	1
		中墙右侧	排烟口预留孔	个	1
		中墙右侧	消火栓+灭火器预留孔	个	1
		侧墙左侧	灭火器+紧急电话预留孔	个	1

S2 节段主要预埋件见表 4-18。

表 4-18　S2 节段预埋件清单

部位	预埋件名称	位置	构件名称	单位	数量
S2 节段	混凝土剪力键预埋件	中墙剪力键槽	预埋件 A	件	4
			预埋件 C	件	4
		侧墙剪力键槽	预埋件 A	件	4
			预埋件 E	件	4
		顶板剪力键榫	预埋件 B	件	4
			预埋件 F	件	4
		底板剪力键槽	预埋件 B	件	4
			预埋件 G	件	4
	OMEGA 止水带预埋件	节段接头	—	套	1

续表

部位	预埋件名称	位置	构件名称	单位	数量
S2 节段	钢剪力键预埋件	管节接头	竖向钢剪力键 VSK2 预埋件	件	2
		管节接头	竖向钢剪力键 VSK3a 预埋件	件	1
		管节接头	竖向钢剪力键 VSK3b 预埋件	件	1
		管节接头	水平向钢剪力键 HSK1 预埋件	件	1
		管节接头	水平向钢剪力键 HSK2 预埋件	件	1
	B 型端钢壳	管节接头	—	套	1
	系缆柱预埋件	顶板	—	套	1
	导向架预埋件	顶板	—	套	1
	导向杆预埋件	顶板	—	套	1
	外侧牛腿预埋件一	管节内腔	—	套	1
	钢梁牛腿预埋件一	管节内腔	—	套	1

（1）S1 节段

1）中埋式可注浆钢边止水带

中埋式可注浆钢边止水带利用桥吊将止水带橡胶转盘吊至侧墙顶部，下放止水带橡胶端头按腹板→底板→腹板→顶板中线的顺序进行安装，然后转盘转至顶板中线附近进行最终接头施工。待中埋式可注浆钢边止水带橡胶安装到位后，再进行接头处理及注浆管安装施工，如图 4-33 所示。

（a）止水带橡胶安装施工

（b）止水带注浆管安装图

（c）止水带橡胶接驳

图 4-33　止水带安装

2）OMEGA 止水带预埋件

OMEGA 止水带预埋件由专业厂家分块加工成型后，利用船舶运至现场，按照设计及规范要求进行进场检验。

OMEGA 止水带预埋件安装顺序：底板（两侧侧墙下倒角→中间）→侧墙（侧墙下倒角→侧墙上倒角）→顶板（两侧侧墙上倒角→中间）。

安装分块逐段进行，利用吊车起吊，人工辅助就位，再利用手拉葫芦和千斤顶进行调整最终定位，构件全部安装完成调整到位后再焊接成整体，如图 4-34 所示。

图 4-34　OMEGA 止水带预埋件现场安装

防水密封胶在 OMEGA 止水带预埋件安装前进行涂抹，待 OMEGA 止水带预埋件构件焊接完成后对焊接位置进行补涂。注浆管安装在 OMEGA 止水带预埋件焊接完成后进行安装，防止焊接烧伤。

3）混凝土剪力键预埋件

混凝土剪力键预埋件加工由专业厂家在工厂内加工完成，验收合格后出厂运至现场进行安装施工。

混凝土剪力键预埋件在钢筋安装绑扎完成后进行，由于锚筋长约 4.6 m，单件重约 1.6 t，安装非常困难，并且受钢筋位置干扰影响，位置难以定位。施工时，不得先剪断锚筋（距预埋钢板 1.0 m 处剪断）安装定位后再焊接接长锚筋。手拉葫芦配合初步就位，再利用千斤顶精确调整，调整到位后焊接加固（图 4-35）。

图 4-35　混凝土剪力键预埋件安装

4）预留孔洞安装

灭火器+紧急电话预留孔（侧墙）：宽×高×深=150 cm×110 cm×35 cm；侧墙钢筋绑扎完成，行车道内模安装之前安装固定，安装定位较容易。

安全门预留孔（中墙）：宽×高×深=170 cm×240 cm×80 cm；中墙钢筋绑扎完成，桥吊吊装人工辅助安装，由于箱室较大，箱体内支撑方木多，较重，定位较困难。

消火栓+灭火器预留孔（中墙）：宽×高×深=240 cm×110 cm×35 cm；中墙钢筋绑扎完成，廊道内模安装之前安装固定。

排烟孔预留孔（中墙）：顶宽（底宽）×高×深=110(240) cm×200 cm×80 cm；中墙钢筋绑扎完成，廊道内模安装之前安装固定。

所有预留孔洞预埋模板采用木模，模板面板采用竹胶板，骨架采用方木，模板安装固定采用钢筋四周加固固定，防止混凝土浇筑时倾斜、上浮、下沉。洞室较大，建议设计优化减小断面尺寸，如图 4-36 所示。

图 4-36　排烟孔预留孔盒

（2）S2 节段

1）混凝土剪力键预埋件

①混凝土剪力键侧面预埋件。

S2 节段混凝土剪力键侧面预埋件 A、B（匹配端）直接安装在 S1 节段混凝土剪力键预埋件 A、B 处（先浇段），如图 4-37 所示。

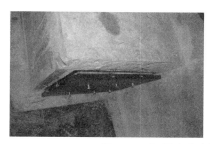

图 4-37　混凝土剪力键侧面预埋件安装

②混凝土剪力键正面预埋件。

S2 节段混凝土剪力键预埋件设计变更后，预埋件锚筋缩短，现场安装难度降低。施工时根据钢筋绑扎进度，提前做好定位台架，安装效率有较大提高，安装精度满足要求。

钢筋顶推完成体系转换后，预埋件位置精调除底板处需操作人员进入钢筋笼内操作外，其余部位预埋件调整较为容易，如图 4-38 所示。

图 4-38　混凝土剪力键正面预埋件安装

2）OMEGA 止水带预埋件

足尺模型试验 OMEGA 止水带预埋件安装先在场外将底板、顶板处分段构件两节焊接成一个整体，钢筋绑扎完成后顶推之前逐块安装，调整后焊接成整体，顶推体系转换完成后与 S1 节段 OMEGA 止水带预埋件固定。安装顺序为：底板、顶板（中间→侧墙倒角）→侧墙（底倒角→顶倒角），如图 4-39 所示。

图 4-39　OMEGA 止水带预埋件安装

3）钢剪力键预埋件安装

钢剪力键预埋件应在钢筋绑扎过程中预先安放（初步限位不固定），且安放前安装好定位台架。钢筋笼顶推体系转换完成，内模、侧模安装到位后精调固定。

4）端钢壳

S2 节段足尺模型试验端钢壳施工先在场外将端钢壳分段构件焊接成 8 块，钢筋绑扎完成后将底板、顶板处端钢壳初步安放到位，待钢筋笼顶推至浇筑坑，完成体系转换，内模滑入并展开支护后，安装侧墙处端钢壳，利用千斤顶、手拉葫芦等整体调整后焊接成整体，然后利用端模进行平面度调整，调整满足要求后浇筑混凝土，混凝土浇筑过程中监测端钢壳变形情况，利用端模进行调整，如图 4-40 所示。

（a）场外分段焊接

（b）端钢壳安装

（c）端钢壳整体调整后焊接、火焰调整变形

（d）端钢壳平面度测量调整

图 4-40　现场端钢壳安装

5）钢梁牛腿预埋件

底板处钢梁牛腿预埋件安装在底板钢筋绑扎完成后进行，顶板处钢梁牛腿预埋件应在顶板钢筋绑扎前预先初步安放、固定到位；钢筋笼顶推完成体系转换后进行精调固定，如图 4-41 所示。

图 4-41　钢梁牛腿预埋件安装

6）外侧牛腿预埋件

底板、竖墙处外侧牛腿预埋件是在底板、竖向钢筋绑扎完成后按照由竖墙底倒角→底板中间的顺序逐块进行安装；顶板处外侧牛腿预埋件在顶板钢筋绑扎前预先逐块安放、固定、焊接到位；钢筋笼顶推完成体系转换后进行微调固定、焊接成整体。

7）系缆柱、导向杆、导向架预埋件

系缆柱预埋件在顶板底层钢筋绑扎完成后顶层钢筋绑扎前初步安装到位，安装前定位台架应固定到位。导向杆、导向架预埋件安装应在顶板钢筋绑扎完成后进行，钢筋绑扎过程中应注意预埋件锚杆位置的避让，如图 4-42 所示。

图 4-42　系缆柱、导向杆、导向架预埋件

8）匹配端中埋式可注浆钢边止水带施工

匹配端中埋式可注浆钢边止水带施工在钢筋笼顶推前应做好注浆管的打孔工作及钢筋笼顶推过程中止水橡胶移动、固定所用的小铁环等工作。在钢筋笼顶推至中埋式可注浆钢边止水带橡胶边时，操作人员须利用拉钩将整个端面止水带摆至钢筋"缝隙"处（个别处须进入钢筋笼内操作），然后钢筋笼慢速分段顶推前进，顶推到位后，进行止水带固定及注浆管的安装施工。

（3）存在问题及改进措施

在 S1 节段、S2 节段足尺模型试验中，预留预埋工程发现的问题及改进措施汇总见表 4-19。

表 4-19　预留预埋工程发现的问题及改进措施

项目	存在问题	改进措施
中埋式可注浆钢边止水带	①中埋式可注浆钢边止水带安装中心偏离，个别偏移中心较大； ②保护不够，底板止水带伸出混凝土外侧部分污染严重，部分钢边弯曲	①严格安装顺序，中埋式可注浆钢边止水带橡胶安装时应先固定端模下半部分，然后再安装端模上半部分，以端模作为台架进行固定； ②止水带安装到位后，用钢牵丝临时固定止水带，确保端模安装中止水带不移位； ③浇筑过程中对底板止水带进行临时保护，避免混凝土或水泥浆污染； ④模板安装和拆除过程中小心操作，避免对止水带产生破坏
OMEGA 止水带预埋件施工	①预埋件安装不到位，与端模没紧贴，混凝土浇筑后预埋件与混凝土面不平，有错台； ②OMEGA 止水带预埋件锚筋与铆钉形成闭合，安装中需要转动角度，定位非常困难，施工中只能扳直后安装，安装后恢复困难； ③防水密封胶及预埋式注浆管安装在 OMEGA 止水带预埋件安装完成后进行，需要人员进入钢筋笼内操作，安装极为不便； ④OMEGA 止水带预埋件定位在中埋式可注浆钢边止水带箍筋上，不能承受竖向荷载，预埋构件易移位倾斜	①建议 OMEGA 止水带预埋件锚筋设计变更为与铆钉平行且缩短，以便安装施工； ②OMEGA 止水带预埋件防水胶施工在构件安装前预先安装； ③OMEGA 止水带预埋件考虑在端模上采用螺栓进行定位固定，确保安装位置，同时保证预埋件与端模紧贴，防止错台
剪力键预埋件施工	①混凝土剪力键正面预埋构件（预埋件 D、E、E1、F、F1）锚筋较多、较长（锚筋长度 4.6 m、4.7 m）。施工中混凝土浇筑时侧墙、中墙距端头下料孔及施工振捣操作口设置（距端头 2.0 m 范围内）与锚筋冲突； ②剪力键预埋构件较重（中墙单个剪力榫预埋件重量为 1556 kg；侧墙单个剪力榫预埋件总重量为 1649 kg），中墙、侧墙剪力榫突出部分（悬挑）重量约 450 kg，预埋构件锚筋与竖墙主筋无连接，构件固定难度极大，需设置大量架立钢筋和固定限位钢筋，施工中精准定位困难，精度控制误差较大； ③混凝土剪力键剪力榫处端模板为一个整体，不能拆卸，施工端模安装后混凝土剪力键预埋构件无法调整，安装精度控制难度加大	①变更剪力键预埋件设计，缩短预埋件锚筋，降低现场安装难度； ②对于混凝土剪力键预埋件固定方式，应采取在预埋件四周焊接螺母，用螺栓固定在端模的方式进行定位、固定，防止构件安装就位后移位； ③混凝土剪力键安装，对于其正面预埋构件 D、E、F、E1、F1 应在钢筋绑扎过程中预先安装，初步定位
预留孔洞安装施工	足尺模型试验预留孔洞位置主要设置在沉管侧墙与中墙内（正式管节一致），安装遇到的主要问题是具体表现在以下几点： ①廊道与行车道竖墙之间的排烟孔及安全门与模板对拉螺杆之间冲突； ②排烟孔和安全门留孔尺寸较大，其孔洞模板下方混凝土振捣难度增大，因此需在其孔洞模板设置振捣导管，其模板中振捣导管与对拉螺杆预留孔须避让，增加其孔洞模板内加固难度	对于安全门预留孔，建议其位置下降 150 mm，或孔洞尺寸顶面减小 150 mm，以便避让对拉螺杆，降低施工难度
混凝土剪力键预埋件	侧墙处混凝土剪力键预埋件锚筋与钢筋冲突，安装困难，精度无法满足要求	设计已将匹配端混凝土剪力键侧墙处钢筋间距位置进行优化
钢剪力键预埋件安装	中墙钢剪力键焊钉与钢筋位置冲突	设计验算后，取消钢剪力键焊钉
钢梁牛腿预埋件	钢梁牛腿预埋件锚筋与锚杆过密，安装时与钢筋冲突，安装较为困难，安装精度难以控制在底板处，由于钢筋直径较粗，其间距模数为 10 cm、12.6 cm 交错，而预埋件锚筋锚杆之间间距为 12 cm，且净距仅为 8 cm，安装困难，尤其底板斜倒角处，钢筋斜向交错，安装更困难	底板钢梁牛腿预埋件设计已优化取消，采用枕梁替代；建议取消顶板钢梁牛腿预埋件锚钉，加强安装精度控制

续表

项目	存在问题	改进措施
系缆柱及导向杆、导向架预埋件	系缆柱预埋件锚栓与预应力管道位置冲突，以及系缆柱预埋件锚栓与钢梁牛腿预埋件锚栓位置冲突	设计位置移动，且放宽该预埋件安装精度要求，保证安装时避开冲突位置
匹配端中埋式可注浆钢边止水带施工	中埋式可注浆钢边止水带注浆管安装与钢筋冲突（具体表现在：侧墙、顶板处注浆管倾斜放置时因注浆管封头盒较大，无法斜向穿过靠近内模侧的多层钢筋空隙），无法按照图纸要求施工	侧墙、顶板处中埋式注浆管斜度变为90°左右（紧贴端面钢筋并留足保护层）

5. 水密性试验

（1）设计方案

足尺模型试验段管节水密性试验拟通过在节段间钢边止水带与 OMEGA 止水带间灌水施加水压来检验接头间水密性。水密性试验部位示意见图 4-43。

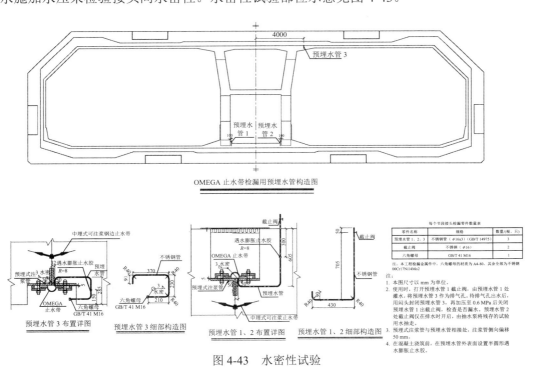

图 4-43　水密性试验

待试验段顶推出浇筑区后，对钢边止水带进行注浆处理，安装 OMEGA 止水带及注水加压设备和阀门，然后分级加压进行水密性试验。加压荷载为最大水深 46 m 压力（最大水深压力约为 0.46 MPa）的 1.5 倍，持荷 7 d。

分级加压试验程序为：$P_1=1.0\,P_w$，压力稳压时间 2 h；$P_2=1.2\,P_w$，压力稳压时间 2 h；$P_3=1.5\,P_w$，压力稳压时间 12 h，P_w 为最大水深压力。

试验期间观察节段间止水带是否变形及有渗漏现象，并对分级加压情况进行记录。

（2）试验与分析

足尺模型 E0-S1、E0-S2 节段于 2012 年 5 月 22 日顺利施工完成并整体顶推出模板浇筑区，随即准备节段接头水密性试验工作。6 月 15 日进行了节段的临时预应力张拉与压浆，6 月 6 日至 6 月 8 日期间对中埋式可注浆钢边止水带和 OMEGA 止水带预埋件进行了环氧注浆工作，6 月 16 日安装完成 OMEGA 止水带，6 月 20 日进行了初次水密性试验工作，由于 OMEGA 止水带安装不到位造成漏水，重新拆除 OMEGA 止水带进行了处理，于 2012 年 6 月 30 日再次安装止水带进行了水密性试验，在保压 0.25 MPa 后，仍出现预埋件与混凝土、OMEGA 止水带压件螺栓间漏水（外侧中埋式可注浆钢边止水带未见有漏水），后多次采用环氧注浆进行封堵后注水试验，最后一次在保压 0.45 MPa 后在个别处 OMEGA 止水带预埋件与混凝土之间出现渗水现象，并在几处压件螺栓孔出现漏水现象。

此现象给后期管节止水施工提供了非常宝贵的经验，如图 4-44 所示。

图 4-44　试验段水密性试验 OMEGA 止水带预埋件渗水

6. 温度应力监测与分析

（1）试验方案设计

1）仿真分析
①仿真边界条件
a. 混凝土配合比参数。通过前期的混凝土配合比研究，预制沉管混凝土选用泵送海工混凝土，主要配合比参数见表 4-20、表 4-21。

表 4-20　预制沉管混凝土配合比

项目	胶材总量/(kg/m³)	水胶比	水泥	粉煤灰	矿粉	砂率/%	外加剂/%
基准配合比	420	0.35	45%/189 kg	25%/105 kg	30%/126 kg	42	1
冬季配合比	440	0.34	43%/189 kg	27%/119 kg	30%/131 kg	41	1

表 4-21　预制沉管混凝土主要力学和热学性能

参数	抗压强度/MPa			劈拉强度/MPa			弹性模量/GPa	绝热温升/℃
	3 d	7 d	28 d	3 d	7 d	28 d		
基准配合比	28.7	42.3	57.2	2.72	3.15	3.95	42.5	42.4
冬季配合比	30.2	46.3	59.4	2.78	3.21	4.03	44.7	44.5

　　b. 结构和环境条件。沉管混凝土强度等级为 28 d 龄期 C45，56 d 龄期 C50，标准管节长 180 m，分 8 段预制（每段 22.5 m），管节截面宽 37.95 m、高 11.4 m，壁厚 0.8～1.7 m。

　　沉管采用全断面浇筑方式，单个管节混凝土石方量约为 3420 m³。沉管采用工厂法预制，将 180 m 长管节分为 8 个节段，每个节段长 22.5 m，节段在固定的台座上浇筑、养护达到顶推强度要求后，向前顶推 22.5 m，空出浇筑台座，下一节段与刚顶出的节段相邻匹配预制。

　　c. 外部环境条件。沉管预制厂所在地区属亚热带海洋季风性气候区，年平均相对湿度为 78%～80%，但湿度的季节变化明显，在春夏季高湿季节，相对湿度经常可达100%，但在冬季干燥季节，极端最小相对湿度只有 10%；年平均气温 22.3～23℃，最热月份 7 月平均气温 28.4～28.7℃，最冷月份 1 月平均气温 14.7～15.9℃，气温年较差12.8～13.7℃；极端最高气温 38.9℃，极端最低气温-1.8℃。设计计算采用桂山岛近一年观测月平均气温香港、珠海、澳门气象站各月相对湿度、平均气温曲线图见图 4-45、图 4-46。桂山岛月平均气温见表 4-22。

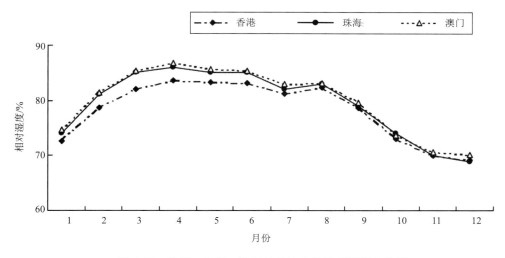

图 4-45　香港、珠海、澳门气象站各月相对湿度曲线图

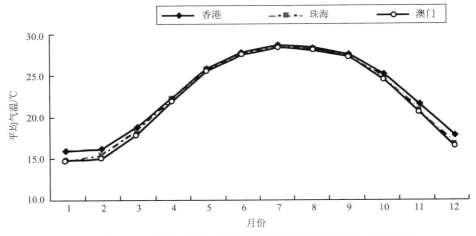

图 4-46 香港、珠海、澳门气象站各月平均气温曲线图邹卿

表 4-22 桂山岛月平均气温表

月份	1 月	2 月	3 月	4 月	5 月	6 月	7 月	8 月	9 月	10 月	11 月	12 月	全年
最低气温/℃	8.0	14.5	11.4	15.6	18.5	21.8	23.1	22.2	23.2	21.5	12.9	8.8	8.0
最高气温/℃	21.5	22.8	24.2	27.4	27.5	31.7	36.2	34.6	35.6	29.7	27.6	22.4	36.2
平均气温/℃	13.9	18.0	18.8	21.4	23.7	25.0	27.8	28.0	28.4	25.4	21.0	17.1	22.4

通过对珠海地区月平均气温的分析，并结合沉管预制的实际工况，将沉管预制的全年施工期分为高温季节（月平均气温≥25℃，6～10月）、常温季节（月平均气温18～25℃，3～5月、11月）和低温季节（月平均气温≤18℃，1月、2月、12月）。

②仿真分析模型

a. 结构模型。依据已知边界条件，建立实体混凝土节段有限元剖分模型（图4-47）。模型包含58 224个节点，45 118个单元。

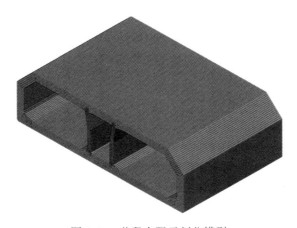

图 4-47 节段有限元剖分模型

基于工厂法沉管预制工艺，模型边界条件考虑了如下因素。

（a）沉管混凝土与预制底模之间的摩擦约束；

（b）顶推后节段底部约束和支撑条件的转换；

（c）内外预制模板对混凝土升温期的约束作用；

（d）考虑保温养护措施对散热系数和收缩徐变的影响作用。

b. 模型参数取值。绝热温升、弹性模量、徐变取值为试验实测值，强度增长系数和收缩取值根据室内试验实测值进行拟合后得到。其他计算参数参考近十年我国跨海桥梁海工混凝土性能参数，按经验取值或估算，包括比热、导热系数、泊松比、摩擦系数、线膨胀系数、环境温度和散热系数等。

③仿真分析计算

a. 计算工况。仿真分析计算需考虑环境温度、浇筑温度和养护情况组合不同的工况。考虑不同月平均温度的工况如下。

（a）高温季节，月平均温度≥25℃，6～10月；

（b）常温季节，月平均温度18～25℃，3～5月、11月；

（c）低温季节，月平均温度≤18℃，1月、2月、12月。

考虑不同浇筑温度的工况如下。

（a）高温季节浇筑温度不高于28℃；

（b）常温季节浇筑温度不高于23℃；

（c）低温季节浇筑温度不高于20℃。

考虑一般养护和保温增湿喷雾养护两种不同的养护工况如下。

（a）一般养护，湿度≥50%；

（b）喷雾养护，湿度≥80%。

b. 温度、应力场分布规律。根据仿真计算温度场和应力场分析可知温度场发展规律为如下。

（a）温度发展规律是先升后降，顶底板中部和底板侧墙交界处中心温度最高；

（b）中心约1.5 d达到温度峰值；

（c）随着内部温度升高，内表温差增大，中心部位温峰出现时，内表温差达到最大，之后逐渐降低（图4-48、图4-49）。

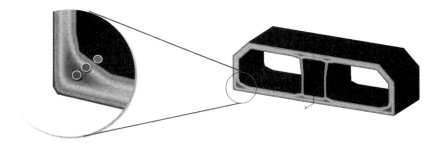

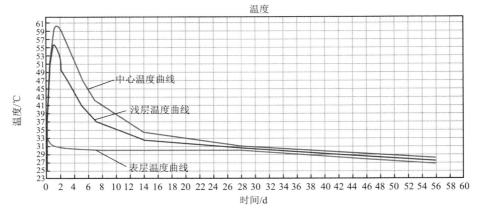

图4-48　中心、浅层、表层温度发展曲线（后附彩图）

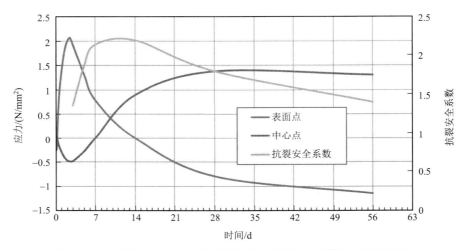

图4-49　表面点、中心点应力发展曲线和抗裂安全系数（后附彩图）

应力场发展规律如下。

（a）早期应力集中于表面，主要由内表温差引起，早期需要注意内表温差的控制，并降低内部最高温度；

（b）后期应力集中于中心，由混凝土降温和干缩引起，随着龄期增长逐渐增大，后期需要注意养护减少干缩；

（c）沉管应力集中部位包括顶板中部、行车廊道顶部、侧墙拐角处、侧墙底板交界处；

（d）抗裂安全系数在早期和后期均有低于1.4的风险，防裂措施除了早期的温度控制，更需要持续地养护，充分利用徐变作用缓慢释放内应力。因此，降低内表温差和最高温度、加强养护是裂缝控制的关键措施。

c. 不同工况温度应力分析。混凝土在不同计算工况条件下得到的温度应力仿真计算结果见表4-23。

表4-23 温控计算结果

工况条件		浇筑温度/℃	最高温度/℃	最大拉应力/MPa						安全系数
环境	养护			3 d	5 d	7 d	14 d	28 d	56 d	
高温季节	一般养护湿度≥50%	28	69.7	1.87	1.59	1.49	1.70	2.36	3.14	1.29
常温季节		28	68.3	2.07	1.71	1.55	1.71	2.31	3.07	1.16
		23	64.2	1.82	1.53	1.41	1.59	2.18	2.87	1.32
低温季节		23	63.1	2.20	1.78	1.58	1.72	2.27	2.99	1.09
		20	59.9	1.89	1.56	1.41	1.56	2.10	2.70	1.27
高温季节	喷雾养护湿度≥80%	28	69.7	1.70	1.46	1.37	1.58	2.21	2.96	1.41
常温季节		23	64.2	1.64	1.39	1.29	1.47	2.03	2.68	1.46
低温季节		20	59.9	1.66	1.38	1.25	1.40	1.90	2.45	1.44

一般养护条件下,高温季节28℃浇筑,最高温度69.7℃,抗裂安全系数1.29;而在常温和低温季节,由于环境温度降低,内表温差和基础温差增大,需要更低的浇筑温度,常温季节23℃浇筑、低温季节20℃浇筑时,抗裂安全系数分别为1.32和1.27。通过增加喷雾养护系统,保证养护温度、湿度和养护时间,降低混凝土内表温差和收缩,高温季节28℃浇筑、常温季节23℃浇筑、低温季节20℃浇筑,抗裂安全系数分别提高到1.41、1.46和1.44,满足抗裂安全系数大于1.4的要求。极端炎热条件下,浇筑温度28℃不能满足时,可适当提高养护温度和延长养护时间,并通过仿真分析验算抗裂安全系数。

2)关键性温控标准

①原材料温控标准

根据预制沉管的温控标准,对水泥、粉煤灰、矿粉、骨料等原材料温度提出了一定的要求。允许原材料温度出现一定程度的波动,但是最终浇筑温度必须满足温控设计要求,如表4-24所示。

表4-24 原材料温控标准及控制措施

材料	温度控制指标/℃	温度控制措施
水泥	≤55	出厂温度≤70℃,船运上岛转入中间仓,使用温度≤55℃
矿粉	≤45	出厂温度≤50℃,中间仓储存倒运,使用温度≤45℃
粉煤灰	≤45	出厂温度≤50℃,中间仓储存倒运,使用温度≤45℃
砂	≤30	材料提前进场、入库储存,料场搭棚遮阳
石	≤30	材料提前进场、入库储存,料场搭棚遮阳,必要时洒水降温
水	≤5	2台5 t/h的制冷机组制取冷水
外加剂	≤30	材料入库储存,现场储罐刷白

②混凝土温控标准

a. 混凝土浇筑温度控制:高温季节(月平均温度≥25℃)浇筑温度≤28℃,常温季节(月平均温度18～25℃)浇筑温度≤23℃,低温季节(月平均温度≤18℃)浇筑温度≤20℃；

b. 最高温度控制：高温季节沉管内部最高温度≤70℃，常温季节和低温季节沉管内部最高温度≤65℃；

c. 混凝土温差控制：混凝土最大内表温差≤25℃，混凝土表面与环境温差≤15℃，养护水与混凝土表面温差≤15℃；

d. 降温速率控制：拆模后≤3℃/d。

③养护标准

混凝土养护包括湿度和温度两个方面。根据季节不同采取保温和散热的综合措施，保证混凝土内表温差及气温与混凝土表面的温差在控制范围内。

a. 浇筑完后所有裸露面覆盖土工布保温，并保持湿润；

b. 拆模后进入养护棚喷雾养护，养护区相对湿度控制在85%以上；

c. 预制沉管拆模后湿养护时间不少于14 d。

3）温控措施

根据仿真分析提出的温控标准，结合前期研究和综合比选，设计施工预制阶段浇筑温度、混凝土温升和内表温差的具体控制措施。这些具体措施又分为温度控制方案和养护方案两大类。

①原材料温度控制

根据预制沉管的温控标准，研究提出水泥、粉煤灰、矿粉、骨料等原材料的温度控制推荐指标和措施。

a. 粉料温度控制

主要控制目标：水泥≤55℃，粉煤灰≤45℃，矿粉≤45℃。

（a）严格按照合同要求控制粉料的出厂温度，进场粉料需试验室进行检测符合要求后才能上料。

（b）设置中间储存转运仓，延长粉料降温时间，符合浇筑混凝土控制温度后才能倒运至搅拌站。必须严格控制粉料转运程序，禁止粉料直接运至混凝土搅拌站。

（c）混凝土搅拌站罐体及中间仓刷白处理，并在罐体周围设喷水系统，安装可调角度喷嘴喷淋，避免阳光直照罐体温升。

b. 骨料温度控制

主要控制目标：骨料温度≤30℃。

（a）设置砂石料料棚，防止阳光直晒；

（b）在料棚顶设喷水雾系统，降低料棚内环境温度；沿料场顶棚牵拉钢丝绳，安装喷雾供水设备，进行双向高压喷嘴进行喷雾。该系统根据厂房自然结构划分为4个喷雾区域（4个料场），不同区域间通过闸阀进行独立控制，用一台高压喷雾设备总体控制（图4-50）。

图 4-50　喷雾总体布置图

（c）在砂石料上料斜皮带廊道和称量仓底部通冷风，控制砂石料在上料过程中的温升（图 4-51）。

图 4-51　上料皮带温控

（d）加强储料管理。理论上整个料棚内砂堆场：8208 t；碎石（大）堆场：7200 t；碎石（小）堆场：3240 t。能够满足 2.8 个节段的混凝土浇筑需求次混凝土浇筑。料棚内必须堆存两个以上节段混凝土砂石料，并保证堆存时间 3 d 以上，以充分进行热交换，禁止刚倒运砂石料或直接采用外场暴晒的砂石料浇筑混凝土。

②浇筑温度控制

降低混凝土的浇筑温度对控制混凝土裂缝非常重要。相同的混凝土，浇筑温度高的温升值要比浇筑温度低的大得多。浇筑温度控制以原材料温度控制为重点，以制冷水和片冰拌和混凝土为保证。

按照热平衡原理估算浇筑温度，反推制冷水和片冰的需求。制冷水全年需要，加冰量依据环境温度和浇筑温度要求变化，估算高温季节加冰量 $30\sim60$ kg/m³，常温季节加冰量 $10\sim40$ kg/m³，低温季节加冰量 $0\sim25$ kg/m³，每月根据月平均温度预估加冰量，用以制定生产供应计划。

每次浇筑前，制冷水水温控制在 5℃，浇筑前提前制取存于地下保温水池；片冰温度控制在-5℃，提前 1 d 制冰储存于冰库，冰库温度保持-8℃，防止片冰局部融化结团。片冰厚度 2 mm 左右，搅拌时能快速融化，片冰与骨料混合搅拌，提高冷却效率。

1 kg 片冰融化为水，大约需要吸收 335 kJ 热量，考虑搅拌过程中的温度损失，根据工程经验，每加入 10 kg 的片冰至少可使新拌混凝土降低 1℃，因此要满足 24℃ 的出机温度，必须保证用冰量和设备完好，这是控制混凝土裂缝的关键和风险。

因此，为了保证加冰量和设备的完好，主要从措施和设备配件备用方面解决。首先，在混凝土浇筑前预制冰约 2×70t=140 t。然后从设备配件方面进行保障：a. 每个制冰站分设 4 台冰机，其制冰能力为 3 t/h，可达到 3 用 1 备；b. 冰库扒冰系统、空调系统进行配用；c. 水平及竖向输送螺旋每台搅拌机单独配置，可以互换，并备用易损件，能够满足搅拌机 3 用 1 备需求。

③水化热温升控制

混凝土水化热温升与胶凝材料总量和水化放热速度有关。因此，水化热温升的控制需要注意以下几个方面。

a. 严格控制混凝土配合比：加强混凝土用水量和砂、石含水率的控制，现场不得随意增加胶材用量。

b. 防止运输过程混凝土温度上升：在罐体外加吸水帆布，并在过程中淋水，以降低罐体阳光照射下的温升（图 4-52）。

图 4-52　罐车包裹

c. 混凝土输送拖泵：集中布置，在顶部设置遮雨遮阳棚，向遮雨遮阳棚顶面洒水降温（图 4-53）。

图 4-53　拖泵遮阳

d. 混凝土输送泵管：室外泵管定位固定，采用定型加工吸水海绵包裹，防止阳光暴晒；施工过程中向泵管包裹材料淋水，降低混凝土输送摩擦温升（图 4-54）。

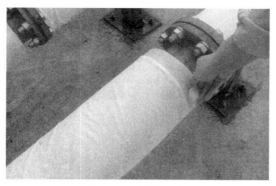

图 4-54　泵管包裹

（2）监控与分析

1）监测系统布置

①传感器：足尺模型试验采用了温度、温湿度、应变、压力、风速共 5 种类型的传感器（表 4-25）。

表 4-25　试验用传感器

序号	传感器		参数
1	温度		型号：DS18B20 数字型 精度：±0.5℃ 范围：-55～+125℃
2	温湿度		湿度：0%RH～100%RH，±3%RH 温度：-20～80℃，±0.5℃
3	应变		型号：DI-25 混凝土应变计，WYL-25 无应力计 范围：拉伸 600 με，压缩-1000 με 分辨力：≤0.1% F.S
4	压力		型号：TJ-29 范围：0～0.4 MPa 分辨力：≤0.02%F.S
5	风速		型号：AR816 风速：0～30 m/s，±5% 温度：-10～45℃，±2℃

②测点布置

a. 小尺寸模型。小尺寸模型分方块和 L 型两种，混凝土内部温度测点布置见图 4-55。

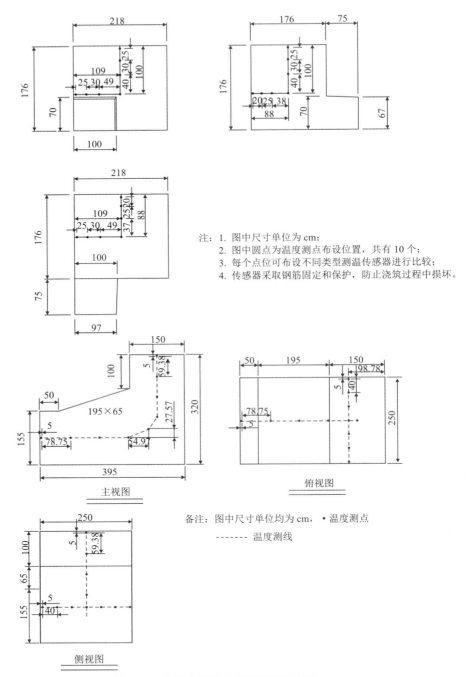

注：1. 图中尺寸单位为cm；
2. 图中圆点为温度测点布设位置，共有10个；
3. 每个点位可布设不同类型测温传感器进行比较；
4. 传感器采取钢筋固定和保护，防止浇筑过程中损坏。

备注：图中尺寸单位均为cm，•温度测点
------- 温度测线

图4-55　小尺寸模型内部温度测点布置

b. 足尺模型。依据足尺模型温度应力仿真结果，在混凝土内部温度最高、变化最快、温差最大及应力最集中的位置布置温度、应变测点。按照空间方位设置10条测温点布置线，布设96个测温点监测混凝土温度场变化及环境温湿度变化，如图4-56、图4-57所示。

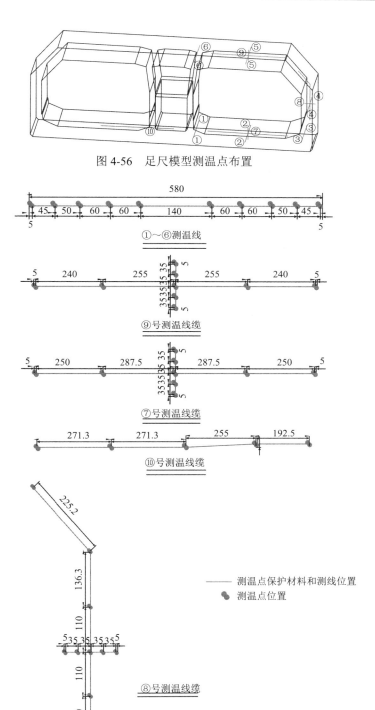

图 4-56 足尺模型测温点布置

①～⑥测温线

⑨号测温线缆

⑦号测温线缆

⑩号测温线缆

⑧号测温线缆

—— 测温点保护材料和测线位置

● 测温点位置

图 4-57 足尺模型测温点布置

注：1. 图中尺寸单位为 cm；2. 传感器布设必须采取保护措施，避免受冲击损坏

根据足尺模型内部应力分布，布置两处应变测试区，布设混凝土应变计和无应力计，如图 4-58 所示。

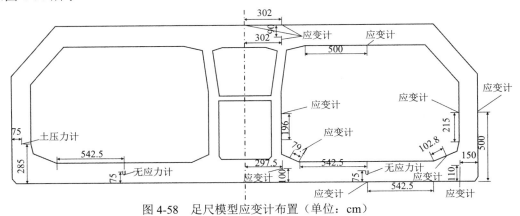

图 4-58　足尺模型应变计布置（单位：cm）

c. 首件沉管。首件沉管 E1、E2 每个管节均进行温度监控，测点布置见图 4-59。

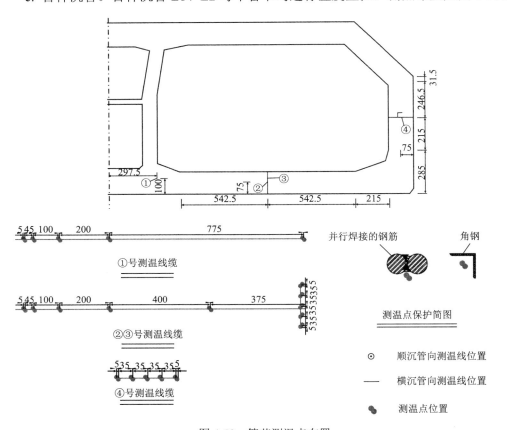

图 4-59　管节测温点布置

注：1. 图中尺寸单位为 cm；2. 在足尺试验节段中布设 4 条测温线缆，每个测温线缆各 5 个测点，此外有 1 个环境温度测点、1 个水温测点、1 个混凝土温度测点，单个节段共布设测温点 20 个，各测点位置如图所示；3. 传感器布设必须采取保护措施，避免混凝土直接冲击和振捣造成损坏，可采用两根并行焊接的钢筋或角钢，温度传感器置于钢筋或角钢的下方

2）监测结果与分析

①测温结果

a. 小尺寸模型。4 件小尺寸模型混凝土分别在夏季、秋季及冬季进行浇筑，代表了沉管混凝土施工的高温季节、常温季节及低温季节，具体的温度监测结果如表 4-26 所示。

表 4-26 小尺寸混凝土温度监测结果

小尺寸模型试验编号	第一次		第二次		第三次		第四次	
	温度指标	出现时间	温度指标	出现时间	温度指标	出现时间	温度指标	出现时间
环境温度	34～36℃	—	24～32℃	—	23～27℃	—	15～17℃	—
浇筑温度	35.3℃	—	33.0℃	—	26.0℃	—	17.3℃	—
最高温度	70.4℃	28 h	65.7℃	34 h	64.8℃	42 h	53.7℃	52 h
最大温升	35.1℃	—	32.7℃	—	38.8℃	—	36.4℃	—
最大温差	20.5℃	20 h	20.0℃	60 h	21.2℃	44 h	23.3℃	52 h
最大降温速率	14℃/d	46～70 h	13.6℃/d	76～78 h	5.9℃/d	55～75 h	2.9℃/d	50～75 h

在高温季节，未采取原材料降温及加入碎冰搅拌，混凝土浇筑温度达 35.3℃，内部最高温度达 70.4℃，随着环境温度降低，混凝土的浇筑温度及内部最高温度也随之降低。第一次及第二次小尺寸模型试验，未采取任何保温养护措施，降温阶段最大内外温差均不低于 20℃，最大降温速率达 13.6℃/d 以上。第三次及第四次小尺寸模型试验，混凝土拆模后采取土工布包裹保温，虽然内外温差仍大于 20℃，但最大降温速率明显降低，其中第四次采取双层土工布包裹养护的降温速率降低至 2.9℃/d。

b. 足尺模型。S1 节段足尺模型混凝土浇筑时，白天气温 13～14℃，夜间气温 10～11℃，风速 4～5 m/s，混凝土出机温度为 19.2～20.7℃，浇筑温度为 15.0～16.0℃，混凝土出机温度、浇筑温度和环境温度曲线如图 4-60 所示。由于混凝土输送采用皮带机输送系统，混凝土直接暴露在大气环境中，混凝土从出机到入模输送时间约为 2 min，导致混凝土在输送途中与大气进行充分的热量交换，混凝土入模温度比出机温度低 4℃左右。

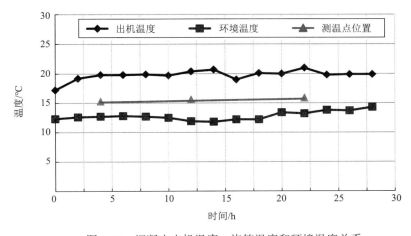

图 4-60 混凝土出机温度、浇筑温度和环境温度关系

各部位温度指标汇总见表4-27，除降温速率和顶板内表温差外均符合预设试验目标。

表4-27　足尺模型试验混凝土温度指标

结构部位	环境温度/℃	浇筑温度/℃	升温幅度/℃	最高温度/℃	对应表面温度/℃	最大内表温差/℃	温峰出现时间/h	最大内表温差出现时间/h	降温速率/(℃/d)
底板	12.6	16.9	37.4	54.3	37.3	17.0	51	51	5.8
侧墙	12.1	16.3	34.8	51.1	30.9	20.2	56	56	4.7
顶板	13.3	16.6	36.3	52.9	35.0	23.4	59	81	7.7

仿真分析计算浇筑温度20℃，最高温度56.9℃，出现在底板，升温幅度36.9℃，出现时间为52 h，与实测结果吻合较好，说明仿真分析温度计算参数取值已经非常贴近工程实际情况，如图4-61所示。

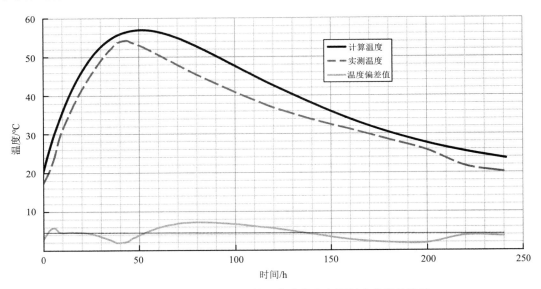

图4-61　底板混凝土中心计算温度曲线和实测温度曲线的比较

在S2节段足尺模型试验中，验证了不同加冰量对混凝土出机温度的影响，如表4-28所示。单方加冰量对混凝土出机温度影响明显。单方加入60 kg冰时混凝土出机温度在20℃左右，单方加入25 kg冰时混凝土出机温度23~25℃，受环境气温和原材料温度的影响，不加冰导致混凝土出机温度较高，达到27~28.1℃。

表4-28　混凝土出机温度、浇筑温度和环境温度关系

监测日期	监测时间	环境温度/℃	出机温度/℃	浇筑温度/℃	加冰量/(kg/m³)
4月29日	13：30	29.0	23.6	26.0	30
	16：30	27.1	20.4	23.6	60
	19：50	26.5	23.6	25.6	25
	23：05	26.7	27.3	28.1	0

续表

监测日期	监测时间	环境温度/℃	出机温度/℃	浇筑温度/℃	加冰量/(kg/m³)
4月30日	1：10	25.5	27.9	29.4	0
	3：00	25.5	28.1	—	0
	5：00	25.4	28.1	—	0
	7：00	25.4	24.9	26.5	25

　　足尺模型 S2 节段底板混凝土温度于 5 月 1 日 8 时在达到峰值后开始缓慢降温，底板混凝土出现温峰历时 41 h；侧墙混凝土于 5 月 1 日 17 时出现最高温度 69.5℃，历时 42 h；顶板混凝土于 5 月 2 日 10 时出现最高温度为 67.8℃，温峰出现历时 50 h。受气温和原材料温度的影响，足尺模型试验 S2 节段的混凝土各项温度指标均比 S1 节段要高。S2 节段混凝土的最高温度达到 69.8℃，接近控制值（≤70℃），底板和侧墙的混凝土最大内表温差均超过了 20℃（表 4-29）。

表 4-29　足尺模型试验 S1 节段和 S2 节段混凝土温度结果对比

结构部位		环境温度/℃	浇筑温度/℃	升温幅度/℃	最高温度/℃	温峰出现时表面温度/℃	最大内表温差/℃	温峰出现时间/h	降温速率/(℃/d)
S2	底板	27.8	23.6	46.2	69.8	49.0	21.1	41	3～5
	侧墙	27.6	28.1	41.1	69.5	44.2	27.3	42	4～6
	顶板	27.8	26.5	41.3	67.8	50.1	17.9	50	3～5.5
S1	底板	12.6	16.9	37.4	54.3	37.3	17.0	51	5.8
	侧墙	12.1	16.3	34.8	51.1	30.9	20.2	56	4.7
	顶板	13.3	16.6	36.3	52.9	35.0	23.4	59	7.7

　　c. E1、E2 首件管节。E1、E2 管节各节段温度汇总情况见表 4-30。

表 4-30　首件管节温度情况汇总表

部位	E1-S5	E1-S4	E1-S3	E1-S2	E1-S1	E2-S5	E2-S4	E2-S3	E2-S2	E2-S1
日期	8.9	9.2	9.16	10.2	10.20	8.5	8.29	9.13	9.27	10.18
历时/h	47	41	37	35	37	51	46	33	35	31
环境温度/℃	30.0	28.8	27.4	27.0	26.1	30.3	29.8	27.7	26.5	25.3
加冰量/kg	60	60	60	60	60	60	60	60	60	60
浇筑温度/℃	25.7	25.1	22.6	23.0	22.3	26.0	25.9	25.1	24.7	22.5
最高温度/℃	68.8	68.5	66.9	68.1	64.1	70.0	70.4	69.7	71.9	67.1
温峰时间/h	50	51	56	46	49	50	47	42	42	51
内表温差/℃	23.9	24.8	25.0	21.9	18.8	24.4	18.4	25.0	26.5	23.0

　　从表 4-30 中可以看出：随着施工工艺的熟练，浇筑进度在逐渐加快，浇筑时间也越来越短。综合以上数据，E2 管节最高温度普遍要高于 E1 管节，可能由于 E2 管节的入模温度普遍低于 E1 管节，同时与施工工艺也有一定关系。

　　从测点被覆盖开始，由于浇筑温度低于环境温度，所测温度有一个下降的过程。浇筑温度较低抑制了水化热反应速度，前期升温较慢。随着时间的推移温度持续上升，水化热反应速度加快，温度呈快速上升趋势。各测点持续到达温峰，E2 管节温峰最高为 71.9℃，E1 管节最高为 68.8℃。同时都出现在行车道板中间位置。虽然浇筑温度都满足温控要求，但还是存在超标情况，因此浇筑温度应该在满足施工条件的情况下尽量低于温控标准，以防止混凝土温峰过高，对混凝土控裂造成不利影响。温峰过后，混凝土呈自然散热状态，表面点由于散热较快，迅速拉大了内表温差，内表温差在此时继续增大。E2 管节最大内表温差为 26.0℃，E1 管节最大内表温差为 25.7℃。15 d 左右温度最高温度基本与环境温度相同，内表温差也已经平稳。

②应变应力分析

足尺模型 S1、S2 节段内中间断面均布置了 12 个应力计，2 个无应力计用于分析混凝土温度应力，如图 4-62 所示，其中 1 号、11 号、13 号、14 号用于测试顶底板沉弯应变，4 号、5 号、12 号用于测试中心温度引起的应变，6 号、7 号用于测试行车道倒脚应力集中；8 号、9 号、10 号测试侧墙顺沉管向收缩；2 号、3 号无应力计用于测试混凝土线膨胀系数。

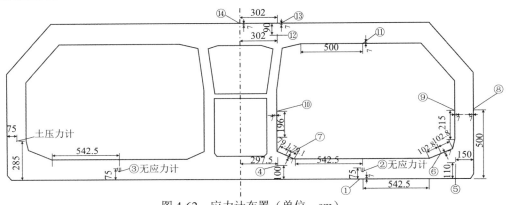

图 4-62 应力计布置（单位：cm）

a. 无应力计数据分析。

通过无应力计分析混凝土的线膨胀系数和自生体积变形。S1 节段无应力计结果曲线见图 4-63，埋置区域混凝土胶材用量为 440 kg/m³，胶材比例为水泥∶粉煤灰∶矿粉=43∶27∶30，测得线膨胀系数为 $10.522\times10^{-6}/℃$，最大自生体积变形 131.8×10^{-6}。

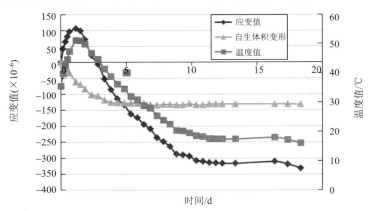

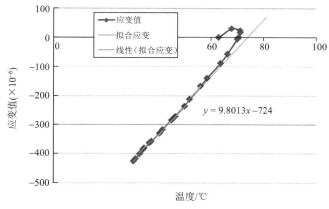

图 4-63　节段无应力计测试结果（后附彩图）

S1 节段无应力计结果曲线见图 4-64，埋置区域混凝土胶材用量为 420 kg/m³，胶材比例为水泥：粉煤灰：矿粉=45：25：30，测得线膨胀系数为 9.8013×10⁻⁶/℃，最大自生体积变形 108.0×10⁻⁶。

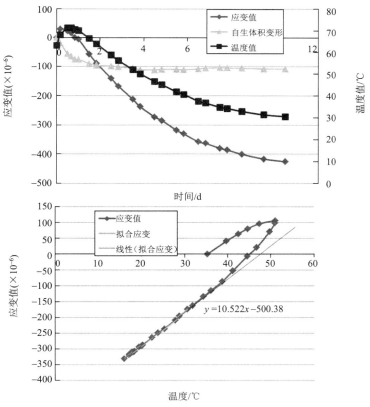

图 4-64　S2 节段无应力计测试结果（后附彩图）

b. 应变计数据分析。

应变计测试数据结果汇总见表 4-31。

表 4-31　最大应变（με）及拉应力（MPa）测试

序号	1 号	4 号	5 号	6 号	7 号	8 号	9 号	10 号	11 号	12 号	13 号	14 号
S1	−110.1	−287.3	−140.8	−154.8	−154.8	−156.3	−205.9	−202.3	−235.2	−278.6	−174.1	−220.0
	1.04	2.68	1.4	0.64	0.73	0.63	0.42	1.03	1.01	2.46	1.61	1.82
S2	−299.2	−289.7	−308.2	−312.1	−260.8	−304.8	−290.9	−271.2	−248.5	−306	−75.2	−222.4
	1.1	2.25	1.76	0.46	0.31	0.75	0.32	0.31	1.01	1.87	1.16	0.78

发现均为 4 号应变计对应拉应力值最大，典型应力应变曲线见图 4-65。应变计应力分析见表 4-32。

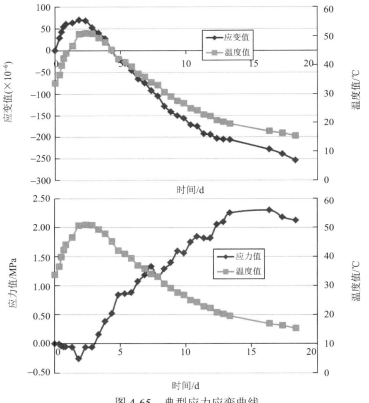

图 4-65　典型应力应变曲线

表 4-32　4 号应变计应力分析

结构部位	应变(×10⁻⁶)	最大应力/MPa	C45 抗拉设计标准值/MPa	对应混凝土抗拉强度/MPa	计算安全系数
S1 节段 4 号应变点	−287.3	2.68	2.51	3.6	1.34
S2 节段 4 号应变点	−289.7	2.25			1.60

S2 节段混凝土的最高温度达到 69.8℃，通过应变计算应力，已经接近抗拉设计标准值。按照浇筑温度 26℃，近似反演 S2 节段沉管足尺模型混凝土的温度场和应力场分部。计算内部最高温度为 68.7℃，出现时间为 36 h；计算最大应力为 2.49 MPa，安全系数为 1.44（图 4-66）。

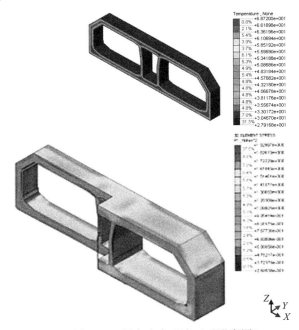

图 4-66　温度应力反演（后附彩图）

为保证 1.4 的安全系数，控制沉管混凝土开裂风险，建议保证沉管混凝土高温季节最高温度不超过 70℃，常温和低温季节最高温度不超过 65℃。

3）风险预控

沉管预制混凝土温度控制需经历原材料运输储存、搅拌上料、搅拌、运输泵送等多个环节。通过对控制过程分析，存在风险的主要有 3 个环节：①浇筑混凝土用的原材料温度控制环节；②制冷水和冰及输水保障风险；③混凝土运输环节。现对沉管管节预制入模温控风险预测分析和防范措施归纳见表 4-33。

表 4-33　风险预测分析与防范措施

序号	风险描述		风险发生的可能因素分析	风险防范措施
1	进厂原材料温度超标	骨料	①运输：砂石料采用船舶海上运输，顶部覆盖，运输过程中不会造成较大温升； ②储存：骨料采用料棚覆盖储存，并辅以喷水雾降温（根据分析比环境温度低 1~3℃）；根据料仓容量，骨料提前储存，充分进行热交换，并堆积一定的高度，应该能够满足 30℃的目标要求； ③上料：骨料上料至配料仓，然后由配料仓至搅拌机过程：上料皮带通道封闭，配料仓顶部设遮阳棚，阳光不能直照，并辅以通道顶洒水降温；整个过程主要风险在配料仓需储存约 1 h 的温度控制	①在砂石料运输途中对船舱顶部做遮阳处理，防止吸热升温； ②料仓喷雾系统采用双系统，确保系统备用措施； ③禁止用室外暴晒粗骨料或刚转运至料仓内粗骨料； ④建立完整的温度监测系统，加强过程中各种材料的温度监测

序号	风险描述		风险发生的可能因素分析	风险防范措施
1	进厂原材料温度超标	粉料	①运输：细骨料采用散装船海上运输，顶部覆盖，运输时间约 2 d，过程有散热降温过程；②储存：粉料采用中间仓储存降温，然后倒运至搅拌站浇筑方式。中间仓储各储存 2 个节段粉料，理论满足 7 d 时间用量，能有 7 d 的延长降温时间，并辅以洒水等措施；③上料：采用螺旋上料，时间短，可不考虑	①在水泥生产厂家储备一定数量的水泥，出窑前进行降温；②运抵现场后对船舱内水泥温度进行监测，温度满足要求后方可输送到中间仓，同时对中间仓进行温度监测，确保搅拌用水泥温度要求；③严格执行中间仓转运工艺
2	搅拌过程升温		①能力：制冷水机组 2 组，理论能力 10t/h 2 组。1 个节段混凝土理论用水 492t，根据扩容后冷水池及冰库容量，可以提前预制冷水 60t×4+70t×2 = 380t，混凝土浇筑过程中需制冷水 492−380 = 112t，按照 24 h 浇筑时间计，制冷水机组能力 10t×24=240t，具有 2.15 倍制冷水能力，如果机组坏 1 组，仍旧能够满足能力要求；②制冰、耙冰设备故障	①扩容冷水池，并对所有冷水池串联，以实现 3 用 1 备搅拌机和搅拌机损坏后冷水供应互补；②对冷水管保护包裹，减少水管运输的温升；③提前制冰储备，备用足够数量的设备配件
3	运输过程温升		罐车等待升温	①在罐体外加吸水帆布，并在过程中淋水，以降低罐体阳光照射下的温升；②若出现罐车等待，建议通过外加剂调整该车混凝土的缓凝时间，延缓过程中水化升温，并将该罐车停放到阴凉处；③运输过程中罐体转速

4.2.5　试验效果

自 2011 年 8 月浇筑第一件小尺寸模型至 2012 年 6 月足尺模型完成，足尺模型现场试验历时 11 个月，在新会预制厂、桂山岛沉管预制厂制作了 4 件小尺寸模型和两件足尺模型。

通过小尺寸模型结构设计和混凝土浇筑，模拟测试了各种恶劣环境优化配合比的适应性，为选定沉管施工配合比提供了研究基础。通过足尺模型工艺设计和混凝土浇筑，验证并优化了钢筋、模板、预埋件、混凝土等的各项工艺；测试了节段接头水密性，获得控制水密性的工艺要点；通过布设传感器测试了沉管足尺模型的内部温度、应力情况，验证了裂缝控制工艺。

总结足尺模型试验有如下特点。

①与国内外同类工程模型试验相比，足尺模型试验无论从规模、尺寸、试验内容都是最大最全面的。在预制沉管流水线上进行两个匹配节段的足尺模型试验，更贴近实际施工工艺；采用全断面足尺模型设计，完全体现了沉管的尺寸效应；试验内容涵盖了配合比设计、浇筑工艺、混凝土控裂工艺、工厂法验证，全面验证了工厂法预制沉管的可行性。

②通过全国范围的原材料调研，结合沉管混凝土设计需求，优选质量和保供都有保障的原材料，配制出低热、低收缩的海工耐久性混凝土。施工用 C45 预制沉管混凝土胶材用量 420 kg/m^3，水泥比例 45%，56 d 氯离子扩散系数 $2.5\times10^{-12}m^2/s$，7 d 绝热温升 41.1 ℃，90 d 干燥收缩 240×10^{-6}。

③对足尺模型温度应力进行了全面监测，为预制沉管控裂方案的设计和实施奠定了基础。验证采用片冰拌和混凝土和喷雾养护工艺，在正式沉管预制中成功实施，全断面预制沉管未出现开裂情况，温控取得良好效果。

④足尺模型试验的开展有效验证并完善了预制沉管混凝土施工工艺，从而为最终形成岛隧工程预制沉管的设计施工方案提供了有效的技术支撑，为后续工程的顺利实施奠定了坚实的基础。

4.3　深坞门、浅坞门调试

4.3.1　深坞门

深坞门启闭调试主要包括坞门关闭及开启，自身利用压载系统排出深坞门仓格内压载水使坞门起浮，然后通过绞缆系统将深坞门从寄存区绞移至坞口区，仓格灌水精确安装至坞口底板，实现坞门的关闭。坞门开启，通过压载系统使坞门起浮，由绞缆系统从坞口绞移至寄存区，如图 4-67 所示。

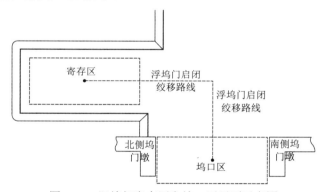

图 4-67　深坞门寄存区和坞口区平面示意图

1. 深坞门关闭调试

（1）坞门排水起浮

坞门采用坐底寄放于坞门寄放区，安装时需将坞门调载仓内压载水排出坞门外，使坞门起浮达到要求高度，开始坞门的拖带、安装工作。

①通过坞门顶部操作平台的 1～4 号潜水泵操作开关同时启动坞门调载仓的潜水泵，将压载水通过高水位排水口同步排出调载仓外，在坞门的起浮临界状态需减缓排水速度，保证不使坞门产生较大的浮力，便于坞门的起浮控制，如图 4-68 所示。

②坞门排水起浮一定高度后，低水位排水口露出水面，潜水泵自动阀门关闭高水位排水口，同时打开低水位排水口，使压载水通过低水位排水口排出调载仓外。坞门排水

至 1.5 m 的压载水后，坞门起浮达到设计要求高度，关闭潜水泵及闸门，进行坞门的拖带、安装施工，如图 4-69 所示。

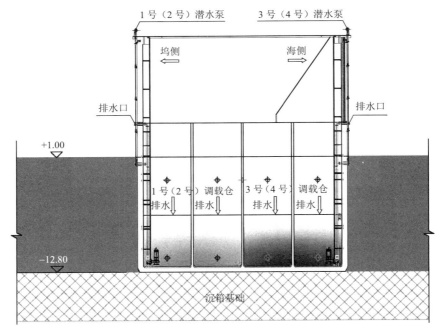

图 4-68　坞门排水起浮操作示意图（一）

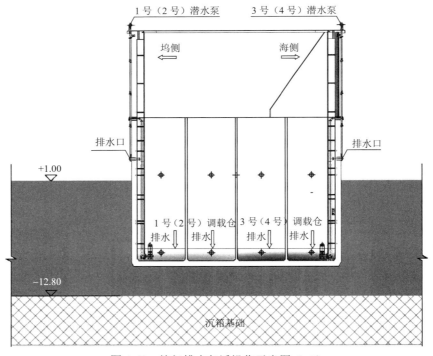

图 4-69　坞门排水起浮操作示意图（二）

坝门排水泵电源从北侧坝门墩电箱牵引电缆至坝门沉箱上，排水完成后再拆除，对于初次调试造成了一定的延误。整个水泵排水过程顺利，抽排水及自动阀门均满足初步设计功能。

（2）坝门关闭

深坞区、浅坞区布置 10 台卷扬机及导缆桩，坝门顶部布置系缆柱，经过合理缆绳布置，构成深坞门绞缆系统，实现深坞门在寄存区和坞口区的绞移。

深坞门顶部设置 6 套 250 kN 双柱型系缆柱供系泊绞缆用，分别为 1～12 号系缆柱。浮坞门系缆柱平面布置见图 4-70。

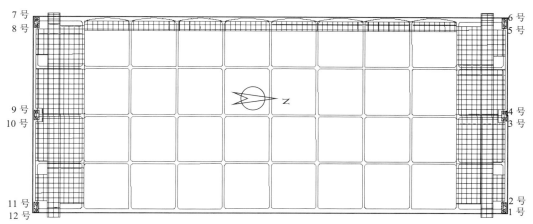

图 4-70 浮坞门系缆柱平面布置图

绞缆系统各卷扬机钢丝绳缆绳布置如下：1 号缆绳通过 H25 系缆柱带至坝门沉箱 2 号系缆柱上，2 号缆绳通过 H2 系缆柱带至坝门 1 号系缆柱上，4 号缆绳通过 H26、H10、H11 带至坝门 11 号系缆柱，7 号缆绳通过 H16 带至坝门 10 号系缆柱，8 号缆绳通过 H17、H19 带至坝门 9 号系缆柱，9 号缆绳通过 H21 带至 4 号系缆柱，10 号缆绳通过 H20-1、H23 带至坝门 3 号系缆柱。具体缆绳布置图见图 4-71。

深坞坝门关闭的施工步骤如下。

第一步：将坝门与 1 号、2 号、3 号、7 号、10 号绞车连接，如图 4-72 所示。

第二步：排出压载水（如有）使坝门上浮，坝门起浮高度应结合潮汐及风浪情况确定，如图 4-73 所示。

第三步：将坝门以 0.1 m/s 的速度绞拖约 30 m，对准安装轴线，如图 4-74 所示。

第四步：坝门进入坞口后，观察坝门墩与坝门上相应的标记，确定坝门进入导向槽后，打开灌水阀，将坝门压载至离底约 100 mm 后，再进行坝门的调平及精定位。坝门调平及定位完成后，同步打开灌水阀门进行灌水，使坝门 4 个角点同步坐底。在坝门灌水坐底过程中，各绞车缆绳应根据坝门的下沉速度同步放松（可采用慢档慢松），如图 4-75、图 4-76 所示。

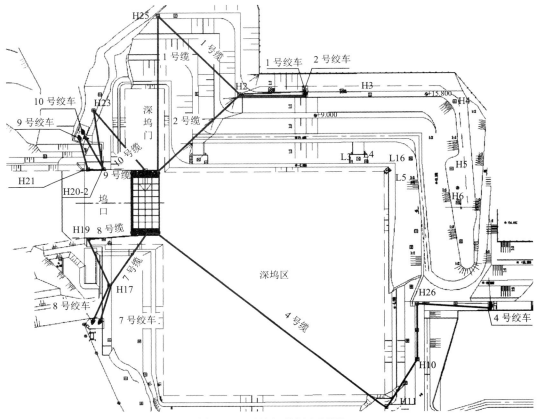

图 4-71　浮坞门缆绳布置图

图 4-72　坞门带缆示意图

图 4-73　坞门解缆示意图

图 4-74　坞门带缆示意图

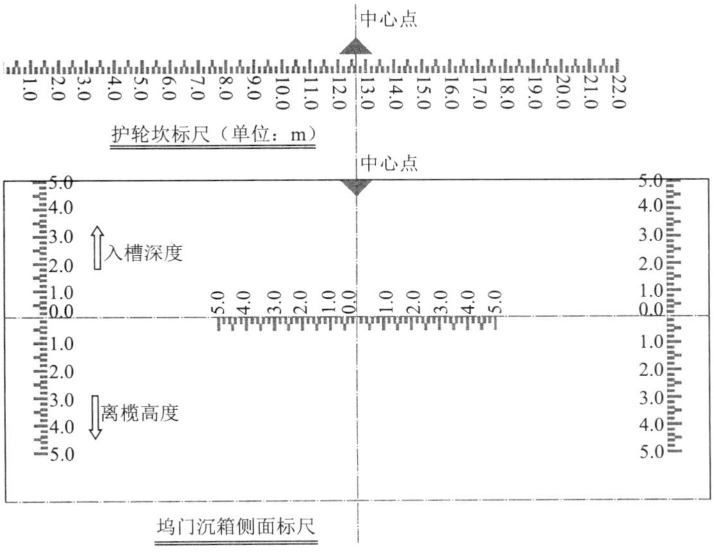

图 4-75　坞门安装初定位示意图（单位：m）

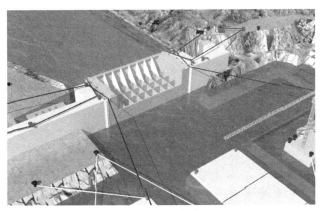

图 4-76　坞门安装就位示意图

（3）钢闸门安装

钢闸门长 28.6 m，重 17 t，开启时固定于坞门墩侧面上，由设于坞门墩上的 20 t 移动机构进行吊装。首先将固定在寄放区处的钢闸门吊离底板约 500 mm，然后收紧移动机构侧手拉葫芦，将钢闸门移动至安装位置并初步贴紧坞门墩及坞门，通过坞门顶部带缆卷扬机对钢闸门施加 10 t 的预紧力，最后放松移动机构主吊钩，缓慢将坞门下降到底，完成钢闸门的安装，即可进行坞内蓄水施工，如图 4-77 所示。

图 4-77　钢闸门安装示意图

（4）坞门坐底灌水操作

坞门绞拖进入坞口安装位置，在测量控制下进行初步定位后，打开 7～8 号阀门，调节各个调载仓的压载水量，将坞门压载坐底，完成坞门的安装工作。坞门安装坐底灌水详细操作过程如下。

第一步：将坞门绞拖进入坞口安装位置，根据测量数据，通过两侧交叉缆对坞门平面位置进行调整，通过调整 1～4 号调载仓压载量对坞门垂直度进行调整，如图 4-78 所示。

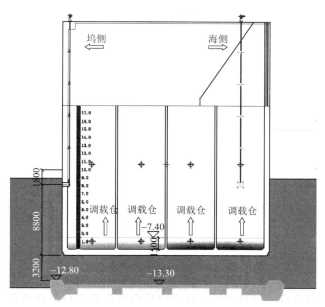

图 4-78　坞门安装灌水操作示意图

注：图中尺寸标注单位为 mm，标高为 m

第二步：打开灌水闸门，使水流入坞门，并通过各个调载仓内部仓格之间隔墙的联通孔均匀充满 1～4 号调载仓。坞门灌水压载至离坞门槛约 0.5 m 时关闭灌水闸门，重新观测坞门的垂度，并根据测量数据对 1～4 号调载仓进行灌（排）水调载，可使坞门实现绕浮心向不同方向的转动，将坞门调平在设计允许的范围内。坞门此时压载下沉高度为 1.7 m，压载量为 2527.56 m^3，调载仓压载水位高度为 3.50 m，如图 4-79 所示。

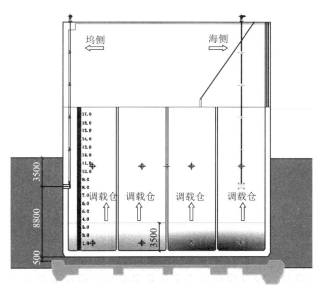

图 4-79　坞门安装灌水操作示意图

注：图中尺寸标注单位为 mm，标高为 m

259

第三步：坞门平面位置、垂直度调整完成后，同步打开阀门，使坞门平稳下沉至坐底状态，等坞门调载仓水位与外部水位平齐后，关闭进水闸门，完成坞门安装的坐底灌水作业，如图4-80所示。

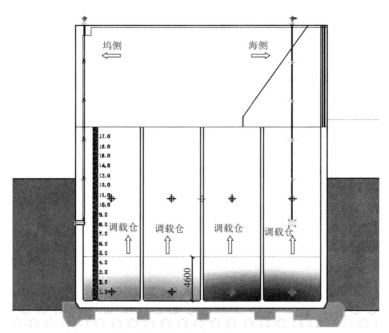

图4-80　坞门安装灌水操作示意图（单位：mm）

2. 深坞门开启调试

坞门开启为关闭的反操作，方法相同，不再细述。开启坞门较关闭坞门过程较为简单，无须精准就位，可在指定范围内完成坐底即可。

3. 效果分析

坞门首次调试受水流较大、风浪大的影响，精准坐底难度大（2~3 cm）。首次安装，带缆2 d，移位坐底1 d，第一次坐底偏差大，再次起浮坐底。改进措施如下。

①选择高平潮时横移坞门，减少坞门内部排水；

②坞门侧面增加靠球，如图4-81所示。靠球尺寸较坞门与坞门墩的设计间隙略大，在风浪摇晃情况下，通过挤压，辅助坞门快速定位；

③坞门启闭过程中需要频繁带缆及解缆，需优化操作工具。

图 4-81　坞门侧面靠球

4.3.2　浅坞门

浅坞区钢闸门总长约 105 m，型深约 13.5 m，型宽约 14.6 m，结构总重约为 800 t，为大跨度自稳式钢闸门。

钢闸门采用卷扬机牵引使其在滑移轨道上动作来进行启闭，钢闸门滑移轨道沿长度方向分为钢闸门作业区和钢闸门存放区，两台卷扬机设置于存放区端部，故为横拉式钢闸门，如图 4-82、图 4-83 所示。

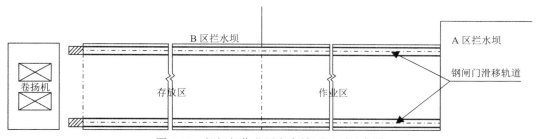

图 4-82　钢闸门作业区和存放区平面示意图

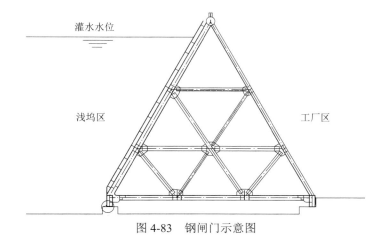

图 4-83　钢闸门示意图

钢闸门启闭调试主要包括卷扬机牵引操作、支撑体系转换和波形止水带的安装。

1. 牵引调试

浅坞门启闭通过使用两台75 t绞车牵引浅坞区钢闸门在两条轨道上进行滑移实现。钢闸门启闭使用两台 75 t 绞车，钢丝绳直径为 52 mm。采用机旁操作台集中控制两台绞车。

两台绞车放置于钢闸门存放区的尾端，两台绞车钢丝绳缠绕示意见图4-84，开启或关闭过程始终为一台绞车负责牵引，一台绞车负责溜尾。

图 4-84　绞车钢丝绳缠绕示意图

绞车选择市场上非常成熟的定型设备，调试过程顺利。

2. 闸门行走、支撑体系转换调试

失败的首次牵引过程：钢闸门行走体系初步设计为滑动摩擦，即绞车牵引整个闸门在钢板上滑动（滑动面为钢闸门直接在普通钢板面上），实行启闭功能。但经过初步试验得出，该方案导致绞车及牵引钢丝绳超荷，钢丝绳断裂，设计摩擦系数与实际相差甚远。

方案改进：经过讨论，采用在钢闸门底部安装坦克轮方案实现钢闸门移动，为了实现浅坞区灌水时期闸门止水功能，需要拆除坦克轮，安装闸门止水带，这两个阶段的转换叫体系转换。钢闸门关闭阶段，钢闸门需从坦克轮支撑体系脱离出来交由滑移轨道来支撑；而当钢闸门开启时，再从滑移轨道支撑体系脱离出来交由坦克轮来支撑。

钢闸门的坦克轮支撑体系为两组坦克轮均匀分布在钢闸门的滑移轨道方向，每组 13 个坦克轮。体系转换采用液压升降系统和 U 形管水平姿态监测系统相互配合来实现，以保证钢闸门体系转换时的整体平稳抬升和下降。

1）液压升降系统

液压升降系统包括 12 个液压千斤顶、1 个总控液压泵站和其他附属液压配件。

钢闸门抬升或下降利用 12 个液压千斤顶来实现，分两组（每组 6 个）在钢闸门迎水侧和背水侧平均布置（间隔约 18 m），12 个千斤顶的控制采用总控液压泵站实现。液压千斤顶和液压泵站的布置见图4-85。

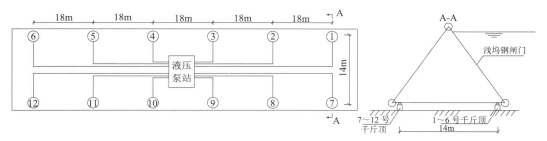

图 4-85　液压千斤顶和液压泵站布置示意图

其工作原理是：通过集中控制系统控制液压千斤顶的同步顶升、下降，实现长约 105 m，型深约 13.5 m，型宽约 14.6 m，结构总重约为 800 t 的钢闸门同步升降。

2）U 形管水平姿态监测系统

钢闸门体系转换需保证整体相对平稳，各千斤顶受力均匀，否则会对钢闸门的结构造成较大影响，同时也会使液压千斤顶受力不均，千斤顶易损。故需设置钢闸门水平姿态检测系统，来实时检测钢闸门水平姿态，调节各千斤顶受力，以保证钢闸门的平稳抬升或下降。上端开口或相通，底部相通的容器叫作连通器。在连通器中液体不流动的情况下，连通器各容器中的液面应保持相平，而 U 形管为最简单的一种连通器。

U 形管水平姿态检测系统，以细长水管为 U 形管，水为液体，一端为监测端，另一端为显示端。监测端设置在各千斤顶位置处，布置见图 4-86（1～12 为 12 个液压千斤顶位置，13 为钢闸门顶升千斤顶泵站布置位置，14 为 U 形管显示面板布置位置）；显示端置于泵站处，在标有水平线的显示面板上设置 12 根细长试管，与各监测端相连构成 U 形管水平姿态监测系统，显示面板见图 4-87，标号与千斤顶编号、监测端编号相匹配。液压总控泵站操作人员可以根据显示面板的液位水平来调整各液压千斤顶的流量、控制液压千斤顶的升降，从而准确控制钢闸门的平稳升降，确保钢闸门体系转换的正常。

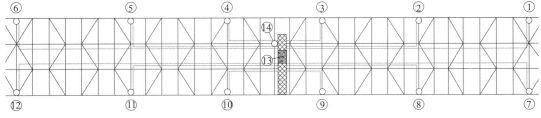

图 4-86　钢闸门 U 形管监测端布置图

3）体系转换

钢闸门行走坦克轮高度 190 mm，在体系转换过程中借助厚度为 100 mm 和 160 mm 的钢支墩，完成整个体系转换施工，如图 4-88 所示。下面详细介绍钢闸门关闭的体系转换施工工艺流程。

将 12 个液压千斤顶放置在指定位置→每个千斤顶上方支垫一个厚度为 100 mm 的钢支墩→顶升钢闸门距离坦克轮 20～30 mm→取出 26 个坦克轮，并将厚度为 160 mm 的

12 个钢支墩放置在钢闸门下面临近各千斤顶位置的节点处→液压千斤顶卸压至钢闸门落于钢支墩上，钢闸门支撑体系由坦克轮支撑变为钢支墩支撑→液压千斤顶全部缩回，取出 100 mm 的钢支墩→再次顶升钢闸门距离 160 mm 钢支墩 20～30 mm→取出 160 mm 钢支墩→液压千斤顶卸压至钢闸门落于滑移轨道上。钢闸门开启时操作步骤与上述流程相反。钢闸门体系转换循环流程见图 4-89。

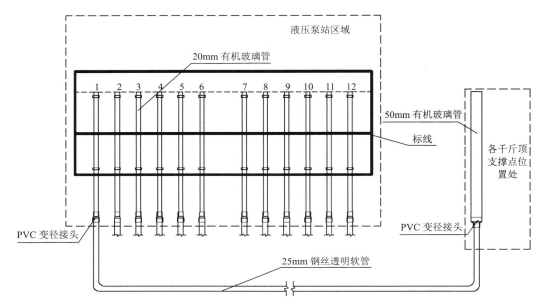

图 4-87　U 形管水平姿态监测系统布置示意图

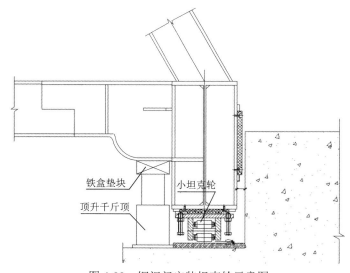

图 4-88　钢闸门安装坦克轮示意图

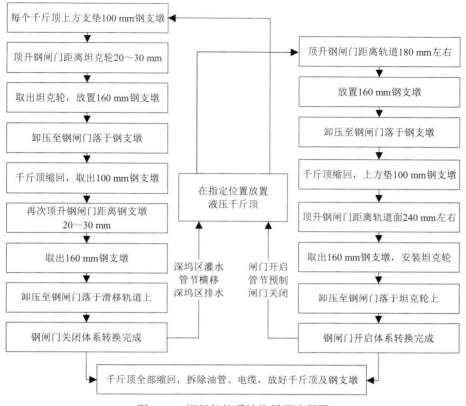

图 4-89　钢闸门体系转换循环流程图

3. 波形橡胶止水带的安装

钢闸门体系转换后，需进行波形止水带的安装来满足闸门的止水功能。波形止水带安装在迎水面侧，采用钢压板及螺栓固定方式，一端固定在钢闸门上，另一端固定于轨道及侧墙拦水坝沉箱上，使得 15 m 水头压力下不渗漏。波形止水带如图 4-90、图 4-91 所示。

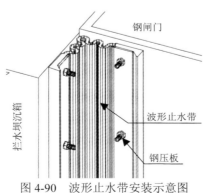

图 4-90　波形止水带安装示意图

图 4-91　钢闸门底部波形止水带安装现场图

首次浅坞区蓄水试验过程中，水位由低到高，止水带存在不同程度的渗水，导致中途停止灌水，全面检查。

经检查、讨论后形成以下意见。

①止水带压板与紧固螺栓间距需调整，特殊位置压板刚度增加，间距加密；

②止水带压接基准面需重新打磨处理，满足压接平整度要求；

③转角位置在波形止水带上抹膨胀止水胶，减少渗水量；

④根据钢闸门功能分析，对于轻微渗水，无安全隐患的，不用处理。

4. 效果分析

通过方案改进及优化，钢闸门启闭具有操作简单、安全可靠及经济高效等优点。正常启闭过程只需要 2～3 h 即可完成，在沉管预制中已成功完成多次启闭，施工工艺日趋成熟。

4.4　深坞区、浅坞区灌水调试

深坞门、浅坞门关闭后，进行深坞区、浅坞区首次灌水调试。灌水过程与排水过程均分四阶段。根据深坞区、浅坞区各类水工结构的特点，对相关结构的位移及变形进行监测，确保结构使用安全。

4.4.1　深坞区、浅坞区灌水

1. 第一级蓄水试验

深坞门、浅坞门关闭后，依次启动 8 台水泵对坞内进行灌水。根据蓄水试验要求，第一级蓄水试验主要检查钢闸门及拦水坝等底部渗漏情况，同时也便于对较大渗漏点的修复，第一级蓄水高度定为+4.5 m，这时浅坞区钢闸门底部浸水深度为1.9 m，如图4-92所示。在蓄水过程中，需派出专人对浅坞区钢闸门、拦水坝等进行渗漏情况检查，同时加强对边坡有拦水坝等位移、水位观测，同时记录灌水方量及水面上升速度。

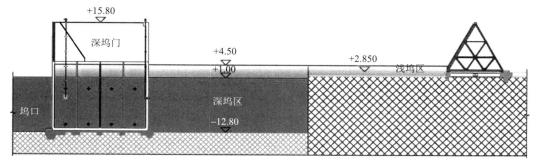

图 4-92　深坞区、浅坞区第一级蓄水试验示意图（单位：m）

2. 第二级蓄水试验

第一级蓄水试验完成后，即可继续对坞内进行灌水。第二级蓄水标高取+8.0 m，此时坞内水位高度相当于最终蓄水量的中点位置，浅坞区钢闸门底部波形止水带浸水深度约为 5.8 m，可进一步检验钢闸门及拦水坝的水密性及位移变化情况，同时也能保证蓄水试验的安全性、经济情况。在第二级的灌水过程中，必须加密对边坡、拦水坝及深坞门、浅坞门位移的观测及巡查工作。深坞区、浅坞区第二级蓄水试验如图4-93所示。

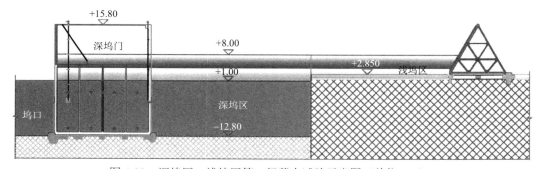

图 4-93　深坞区、浅坞区第二级蓄水试验示意图（单位：m）

3. 第三级蓄水试验

经过第一、二级的蓄水试验后，浅坞区钢闸门、深坞门及拦水坝等的位移量基本趋于稳定，基本消除底部发生大量渗漏的可能。第三级灌水将按设计灌水速度连续对坞内灌水至+15.35 m 的正常蓄水高度，同时加强对位移的观测及坞室重点部位的巡查工作，做好相对应的灌水时间、水面标高及位移等相关数据的记录。深坞区、浅坞区第三级蓄水试验如图 4-94 所示。

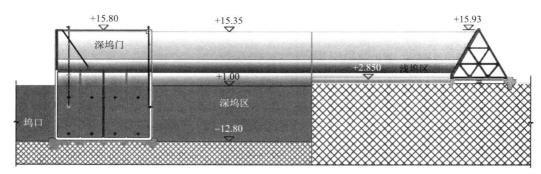

图 4-94　深坞区、浅坞区第三级蓄水试验示意图（单位：m）

4. 蓄水静置试验

深坞区、浅坞区蓄水至+15.35 m 后，模拟管节横移施工时间，静置 2 d。在蓄水静置期间，加强对位移、边坡地下水渗透的观测，并做好相关记录，同时派出专人对坞室渗漏情况进行全面排查，对相关渗漏点进行标记，并做好巡查记录。在蓄水静置期间，重点观测坞内水位的变化情况，准确记录水位变化速率，作为以后管节横移施工风险预控的重要依据。深坞区、浅坞区蓄水静置试验如图 4-95 所示。

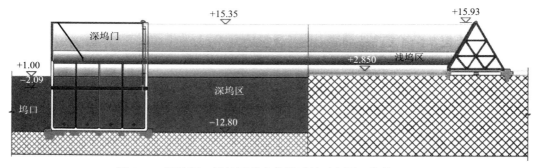

图 4-95　深坞区、浅坞区蓄水静置试验示意图（单位：m）

5. 深坞区、浅坞区蓄水检查

（1）检查要求

在深坞区、浅坞区的蓄水试验期间，根据蓄水高度，分别对拦水坝沉箱、深坞区坞门墩、深坞区边坡及浅坞区钢闸门等进行重点巡查。在巡查过程中如果发现拦水坝沉箱、深坞区坞门墩、浅坞区钢闸门及深坞区边坡有滑移崩塌征兆或其他异常迹象，应马上上报，并停止向坞内灌水，分析其原因。

（2）检查项目

深坞区、浅坞区蓄水期间坞门重点检查项目见表 4-34 所示。

表 4-34　深坞区、浅坞区蓄水期间坞门重点检查项目表

位置	编号	检查项目	备注
拦水坝深箱、深坞区坞门墩	1	相临拦水坝沉箱之前的错动	—
	2	伸缩缝开合情况和止水的工作情况	—
	3	混凝土有无破损	—
拦水坝坝基	4	基础岩体有无挤压、错动、松动和鼓出	—
	5	坝肩区有无裂缝、滑坡等情况	—
深坞区边坡	6	坡面是否有裂缝、滑坡等迹象	—
	7	坡顶的沉降及变形	—
深坞门、浅坞门	8	深坞门混凝土有无破损	—
	9	深坞门钢结构是否有变形	—
	10	浅坞区钢闸门钢结构是否有变形	—

4.4.2　深坞区、浅坞区排水

为保证深坞区边坡安全，坞内排水采用分级排水，排水速度以边坡顶部水位观测点的观测结果确定，保证坞内水面与边坡水位水头差不超过 5 m 为准。

1. 深坞区、浅坞区第一级排水

深坞区、浅坞区蓄水完成后，开启深坞坞门上的 1 号、2 号阀门对坞内进行排水。根据设计要求，第一级排水高度为 5 m，排水完成后的水面标高为+10.35 m。在排水过程中，深坞区边坡顶部的水位观测点加密观测。深坞区第一级排水如图 4-96 所示。

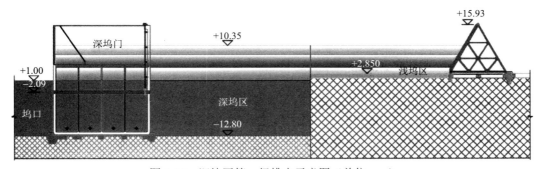

图 4-96　深坞区第一级排水示意图（单位：m）

2. 深坞区、浅坞区第二级排水

第一级排水完成后，根据水位观测的数据确定水头差不超过 5 m 后方可继续排水。第二级排水速度可以在对水位观测数据分析的基础上进行推算。为安全起见，深坞区第一级排水高度定为 2.35 m，以后实际施工的排水速度将根据观测数据分析确定。深坞区第二级排水如图 4-97 所示。

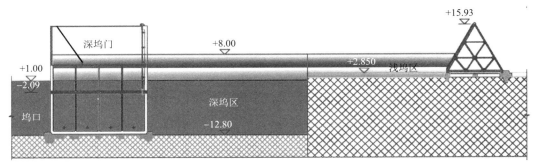

图 4-97　深坞区第二级排水示意图（单位：m）

3. 深坞区、浅坞区第三级排水

第二级排水完成后，根据水位观测的数据确定第三级排水的速度及高度。由于有前面对水位观测的数量作依据，第三级排水可按设计排水速度进行，排水高度暂定为 4.0 m，排水完成后水面标高为+4.50 m。深坞区第三级排水如图 4-98 所示。

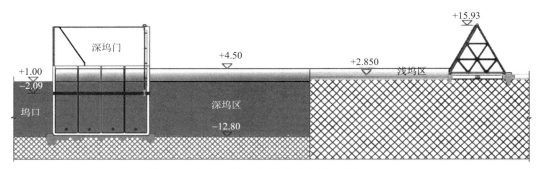

图 4-98　深坞区第三级排水示意图（单位：m）

4. 深坞区、浅坞区第四级排水

第三级排水完成后，根据观测数据进一步分析边坡回填料的渗透率，准确计算出深坞区排水速度与边坡内部水头差的相对关系。第四级排水要根据需要，在完全打开 1 号、2 号排水阀门的同时，打开 3 号、4 号闸门，将水位直接排至与海面平齐。深坞区第四级排水如图 4-99 所示。

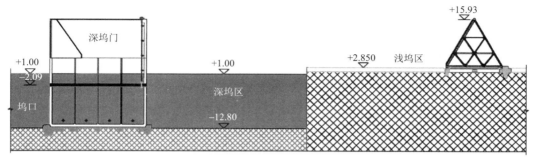

图 4-99　深坞区第四级排水示意图（单位：m）

4.4.3　监测

深坞区、浅坞区蓄水试验的监测方式主要是在深坞区、浅坞区蓄水期间通过布置在拦水坝、边坡及深坞门、浅坞门上布置的位移观测点、测斜管等进行，对整个坞室在蓄水过程中的结构变形进行严密的监测，在深坞区、浅坞区排水期间主要是通过深坞区岸坡顶面设置的水位观测点对边坡内部水位进行观测，确保与坞内蓄水水头差不超过 5 m。

1. 监测点布置

在深坞区岸坡顶面每隔 150 m 设置一个水平位移边桩（位移观测点）和一个测斜管，交叉布置，用于监测深坞区岸坡水平位移及沉降观测。

水平位移边桩（位移观测点）采用在地基中埋设一个 40 cm×40 cm×40 cm 的素混凝土墩，墩体面与地面平齐，中间设置一根 φ16 钢筋，外露 1 cm，并涂红漆防腐。测斜管采用钻孔埋设，要求每根测斜管末端进入中风化岩等土质 3.0 m 以上。

在深坞区岸坡顶面设置 4 个水位观测点，用于观测深坞区、浅坞区蓄水试验期间深坞区岸坡地下水位的变化。水位管要求钻孔埋设，根据地质条件，末端应为−2.0 m 标高左右，顶部露出地面 500 mm。

沿拦水坝沉箱长度方向每隔 50 m 设一个位移观测点，深坞区坞门墩沉箱上对角线方向上分别设一个位移观测点，在浅坞区钢闸门顶部两端及中间一个位移观测点，在深坞坞门两侧钢平台上各设一个位移观测点，用于深坞区、浅坞区蓄水期间对拦水坝、深坞门、浅坞区钢闸门的位移观测。

拦水坝上的位移观测点采用在拦水坝沉箱（护轮坎）上设置一根 φ16 钢筋，外露 1 cm，并涂红漆防腐。浅坞区钢闸门及深坞门钢平台上的位移观测点采用一根 φ16 钢筋焊接在钢结构上，外露 1 cm，并涂红漆防腐。

深坞区、浅坞区蓄水试验监测点平面布置如图 4-100 所示。

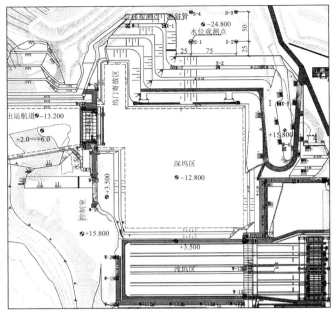

图 4-100　深坞区蓄水试验观测点平面布置示意图

注：图中尺寸标注单位为 mm，标高为 m

2. 观测频率及警报值

（1）观测频率

1）深坞区岸坡水平位移及沉降观测

①在灌排水期间每天最少观测一次，在深坞区、浅坞区蓄水期间每一级蓄水期间观测不少于 3 次；

②在其余时间每 2～3 d 观测一次，可根据实际需要加密观测频率；

③在监测过程中，若发现异常情况应加强监测频率。

2）深坞区地下水位变化观测

①在深坞区、浅坞区灌排水期间每蓄（排）一级应最少观测 3 次；

②在正常使用的灌排水期间每天观测不少于 1 次，其余时间每 2～5 d 观测 1 次；

③现场要根据实际情况适当调整观测频率，特殊情况可加密观测。

3）拦水坝沉箱、深坞坞门墩及深坞门、浅坞门位称观测

①在深坞区、浅坞区灌水排水期间每蓄（排）一级级最少观测 3 次；

②在正常使用的灌排水期间每天观测不少于 1 次，其余时间每 2～5 d 观测 1 次；

③现场要根据实际情况适当调整观测频率，特殊情况可加密观测。

（2）观测警报值

①深坞区岸坡监测控制标准：位移速率≤5 mm/d；

②拦水南坝深箱、深坞坞门墩异常情况：水平位移≥3 mm；

③浅坞门、深坞门监测控制标准：水平位移≤20 mm；

④深坞区、浅坞区排水期间深坞区岸坡地下水位不得高于坞内水位 5 m。

3. 初始观测

观测前的埋设工作应在测试前一周完成，以保证埋设后有一周的稳定期，□后进行一至两次的测读，获得初始值。

各监测设施的观测必须认真、细致精确、严格按照规范规定的操作规程进行。每次位移、沉降观测都必须对后视控制点进行校核，观测结果应整理汇总，以便及时分析。

4. 深坞区、浅坞区灌水监测

在深坞区、浅坞区蓄水试验的分级灌水过程，根据灌水高度全程对水工结构位移及沉降进行全程观测，确保试验的安全。同时加强灌水时间、灌水量及坞内水位上升速度的记录，为以后深坞区、浅坞区蓄水提供参考数据。

在深坞区、浅坞区灌水的不同蓄水级别，除了常规要求的监测外，必须根据蓄水高度确定重点监测的部位，如拦水坝沉箱基础注浆质量、浅坞区钢闸门的水密性及刚度、深坞门水密性及钢扶壁的变形等，尽早发现问题，及时进行处理，减少不必要的损失。

深坞区、浅坞区灌水监测是确定是否进入下一级蓄水试验的依据。每级灌水完成后，必须根据灌水过程的监测数据的分析结果，确定本级蓄水试验的各项指标是否完成后，方可按方案要求进入下一级的灌水试验。

（1）第一级蓄水监测

第一级蓄水高度为+4.5 m，浅坞区钢闸门、拦水坝等淹没高度为 1.0 m 左右，对水工结构及钢闸门的位移及变形影响不大，故本级蓄水监测重点是检查拦水坝的注浆水密性是否符合要求、浅坞门底部波形止水带及其与止水插板之间的连接是否符合水密性要求等。

第一级蓄水完成后，按试验程序对整个坞室的水密性进行初步的检查，如发生较小的渗漏可先做好记录，等试验完成后再进行处理，如果发生较大的渗漏必须马上处理的，将水位排至该渗漏点以下，再进行处理。

（2）第二级蓄水监测

第二级蓄水高度为+8.0 m，这时浅坞区的水工结构淹没高度为 5.0 m，深坞区岸坡淹没水深为 9.0 m，水压对拦水坝、深坞门、浅坞门等结构的影响较大，对深坞区岸坡的稳定也造成一定的影响。在第二级蓄水过程中，重点对拦水坝、深坞门、浅坞门的位移监测，同时加强对深坞区岸坡位移、沉降及地下水位的观测，并加大观测的频率，发现异常征兆必须及时报告。

（3）第三级蓄水监测

第三级蓄水高度逐渐从+8.0 m 增加到+15.35 m 的正常蓄水高度，这时应重点对浅坞区钢闸门及深坞门（特别是钢扶壁）位移及变形的观测，应适当加大对这两个部位的观测频率，确保蓄水试验的安全。

在第三级的蓄水过程中，由于压力变化较大，应加强对拦水坝、浅坞区钢闸门水密性的巡查，发现较大渗漏情况应立即停止蓄水，待处理完成后方可继续蓄水。对各渗漏点应全部记录在册，在以后的蓄水过程中重点进行监控。

5. 深坞区、浅坞区排水监测

深坞区、浅坞区排水监测主要是通过对深坞区、浅坞区排水各个过程的位移及地下水位等的观测，及时发现深坞区、浅坞区排水对深坞区岸坡的影响，同时也通过对地下水位的观测结果分析，确定深坞区、浅坞区排水的最佳速度，为以后正常使用过程提供有力的数据支持。

深坞区、浅坞区排水的监测重点是深坞区岸坡地下水位与坞内水位差的观测，确保不超设计要求，同时加强对岸坡位移观测点、测斜管的位移观测，确保深坞区岸坡的稳定性、安全性。

（1）蓄水静置期监测

在蓄水静置期主要是监测坞室水工结构位移变化是否趋于稳定，加强对坞内水位变化的观测，做好相关记录，确定坞室每小时水位的损失量。蓄水静置期深坞区岸坡监测见图 4-101。

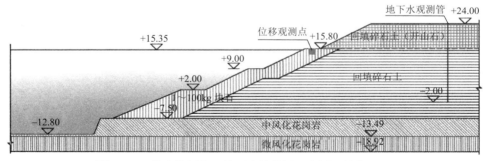

图 4-101　蓄水静置期深坞区岸坡监测示意图（单位：m）

（2）第一级排水监测

完成蓄水静置期试验后，在深坞区、浅坞区排水并观测一次深坞区岸坡的位移及其地下水位高度后，将坞内水位排低 5 m 至+10.35 m，如图 4-102 所示。

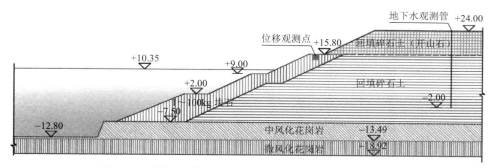

图 4-102　第一级排水深坞区岸坡监测示意图（单位：m）

（3）第二级排水监测

第一级排水完成后，重新观测深坞区岸坡的位移及沉降量是否在警戒值以内，同时对岸坡地下水位的观测，根据观测数据确定第二级排水速度（水头差不得超过 5 m），如图 4-103 所示。

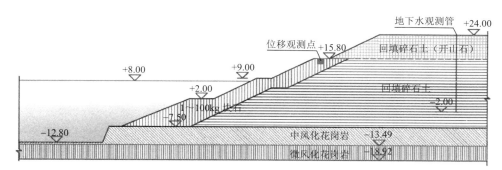

图 4-103　第二级排水深坞区岸坡监测示意图（单位：m）

（4）第三级排水监测

第二级排水完成后，重新观测深坞区岸坡位移及沉降量、地下水位差等各项指标的实际值，如发现异常情况立即上报，在排水过程中加强对地下水位的观测，如图 4-104 所示。

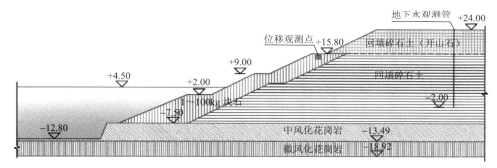

图 4-104　第三级排水深坞区岸坡监测示意图（单位：m）

（5）第四级排水监测

第三级排水完成后，重新观测深坞区岸坡位移及沉降量、地下水位差等各项指标的实际值，如发现异常情况必须立即上报。在第四级的排水过程中，必须对深坞区岸坡的地下水位进行加密观测，确保不超警戒值。在第四级排水完后，必须对深坞区岸坡进行连续两天以上的观测，确保岸坡的安全，如图4-105所示。

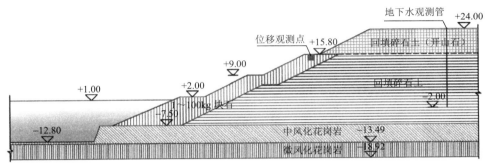

图4-105　第四级排水深坞区岸坡监测示意图（单位：m）

4.4.4　效果分析

通过深坞区、浅坞区灌水调试结果显示，总体方案具有安全可靠、经济高效等优点。但在第一次试验过程中，由于对波形止水带止水压接面的标准认识不足，浅坞区钢闸门波形止水带处漏水较大，超出预期漏水量，故在水位至约+5 m时停止灌水，并排水至1 m标高，重新处理止水压接面，紧固及加密压板螺栓，并在转角处涂抹防水材料等加强措施。

后来灌水至设计标高过程中，浅坞门、深坞门及拦水坝均存在少许渗水，渗水量在预期之内。边坡、深坞门、浅坞门变形监测数据均在可控范围，调试圆满完成。

第5章 钢筋工程

5.1 概 述

5.1.1 特点、难点

沉管管节采用 HRB400 钢筋，最大直径 $\phi40$，钢筋布置随管节埋深不同而不同，预制沉管钢筋总用量达 35 万 t，工程有如下特点、难点。

①钢筋强度等级高，所有钢筋均采用 HRB400，主筋最大直径为 $\phi40$，箍筋最大直径为 $\phi25$，对加工及焊接要求高；

②单个节段钢筋量大，为 820～1100 t，加工和绑扎工作量大，并且施工周期短、工期紧，要求 7 d 完成一个节段，对加工及绑扎人员的技能要求高；

③沉管断面尺寸大，需要设置工效高又便于人工操作的钢筋绑扎台架，滑移台车充当钢筋笼整体支撑及移动设备，钢筋定位和绑扎难度大；

④钢筋笼整体高度高，体积庞大，采用顶推移动分区流水绑扎工艺，确保钢筋笼在移动过程中的位置及不变形等难度大；

⑤钢筋笼顶推及体系转换程序多，工艺较复杂。

5.1.2 总体布置

一条生产线上设置 3 个钢筋绑扎区（即底板钢筋绑扎区、隔墙钢筋绑扎区和顶板钢筋绑扎区）和 4 套钢筋绑扎台车（每个钢筋绑扎区设置一套钢筋支撑台车，另一台周转）。当底板钢筋完成后，移至隔墙区绑扎腹隔板，然后移至顶板区完成整个钢筋笼安装，形成流水生产线工厂化施工。

3 个钢筋绑扎台座两侧钢筋加工厂分别设置相应的钢筋堆放、钢筋加工、半成品堆放区，半成品加工完成后分别通过相应的桥吊运至钢筋绑扎台座进行绑扎，钢筋笼完成顶板钢筋绑扎后连同钢筋绑扎台车一起滑移至混凝土浇筑坑，气囊充气顶升钢筋笼，退出钢筋绑扎台车至休整区，拆卸，分块转运至底板绑扎区，重新组装为绑扎台车，进入下一道循环。钢筋绑扎流水线示意图见图 5-1，钢筋绑扎区总体布置示意图见图 5-2。

图 5-1　钢筋绑扎流水线示意图

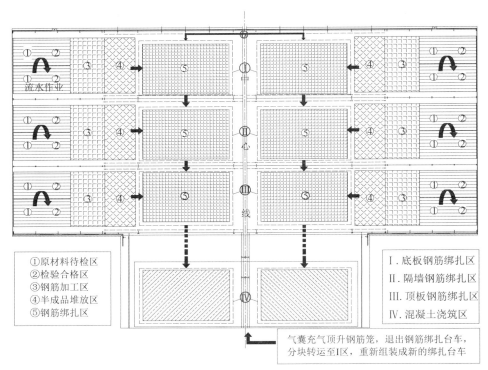

①原材料待检区
②检验合格区
③钢筋加工区
④半成品堆放区
⑤钢筋绑扎区

Ⅰ.底板钢筋绑扎区
Ⅱ.隔墙钢筋绑扎区
Ⅲ.顶板钢筋绑扎区
Ⅳ.混凝土浇筑区

气囊充气顶升钢筋笼,退出钢筋绑扎台车,
分块转运至Ⅰ区,重新组装成新的绑扎台车

图 5-2　钢筋绑扎区总体布置示意图

5.1.3　工艺流程

钢筋统一在加工车间下料加工,利用 10 t 龙门吊将钢筋直接卸运在施工区域,钢筋在加工区加工为半成品后,用 2×5t 桥吊吊运至台座 1(台座 2 和台座 3)进行流水绑扎。每条流水线设有 4 套钢筋绑扎台车,按工序依次进行底板钢筋、侧墙及中隔板钢筋绑扎、顶板钢筋绑扎（顶板钢筋绑扎由临时内模支撑）。钢筋施工工艺流程见图 5-3。

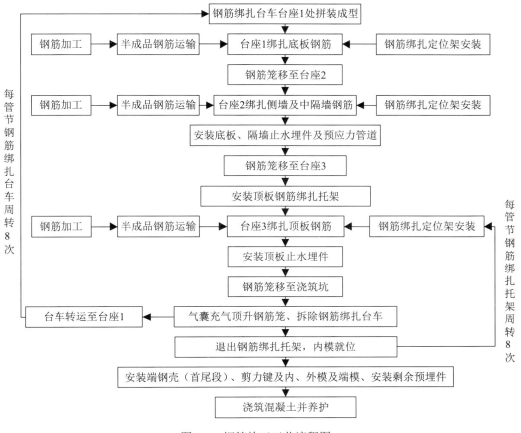

图 5-3　钢筋施工工艺流程图

5.2　钢 筋 加 工

钢筋加工选择自动化数控加工设备，分别从日本购置了 2 台平弯机、1 台剪切生产线、1 台立弯生产线、3 台摩擦焊设备，并配合国产锯切生产线及相应的钢筋传送系统，令其在自动化、产能、安全及低耗等方面均具有独特的优势。

5.2.1　钢筋原材定制

沉管钢筋半成品下料分为 5 类，分别如下。
①锯切+套丝+弯曲；

②锯切+套丝;

③剪切+弯曲;

④剪切;

⑤原材+弯曲。

也有原材直接使用的情况。

由于沉管钢筋半成品种类繁多,损耗率极高,加上沉管均采用大直径主筋,故需编制钢筋原材料定制长度计划,最大程度降低钢筋损耗及接头数量。

根据计算,单根半成品编号直径大于 $\phi25$,并且用量大于 500 t/管节的材料,均可采用定制长度钢筋原材,其余采用市场通用规格长度 12 m。

5.2.2 锯切及剪切

根据工艺比选,主筋钢筋接头均采用滚扎直螺纹套筒机械连接工艺。选择 GJXS00 型锯切生产线用来对钢筋以锯切方式进行切断,锯切加工钢筋端头平整,方可进行螺纹加工。生产线和锯切图分别如图 5-4、图 5-5 所示,生产线技术参数见表 5-1。

图 5-4 锯切生产线示意图

图 5-5 钢筋端部锯切图

表 5-1 钢筋锯切生产线技术参数

锯切钢筋直径/mm	12～50
钢筋原料最大长度/m	15
锯切长度范围/mm	1500～12000
锯切长度误差/mm	±1
辊道输送速度/(m/min)	48
车辊道承载能力/(kg/m)	120
锯切宽度/mm	500（最大锯切能力 12 根 C40）

钢筋自动切断机用于沉管预制钢筋的定长切断加工（非套丝机械连接钢筋），可以批量剪切长度不等的钢筋，最大可进行直径 40 mm 钢筋的切断，如图 5-6 所示。钢筋切断机加工钢筋规格表见表 5-2。

图 5-6 剪切生产线操作示意图

表 5-2 钢筋切断机加工钢筋规格表

输送机长度规格		8 m×9 m		10 m×10 m		12 m×12 m	
钢筋材质		SD2951/SD295B/SD345					
钢筋直径/mm		D10～D40					
材料台可积载尺寸/m		9		10		12	
储料台可堆放重量/kg		3 000					
加工最小尺寸/mm		500					
加工最大尺寸/mm		8 000		10 000		12 000	
加工精度/mm		±1					
同时切割最大数（SD345）	钢筋直径	D10	D12	D16	D20	D24	D32	D40
	数量/根	25	19	15	12	9	5	3

设备切割钢筋的动作分为周期运转、连续运转和只切割 3 种方式，周期运转、连续运转为智能控制切割。

5.2.3 直螺纹钢筋丝头加工

直螺纹套丝工艺流程：备料→套丝端钢筋锯切→传送带传送→套丝→安装丝口保护套→码放。

丝头加工时应使用水性润滑液，不得使用油性润滑液。丝头中径、牙型角及丝头有效螺纹长度应符合设计规定。加工完毕经检验合格后，应立即带上丝头保护帽或拧上连接套筒，防止装卸钢筋时损坏丝头。丝头参数见表5-3。

表5-3 丝头参数

钢筋规格/mm	16	20	25	28	32	36	40
套筒长度/mm	40	50	60	66	75	84	90
公称直径×螺距	M15.5×2.5	M19×2.5	M24×3	M29×2.5	M31.5×3	M35.5×3	M39.6×3
剥肋直径/mm	15	18.6	23.5	26.5	31	34.8	38.6
剥肋长度/mm	22	27	33	33	42	48	54
丝头长度/mm	20	26	30	33	39	45	48
丝头扣数/个	8～9	10～11	10～11	11～12	12.5～13.5	14.5～15.5	15.5～16.5

5.2.4 钢筋弯曲

钢筋弯曲分为立弯和平弯两类，根据加工设备的性能，进行各类钢筋弯曲的区域选择，以达到钢筋弯曲工效最大化。钢筋弯曲分类表见表5-4。

表5-4 钢筋弯曲分类表

序号	弯曲设备	可弯曲钢筋种类	备注
1	立弯机	箍筋、拉钩筋	
2	B-33 平弯机	直径28 mm 以下的主筋	
3	B-52 平弯机	所有主筋	

立弯机采用数控加工设备，主要是对用于小直径钢筋进行弯曲加工（箍筋、拉钩筋的加工），批量化加工效率、精度及设备稳定性高，如图5-7所示。

沉管预制厂区共设置B-33、B-52两种类型钢筋平弯机，主要用于对直径较大主筋及部分箍筋进行弯曲加工，如图5-8所示。

每种规格钢筋弯曲前均要进行弯曲试验，方可进行正式弯曲。弯曲试验目的为找准起弯点，设置弯曲挡板距离，保证弯曲打弯误差值在±2 mm以内，挡板设置如图5-9、图5-10所示。

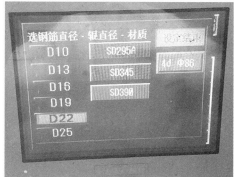

图 5-7 立弯机、数控显示屏

图 5-8 钢筋平弯机

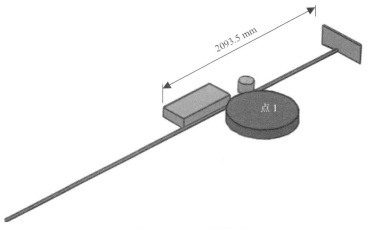

图 5-9 弯曲挡板设置

图 5-10 弯曲钢筋示意图

5.2.5 摩擦焊

J 型拉钩筋为一项新技术成果，国内首次大规模运用，对于后续工程推广具有深远意义。目前根据工艺的不同，锚固板拉钩筋主要分为两种类型：一种为钢筋与锚固板之间采用丝头连接工艺，另一种为焊接工艺，其中前者在国内尚未作大面积推广，由中国建筑科学研究院进行研究并推广，后者在日本建筑业有所运用。

在调研期间，与中国建筑科学研究院的相互交流，也间接促进了《钢筋锚固板应用技术规程》（JGJ 256—2011）的实施。由于锚固板焊接技术在国内无相应规范，为满足检验的需要，采用了这个相近的规范。J 型拉钩筋在型式上与传统拉钩筋不同，其作用原理也有所不同，相比传统拉钩筋而言，具有以下优势。

①适应特殊部位钢筋安装：对于必须设置两端 180° 或 135° 弯钩的钢筋，采用锚固板取代，便于钢筋的安装；对于较密配筋的结构，锚固板尺寸可根据空间不同而针对性设计，如图 5-11 所示。

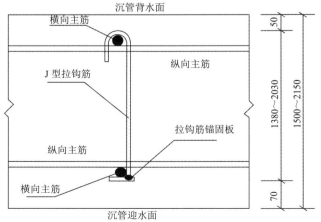

图 5-11 J 型拉钩筋示意图（单位：mm）

②节省材料：在同等工况下，锚固板的重量轻于弯钩重量。

沉管单个节段 J 型拉钩筋数量达 2 万根，2 条生产线配置 3 台 WF-30SH 摩擦焊机（日本进口）和 1 台抛丸除锈机。设备如图 5-12 所示。

图 5-12　摩擦焊机图

钢筋在弯钩之前进行摩擦焊焊接工作，分为 5 个步骤：工件安装→工件对接→压接→二次压接→取出工件。

摩擦焊下料长度需考虑摩擦后钢筋的损耗长度，故下料经验值为设计长度增加 15 mm。

经过使用得出摩擦压接工艺的优点：无气泡等焊接缺陷，再现性高，有稳定的接头；消耗功率较其他焊接方法低；无火花、气体，对操作人员无伤害，对环境无污染，如图 5-13、图 5-14 所示。

图 5-13　工件压接

图 5-14　J 型拉钩筋示意图

5.2.6　劲性骨架

沉管钢筋笼采用分区绑扎、流水顶推及体系转换的工艺，钢筋笼的整体刚度要求极高。故在每个节段钢筋内部增加了 12 榀劲性骨架，骨架主要材料采用∟75×50×6 角钢（Q235B），采用点焊方式与纵向主筋连接，荷载较为集中部位为 2×∟75×50×6 双拼角钢加强，如图 5-15 所示。

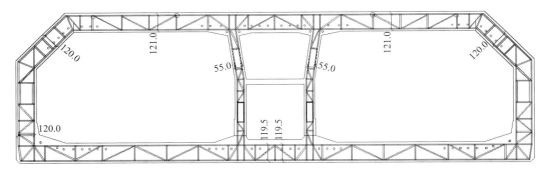

图 5-15　单榀骨架示意图

劲性骨架同时兼做支撑架立筋，可大为减少构造钢筋量，减少浪费，而且劲性骨架更加有利于钢筋的线性控制，有利于保护层合格率的提高。

5.3　钢　筋　绑　扎

沉管钢筋笼采用全断面流水线绑扎施工工艺，移动过程中钢筋笼自身线形控制极困难。为满足钢筋定位精准、钢筋笼变形控制及钢筋安装工效等要求，设计专门的钢筋绑扎台架，体现工厂化、工装化理念，满足流水线上标准化要求。

每个区域钢筋绑扎前需把相应的钢筋绑扎台架安装到位，并在每个节段钢筋内部增加 12 榀劲性骨架，骨架主要材料采用∟75×50×6 角钢（Q235B），采用点焊方式与纵向主筋连接。

钢筋笼采用分区绑扎、流水顶推的作业方式，从底板工作区循序推进到顶板工作区，最后顶推至模板区进行浇筑。

5.3.1　施工流程

钢筋绑扎施工流程如图 5-16 所示。

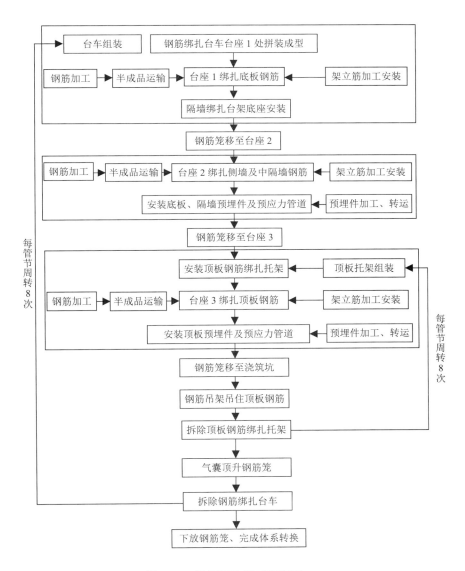

图 5-16　钢筋绑扎施工流程图

5.3.2 钢筋连接

沉管钢筋采用机械连接方式,通过"正丝与正丝""正丝与反丝"及"墩粗与墩粗加长丝"3 种连接方式进行机械连接。"正丝与正丝"主要适用于底板与顶板区直钢筋间的连接,"正丝与反丝"适用于侧墙处钢筋的连接,"墩粗与墩粗加长丝"连接适用于闭合筋的闭合连接。

本工程采用的是滚轧直螺纹连接套筒,为了满足钢筋在连接位置处的性能,套筒连接需符合规范的要求,如图 5-17 所示。

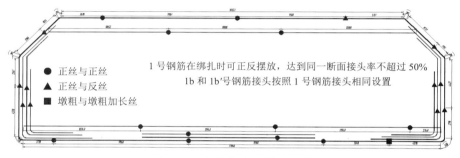

图 5-17　钢筋接头布置示意图

5.3.3 底板

底板钢筋绑扎台架由 14 条滑移轨道及侧面绑扎台架组成。轨道及绑扎台架设钢筋限位板,控制主筋钢筋绑扎间距。侧绑扎台架可以在水平方向上进行调整(-650～400 mm),如图 5-18、图 5-19 所示。

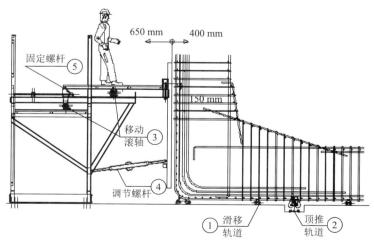

图 5-18　底板钢筋侧绑扎台架示意图

图 5-19 底板钢筋绑扎台架

底板钢筋绑扎顺序具体如下（图 5-20～图 5-23）。

①底层横向钢筋摆放在 14 条滑移轨道上，钢筋接头均采用机械连接方式。

图 5-20 底板钢筋绑扎

②按照设计位置摆放底板下半肢箍筋，同时进行底板纵向钢筋摆放，安装到位后，进行横向、纵向钢筋的绑扎固定，扎丝绑扎按 50%跳绑，梅花形布置。绑扎完成后，进行底板垫块的绑扎。

图 5-21 底板垫块安装

③安装底板劲性骨架。骨架由 12 榀横向骨架和 5 片纵向桁架组成，横向骨架每两榀骨架间距为 2 m，单榀骨架设 6 个分段。

图 5-22　劲性骨架安装

④骨架安装完成后，依次安装中间层横向主筋，顶层纵向、横向主筋，箍筋上半肢箍及拉钩筋，底板钢筋绑扎完成。墙体绑扎台架向后退回，并进行顶板钢筋内台架底座的安装，钢筋笼准备顶推。

图 5-23　底板钢筋安装完工

5.3.4　墙体

墙体钢筋安装台架由侧面绑扎台架和内墙可拆卸式台架组成。侧墙内侧及中墙钢筋安装采用可快速安拆活动台架，主要由台架底座、固定及调节螺杆、支架、操作平台和其他连接构件组成。底座结构由撑杆固定于滑移轨道上，通过螺杆和撑杆的调节进行高度和角度的调节，如图 5-24 所示。

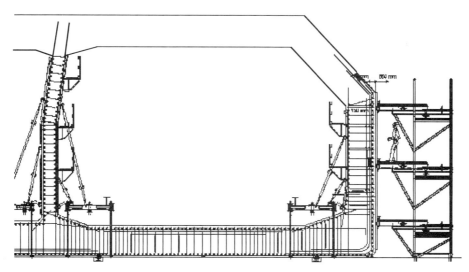

图 5-24 中墙、侧墙钢筋安装台架

与底板墙体绑扎类似，侧墙钢筋绑扎台架也通过调节螺杆进行侧墙绑扎台架的边线调整。外墙绑扎台架可以在水平方向上进行调整（−650～400 mm）。

内侧墙钢筋绑扎前，需进行可拆卸式绑扎台架安装，并安装固定调整螺杆及工作平台（图 5-25）。

图 5-25 墙体钢筋绑扎台架

墙体钢筋绑扎顺序具体如下：
①安装墙体竖向主筋，安装横向主筋，主筋之间绑扎固定（图 5-26）。

图 5-26　墙体钢筋绑扎

②与底板相同,每节段钢筋笼设 12 榀劲性骨架,并与底板劲性骨架进行角焊缝对接,侧面与墙体纵向钢筋进行点焊连接。

墙体区单榀骨架不分段,通过墙体区 20 t 桥吊将骨架分段吊至安装位置,侧墙增设 3 片纵向连接骨架,骨架安装如图 5-27~图 5-29 所示。

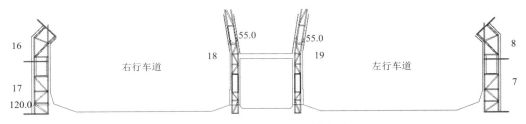

图 5-27　墙体劲性骨架构造图

图 5-28　墙体钢筋绑扎示意图

图 5-29 墙体钢筋绑扎示意图

③按顺序安装墙体内侧竖向钢筋、纵向钢筋及箍筋，并与劲性骨架进行点焊连接。

④墙体钢筋绑扎完成后，拆除墙体内侧绑扎平台，侧墙绑扎台架向后退回，进行钢筋笼顶推的准备工作（图 5-30～图 5-32）。

图 5-30 墙体钢筋绑扎

图 5-31 墙体钢筋绑扎示意图

图 5-32　墙体钢筋绑扎完成

5.3.5　顶板

顶板钢筋绑扎台架支撑在台架底座上，下部设置调节螺栓作为顶升调节装置，以调节顶面标高和水平度（图 5-33）。

图 5-33　顶板台架安装

顶板钢筋安装顺序具体如下，安装示意图见图 5-34～图 5-36。
①按顺序安装顶板底层箍筋下半肢、横向主筋、纵向主筋。

图 5-34　顶板钢筋绑扎

②安装劲性骨架，连接墙体骨架，形成闭合结构。

图 5-35 顶板劲性骨架安装

③安装面层纵向钢筋、横向钢筋及箍筋。

图 5-36 顶板钢筋绑扎完成

5.3.6 保护层

港珠澳大桥岛隧工程沉管隧道长期经受海水作用，环境作用等级Ⅲ-E，设计使用年限 120 年，钢筋保护层是保证沉管隧道耐久性的关键因素之一。根据不同区域保护层设计厚度和垫块受力大小，各区域垫块的形状、尺寸、安装间距不尽相同，详见表 5-5。

表 5-5 垫块安装部位一览表

序号	使用部位	形状	尺寸/mm	安装间距/m	备注
1	底板	方形	70×70×97	0.6	
2	顶板	方形	70×70×73	0.8	
3	侧墙外	一侧带波浪的长条形	250×35×93	1	
4	侧墙内	一侧带波浪的长条形	250×35×73	1	
5	中墙	一侧带波浪的长条形	250×35×73	1	

垫块的技术要求。强度：28 d、C45；耐久性指标：氯离子扩散系数：28 d≤6.5×10^{-12} m^2/s，56 d≤4.5×10^{-12} m^2/s；抗渗等级：P12；密实性不低于沉管混凝土；厚度允许偏差：0 mm，+1 mm。考虑垫块收面会产生表面收缩，故保护层垫块模具尺寸较设计尺寸在高度方向增加2 mm。为保证沉管外观质量，垫块与模板接触处设计为圆弧形状，与模板为线接触。

根据沉管位置不同，选择安装的垫块种类不同，安装密度也不同。垫块安装时，需遵循以下原则。

①底板钢筋垫块在底层钢筋绑扎后安装到位，采用9.3 cm方形垫块。其安装位置应该避开绑扎台车和钢筋笼体系转换中的气囊位置，每个节段数量为2000个。

②顶板钢筋安装完底层钢筋时安装钢筋垫块，采用7.3 cm方形垫块，每个节段数量为1500个。

③侧（中隔）墙钢筋待绑扎完成后再安装钢筋垫块，外侧采用9.3 cm长条垫块（垫块斜向绑扎），如图5-37所示，内侧采用7.3 cm长条垫块，每个节段数量为700个。

图5-37　墙体垫块安装

5.4　钢筋笼顶推

钢筋笼顶推系统包括顶推动力系统、14条滑移轨道、14条滑移方钢和4条顶推轨道。钢筋笼顶推为流水线上的枢纽工序，将前后各部位工序有机串联起来。

钢筋笼顶推设备由槽形滑移轨道、滑移方钢、顶推横梁、顶推轨道、导向装置、夹轨器、液压油缸（千斤顶）、液压泵站、液压管线及传感器、计算机控制系统组成，布置如图5-38、图5-39所示。

图 5-38　钢筋笼顶推施工

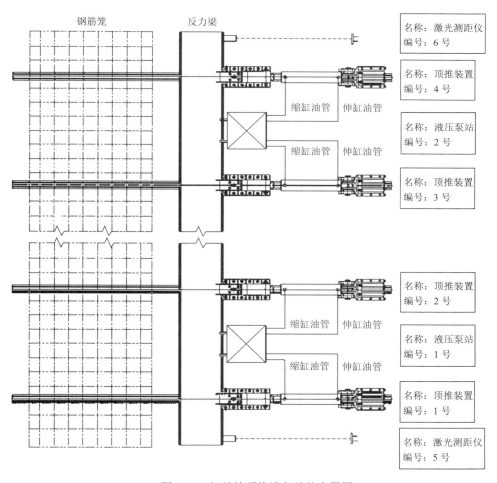

图 5-39　钢筋笼顶推设备总体布置图

5.4.1 施工流程

钢筋笼顶推施工流程见图 5-40、图 5-41。

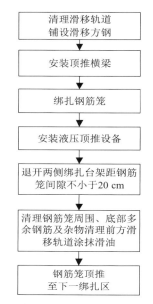

图 5-40　底板、墙体钢筋笼顶推工艺流程

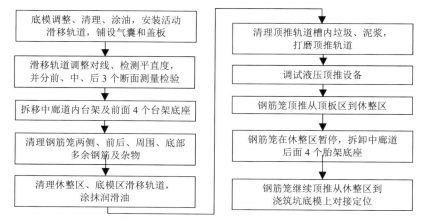

图 5-41　顶板钢筋笼顶推工艺流程

5.4.2 顶推操作

（1）顶推导向装置安装

顶推导向装置主要作用是消除顶推轨道钢产生的顶推分力，使得滑移顶推轴向力最

大化，结构如图 5-42、图 5-43 所示。

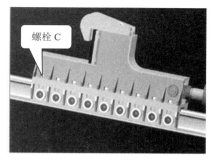

图 5-42　滑移导轨装置

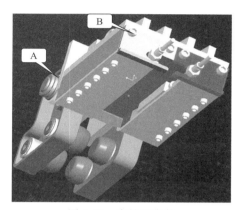

图 5-43　夹轨器安装

（2）油缸安装

油缸为系统的动力执行件，安装时将油缸吊装到轨道上表面，人工调整高度，穿入销轴并连接好螺栓。油缸大腔端与夹轨器连接，小腔端与导向机构连接；有油管接入面向上，如图 5-44 所示。

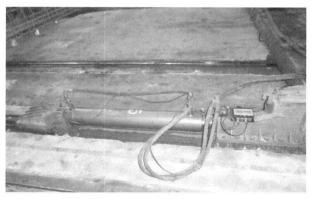

图 5-44　油缸安装

（3）控制系统安装

将传感器控制盒用螺钉连接到导向机构上，如图 5-45 所示。

图 5-45　行程传感器安装、压力传感器

（4）控制柜安装

控制柜的主要功能是远程操作泵站，采集传感器信号，显示泵站动作、油缸行程及压力等参数。在电气柜的侧面，设置控制电磁阀的面板，如图 5-46、图 5-47 所示。

图 5-46　泵站控制面板

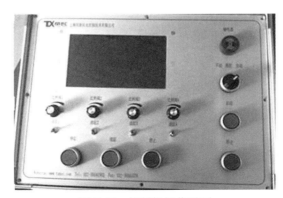

图 5-47　控制柜操作界面

5.4.3　顶推监测

钢筋笼顶推过程中，进行实时同步监测措施，监测方法分 3 种：激光测距仪、测量仪器及地面标线，3 种方法联合实时监测、监控，确保钢筋笼横断面整体偏差在±10mm以内。钢筋笼顶推监测原理如图 5-48、图 5-49 所示。

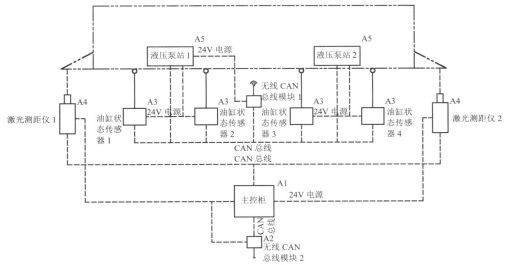

图 5-48　钢筋笼顶推监测原理图

图 5-49　顶推地面标线监控

5.5　体 系 转 换

5.5.1　概念

钢筋笼体系转换就是将钢筋笼的台架支撑体系转换为模板支撑体系，实现由台架受力向模板受力的转换。

①钢筋笼在向前推进的过程中始终是坐落滑移台车上（滑移轨道），为了最终能取出轨道，需要在钢筋笼入仓到位后将钢筋笼提升。故在钢筋笼下部插入的若干气囊，向气囊充气使得整个钢筋笼平稳上升至合适高度，取出轨道，释放气压，让钢筋笼坐落在钢筋保护层垫块上，由底模支撑钢筋笼。

②体系转换借助顶部吊点，提升钢筋笼顶板，拆除顶板及侧墙钢筋绑扎台架，完成内模板的安装。

③体系转换设备：钢筋笼吊架、液压起升系统、精轧螺纹钢拉杆、钢丝绳吊扣、内台架、墙体台架、内台架行走轨道、台架底座、底座螺杆、底座行吊（扁担吊）、台架轨道支墩、牵引卷扬机及钢丝绳、转向滑车、钢筋笼顶升气囊、供气设备（包括打气泵、气罐、气管、压力表、气阀、接头等）。

5.5.2 施工流程

体系转换工艺流程见图 5-50。

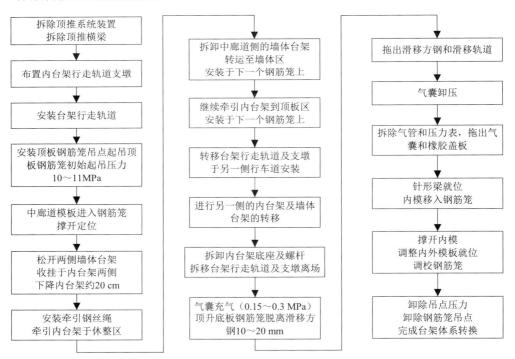

图 5-50 体系转换工艺流程

5.5.3 施工顺序

钢筋笼体系转换流程见图 5-51。

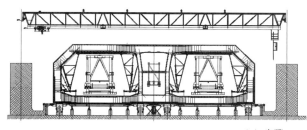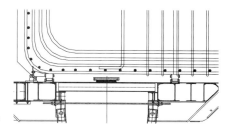

（a）步骤一

注：1. 钢筋笼在推入浇筑区前，在钢筋笼位置下方设置气囊管；2. 将钢筋笼推入浇筑区位置

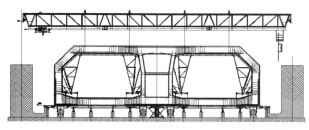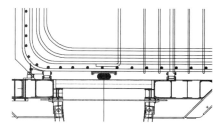

（b）步骤二

注：1. 钢筋笼定位后，利用 4 台吊架将顶板钢筋悬挂起来；2. 拆除顶板钢筋台架；3. 气囊管充气，将钢筋笼顶升
一定高度，抽出钢筋台架

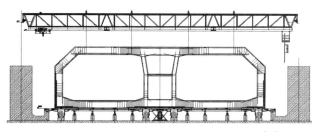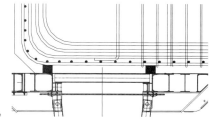

（c）步骤三

注：1. 气囊放气，将钢筋笼下放坐落在混凝土保护层垫块上；2. 抽出气囊；3. 钢筋笼就位完毕，进入下一道工序

图 5-51　钢筋笼体系转换流程图

5.5.4　气囊施工操作

气囊施工操作为钢筋笼体系转换过程中关键环节之一，其目的是采用气囊顶升钢筋笼
的办法，将约 1200 t 软体钢筋笼平衡顶升一定高度，然后拖出钢筋笼底下滑移轨道。

（1）气囊构成

气囊囊体为橡胶制品，由 6 层橡胶纤维线板纵横粘胶而成，气囊总长 23.3 m，囊体
有效长 22.5 m，直径 $\phi 250$ mm，额定工作压力 0.4 MPa，气囊放气厚度小于 30 mm，两
端为锥形，安装有钢制气管接头，端头最大直径 $\phi 50$ mm，其结构见图 5-52。

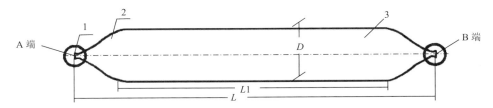

1：端部铁件；2：囊头；3：囊体；D：气囊直径；L1：气囊有效长度；L：气囊总长度

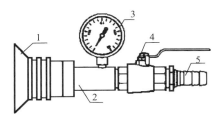

1：端部铁件；2：三通连接管；3：压力表；4：阀门；5：软管连接

A 端 充气附件

B 端 密封端拉环

图 5-52　气囊结构图

（2）气囊布置

首次体系转换施工，按布置 8 条气囊方案施工，轨道出现抽出困难，钢筋笼底部局部变形的问题，布置图如图 5-53 所示。

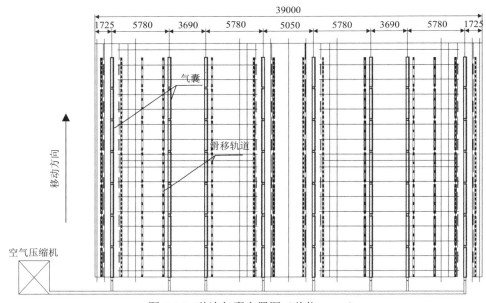

图 5-53　首次气囊布置图（单位：mm）

经优化后共设置 14 条气囊，沿滑移轨道平行布置，每条滑移轨道旁边各 1 条，离滑移轨道约 30 cm，气囊端头（靠浅坞区端）距底模端部边缘 60 cm 或距前一节段端部 15 cm，如图 5-54、图 5-55 所示。

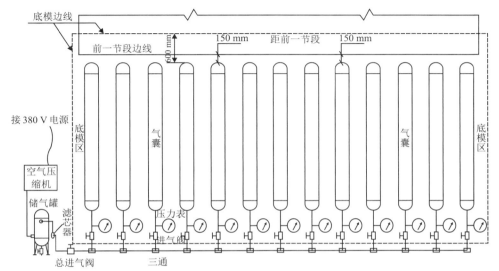

图 5-54　气囊平面布置图

图 5-55　现场气囊布置

（3）气囊施工流程

气囊施工流程见图 5-56。

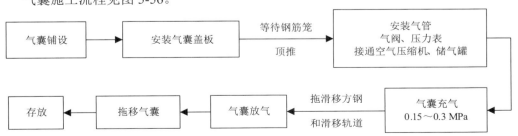

图 5-56　气囊施工流程

（4）气囊施工要点

①安装气囊时，气囊上面须盖气囊盖板，盖板为带纤维网筋的橡胶板，板厚 10 mm，长 24 m，宽 520 mm，须将气囊从头到尾全部覆盖，橡胶盖板靠休整区的端部用钢丝绳和钢筋环固定于混凝土墙上，防止钢筋笼顶推过程中将气囊和橡胶盖板牵引进钢筋笼，见图 5-57。

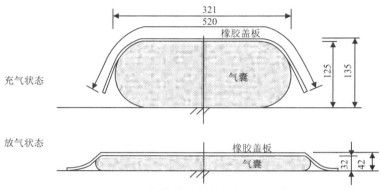

图 5-57　气囊盖板安装示意图（单位：mm）

②气囊充气过程中，压力保证在 0.2～0.3 MPa，不得超压，当钢筋笼被顶升脱离滑移方钢 1～2 cm 时，立即关闭气阀，停止充气，如图 5-58 所示。

图 5-58　气囊工作示意图

5.5.5　吊点施工

标准节段钢筋笼顶部设 4 台钢筋吊架，每台吊架上设 2 排、每排 4 个吊点，共计 32 个吊点，每个吊点提供 70 kN 吊力。吊点结构为顶部设置千斤顶，通过精轧螺纹钢连接钢筋笼，集中控制系统操作千斤顶，严格控制各吊点的受力均匀，实时可控，如图 5-59～图 5-61 所示。

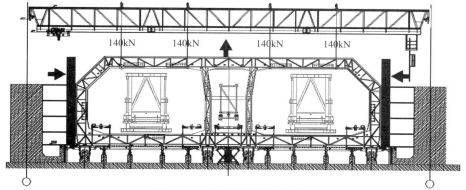

图 5-59　单个吊架吊点布置图

图 5-60　钢筋笼吊点示意图

图 5-61　提升集中控制系统操作台

5.5.6 钢筋笼台架置换

①钢筋笼顶推至浇筑区后，32个吊点同时受力，顶板绑扎台架分四级下降，每次下降5 cm，共20 cm。铺设顶板绑扎台架行走轨道，具备拖出顶板绑扎台架条件，如图5-62所示。

图5-62　体系转换示意图

②卷扬机沿着行走轨道牵引顶板台架，转运至下一节段使用。拖出过程中要仔细观察台架与钢筋笼是否有摩擦和挂住现象，并即时排除，如图5-63所示。

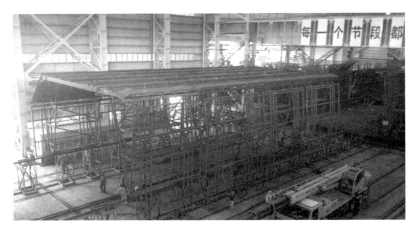

图5-63　内台架移出

③气囊充气顶起钢筋笼，拖出滑移轨道，气囊放气，依次拖出气囊，底部保护层垫块支撑钢筋笼并坐落在底模上，如图5-64所示。

图 5-64　滑移轨道移出及气囊拖出

④顶板绑扎台架、滑移方钢、滑移轨道、气囊卸除后，将内模推入钢筋笼，调整、定位，然后下降吊点，将顶板钢筋笼受力转换到内模上，并卸载吊点，即完成钢筋笼体系转换，如图 5-65 所示。

图 5-65　钢筋笼卸除吊点

第6章 模板工程

6.1 概　述

匹配沉管全断面一次性浇筑工艺，模板设计为全断面整体式液压模板，主要分为底模、内模、侧模、端模和针形梁系统五部分。每条预制生产线配置 1 套底模、1 套内模、1 套侧模、2 套端模和 1 套针形梁系统。

底模：设置一套底模，固定于浇筑台座，通过底部千斤顶支撑系统上、下移动以实现合模和脱模动作；底模采用整体分块式底模，单块重量轻，便于周转运输及安装。

内模：设置一套穿入式移动内模，可做拆模、合模动作和纵向移动。

侧模：设置一套侧模，采用全液压驱动，整体安装、整体脱模、整体移动，全部采用集成系统，插销连接，安装精度高，整体安装或拆除均可在 8 h 内完成，侧模外侧设置混凝土反力墙作为侧模板横向支撑体。

端模：设置两套可拆卸式端模。

针形梁系统：设置 2 套针形梁和 1 套针式梁，方便内模的拆模和移位等。

模板结构示意图见图 6-1。

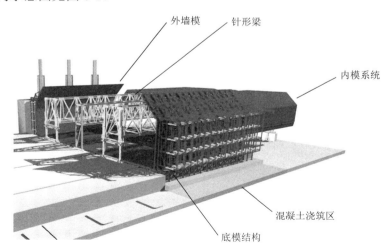

图 6-1　模板结构示意图

6.2 模板总体设计

6.2.1 荷载条件

底模的设计考虑了整个节段自重约 9000 t 的荷载。在混凝土浇筑完成并凝结后，整个节段的重量将由滑移梁上的滑移千斤顶来承受，这时底模将被卸载。墙体模板设计额定混凝土侧向压力为 50 kN/m²。顶模设计时考虑了顶板的钢筋与混凝土自重。

外墙模板不设对拉杆，充分确保墙体的水密性，外墙模板所受的侧向压力由墩墙来支撑。

边墙内模的侧向混凝土压力将由内模横向支撑从一边传向另外一边，外模的混凝土侧向压力则由支撑系统传递给两个生产线之间及生产线两边的墩墙承受。

底模承受的荷载及外模侧向荷载（包括混凝土及钢筋自重、模板自重、混凝土侧向压力、对水平移动内模造成的荷载）。

6.2.2 尺寸设计

模板基本尺寸如下。

管节系统长度：180 m。

节段长度：22.50 m。

隧道宽度：37.95 m。

模板高度：11.50 m。

模板的长度根据不同的模板单元进行了不同的选择。原因是考虑要满足剪力键生产的要求，或满足 1 号节段与 8 号节段长度调整的要求。具体长度如下。

底模 = 23920 mm

外墙模 = 23960 mm

公路隧道内模 = 23200 mm

廊道隧道内模 = 23200 mm

6.2.3 端模微调设计

在设置节段接头时，端头模板总是与节段纵轴处于垂直状态，在长度方向上可以准确地调整到节段长度 22.5 m 的要求。在设置管节接头时，端头模板可以在横断面方向进行 ±400 mm 的调整，在垂直方向上进行 ±3% 的倾斜调整。

6.2.4　曲线模板设计

整个模板系统设计考虑了曲线段截面中轴曲率 $R=5000$ m 的要求，模板的侧模及内模可以在横向进行 ±400 mm 调整，不需要进行改造。

6.3　底　　模

6.3.1　设计

每套模板设置 1 套底模，固定于浇筑台座，通过底部千斤顶支撑系统实现合模和脱模动作，分为左、右行车道底模、廊道底模及连接的翻折板，如图 6-2 所示。底模设计长 23.92 m，宽 39 m，布置横向支撑大梁和纵向分配梁，支撑大梁与支撑千斤顶相连接。底模支撑系统主要包括：929 kN 自锁式液压千斤顶 16 台，1000 kN 楔形千斤顶 64 台，420 kN 楔形千斤顶 48 台，支撑关节 136 个和其他附属顶伸液压装置。

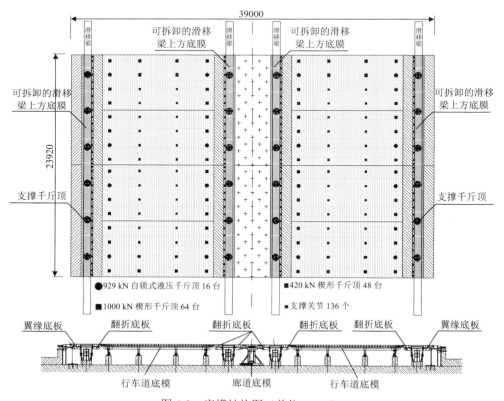

图 6-2　底模结构图（单位：mm）

6.3.2 安装

模板安装起重设备主要采用 160 t 汽车吊、80 t 汽车吊和 20 t 桁车吊，其安装施工总体流程如图 6-3 所示。

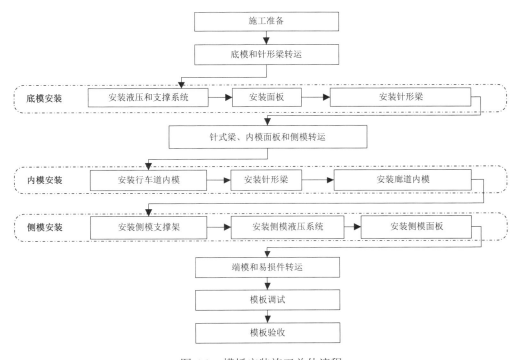

图 6-3 模板安装施工总体流程

底模板由公路隧道底模、外墙下底模、廊道下底模和滑移梁上方底模四部分组成，如图 6-4 所示。

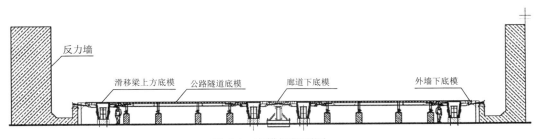

图 6-4 底模板断面图

（1）公路隧道底板安装

公路隧道底板由底模中间块、翻折底板、关节支撑杆和相应的液压系统组成，其安装步骤见图 6-5（a）～（d）。

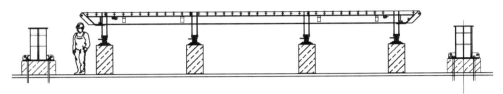

（a）先安装支墩和螺母就位，再安装底模板中间块，精确控制其平面位置和标高（+3.5 m）

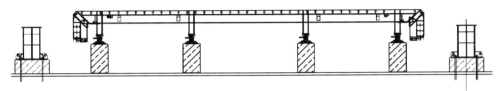

（b）用直径为 50 mm 的销栓将翻折底板挂起

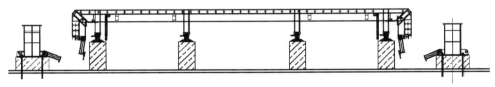

（c）安装关节支撑杆和液压系统

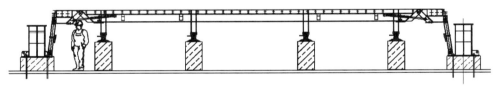

（d）千斤顶支撑翻折底板，调试边模板平面位置和标高

图 6-5　公路隧道底板安装图

（2）外墙下底板安装

外墙下底板由侧墙固定框架、翻折底板、关节支撑杆和相应的液压系统组成，其安装步骤见图 6-6（a）～（d）。

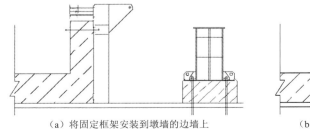

（a）将固定框架安装到墩墙的边墙上

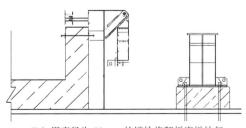

（b）用直径为 50 mm 的销栓将翻折底板挂起

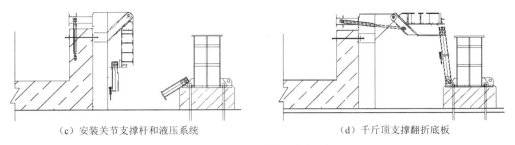

（c）安装关节支撑杆和液压系统　　　　　　（d）千斤顶支撑翻折底板

图 6-6　外墙下底板安装图

（3）廊道下底板安装

廊道下底板由固定支座框架、中间模块、翻折底板、关节支撑杆和相应的液压系统组成，其安装步骤见图 6-7（a）～（e）。

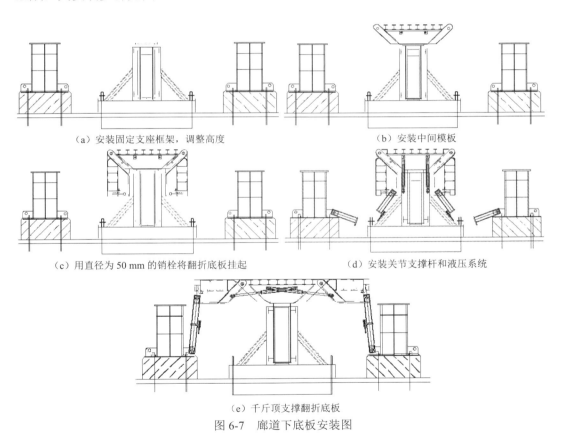

（a）安装固定支座框架，调整高度　　　　　　（b）安装中间模板

（c）用直径为 50 mm 的销栓将翻折底板挂起　　　　（d）安装关节支撑杆和液压系统

（e）千斤顶支撑翻折底板

图 6-7　廊道下底板安装图

（4）滑移梁上方底板安装

滑移梁上方底板采用散拼式模板，待公路隧道底板、中廊道底板、墙体部分底板和管节支撑千斤顶安装完成后，铺设钢面板，该部分底板采用钢枕支撑，其安装示意见

图 6-8。支承千斤顶位置底模钢板随管节一起顶推移动，至浅坞区在支撑体系转换时再拆除，周转利用。

图 6-8　滑移轨道上方底板安装图

6.4　内　　模

6.4.1　设计

内模分为针形梁和内模板两大系统。每条生产线设置 3 套穿入式移动内模，可做拆模、合模动作和纵向移动。

每套模板共有 3 根针形梁，每根针形梁长 48 m，分为 4 个分段，每个分段长 12 m（重约 20 t），另外还有前支腿（重约 18 t）、后支腿（重约 18 t）和临时中支腿。针形梁结构示意图见图 6-9。

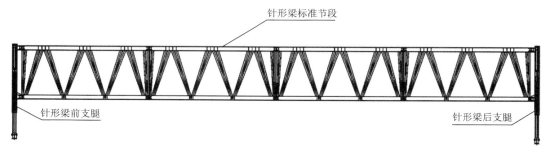

图 6-9　针形梁结构示意图

单个内模横向由 2 块组成，具有翻折功能，纵向由 4 段组成，每段长 5.98 m，总长23.2 m，内模板主要由 6 mm 面板及工字钢钢架构成，通过承压和导向框架挂在针形梁上，详见图 6-10。

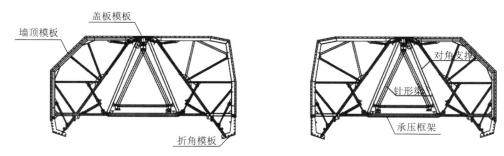

图 6-10　模板结构示意图

6.4.2　安装

针形梁由前支腿、后支腿、临时中支腿和 4 个 12 m 长的标准节组成，见图 6-11。

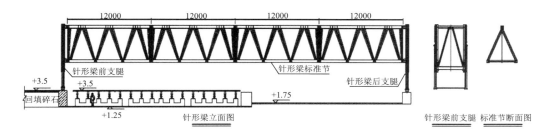

图 6-11　针形梁结构图

注：图中尺寸标注单位为 mm，标高为 m

针形梁前后支腿需在空旷场地进行预安装，安装场地面积为 2 块 10 m×10 m 的平面；标准管节则无须另外安装。各构件准备到位后即可进行针形梁的安装，其安装顺序见图 6-12。

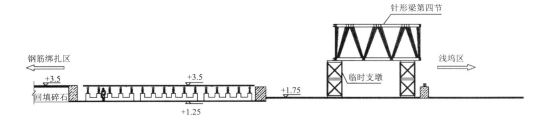

（a）在临时支墩上安装针形梁第四节

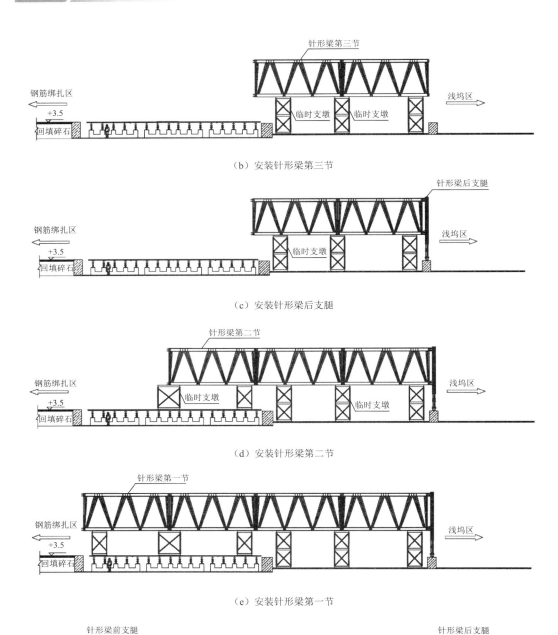

（b）安装针形梁第三节

（c）安装针形梁后支腿

（d）安装针形梁第二节

（e）安装针形梁第一节

（f）安装针形梁前支腿

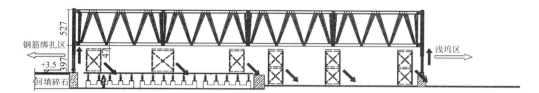

（g）顶升针形梁至设计标高，拆除临时支墩，完成针形梁安装工作

图 6-12　针形梁安装顺序

注：图中尺寸标注单位为 mm，标高为 m

针形梁安装时需要设置临时支墩，见图 6-13。

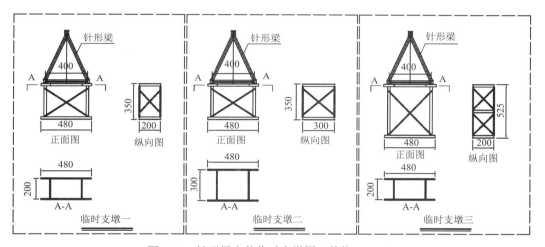

图 6-13　针形梁安装临时支墩图（单位：mm）

注：1. 临时支墩所用立柱和平联材料均为 I25b 型钢；斜撑采用 [8 型钢；

2. 所有连接点均通过焊接的方式连接

内模板施工步骤见图 6-14。

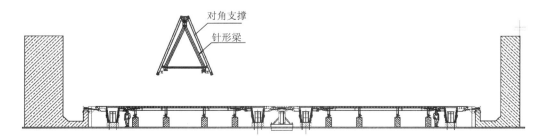

（a）挂上框架对角支撑

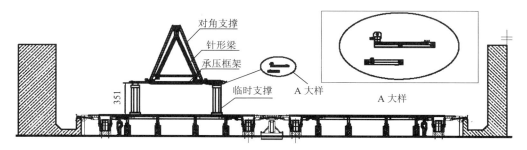

（b）将在底模上预拼好的承压框架起吊安装；再安装临时支撑，支持承压支架的悬臂部分

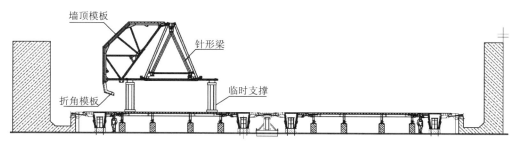

（c）先预拼内模的墙顶模板和折角模板，然后用吊车起吊安装

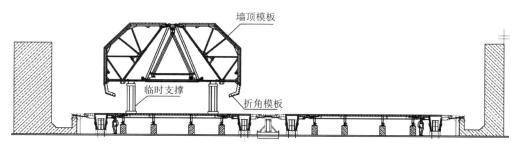

（d）吊装另一侧墙顶模板和折角模板

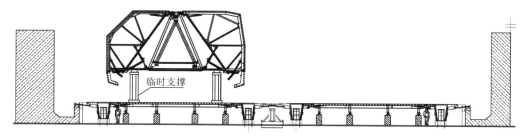

（e）安装拆模框架和液压系统，并对系统进行调试

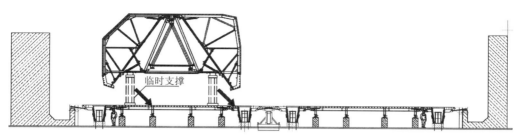

（f）液压系统支撑内模，安装上缘顶盖模板，拆除临时支墩，完成内模安装

图 6-14　内模板安装步骤图

内模安装完成示意图见图 6-15。

图 6-15　内模安装完成

6.5　侧　　模

6.5.1　设计

侧模系统的安装与拆除使用液压千斤顶进行操纵。模板体系满足连续浇筑长 22.5 m、约 3415 m³ 混凝土的强度要求。单侧墙模由 4 块侧模组成，每块侧模分为三大块，具体尺寸为 5980 mm×7771 mm、5980 mm×3408 mm、5980 mm×1730 mm，侧模结构见图 6-16。

侧模系统固定安装于浇筑坑两侧，由后方的混凝土挡墙支撑，整体安装就位后采用液压千斤顶操纵侧模板做拆模、合模动作。侧模系统可沿固定轨道后退 1.0 m，待钢筋笼下放就位至底模后，再完成侧模安装，侧模、支架和挡墙布置见图 6-17、图 6-18。

平面图 侧视图

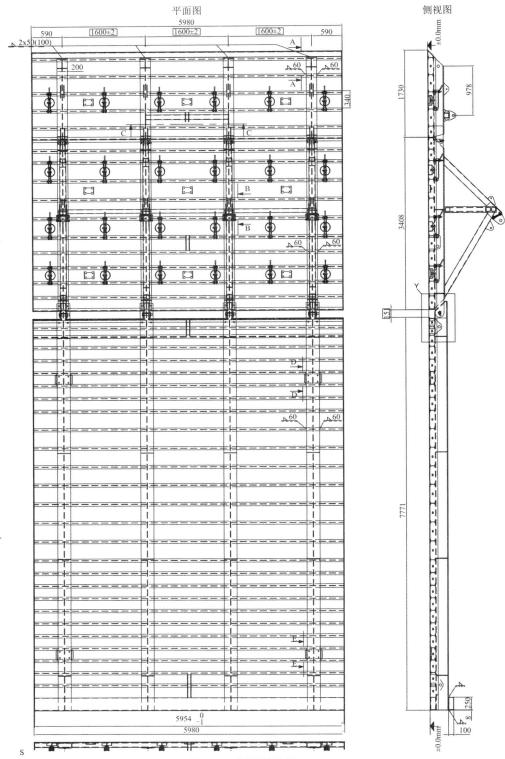

图 6-16 侧模结构图

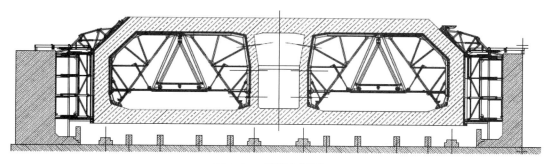

图 6-17　侧模布置图

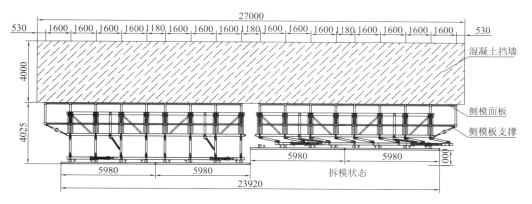

图 6-18　侧模布置俯视图（单位：mm）

外墙模脱模状态（伸直状态）下，每个分段规格为 13060 mm×5980 mm，每套由 4 个分段（即外墙模共长 23.92 m）构成，其外形如图 6-19 所示。

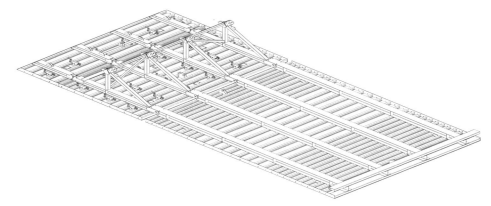

图 6-19　外墙模（分段）

外墙模连同墙体支撑共同承受着混凝土的横向挤压力，为了满足混凝土外形"倒角"及模板脱模要求，外墙模上半部分在液压泵的作用下，需有转动的功能，如图 6-20 所示。

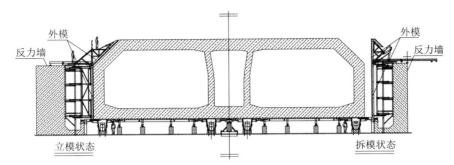

图 6-20 外模立模和拆模状态示意图

6.5.2 安装

外墙模板由其后侧的支架支撑在反力墙上，必须先安装后侧支撑架，再进行外墙模板的安装，便于外墙模的加固和定位等，外墙模施工步骤见图 6-21，安装完成图见图 6-22。

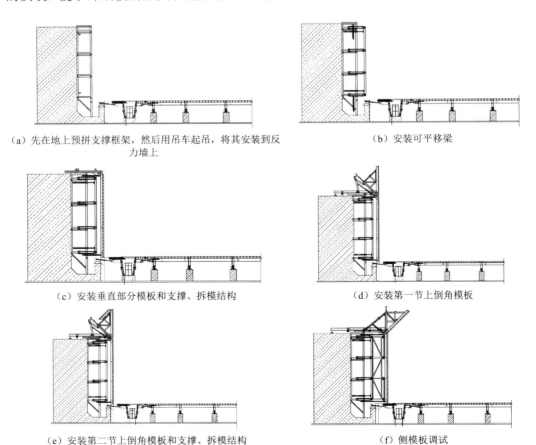

（a）先在地上预拼支撑框架，然后用吊车起吊，将其安装到反力墙上

（b）安装可平移梁

（c）安装垂直部分模板和支撑、拆模结构

（d）安装第一节上倒角模板

（e）安装第二节上倒角模板和支撑、拆模结构

（f）侧模板调试

图 6-21 外墙模安装图

图 6-22 模板安装完成

6.6 端 模

6.6.1 设计

端模由两套模板组成，一套为节段接头模板（可满足中埋式可注浆钢边止水带安装），另一套为管节接头模板（可在浇筑过程中调整端钢壳），如图 6-23 所示。

端模用钢围楞与拉杆将端模连接在内模、外模与底模上。节段接头模板可以将中埋式可注浆钢边止水带固定在设计位置上，管节接头模板可以通过螺母与端钢壳连接，以便浇筑过程中监测及调整，如图 6-23、图 6-24 所示。

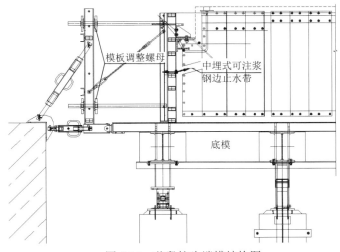

图 6-23 节段接头端模结构图

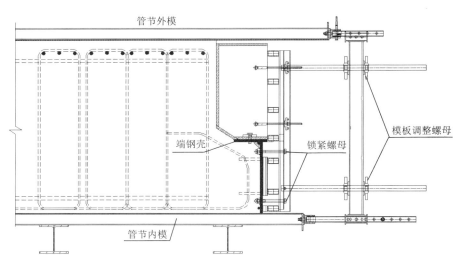

图 6-24　管节接头端模结构图

6.6.2　安装

沉管端模为散拼模板，由吊装设备配合人工进行装拆，如图 6-25 所示。

图 6-25　端模安装

模板拼装调试完成后，即可实现标准节段匹配浇筑，流水线作业。底模、侧模、内模均可实现整体装模、拆模功能，仅需要几名专业人员操作液压系统即可完成。唯有端模是散拼模板，需要匹配预留中埋式可注浆钢边止水带、端钢壳、剪力键等特殊结构，进行特殊模板的散拼。

第7章 沉管混凝土工程

7.1 概　　述

港珠澳大桥岛隧工程沉管同时处于Ⅰ类碳化和Ⅲ类海洋氯化物腐蚀环境条件下，海洋氯化物腐蚀环境作用为控制因素，其作用等级为严重（D级）至非常严重（E级）。预制沉管结构设计使用年限为120年，对混凝土耐久性要求极高。同时，沉管结构采用自防水设计，对防裂要求非常严格。

沉管混凝土强度等级为28 d C45、56 d C50，截面尺寸为 37.95 m×11.4 m，标准管节长 180 m，具有高强度等级、大断面、大体积的特点。沉管混凝土结构体积大、断面复杂，导致结构自约束大，在温度形变作用下，混凝土极易出现裂缝；在长期水压条件下，表面裂缝可能连通、延伸，成为渗水通道，导致其自身抗渗能力降低，加速氯盐侵蚀；同时，沉管混凝土结构长埋于水下，结构无法修复，一旦出现腐蚀将极大影响结构使用寿命。因此，管节混凝土裂缝控制是确保港珠澳大桥岛隧工程预制沉管工程耐久性的关键技术。

与同级别工程相比，港珠澳大桥岛隧工程沉管混凝土结构具有如下显著特点。

①混凝土设计强度等级高。厄勒海峡沉管隧道混凝土强度等级为 C40，釜山—巨济沉管隧道沉管混凝土圆柱体抗压强度为 35 MPa，港珠澳大桥岛隧工程沉管混凝土强度等级为 C45。混凝土设计强度等级所需胶凝材料用量多，相应的水化热总量更高，大体积混凝土控裂难度增大；

②沉管结构尺寸大，单孔跨度大。厄勒海峡沉管隧道沉管单节长 176 m，宽 39.75 m，高 8.70 m，横断面为四孔单廊道；釜山—巨济沉管隧道沉管单节长 180 m，宽 26.5 m，高 9.75 m，横断面为双孔单廊道；而港珠澳大桥岛隧工程沉管单节长 180 m，宽 37.95 m，高 11.4 m，横断面为双孔单廊道。结构尺寸大、受约束越大，大体积混凝土控裂难度高；

③混凝土石方量大。港珠澳大桥岛隧工程标准管节分 8 段施工，单段长 22.5 m，单次浇筑方量就达到 3420 m³，沉管混凝土总方量近 100 万 m³。超大方量混凝土也增大了沉管控裂的风险和难度；

④结构壁厚。为抵御海底强大的水压力，港珠澳大桥岛隧工程沉管外壁设计厚度为 1.5～1.7 m，超过常用的箱梁和塔柱等薄壁结构，超厚的结构意味着混凝土内部的热量难以散发，中心部位混凝土可能接近绝热状态，混凝土内部温度高，和环境温度温差大

必然会增大沉管开裂的风险；

⑤为提高结构整体性，达到自防水和提高防腐蚀的效果，采用全断面浇筑方式，内部不埋设冷却水管。能够降低混凝土内部热量的方法有限，增加了温度裂缝控制的难度；

⑥为提高预制效率，沉管采用工厂法预制，顶推工艺使沉管受力复杂，混凝土控裂不但要考虑温度应力，还要考虑顶推过程中的应变应力。

7.2 原 材 料

在国家当前绿色、环保可持续发展战略的背景下，沉管预制利用符合国家相关标准的原材料，配制出耐久性好、品质高的混凝土。在沉管预制施工过程中，根据原材料指标要求，采取快速检测与常规检测相结合的方法及沉管混凝土配合比的性能复验制度，来确保原材料合格、混凝土性能稳定，对沉管混凝土质量控制发挥了至关重要的作用。

7.2.1 原材料检测指标

沉管预制混凝土原材料主要有水泥、粉煤灰、矿粉、碎石、河砂、减水剂与拌和用水，其中水泥为华润水泥（平南）有限公司生产的 P·II 42.5 硅酸盐水泥，水泥的检测项目、指标要求、检测类型、检测方法如表 7-1 所示。

表 7-1 水泥检测指标

序号	检测项目	指标要求	检测类型			检测方法
			全部首检	三个月复检	常规检测	
1	比表面积	300～380 m²/kg	√	√	√	《水泥比表面积测定方法》（GB/T 8074—2008）
2	凝结时间	符合《通用硅酸盐水泥》（GB 175—2007）的规定	√	√	√	《水泥标准稠度用水量、凝结时间、安定性检验方法》（GB/T 1346—2011）
3	安定性		√	√	√	
4	标准稠度用水量		√	√	√	
5	胶砂强度		√	√	√	《水泥胶砂强度检验方法》（GB/T 17671—1999）
6	烧失量		√	√	√	《水泥化学分析方法》（GB/T 176—2008）
7	MgO 含量		√	√	√	
8	SO₃ 含量		√	√	√	《水泥化学分析方法》（GB/T 176—2008）
9	f-CaO 含量		√	√		
10	C₃A 含量		√			
11	碱含量	≤0.6%	√	√		
12	氯离子含量	≤0.03%	√	√		《水泥原料中氯离子的化学分析方法》（JC/T 420—2006）

水泥的检测分为全部首检、三个月复检及常规检测三种类型，首次进场应进行全部项

目的检测，在正常保管情况下每三个月至少进行 1 次复检，水泥进场应进行常规检测，常规项目检测合格的水泥方可进场使用；对于库存超过三个月、有潮结现象的水泥，使用前必须进行复验；对水泥质量有怀疑时，应及时检验。同一厂家、同批号、同品种、同强度等级、同出厂日期且连续进场的散装水泥以 500 t 为一批，不足上述数量也按一批计。

沉管混凝土所用粉煤灰为镇江华源集团新型材料分公司生产的 I 级与准 I 级风选原状粉煤灰，粉煤灰的检测项目、指标要求、检测类型、检测方法如表 7-2 所示。同一厂家、同批号、同品种、同出场日期的粉煤灰以每 200 t 为一批，不足 200 t 也按一批计。如表 7-2 所示。

表 7-2　粉煤灰检测指标

序号	检测项目	指标要求	检测类型			检测方法
			全部首检	三个月复检	常规检测	
1	细度	≤12%	√	√	√	《用于水泥和混凝土中的粉煤灰》（GB/T 1596—2005）
2	烧失量	≤5.0%	√	√	√	
3	含水量	≤1.0%	√	√	√	
4	需水量比	≤100%	√	√	√	
5	SO_3 含量	≤3.0%	√	√		《水泥化学分析方法》（GB/T 176—2008）
6	CaO 含量	≤10%	√	√		
7	f-CaO 含量	≤1.0%	√	√		
8	碱含量	—	√	√		
9	氯离子含量	≤0.02%	√	√		《水泥原料中氯离子的化学分析方法》（JC/T 420—2006）

沉管混凝土所用矿粉为中国首钢唐山曹妃甸盾石新型建材有限公司（东莞市海源建材有限公司为代理商）生产的 S95 级矿粉，矿粉的检测项目、指标要求、检测类型、检测方法如表 7-3 所示。同一厂家、同批号、同品种、同出场日期的矿粉以每 200 t 为一批，不足 200 t 也按一批计。

表 7-3　矿粉检测指标

序号	检测项目	指标要求	检测类型			检测方法
			全部首检	三个月复检	常规检测	
1	比表面积	400～500 m^2/kg	√	√	√	《用于水泥与混凝土中的磨细高炉矿渣粉》（GB/T 18046—2008）
2	烧失量	≤3.0%	√	√	√	
3	活性指数	≥65%（7 d）≥95%（28 d）	√	√	√	
4	含水率	≤1.0%	√	√	√	
5	流动度比	≥95%	√	√	√	
6	SO_3 含量	≤4.0%	√	√	√	《水泥化学分析方法》（GB/T 176—2008）
7	碱含量	—	√	√		
8	氯离子含量	≤0.02%	√	√		《水泥原料中氯离子的化学分析方法》（JC/T 420—2006）

沉管混凝土所用碎石为江门市白水带生产的两级配混合 5～20 mm 花岗岩碎石，碎石的检测项目、指标要求、检测类型、检测方法如表 7-4 所示，其中碎石有氯离子含量限定要求，由于碎石尚无氯离子含量检测相关标准，参照河砂氯离子含量检测标准执行。连续使用同料源、同品种、同规格碎石以每 400 m³ 为一批，不足上述数量也按一批计。

表 7-4　碎石检测指标

序号	检测项目	指标要求	检测类型			检测方法
			全部首检	一年复检	常规检测	
1	颗粒级配	5～20 mm	√	√	√	《建设用卵石、碎石》（GB/T 14685—2011）
2	含泥量	≤0.5%	√	√	√	
3	泥块含量	≤0.2%	√	√	√	
4	压碎值	≤12%	√	√	√	
5	针片状颗粒含量	≤7%	√	√	√	
6	表观密度	≥2600 kg/m³	√	√	√	
7	空隙率	≤40%	√	√	√	
8	吸水率	≤2%	√	√		
9	坚固性（质量损失）	≤8%	√	√		
10	有机物含量	合格	√	√		
11	碱活性（14 d 膨胀率）	≤0.1%	√	√		
12	硫化物及硫酸盐含量	≤0.5%	√	√		
13	母材抗压强度与混凝土强度等级之比	≥2	√			
14	氯离子含量	≤0.02%	√	√		《建设用砂》（GB/T 14684—2011）

沉管混凝土所用河砂为广东西江出产的中砂，河砂的检测项目、指标要求、检测类型、检测方法如表 7-5 所示。连续使用同料源、同品种、同规格河砂以每 400 m³ 为一批，不足 400 m³ 也按一批计。河砂中氯离子含量抽样检测可按每 800 m³ 为一批，不足上述数量也按一批计。

表 7-5　河砂检测指标

序号	检测项目	指标要求	检测类型			检测方法
			全部首检	一年复检	常规检测	
1	细度模数	2.6～3.0	√	√	√	《建设用砂》（GB/T 14684—2011）
2	含泥量	≤2%	√	√	√	
3	泥块含量	≤0.5%	√	√	√	
4	云母含量	≤0.5%	√	√	√	
5	轻物质含量	≤0.5%	√	√		
6	氯离子含量	≤0.02%	√	√		
7	表观密度	≥2500 kg/m³	√	√	√	

序号	检测项目	指标要求	检测类型			检测方法
			全部首检	一年复检	常规检测	
8	松散堆积密度	≥1400 kg/m³	√	√	√	
9	松散堆积空隙率	≤44%	√	√	√	
10	硫化物及硫酸盐含量	≤0.5%	√	√	√	《建设用砂》
11	有机物含量	合格	√	√		（GB/T 14684—2011）
12	碱活性（14 d 膨胀率）	≤0.1%	√	√		
13	坚固性（质量损失）	≤8%	√	√		

沉管混凝土所用减水剂为江苏苏博特新材料股份有限公司生产的聚羧酸缓凝型高性能减水剂，减水剂的检测项目、指标要求、检测类型、检测方法如表 7-6 所示。

表 7-6　减水剂检测指标

序号	检测项目	指标要求	检测类型			检测方法
			全部首检	六个月复检	常规检测	
1	常压泌水率比	≤70%	√	√	√	
2	含气量	≤6%	√	√	√	
3	减水率	≥25%	√	√	√	
4	抗压强度比	≥140%（7 d） ≥130%（28 d）	√	√	√	
5	凝结时间差	>90%（初凝）	√	√	√	
6	1 h 坍落度经时变化量	≤60 mm	√	√	√	
7	固体含量	合格	√	√	√	《混凝土外加剂》
8	pH	合格	√	√	√	（GB/T 8076—2008）
9	密度	合格	√	√		
10	Na_2SO_4 含量	合格	√	√		
11	氯离子含量	合格	√	√		
12	碱含量	合格	√	√		
13	收缩率	≤110%	√	√		

沉管混凝土拌和用水为生活饮用水，具体的检测项目、指标要求、检测类型、检测方法如表 7-7 所示。

表 7-7　拌和用水检测指标

序号	检测项目	指标要求	检测类型		检测方法
			全部首检	常规检测（3 个月）	
1	pH	≥5	√	√	《混凝土用水标准》
2	不溶物含量	≤2000 mg/L	√	√	（JGJ 63—2006）

续表

序号	检测项目	指标要求	检测类型		检测方法
			全部首检	常规检测（3 个月）	
3	可溶物含量	≤2000 mg/L	√	√	《混凝土用水标准》（JGJ 63—2006）
4	氯化物含量	≤200 mg/L	√	√	
5	硫酸盐含量	≤500 mg/L	√	√	
6	碱含量	≤1500 mg/L	√	√	
7	凝结时间差	≤30 min	√	√	
8	抗压强度比	≥90%	√	√	

7.2.2　检测与常规检测

混凝土各种原材料性能检测通常需要耗费较长的时间，为提高检测效率，降低原材料卸货等待时间，建立快速检测与常规检测相结合的方法。快速检测就是针对各种混凝土原材料特性，选择几项关键、用时较短、容易出现不合格的项目进行快速检测，快速检测合格的原材料方可进场卸货至待检区，然后待常规项目均检测合格后再转运至合格区。

快速检测与常规检测相结合可显著提高试验检测的效率，降低不合格原材料进场概率，各种原材料快速检测项目及所耗时间如表 7-8 所示。针对矿粉与粉煤灰质量波动问题，采取快速检测推算矿粉 7 d 活性指数、粉煤灰定性判定等方法进行快速检测。

表 7-8　原材料快速检测指标

原材料	快速检测指标	完成时间/h
水泥	比表面积、标准稠度用水量	3
粉煤灰	定性判断、细度、需水量比	3
矿粉	比表面积、流动度比、烧失量、1 d 活性指数（快速检测）	24
河砂	筛分、含泥量	6
碎石	筛分、含泥量	6

1. 基于快速检测的矿粉7 d活性指数推算

由于矿粉 7 d 活性指数波动较大，并且测试时间需持续 7 d，具有一定的滞后性，为确保进场矿粉性能指标满足要求，应避免因 7 d 活性指数检测不合格而退场，原材料退场不仅影响施工进度且由于转运、清理会带来大量额外的成本。本工程建立了由快速养护条件 1 d 龄期活性指数推定 7 d 龄期活性指数的试验方法，对于沉管预制混凝土用矿粉质量控制具有重要作用，如图 7-1 所示。

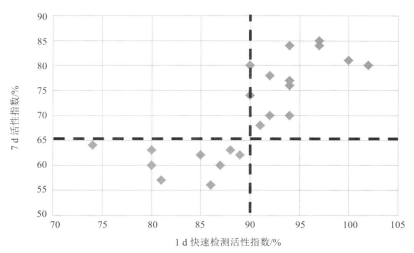

图 7-1　矿粉快速检测活性指数与 7d 活性指数的关系

按照《用于水泥和混凝土中的粒化高炉矿渣粉》（GB/T 18046—2008）规定成型基准试件及掺入矿粉的受检试件，基准试件与受检试件均带模具标准养护 4 h 后移到蒸汽养护箱进行蒸汽养护。蒸汽养护的初始温度控制在(20±1)℃，并在(90±5) min 内加热到(55±1)℃，在 55℃条件下养护 18 h，然后将试件带模具一起取出并用湿毛巾覆盖，在(20±2)℃环境中静置(40±5) min，拆模并立即进行强度试验。

矿粉快速养护条件 1 d 龄期活性指数与标准养护条件 7 d 龄期活性指数之间的关系如图 7-1 所示，虽然两者之间不具有明显的线性相关性，但还是具有一定的规律。即 1 d 快速检测活性指数低于 90%，则标准养护条件下矿粉的 7 d 活性指数均低于 65%，而当 1 d 快速检测活性指数高于 90%时，标准养护的 7 d 活性指数均高于 65%。

采用 1 d 快速检测方法，可作为矿粉活性指数检测的辅助措施，减少矿粉卸货等待时间，大幅度降低矿粉因 7 d 活性不合格而退场的频率。

2. 粉煤灰定性判定

粉煤灰是当前使用范围最广、用量最大的矿物掺和料之一，由于应用广泛而优质粉煤灰资源有限，市面上出现了出售"假冒"粉煤灰的现象。假粉煤灰主要有 3 种类型：用煤矸石等物烧透后磨制；将水渣、石粉等混入真的粉煤灰中；直接将尚未分级的粉煤灰原灰进行使用（这种原灰各项指标严重超标）。有的经销商甚至在假粉煤灰中掺入一定量的外加剂调整性能，使其检测的常规性能指标满足规范要求，达到"以假充好""以次充好"的目的。

目前电厂提供粉煤灰大多以"统灰"的形式出售，其粒径区间较宽，存在较多的粗颗粒，烧失量较大，一般需经风选、分级处理。当前粉煤灰供应市场尚不规范，"统灰"大量充斥市场，作为混凝土生产者，只能通过加强对原材料的进场验收检验的措施来保证粉煤灰的质量。因此，需要在粉煤灰常规性能检测的基础上，对粉煤灰进行定性判断，确定进场粉煤灰的真假。

可采用 100 倍带光源带刻度放大镜对粉煤灰颗粒进行观察，定性判断粉煤灰的真假。首先将粉煤灰样品烘干，然后过负压筛析仪进行筛分，取筛上样品 5～10 g，平铺在 A4 白纸上，然后利用 100 倍带光源带刻度放大镜进行观察，仔细观察放大镜下粉煤灰颗粒颜色、形态、尺寸，然后进行判定，如图 7-2 所示。

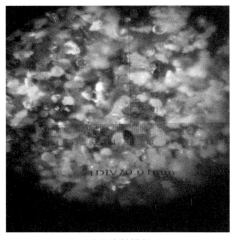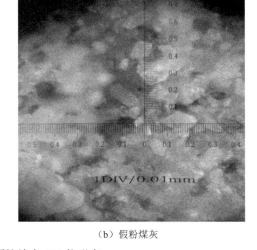

（a）真粉煤灰　　　　　　　　　　　（b）假粉煤灰

图 7-2　粉煤灰颗粒放大 100 倍形态

粉煤灰颗粒放大 100 倍形态如图 7-2 所示。在真粉煤灰中，其颗粒杂色较多，由于高温熔融作用，颗粒大多为球状或近似球状，直径变化较大，不存在尖锐的棱角，此外还可以看到有一定数量的空心漂珠存在，并有未燃尽的黑色碳粒存在。假粉煤灰颗粒颜色较为统一，粒径较为接近，放大镜下颗粒棱角分明，呈现片状、柱状及菱形。

7.2.3　性能复验

沉管预制持续时间长，在这个过程中原材料性能发生波动是常见现象，可能会出现原材料进场指标检测合格，但配制出的混凝土工作性能差异较大的情况。需根据不同季节温度、湿度情况变化及原材料彼此之间适应性能的变化情况，对混凝土性能进行有针对性的优化、调整，确保不同季节及原材料条件下混凝土工作性能均能满足浇筑的需求。

为避免检测合格的原材料性能波动影响沉管混凝土的浇筑，本工程建立了基于沉管混凝土配合比的性能复验，利用沉管混凝土配合比对进场原材料进行复验，掌握原材料性能变化对混凝土性能的影响，以此指导混凝土生产过程中配合比参数的调整与控制。原材料性能变化对混凝土配合比参数调整的影响如表 7-9 所示。

表 7-9 原材料性能变化对混凝土配合比参数调整的影响

原材料	性能参数	调整参数
水泥	凝结时间、比表面积、外加剂适应性	外加剂组成（缓凝、增稠、保坍），外加剂掺量
粉煤灰	需水量比、烧失量、外加剂适应性	
矿粉	活性指数、比表面积、烧失量、外加剂适应性	
外加剂	减水率、凝结时间、胶凝材料适应性	
河砂	细度模数、颗粒级配	砂率
碎石	粒形、颗粒级配	大小石头比例

7.3 配 合 比

沉管处于长期腐蚀的恶劣环境下，长期承受高压海水作用，要达到 120 年设计使用寿命，对混凝土的抗渗性能、抗裂性能提出了极高要求。故以配制低热低收缩的高耐久性混凝土为目标，是沉管混凝土配合比设计的出发点。沉管具有结构复杂、全断面浇筑、需长距离浮运沉放等特点，还要求沉管混凝土具有良好的工作性能、较高的强度及精准的容重控制。

7.3.1 配合比设计要求

配合比设计要求包括预制沉管其结构安全、拆模、顶推施工等对混凝土强度的要求，120 年设计使用寿命对混凝土抗氯离子渗透性要求，抵抗 40 m 水深水压力对混凝土抗渗性要求，浮运沉放的容重控制要求，采用泵送方式进行全断面连续浇筑对混凝土工作性能要求，如表 7-10 所示。

表 7-10 沉管混凝土性能要求

坍落度/mm	重塑时间/h	容重/(kg/m³)	强度				氯离子扩散系数/($\times 10^{-12}$m²/s)		抗水压渗透等级
			3 d		28 d	56 d	28 d	56 d	28 d
200 ± 20	≥ 8	2440 ± 30	≥20.1 MPa（轴心抗压）	≥2.01 MPa（抗拉）	C45	C50	≤6.5	≤4.5	>P12

水化热与收缩是影响混凝土结构抗裂性能的关键因素，为保证沉管结构在施工期不出现危害性裂缝，沉管混凝土必须具有低热、低收缩的性能，要求混凝土的绝热温升不大于 43℃，混凝土 90 d 龄期的收缩量不大于 300×10^{-6}。

7.3.2 室内试验

（1）原材料

华润水泥（平南）P·II42.5 硅酸盐水泥，比表面积为 330 m²/kg，其熟料 C₃A 含量为 7.5%；谏壁发电厂 I 级风选粉煤灰，需水量比为 94%；首钢 S95 级矿粉，比表面积为 416 m²/kg，7 d、28 d 活性指数分别为 76%、102%；新会白水带 5～20 mm 连续级配无碱活性花岗岩碎石，紧密堆积空隙率为 37%，含泥量为 0.3%；广东西江细度模数为 2.6～2.9 的无碱活性河砂，松散堆积空隙率为 42%，含泥量为 0.4%；江苏苏博特 PCA-I 型缓凝型聚羧酸高性能减水剂，减水率为 28%，掺减水剂混凝土的 28 d 收缩率比为 97%。

（2）混凝土配合比

利用优选的混凝土原材料按照配合比设计体积法，在 380～450 kg/m³ 胶凝材料用量、65%～50% 矿物掺和料用量比例、0.33～0.37 水胶比范围内配制沉管混凝土如表 7-11 所示，各组混凝土的坍落度均控制在 180～220 mm，含气量控制在 1.5%～2.5%。

表 7-11　沉管混凝土配合比

编号	胶凝材料/(kg/m³)	水胶比	水泥/%	粉煤灰/%	矿粉/%	砂率/%	坍落度/mm	含气量/%	和易性描述
C1	450	0.37	50	20	30	44	220	1.5	浆体富余、轻微泌水
C2	450	0.33	35	25	40	42	195	2.4	浆体富余、发黏
C3	420	0.37	35	25	40	43	195	1.6	轻微泌水
C4	420	0.35	35	25	40	42	200	1.8	状态良好
C5	420	0.35	35	30	35	42	210	1.8	状态良好
C6	420	0.35	40	20	40	42	200	2.0	状态良好
C7	420	0.35	45	20	35	41	215	2.0	状态良好
C8	420	0.35	50	20	30	41	200	1.6	状态良好
C9	420	0.33	35	25	40	41	195	1.8	发黏、抓底
C10	400	0.35	45	20	35	40	200	2.3	流动性及包裹性较差
C11	380	0.35	45	20	35	40	195	2.5	流动性及包裹性差

（3）混凝土工作性能

由表 7-11 可以看出，胶凝材料用量为 450 kg/m³、水胶比为 0.37 的 C1 配合比，新拌混凝土浆体富余且有轻微泌水，水胶比为 0.33 的 C2 配合比混凝土虽然保水性明显增强，但浆体仍旧富余较多且具有一定的黏滞性、不易铲动；胶凝材料用量为 420 kg/m³ 的 C3～C9 这 7 组混凝土，水胶比为 0.37 的 C3 配合比，新拌混凝土轻微泌水，水胶比为 0.33 的 C9 配合比，混凝土无泌水现象，但混凝土流动性差、黏性大且抓底，其余 5 组水胶比为 0.35 的 C4～C8 配合比，新拌混凝土流动性良好，无离析、泌水，混凝土黏聚性良好；胶凝材料用量分别为 400 kg/m³、380 kg/m³ 的 C10、C11 这两组混凝土，虽然混凝土无离析、泌水现象出现，但流动性及浆体对骨料的包裹性明显降低。

不同新拌混凝土工作状态如图 7-3 所示，胶凝材料用量及水胶比是影响沉管混凝土工作性能的重要因素。以 420 kg/m³ 的胶凝材料用量为基准，增大胶凝材料用量，混凝土浆体富余，易泌水且不利于降低混凝土收缩总量，但降低胶凝材料则易导致混凝土流动性及包裹性降低；以 0.35 水胶比为基准，在相同胶凝材料用量条件下，增大水胶比，混凝土保水性降低，降低水胶比，混凝土流动性降低、黏性增大。

（a）新拌混凝土富浆且发黏

（b）新拌混凝土泌水

（c）新拌混凝土包裹性差

（d）新拌混凝土状态良好

图 7-3　新拌混凝土工作状态

（4）混凝土强度

各组配合比不同龄期的混凝土轴心抗压强度、劈裂抗拉强度及抗压强度如表 7-12 所示。各组配合比 28 d 龄期的抗压强度均大于 45 MPa，56 d 龄期抗压强度均大于 50 MPa，但水胶比为 0.37 的混凝土配合比与水泥在胶凝材料中所占比例为 35%的配合比 3 d 龄期强度明显低于其他各组配合比，特别是轴心抗压强度与劈裂抗拉强度均接近拆模与顶推施工要求的极限值，甚至更低。

表 7-12 沉管混凝土强度

编号	轴心抗压强度/MPa	劈裂抗拉强度/MPa	抗压强度/MPa			
	3 d	3 d	3 d	7 d	28 d	56 d
C1	21.8	1.89	23.6	37.2	54.1	61.2
C2	19.7	2.52	24.8	38.8	55.6	63.2
C3	18.2	1.98	20.7	30.9	48.3	58.6
C4	23.2	2.12	23.2	36.4	53.3	62.4
C5	22.1	2.24	22.1	34.2	51.2	60.5
C6	25.4	2.38	26.4	40.9	57.1	61.8
C7	26.1	2.56	28.8	42.9	59.9	65.3
C8	28.4	2.78	33.8	44.9	55.5	62.4
C9	21.3	2.66	27.2	39.7	54.1	64.7
C10	24.2	2.32	29.9	41.6	55.9	63.6
C11	23.1	2.21	25.1	42.3	60.5	64.4

　　水胶比、水泥所占比例对沉管混凝土抗压强度影响分别如图 7-4 所示。在保持胶凝材料用量及胶凝材料组成不变的条件下，随着水胶比增大混凝土强度明显降低，水胶比增大至 0.37，3 d 龄期抗压强度明显降低，28 d 龄期及 56 d 龄期抗压强度保证率也迅速下降。

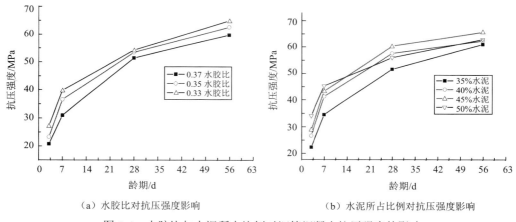

（a）水胶比对抗压强度影响　　　　　　（b）水泥所占比例对抗压强度影响

图 7-4　水胶比与水泥所占比例对沉管混凝土抗压强度的影响

　　在胶凝材料用量及水胶比不变的条件下，随着水泥在胶凝材料中所占比例从 35%增加至 50%，混凝土抗压强度随着水泥所占比例的提高而增大。水泥所占比例为 45%与40%，会略微降低混凝土在 3 d 与 7 d 龄期的抗压强度，但 28 d 抗压强度增长速率明显高于50%水泥配合比，到56 d 龄期时以45%水泥配合比的抗压强度最高，40%水泥与50%水泥的56 d 龄期抗压强度接近，而35%水泥抗压强度在3～56 d 龄期内的抗压强度均为最低。在水泥所占比例为 40%～50%的环境中，可充分激发出矿物掺和料活性，参与胶凝材料水化，填充混凝土中的空隙，提高混凝土的密实度。

（5）混凝土耐久性

各组配合比不同龄期的抗水压渗透性与氯离子扩散系数如表 7-13 所示。各组混凝土配合比在 28 d 龄期的抗水压渗透等级均大于 P12，具有良好的抗水压渗透性能，满足沉管抗水压渗透性的要求，说明配合比的胶凝材料用量、矿物掺和料用量比例及水胶比在沉管配合比所述范围内改变对混凝土抗水压渗透等级无明显影响。随着龄期的增长，混凝土抗氯离子渗透性明显提高，各组混凝土 28 d、56 d 的氯离子扩散系数均满足设计指标要求，但各组配合比的氯离子扩散系数保证率存在明显差异，水胶比、胶凝材料组成、胶凝材料用量等因素对混凝土氯离子扩散系数变化规律的影响不尽相同。

表 7-13　混凝土耐久性指标

编号	氯离子扩散系数/($\times 10^{-12}$m²/s)			抗水压渗透等级
	28 d	56 d	84 d	28 d
C1	6.1	4.1	2.5	>P12
C2	4.1	2.9	1.7	>P12
C3	6.4	4.2	2.6	>P12
C4	5.5	3.6	2.1	>P12
C5	5.6	2.4	1.9	>P12
C6	5.0	2.2	1.6	>P12
C7	4.7	2.5	1.8	>P12
C8	4.5	2.7	1.9	>P12
C9	4.4	2.8	1.6	>P12
C10	4.9	3.1	2.0	>P12
C11	5.2	2.8	2.3	>P12

水泥在胶凝材料中所占比例对沉管混凝土抗氯离子渗透性的影响如图 7-5 中（a）所示。在胶凝材料用量及水胶比不变的条件下，矿物掺和料比例的改变对混凝土氯离子扩散系数变化规律的影响比较复杂。这与矿物掺和料在混凝土中的填充作用、在碱性环境中参与水化反应的程度及对氯离子的结合作用密切相关，在水泥所占比例为 40%～50% 环境中能充分发挥矿物掺和料作用，确保混凝土在 28 d 龄期及之后均具有较低的氯离子扩散系数。

水胶比对混凝土抗氯离子渗透性影响如图 7-5（b）所示。在胶凝材料组成及胶凝材料用量不变的条件下，当混凝土的水胶比从 0.33 增大至 0.37，混凝土 28 d 龄期氯离子扩散系数增大至 6.4×10^{-12} m²/s，混凝土抗氯离子渗透性明显降低，虽然仍旧满足设计指标要求，但富余量明显降低。为确保工程中混凝土的氯离子扩散系数与设计要求相比具有较好的保证率，沉管混凝土水胶比应不大于 0.35。

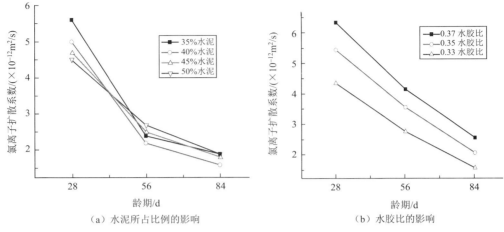

（a）水泥所占比例的影响　　　　　（b）水胶比的影响

图 7-5　水胶比与水泥所占比例对沉管混凝土抗氯离子渗透性的影响

（6）混凝土收缩

各组配合比在 90 d 龄期内的干燥收缩如图 7-6 所示。除了 C1、C2 两组胶凝材料用量为 450 kg/m³ 的配合比在 90 d 龄期内的干燥收缩超过了 $300×10^{-6}$，其余各组的干燥收缩均满足沉管混凝土的要求。对于以大掺量混掺矿物掺和料、较低水胶比为主要特征的沉管混凝土，胶凝材料用量是影响混凝土干燥收缩的主要因素，控制混凝土胶凝材料用量不超过 420 kg/m³ 就可以确保混凝土干燥收缩满足设计要求。

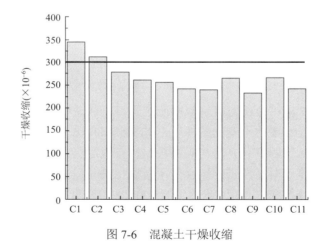

图 7-6　混凝土干燥收缩

（7）混凝土绝热温升

各组配合比沉管混凝土绝热温升如图 7-7、图 7-8 所示。除了 C1 胶凝材料用量为 450 kg/m³ 的配合比、C8 水泥在胶凝材料中占 50% 的两组配合比外，其余各组的绝热温升均满足沉管混凝土要求。

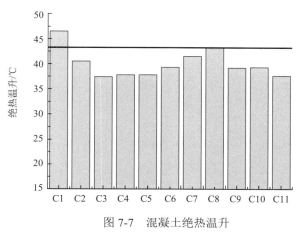

图 7-7　混凝土绝热温升

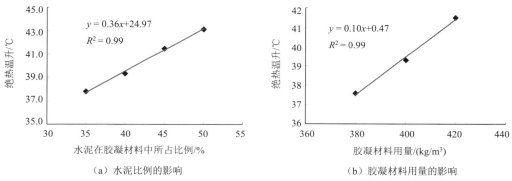

（a）水泥比例的影响　　　　　　　（b）胶凝材料用量的影响

图 7-8　水泥比例与胶凝材料用量对绝热温升的影响

影响沉管混凝土绝热温升的主要因素是水泥在胶凝材料中所占比例及胶凝材料用量。在固定水胶比及胶凝材料用量的条件下，随着混凝土胶凝材料中水泥所占比例的增加，混凝土绝热温升逐渐增大，对水泥所占比例与绝热温升关系进行回归拟合，可得到相关性很好的线性关系，如图 7-8（a）所示。在胶凝材料中水泥比例为 35%～50%，混凝土中水泥所占比例每增加 5%，混凝土的绝热温升降低 1.8℃。

在固定水胶比及胶凝材料组成的条件下，随着混凝土中胶凝材料用量的增加，混凝土的绝热温升不断增大，对混凝土中胶凝材料用量及绝热温升进行回归拟合，也可以得到相关性很好的线性关系，如图 7-8（b）所示。在胶凝材料用量为 380～420 kg/m³ 内，混凝土中的胶凝材料用量每增加 20 kg/m³，混凝土的绝热温升提高 2.0℃。

（8）混凝土抗裂性能

通过温度应力试验测试混凝土抗裂性能，并计算各组混凝土的抗裂安全系数，具体如表 7-14 所示。

表 7-14　混凝土温度应力试验测试指标

编号	温度指标/℃					力学指标/MPa		断裂时间/h	抗裂安全系数
	入模温度	最高温度	最大温升	断裂温度	断裂温差	断裂应力	最大压应力		
C1	22.2	68.7	46.5	24.4	44.3	−3.5	0.4	146.7	1.32
C2	21.5	62.0	40.5	16.9	45.1	−2.4	0.7	160.1	1.36
C3	23.5	60.9	37.4	14.6	46.3	−2.1	0.5	152.2	1.41
C4	21.1	58.9	37.8	5.7	53.2	−2.8	0.8	169.3	1.48
C5	22.4	60.2	37.8	6.6	53.6	−3.0	1.0	166.4	1.49
C6	23.1	62.4	39.3	10.2	52.2	−3.1	0.8	168.5	1.46
C7	20.9	62.4	41.5	11.9	50.5	−3.1	0.9	162.8	1.44
C8	20.5	63.7	43.2	14.7	49.0	−3.3	0.9	158.1	1.38
C9	21.5	60.7	39.2	10.8	49.9	−2.6	0.6	169.2	1.48
C10	22.3	61.6	39.3	5.9	55.7	−2.8	0.7	170.4	1.46
C11	21.8	59.4	37.6	1.8	57.6	−2.8	0.9	175.5	1.50

注：断裂温差=最高温度−开裂温度。

各配合比沉管混凝土中，胶凝材料用量不大于 420 kg/m³、水泥所占比例不大于 45% 的 C4、C5、C6、C7、C10、C11 这 6 组配合比断裂温差大于 50℃、抗裂安全系数大于 1.4，具有较优的抗裂性能。通过温度应力测试及抗裂安全系数计算可以发现，影响混凝土抗裂性能的显著规律性因素是胶凝材料用量及水泥在胶凝材料中所占比例。在胶凝材料用量为 380～450 kg/m³，随着胶凝材料用量的增加，混凝土断裂温度升高，断裂温差及抗裂安全系数下降，混凝土抗裂性能降低。在 35%～50%水泥比例范围，随着水泥比例的增大，混凝土断裂温度随之升高，断裂温差及抗裂安全系数下降，混凝土抗裂性能降低。

混凝土温度应力试验的抗裂性能评价显示，在沉管混凝土配合比特定的范围内，胶凝材料用量越低、水泥所占比例越小的混凝土抗裂性能越好，但胶凝材料用量及水泥比例分别对混凝土的工作性能、强度及抗氯离子渗透性等性能有显著影响。因此，选择沉管混凝土配合比，不能仅着重于混凝土配合比的抗裂性能。

7.3.3　配合比优化

综合考虑各组配合比因素对混凝土性能的影响，在兼顾沉管全断面浇筑施工工作性能要求、强度要求、耐久性要求前提下，优选出编号为 C7 的配合比，其绝热温度为 41.5℃、干燥收缩为 240×10^{-6}，抗裂安全系数为 1.44，满足混凝土低热、低收缩、高抗裂性能要求。

沉管具有结构复杂、钢筋密集的特点，为确保搅拌出机混凝土经长距离泵送至浇筑现场后能满足全断面浇筑施工的需求，但又不能因为混凝土保持塑性的时间及初凝时间过长而影响后续施工或带来混凝土表面泌水，在优选配合比基础上重点针对混凝土施工性能通过砂率与减水剂组分调整进行优化，使混凝土施工性能满足表 7-15 要求。

表 7-15 优化沉管混凝土配合比施工性能

新拌出机混凝土性能			经泵送至浇筑现场混凝土性能				
坍落度/mm	坍落扩展度/mm	泌水率/%	坍落度/mm	坍落扩展度/mm	重塑时间/h	初凝时间/h	泌水率/%
200～220	400～450	≤1	180～220	350～450	≥8	≥12	0

经优化调整，沉管混凝土满足全断面浇筑施工、结构强度及 120 年设计使用寿命的要求，解决了混凝土高水化热温升及高收缩的控裂难题，显著提高了沉管混凝土结构整体的抗裂性能，使得确保沉管节段在施工期间不出现裂缝成为可能。

7.3.4 配合比验证

由于无成熟经验可供参考借鉴，必须在沉管预制施工前分阶段逐步进行模型试验，验证混凝土原材料、配合比、施工工艺及裂缝控制措施的可行性与可靠性，并根据试验结果对相关参数或技术措施进行动态调整。由于足尺模型试验本身具有试验成本高、试验内容繁多及影响因素复杂的特点，为提高足尺模型试验对实际施工的指导作用，确保足尺模型试验的可比性和可行性，在足尺模型试验之前进行了多次小尺寸模型试验。

1. 小尺寸模型试验

小尺寸模型分为带剪力键的块体模型及 L 形模型两种。带剪力键的块体模型，代表节段钢筋密集区、剪力键区及其与节段结合部位，针对室内试验优选出的配合比，重点考察并验证了坍落度对混凝土现场施工振捣性能的影响、高温浇筑环境对混凝土凝结时间及重塑性能的影响。

L 形模型代表沉管节段的底板与侧墙结合部位，可模拟底板、侧墙及底板与侧墙结合处施工，可基本模拟整个节段的温度、应力分布及变化规律，是沉管节段结构内部温度最高、浇筑振捣工艺最为复杂的区域。L 形模型重点对调整配合比的现场性能、消防栓预留孔、预应力管道、侧墙竖向剪力键钢筋等预埋件对混凝土浇筑性能影响及振捣工艺等进行了验证。

（1）模型设计

为充分考虑配筋及剪力键对混凝土浇筑质量的影响，检验混凝土的现场施工性能，并为混凝土坍落度的选择提供依据。按照沉管节段设计及配筋，从节段截面上选择可代表钢筋密集区、剪力键区及剪力键与节段结合部位为块体模型。节段行车廊道底板中部的厚度为 1.5 m，而节段底板的最大厚度为 1.7 m，为在块体模型中体现出节段最厚处的温度状态且便于钢筋的布置，由行车廊道底板中部截取出的模型在厚度方向上有所增加。块体模型如图 7-9 所示，单个块体模型的混凝土浇筑方量为 7.3 m³，分为方块及剪力键两部分。

但块体模型并不能代表节段实际部位，没有考虑节段底板与侧墙结合部位这个在混凝土浇筑中最容易出现缺陷的位置，且尺寸偏小，现场监测模型内部温度值偏低，不能为确定足尺模型混凝土浇筑温度控制指标提供准确的边界参数。

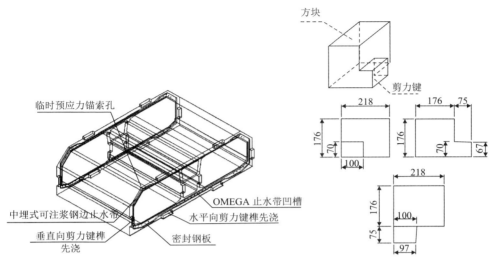

图 7-9　块体模型（单位：cm）

从底板与侧墙结合处选取 L 形模型，可模拟底板、侧墙及底板与侧墙结合处施工，该模型如图 7-10 所示，单个模型混凝土浇筑方量为 23 m³，由侧墙、底板及内倒角结合部组成。

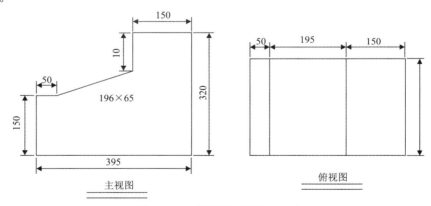

图 7-10　L 形模型（单位：cm）

沉管节段全尺寸模型与 L 形模型温度、应力仿真计算结果如图 7-11 与表 7-16 所示，模型最高中心温度、最大主应力与全尺寸模型最大值基本相等，可较好地模拟底板侧墙温度、应力分布。L 形模型是沉管节段结构内部温度最高、浇筑振捣工艺最为复杂的区域，可部分反映沉管全断面浇筑施工及温度应力情况。

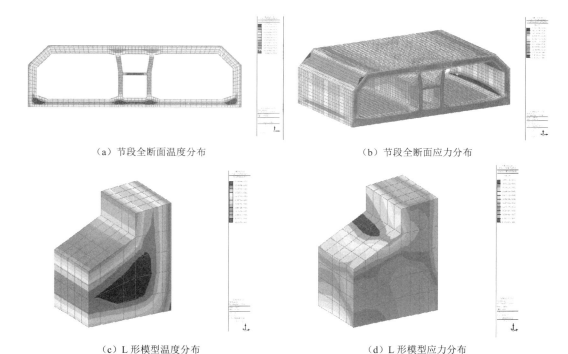

（a）节段全断面温度分布　　　　　　　　（b）节段全断面应力分布

（c）L 形模型温度分布　　　　　　　　　（d）L 形模型应力分布

图 7-11　沉管节段与 L 形模型的温度、应力模拟计算结果

表 7-16　模型温度、应力仿真计算结果

模型种类	浇筑温度/℃	中心最高温度/℃	表面最大应力/MPa
全断面模型	20	63.6	1.67
L 形模型	20	63.6	1.66

（2）配合比与原材料

根据沉管节段施工工艺调整,针对不同配合比及原材料进行了 4 次小尺寸模型试验,具体的配合比及原材料如表 7-17、表 7-18 所示。

表 7-17　小尺寸模型试验配合比

小模型试验	胶凝材料用量/(kg/m³)	水胶比	水泥/(kg/m³)	粉煤灰/(kg/m³)	矿粉/(kg/m³)	河砂/(kg/m³)	大石/(kg/m³)	小石/(kg/m³)	减水剂 %	减水剂 kg/m³
第一次	420	0.34	168	105	147	721	757	325	0.9	3.8
	400	0.35	160	100	140	732	769	329	0.9	3.6
第二次	420	0.34	168	105	147	721	757	325	1.0	4.2
第三次	420	0.34	189	105	126	780	729	313	1.0	4.2
第四次	440	0.34	189	120	131	727	738	316	0.8	3.5

表 7-18　小尺寸模型试验原材料

材料种类	第一次小尺寸模型试验		第二次小尺寸模型试验		第三次小尺寸模型试验		第四次小尺寸模型试验	
	规格型号	材料厂家	规格型号	材料厂家	规格型号	材料厂家	规格型号	材料厂家
水泥	P·II42.5	华润	P·II42.5	粤秀	P·II42.5	华润	P·II42.5	华润
粉煤灰	准 I 级	谏壁	准 I 级	谏壁	准 I 级	谏壁	准 I 级	谏壁
矿粉	S95	首钢	S95	首钢	S95	首钢	S95	首钢
碎石	5～20 mm	惠州燊泰基	5～20 mm	江门白水带	5～20 mm	桂山惠记	5～20 mm	桂山惠记
河砂	中砂	西江上游	中砂	西江上游	中砂	西江上游	中砂	西江上游
减水剂	聚羧酸	南京瑞迪	聚羧酸	江苏苏博特	聚羧酸	江苏苏博特	聚羧酸	江苏苏博特

（3）混凝土性能

4 次小尺寸模型试验出机混凝土性能如表 7-19、表 7-20 所示，小尺寸模型试验过程中对混凝土出机坍落度、浇筑坍落度、含气量、初凝时间进行了不断的探索，为确保足尺模型混凝土工作性能要求发挥了作用。

表 7-19　小尺寸模型试验出机混凝土工作性能

小尺寸模型试验	出机坍落度/mm	浇筑坍落度/mm	含气量/%	初凝时间/h	泌水率/%	容重/(kg/m³)
第一次	120～160	100～150	1.8～2.3	10.4	0	2390～2410
	180～200	180～200	2.0～2.4	11.5	0	
第二次	160～180	140～180	2.5～2.5	13.1	0	2390～2410
第三次	160～200	140～180	1.5～2.0	13.8	0	2395～2410
第四次	160～200	140～180	2.5～3.5	14.1	0	2375～2390

表 7-20　小尺寸模型试验混凝土强度

小尺寸模型试验	标准养护/MPa				同条件养护/MPa				实体芯样/MPa			劈裂抗拉/MPa	
	3 d	7 d	28 d	56 d	3 d	7 d	28 d	56 d	7 d	28 d	56 d	3 d[1]	3 d[2]
第一次	34.0	47.0	64.4	72.2	35.5	48.0	65.6	69.1	49.0	58.6	65.2	3.0	3.4
	32.5	46.5	55.9	68.2	33.2	44.6	58.9	62.3	44.6	55.3	59.1	2.9	3.5
第二次	32.2	42.0	60.1	67.2	34.7	51.3	64.1	68.9	44.2	60.3	64.4	3.1	3.6
第三次	29.1	42.3	59.3	65.8	30.1	44.2	60.4	66.6	40.2	50.1	56.6	2.8	3.2
第四次	26.6	39.5	53.2	59.1	24.8	36.9	48.1	59.0	38.0	47.8	52.2	2.6	2.9

注：1 为标准养护、2 为同条件养护。

4 次小尺寸模型试验在不同养护条件下混凝土的抗压强度、劈裂抗拉强度如表 7-20 所示。前三次模型试验，在不同条件下的 3 d 抗压强度均大于 30 MPa，7 d 抗压强度均大于 40 MPa，28 d 抗压强度均大于 55 MPa，56 d 抗压强度大于 60 MPa，3 d 标准养护与同条件养护的劈裂抗拉强度均大于 2.5 MPa，混凝土力学性能满足沉管混凝土性能要求，并且具有较高的保证率。第四次模型试验，混凝土含气量普遍提高了 1%左右，并且由于混凝土浇筑与养护过程中环境温度较低，不同养护条件的混凝土抗压强度、劈裂抗拉强度明显低于前面三次试验，强度富余量显著下降。

4 次小尺寸模型试验的混凝土容重、氯离子扩散系数及抗渗等级如表 7-21 所示。模型混凝土实体芯样的容重处于 2420～2470 m³/kg，远大于同条件养护混凝土容重的 2390～2420 m³/kg，这是由于实体混凝土在高频振捣棒作用下，大量气泡消散、外溢，实体混凝土中的含气量大大低于振动台振动成型的混凝土。

表 7-21　小尺寸模型试验硬化混凝土物理性能

小尺寸模型试验	容重/(kg/m³)		氯离子扩散系数/(×10⁻¹² m²/s)				抗渗等级
	同条件养护	实体芯样	标准养护		实体芯样		标准养护
			28 d	56 d	28 d	56 d	28 d
第一次	2 415	2 431	3.6	2.2	2.5	1.4	P12
	2 410	2 432	4.1	2.9	3.6	1.8	P12
第二次	2 420	2 450	4.3	3.3	3.9	2.5	P12
第三次	2 410	2 445	4.6	2.7	3.9	2.2	P12
第四次	2 390	2 400	4.9	3.1	3.9	2.1	P12

模型混凝土在标准养护条件及实体芯样条件下测试的氯离子扩散系数均满足设计要求，与标准养护条件相比实体芯样混凝土的氯离子扩散系数更低，具有更好的耐久性。实体混凝土经过高频振捣棒的充分振捣后，排出了混凝土中的大量气泡，混凝土变得更加密实。实体混凝土在硬化过程中，受胶凝材料水化放热影响，实体混凝土的温度远高于标准养护条件的20℃。按照成熟度理论，在相同龄期条件下，温度高的混凝土成熟度更高，其等效龄期明显比标准条件混凝土更长，混凝土也相应更加密实。因此，受高频振捣及内部高温影响，实体混凝土比标准养护混凝土更加密实，耐久性更好。

模型混凝土在 28 d 龄期的抗水压渗透等级为 P12，满足沉管混凝土抗水压渗透等级的要求。

（4）温度监测

4 件小尺寸模型混凝土分别在夏季、秋季及冬季进行浇筑，分别代表了沉管混凝土施工的高温季节、常温季节及低温季节，具体的温度监测结果如表 7-22 所示。

表 7-22　小尺寸模型试验混凝土温度监测结果

小尺寸模型试验	第一次		第二次		第三次		第四次	
	温度指标	出现时间	温度指标	出现时间	温度指标	出现时间	温度指标	出现时间
环境温度	34～36℃	—	24～32℃	—	23～27℃	—	15～17℃	—
浇筑温度	35.3℃	—	33.0℃	—	26.0℃	—	17.3℃	—

续表

小尺寸模型试验	第一次		第二次		第三次		第四次	
	温度指标	出现时间	温度指标	出现时间	温度指标	出现时间	温度指标	出现时间
最高温度	70.4℃	28 h	65.7℃	34 h	64.8℃	42 h	53.7℃	52 h
最大温升	35.1℃	—	32.7℃	—	38.8℃	—	36.4℃	—
最大温差	20.5℃	20 h	20.0℃	60 h	21.2℃	44 h	23.3℃	52 h
最大降温速率	14℃/d	46～70 h	13.6℃/d	76～78 h	5.9℃/d	55～75 h	2.9℃/d	50～75 h

在高温季节，未采取原材料降温及加入碎冰搅拌，混凝土浇筑温度达 35.3℃，内部最高温度达 70.4℃，随着环境温度降低，混凝土的浇筑温度及内部最高温度也随之降低。第一次及第二次小尺寸模型试验，未采取任何保温养护措施，降温阶段最大内外温差均大于 20℃，最大降温速率达 10℃/d 以上。第三次及第四次小尺寸模型试验，混凝土拆模后采取土工布包裹保温，虽然内外温差仍大于 20℃，但最大降温速率明显降低，其中第四次采取双层土工布包裹养护的降温速率降低至 2.9℃/d。

2. 足尺模型试验

皮带输送与泵压输送均是大型、高效且广泛应用的混凝土浇筑输送方式，各有优缺点，适用于不同的施工条件，沉管混凝土全断面浇筑施工如何根据预制工厂场地条件及功效方面的要求，选择合适的混凝土运输浇筑工艺，是必须解决的关键技术问题。按照沉管节段实体尺寸，取全幅横断面的节段作为足尺模型，通过两次足尺模型试验对材料、设备、施工工艺、功效等进行验证。利用沉管足尺模型试验的开展，比较皮带与泵压混凝土输送工艺，确定适用于沉管预制全断面浇筑的混凝土输送工艺及混凝土性能指标。

（1）试验方案

足尺模型按沉管标准节段的全断面尺寸进行预制，足尺模型高度为 11.40 m、宽度为 37.95 m、长度均为 5.8 m，浇筑 S1、S2 两节足尺模型。S1 节段足尺模型试验利用皮带机输送、布料进行混凝土浇筑，S2 节段足尺模型采用搅拌运输车+地泵方式联合输送、布料进行混凝土浇筑。足尺模型结构如图 7-12 所示。

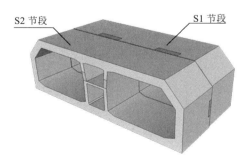

图 7-12　沉管足尺模型结构

（2）第一次足尺模型试验

S1 节段足尺模型混凝土采用皮带机输送，混凝土设计坍落度为(160±20) mm，足尺模型试验采用的原材料、混凝土配合比、混凝土性能指标分别如表 7-23～表 7-25 所示。

表 7-23 S1 节段足尺模型试验混凝土原材料

材料名称	水泥	粉煤灰	矿粉	碎石	碎石	河砂	减水剂
规格型号	P·II42.5	I 级	S95 矿粉	5～10 mm	10～20 mm	中砂	聚羧酸
材料厂家	华润（平南）	谏壁发电厂	首钢	桂山惠记		西江（上游）	江苏苏博特

表 7-24 S1 节段足尺模型试验混凝土配合比

胶凝材料/(kg/m³)	水胶比	水泥/%	粉煤灰/%	矿渣粉/%	砂率/%	外加剂/%	设计容重/(kg/m³)
440	0.34	43	27	30	41	1.0	2 380

表 7-25 S1 节段足尺模型试验混凝土性能

新拌混凝土性能				强度/MPa			抗渗性	氯离子扩散系数/(×10⁻¹²m²/s)	
坍落度/mm	含气量/%	容重/(kg/m³)	初凝时间/h	3 d	28 d	56 d	28 d	28 d	56 d
175	2.5	2390	9.1	28.7	65.7	69.2	>P12	4.5	2.6

S1 节段足尺模型混凝土搅拌时间为 120 s，搅拌完成后卸料至缓存仓，通过缓存仓下落到一级皮带上，经二级、三级与四级皮带输送至位于浇筑现场的分料仓。分料仓具有二次搅拌功能，可在混凝土浇筑入模前进行二次搅拌。经分料仓搅拌、分料后，混凝土通过最后一级的布料皮带机进行布料浇筑。混凝土由最远的缓存仓卸料至皮带上，经五级皮带输送至入模处，输送距离达 200 m 以上，所需时间约 140 s，皮带输送流程如图 7-13、图 7-14 所示。

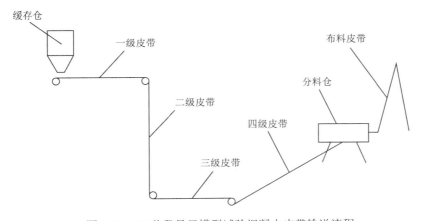

图 7-13 S1 节段足尺模型试验混凝土皮带输送流程

混凝土坍落度变化规律如图 7-14（a）所示，输送至浇筑现场坍落度会有一定的损失，最大坍落度损失为 95 mm，最小坍落度损失为 10 mm，坍落度损失基本处于 20～40 mm，混凝土施工流动性明显降低。

混凝土含气量变化规律如图 7-14（b）所示，皮带输送机外部未加设防护罩，混凝土匀速卸料，混凝土薄薄地摊铺于输送皮带表面，混凝土的气泡会在输送过程中破裂、溢出，导致混凝土含气量降低。在输送过程中，混凝土含气量的损失量在 0.2%～0.5%，混凝土含气量的降低会在一定程度上影响混凝土的工作性能，导致混凝土流动性降低。

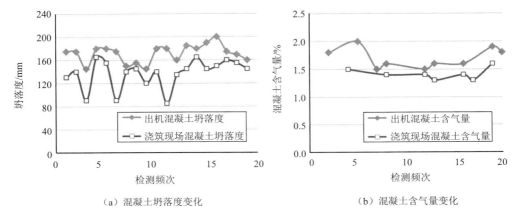

（a）混凝土坍落度变化   （b）混凝土含气量变化

图 7-14　出机混凝土输送至浇筑现场的性能变化

混凝土温度变化规律如图 7-15 所示，S1 节段足尺模型试验在低温季节进行混凝土的生产浇筑，混凝土出机温度处于 15～18℃。无保护措施条件下，整个足尺模型受低温环境影响，混凝土输送至浇筑现场后，混凝土温度整体降低了 0.5～1.4℃。

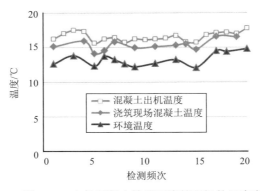

图 7-15　出机混凝土输送至浇筑现场的温度变化

皮带输送过程中混凝土砂率比例的变化如图 7-14 所示。混凝土搅拌出机后，经各级皮带倒运，砂浆损失率为 0.5%～1.3%，第四级皮带具有一定倾斜角度其砂浆损失最大，第二级皮带最长但无倾斜角度其砂浆损失率次之，分料仓通过二次搅拌混凝土可略微提高混凝土均匀性并降低砂浆损失率。受皮带输送多级倒运及倾斜角度影响，整个运输过程混凝土砂浆损失率达 3.9%。混凝土砂浆损失后，最直接的表现就是混凝土施工振捣性下降，在振捣棒作用下混凝土流动性变差，混凝土浆体无法充分填充碎石之间的空隙及碎石与模板之间的空虚，导致边角部位及不易振捣部位出现碎石堆积、少浆等缺陷，影响沉管节段整体的性能（表 7-26）。

表 7-26　皮带机输送混凝土过程砂浆比例变化情况

出机混凝土/%	一级皮带/%	二级皮带/%	三级皮带/%	四级皮带/%	分料仓/%	布料皮带/%
55.2	54.7	53.8	53.2	51.9	52.1	51.3

S1 节段足尺模型不同养护条件硬化混凝土力学性能如表 7-27 所示。标准养护条件 9 组混凝土的 3 d 强度均大于 25 MPa，7 d 强度均大于 40 MPa，28 d 抗压强度大于 50 MPa，56 d 抗压强度大于 60 MPa。3 d 抗拉强度均大于 2.0 MPa。同条件养护 2 组混凝土 1 d 抗压强度大于 20 MPa，3 d 抗压强度大于 30 MPa，7 d 抗压强度均大于 45 MPa，28 d 抗压强度大于 50 MPa，56 d 抗压强度大于 60 MPa，3 d 抗拉强度大于 2.05 MPa。同条件养护混凝土底板及顶板部位的 3 d 弹性模量大于 2.0×10^4 MPa，7 d 弹性模量大于 3.0×10^4 MPa。

表 7-27　S1 节段足尺模型混凝土力学性能

取样位置	留样编号	养护条件	抗压强度/MPa						抗拉强度/MPa		弹性模量/(×10⁴MPa)	
			1 d	3 d	7 d	28 d	56 d	90 d	1 d	3 d	3 d	7 d
搅拌站	1 号	标准养护	—	28.9	48.5	60.2	72.1	—	—	2.26	—	—
	2 号		—	27.8	46.2	62.7	67.7	71.2	—	2.34	—	—
	3 号		—	31.4	48.8	51.3	74.5	—	—	2.64	—	—
	4 号		—	26.3	47.1	61.7	71.9	71.6	—	2.25	—	—
	5 号		—	27.2	47.1	51.2	70.9	—	—	2.24	—	—
	6 号		—	25.5	42.1	59.7	69.1	72.8	—	2.11	—	—
	7 号		—	29.3	46.6	61.4	71.9	74.1	—	2.34	—	—
	8 号		—	27.2	44.4	60.3	69.8	78.0	—	2.19	—	—
	9 号		—	27.8	46.4	59.7	73.4		—		—	—
底板	1 号	同条件养护	22.1	31.6	43.0	53.2	71.1		1.05	2.42	2.91	3.54
顶板	2 号		23.3	33.9	44.6	53.1	74.8		1.18	2.59	2.90	3.38

S1 节段足尺模型的氯离子扩散系数、容重及抗水压渗透性等指标如表 7-28 所示。标准养护、实体芯样的氯离子扩散系数均满足设计指标要求，并且具有较高的保证率。标准养护与同条件养护混凝土试件的抗水压渗透等级均为 P12，满足设计要求。

S1 节段足尺模型试验成型混凝土试件均采用振捣棒振捣成型，标准养护、同条件养护及实体钻芯取样 3 种工况条件硬化混凝土容重相差不大，均满足沉管(2440±30) kg/m³

容重控制精度要求。结合现场小尺寸模型试验不同成型条件的容重差异，可以确定影响硬化混凝土容重的主要因素是振捣工艺，养护差异对容重的影响较小。

表 7-28　S1 节段足尺模型混凝土物理性能

| 取样位置 | 留样编号 | 养护条件 | 氯离子扩散系数/($\times 10^{-12}$m²/s) | | 容重/(kg/m³) | 抗水压渗透等级 |
			28 d	56 d		28 d
现场底板	1 号	标准养护	3.2	3.1	2440	P12
现场顶板	2 号		3.8	3.3	2440	P12
现场底板	1 号	同条件养护	—	—	2430	P12
现场顶板	2 号		—	—	2440	P12
浅坞区侧端部	1 号	实体芯样	3.0	2.2	2440	—
侧墙根部	2 号		3.1	2.4	2450	—
顶板中部	3 号		3.5	2.3	2420	—
行车廊道底板中部	4 号		4.1	2.5	2420	—
中隔墙根部	5 号		4.2	2.7	2405	—
中间廊道中部	6 号		4.2	2.6	2420	—

（3）第二次足尺模型试验

S2 节段足尺模型混凝土采用搅拌运输车与地泵进行联合输送，为保证混凝土泵送性能，设计坍落度为(200±20) mm，坍落扩展度为(400±50) mm。泵送混凝土无明显的砂浆损失，为提高沉管混凝土抗裂性能，适当降低了混凝土中胶凝材料用量。

在第一次足尺模型混凝土配合比基础上，保持原材料厂家及水泥用量不变，通过降低粉煤灰与矿粉的用量，将胶凝材料用量降低至 420 kg/m³，适当调整水胶比、砂率形成 S2 节段足尺模型试验混凝土配合比和性能如表 7-29 和表 7-30 所示。

表 7-29　S2 节段足尺模型试验混凝土配合比

胶凝材料/(kg/m³)	水胶比	水泥/%	粉煤灰/%	矿渣粉/%	砂率/%	外加剂/%	设计容重/(kg/m³)
420	0.35	45	25	30	43	1.0	2390

表 7-30　S2 段足尺模型试验混凝土配合比性能

| 新拌混凝土性能 | | | | 强度/MPa | | | 抗渗性 | 氯离子扩散系数/($\times 10^{-12}$m²/s) | |
坍落度/mm	坍落扩展度/mm	含气量/%	容重/(kg/m³)	3 d	28 d	56 d	28 d	28 d	56 d
205	390	1.6	2410	26.7	58.1	66.4	>P12	5.3	2.8

沉管节段混凝土浇筑量大、浇筑面广，为防止在沉管混凝土浇筑过程中因故障暂时中断及上下层混凝土覆盖不及时而形成的冷缝，必须对不同环境温度条件下混凝土的初凝时间及重塑性能进行研究。

　　S2 节段足尺模型混凝土在不同环境温度条件下的初凝时间变化规律如图 7-16（a）所示。混凝土初凝时间与环境温度呈线性关系，随着环境温度从 20℃升高至 35℃，初凝时间迅速缩短。环境温度 20℃条件下，4 次重复性试验混凝土初凝时间处于 15.5～17.3 h，环境温度升高至 35℃时，混凝土初凝时间缩短为 5.1～7.2 h，温度升高 15℃，混凝土初凝时间缩短 10 h 左右。

　　重塑时间是评价混凝土施工性能的重要指标，混凝土在不同环境温度条件下的重塑时间变化规律如图 7-16（b）所示。混凝土重塑时间与环境温度具有较好的线性关系，和初凝时间变化规律一样，环境温度升高，混凝土重塑缩短。环境温度从 20℃升高至 35℃，混凝土重塑时间缩短 6 h。

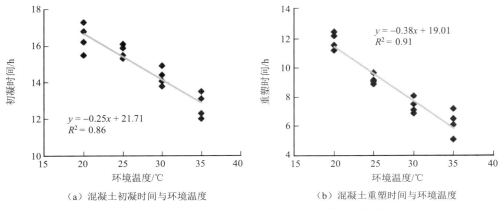

（a）混凝土初凝时间与环境温度　　　　　（b）混凝土重塑时间与环境温度

图 7-16　环境温度对混凝土初凝时间与重塑时间的影响

　　S2 节段足尺模型混凝土搅拌出机后，由混凝土搅拌运输车运输至厂房侧门外混凝土地泵处，通过地泵泵送至浇筑台座内通过布料杆进行混凝土布料浇筑，最长泵送距离约为 100 m。搅拌站出机的混凝土，经过搅拌运输车与泵机联合输送后，到达浇筑现场的混凝土坍落度、含气量及温度均会发生变化，但其变化规律与皮带机输送有所不同。

　　混凝土坍落度与坍落扩展度变化规律如图 7-17（a）所示，坍落度小于 200 mm 的混凝土，输送至浇筑现场的坍落度小于 160 mm，混凝土基本没有流动性，会堆积在钢筋表面，必须利用振捣棒振动、驱赶才能流动，容易因振捣不充分而出现蜂窝、狗洞等缺陷。出机坍落度大于 220 mm 的混凝土，混凝土流动性提高，但混凝土黏聚性降低，砂浆与碎石的包裹性下降，在泵送过程中泵机停顿等待时，容易因大量砂浆黏附在泵管壁上而出现堵塞泵管的现象。坍落度过大，混凝土黏聚性不良，输送至浇筑现场，在强力振捣作用下，容易引起混凝土离析、泌水等现象，对实体硬化混凝土性能造成负面影响。出机坍落度处于 200～220 mm 时，混凝土具备良好的泵送性能及现场浇筑振捣性能，能满足泵送需求，并且不会因泵送停顿等待而堵塞泵管，运输到浇筑现场，坍落度损失 10～20 mm，混凝土仍具有一定的流动性，经振捣也不会出现泌水、泌浆等现象，实体硬化混凝土无明显的外观缺陷。

混凝土含气量变化如图 7-17（b）所示，出机混凝土与现场浇筑混凝土的含气量大部分均处于 2.0%～3.0%，出机混凝土与现场浇筑混凝土含气量之间无明显的相关性。但出机混凝土含气量与现场浇筑混凝土含气量之间大致遵循一个原则：混凝土出机含气量大于 2.5%，输送至浇筑现场混凝土含气量会降低，混凝土出机含气量小于 2.5%，输送至浇筑现场混凝土含气量会略微增大一点。

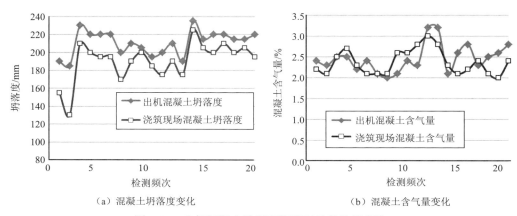

（a）混凝土坍落度变化 　　　　　　　　（b）混凝土含气量变化

图 7-17　出机混凝土输送至浇筑现场的性能变化

在 S2 节段足尺模型试验中，确定了加入碎冰数量对混凝土出机温度的影响及搅拌运输车与地泵联合输送对混凝土温度的影响，如图 7-18 所示。在 0～60 kg/m³ 加冰量范围，混凝土出机温度与加入碎冰的数量之间具有良好的线性关系，随着加冰量的增加，混凝土出机温度有规律地降低。在其他原材料温度不变的条件下，加冰数量每增加 10 kg/m³，出机温度降低 1.5℃。混凝土经运输、停顿、泵送至浇筑现场后，温度会出现一定程度地上升，混凝土浇筑温度与出机温度之间也具有良好的线性关系。出机温度越低，对应混凝土的浇筑温度越低，在正常施工条件下，出机混凝土输送至模板内，温度升高 2～4℃。

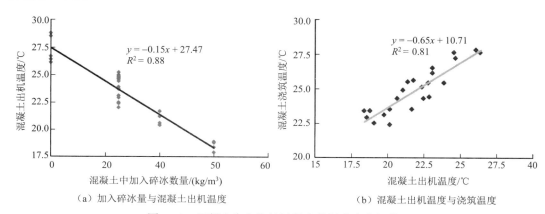

（a）加入碎冰量与混凝土出机温度 　　　　（b）混凝土出机温度与浇筑温度

图 7-18　混凝土生产浇筑过程中的温度变化规律

S2 节段足尺模型不同养护条件硬化混凝土力学性能如表 7-31 所示。标准养护条件 9 组混凝土的 3 d 强度均大于 25 MPa，7 d 强度均大于 40 MPa，28 d 强度均大于 50 MPa，56 d 抗压强度均大于 60 MPa，3 d 抗拉强度大于 2.0 MPa。3 d 抗拉强度大于 2.0 MPa。由于现场温度较高，7 d 龄期以前同条件养护试件强度略高于标准养护条件，28 d 及 56 d 龄期同条件与标准养护试件抗压强度基本相近。同条件养护混凝土 3 d 抗拉强度大于 2.05 MPa，3 d 弹性模量大于 2.0×10^4 MPa，7 d 弹性模量大于 3.0×10^4 MPa。

表 7-31 S2 节段足尺模型混凝土力学性能

取样位置	留样编号	养护条件	抗压强度/MPa					抗拉强度/MPa		弹性模量/($\times 10^4$MPa)	
			1 d	3 d	7 d	28 d	56 d	1 d	3 d	3 d	7 d
搅拌站	1 号	标准养护	—	27.6	43.0	59.8	65.5	—	—	—	—
	2 号		—	28.0	46.1	63.3	66.6	—	—	—	—
	3 号		—	31.8	45.5	60.6	68.0	—	—	—	—
	4 号		—	31.5	44.9	62.9	65.0	—	—	—	—
	5 号		—	30.3	43.7	62.7	66.0	—	—	—	—
	6 号		—	27.3	39.6	57.7	61.1	—	—	—	—
	7 号		—	30.4	44.8	54.4	60.9	—	—	—	—
	8 号		—	28.1	41.2	56.6	61.3	—	—	—	—
	9 号		—	29.4	41.1	57.0	63.2	—	—	—	—
底板	1 号	同条件养护	—	33.3	48.4	58.8	61.8	1.48	2.79	2.80	3.42
侧墙	2 号		22.3	34.0	49.4	58.2	64.2	1.84	2.81	—	—
顶板	3 号		20.8	33.2	48.2	58.4	62.0	1.97	2.86	3.10	3.62

S2 节段足尺模型的氯离子扩散系数、容重及抗水压渗透性等指标如表 7-32 所示。与 S1 节段足尺模型一样，标准养护、实体芯样的氯离子扩散系数均满足设计指标要求，标准养护与同条件养护混凝土试件的抗水压渗透等级均为 P12，满足设计要求。

表 7-32 S2 节段足尺模型混凝土物理性能

取样位置	留样编号	养护条件	氯离子扩散系数/($\times 10^{-12}$m^2/s)		容重/(kg/m^3)	抗水压渗透等级
			28 d	56 d		28 d
现场底板	1 号	标准养护	4.5	3.0	2 405	P12
现场顶板	2 号		4.4	2.8	2 400	P12
现场底板	1 号	同条件养护	4.9	3.3	2 400	P12
现场顶板	2 号		4.5	3.2	2 410	P12
侧墙根部	1 号	实体芯样	2.0	1.8	2 415	—
行车廊道底板中部	2 号		3.1	2.7	2 435	—
中隔墙根部	3 号		2.3	2.1	2 410	—

3. 施工配合比

通过足尺模型试验，确定采用搅拌运输车结合地泵输送混凝土进行沉管混凝土全断面浇筑施工方式。第二次足尺模型试验的混凝土配合比及其性能要求可以满足全断面浇筑，并且硬化混凝土的整体外观优于第一次足尺模型。沉管正式预制施工配合比将参照第二次足尺模型试验的配合比及其工作性能指标要求，保持水胶比、胶凝材料组成、砂率及外加剂掺量等不变，只是根据碎石厂家的变化而对配合比骨料组成稍作调整，具体如表7-33~表7-35所示。

表7-33　沉管预制施工用混凝土配合比

水胶比	水/(kg/m³)	水泥/(kg/m³)	粉煤灰/(kg/m³)	矿粉/(kg/m³)	碎石(大)/(kg/m³)	碎石(小)/(kg/m³)	砂/(kg/m³)	减水剂/(kg/m³)
0.35	147	189	105	126	733	314	775	4.2

表7-34　沉管预制施工用混凝土工作性能

坍落度/mm	容重/(kg/m³)	现场凝结时间/min		现场重塑时间/min	含气量/%
		初凝	终凝		
210	2 390	930	1 020	510	2.5

表7-35　沉管预制施工用混凝土性能

抗压强度/MPa				氯离子扩散系数/(×10⁻¹²m²/s)		抗水压渗透等级	绝热温升/℃	干燥收缩(×10⁻⁶)		抗裂安全系数
3 d	7 d	28 d	56 d	28 d	56 d	28 d	7 d	90 d		
28.8	42.9	59.9	65.3	4.3	2.5	>P12	41.1	240		1.44

沉管预制施工用混凝土配合比、工作性能、强度、抗氯离子渗透性及抗水压渗透性均满足设计要求。其绝热温升为41.1℃，干燥收缩为240×10⁻⁶，计算沉管结构抗裂安全系数为1.44，可以满足沉管混凝土抗裂要求。计算单位体积混凝土的总碱含量、氯离子含量、三氧化硫含量分别如表7-36~表7-38所示，均可满足设计指标要求。

表7-36　单位体积混凝土的总碱含量

材料名称		水泥	粉煤灰	矿粉	细骨料	粗骨料	水	外加剂
材料用量/(kg/m³)		189	105	126	775	1 047	147	4.2
各材料中碱含量	%	0.38	1.62	0.61	非活性	非活性	—	0.03
	mg/L	—	—	—	—	—	71.2	—
碱含量换算系数		1	1/6	1/2	—	—	1	1
各材料含碱量/(kg/m³)		0.718	0.166 7	0.5	—	—	0.010	0.001
总含碱量/(kg/m³)		1.4						
结论		总碱含量小于3.0 kg/m³，符合要求						

表 7-37　单位体积混凝土氯离子总含量

材料名称		水泥	粉煤灰	矿粉	细骨料	粗骨料	水	外加剂
材料用量/(kg/m³)		189	105	126	775	1 047	147	4.2
各材料中氯离子含量	%	0.009	0.006	0.01	0.001	0.001	—	0.05
	mg/L	—	—	—	—	—	44.03	—
各材料氯离子含量/(kg/m³)		0.017	0.006	0.013	0.008	0.010	0.006	0.002
氯离子总含量/(kg/m³)		0.06						
氯离子总含量占胶材总量百分比/%		0.01						
结论		氯离子含量小于 0.08%，符合要求						

表 7-38　单位体积混凝土的三氧化硫含量

材料名称		水泥	粉煤灰	矿粉	细骨料	粗骨料	水	外加剂
材料用量/(kg/m³)		189	105	126	775	1 047	147	4.2
换算系数		1	1	1	—	—	0.833	0.563
各材料中 SO_3、SO_4^{2-} 或 Na_2SO_4 含量	%	2.28	0.66	0.11	—	—		0.15
	mg/L	—	—	—	—	—	14.20	—
各材料中三氧化硫含量/(kg/m³)		4.31	0.69	0.14	—	—	0.002	0.004
三氧化硫含量总含量/(kg/m³)		5.15						
三氧化硫总含量占胶材总量百分比/%		1.2						
结论		三氧化硫含量小于 4.0%，符合要求						

7.4　沉管混凝土控裂

7.4.1　控裂总体设计思路

控裂方案总体思路见图 7-19。

①原料入库、冰冷为主——控制浇筑温度；

②泵送浇筑、优化配合比——控制混凝土温升；

③仓面喷雾、棚内养护——控制内外温差；

④模型验证、实时监测——实现控裂目标。

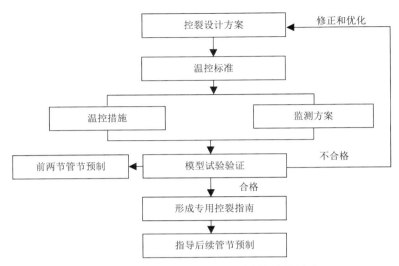

图 7-19　预制沉管混凝土控裂实施总体思路

7.4.2　原材料质量控制

原材料温度及质量控制见 3.6.3 节及 7.2 节。

7.4.3　混凝土生产过程控制

沉管混凝土由搅拌站集中生产，共配置 4 台 180 m³/h 搅拌站和 2 台制冰机，其中制冰机兼有制备冷水功能。搅拌站采用全自动计量系统，二次投料法上料，搅拌时间 180 s。

通过计算机对混凝土温控进行模拟分析，以控制混凝土内部最高温度为核心，提出混凝土原材料、出机及浇筑温度指标。

根据混凝土温度控制目标和材料温度控制措施调研，制定材料温度控制目标和措施如表 7-39 所示。

表 7-39　原材料温度控制目标和措施

材料	温度控制指标	温度控制措施
水泥	≤55℃	水泥出厂≤70℃，船运上岛转入中间仓
矿粉	≤45℃	出厂温度≤50℃，中间仓储存倒运，粉料罐喷淋降温
粉煤灰	≤45℃	出厂温度≤50℃，中间仓储存倒运，粉料罐喷淋降温
砂	≤30℃	材料提前进场、入库储存，料场搭棚遮阳
石	≤30℃	材料提前进场、入库储存，料场搭棚遮阳，必要时洒水喷雾降温
水	≤5℃	2 台 5 t/h 的制冷机组制取冷水
外加剂	≤30℃	材料入库储存，现场储罐刷白，分料仓密封并设冷风机降温

浇筑温度：高温季节（月平均温度≥25℃）浇筑温度≤25℃；常温季节（月平均温度 18～25℃）浇筑温度≤23℃；低温季节（月平均温度≤18℃）浇筑温度≤20℃

混凝土生产时主要采取材料降温、加冰、加冷水等方法保证混凝土温度满足温控要求。

根据环境温度，加冰量为 20～70 kg/m³，为保证制冰量满足混凝土浇筑速度要求，制冰工作一般提前 24 h 开始。

混凝土生产前检测骨料含水量，搅拌站操作人员按试验室出具的施工配合比调整计量系统参数，经混凝土试生产检测合格后方可进行混凝土的正式生产。

搅拌站自动计量系统允许计量误差为骨料＜1.5%、其余材料＜1%。混凝土生产投料顺序为：骨料→冰→粉料→水→外加剂。混凝土生产流程见图 7-20。

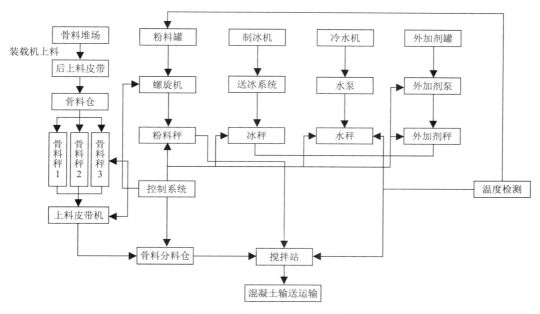

图 7-20　混凝土生产流程图

7.4.4　浇筑质量控制

预制沉管混凝土浇筑质量控制的关键包括混凝土匀质性、混凝土容重及混凝土凝结时间，其具体控制措施如下。

1. 混凝土匀质性控制

（1）混凝土的搅拌

混凝土搅拌应保证混凝土匀质性，混凝土搅拌技术要求见表 7-40。

表 7-40　混凝土搅拌技术要求

编号	项目	技术要求
1	搅拌计量精度	粗骨料、细骨料称量允许偏差：±1.5% 其他原材料称量允许偏差：±1.0%
2	混凝土搅拌时间	150 s
3	投料顺序	10%拌和水→10%骨料→剩余固体组分→搅拌最初 15 s 内将 80%拌和水均匀加入→预留 10%拌和水在所有固体组分加完后加入
4	其他要求	水溶性外加剂应先溶于拌和水，片冰和骨料同时投入搅拌设备；若停用超过 30 min，搅拌机需重新清洗再拌和混凝土

（2）混凝土的运输

混凝土采用泵送，运输过程保证其不离析、不泌水，并保持施工要求的工作性能。

（3）混凝土的浇筑

混凝土浇筑要求布料均匀，振捣密实，浇筑完毕后进行二次抹面，避免出现塑性裂缝，混凝土浇筑的技术要求见表 7-41。

表 7-41　混凝土浇筑技术要求

编号	项目	技术要求
1	分层振捣浇筑厚度	≤300 mm，采用插入式和附着式振捣器
2	混凝土、下料高度	不得超过 2 m，超过 2 m 时采用导管或溜槽，超过 10 m 时采用减速装置，避免发生混凝土离析
3	振捣设备	振动频率大于 75 Hz，作用半径大于 500 mm

2. 混凝土容重控制

①不得随意变更混凝土配合比；
②保证原材料供应的稳定性（关键是原材料密度），不能随意变更原材料；
③加强原材料称量精度的控制；
④加强混凝土含气量的监测，混凝土含气量标准差控制在 0.5%以内；
⑤加强碎、石含水率的监测和控制；
⑥加强混凝土用水量的控制，不得在混凝土中随意加水，混凝土用水量偏差控制在 ± 5 kg/m^3。

3. 混凝土凝结时间控制

①通过外加剂的优选，在大量室内试验的基础上确定满足施工要求的不同季节混凝土凝结时间；
②预制生产时，加强混凝土外加剂匀质性的控制；
③预制生产时，按照混凝土强度取样的频率测量混凝土凝结时间，并通过现场测试

值修正室内测试结果和调整混凝土外加剂的掺量。

7.4.5　养护措施

为保证沉管节段混凝土在浇筑完成后的 14 d 内均满足保温、保湿养护的要求，必须在两条生产线的预制厂房外节段顶推前进方向上，搭设密封养护棚对节段进行养护，养护棚由厂房内的折叠式可伸缩养护棚和厂房外的固定养护棚两部分组成，如图 7-21 所示。

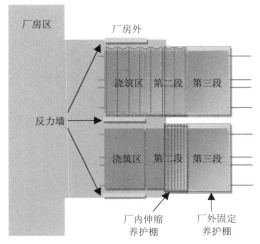

图 7-21　可伸缩式喷雾养护棚

沉管混凝土养护要求见表 7-42。

表 7-42　沉管混凝土养护要求

养护环境湿度	内外温差	降温速率	养护时间
≥85%	≤25℃	≤3℃/d	≥14 d

（1）折叠式可伸缩养护棚

折叠式可伸缩养护棚长度为34.25 m、宽度为38.95 m、高度为15.7 m，与节段顶板上表面及节段侧墙外表面的距离分别为1.8 m及0.5 m。折叠式可伸缩养护棚由可折叠的钢框架结构、帆布、水管线路及喷水雾装置组成，如图7-22所示。

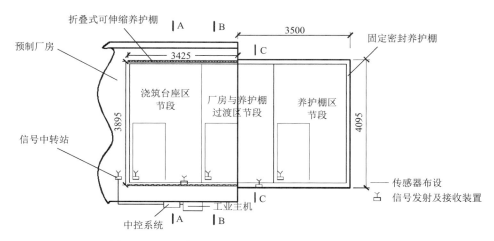

图7-22　节段养护总体平面布置图（单位：cm）

折叠式可伸缩养护棚可同时对位于浇筑台座区的一个节段及位于厂房与养护棚过渡区的半个节段进行养护。在节段混凝土拆除侧模前，养护棚折叠收缩于厂房过渡区，并通过钢吊架悬挂于厂房上。

折叠式可伸缩养护棚在钢筋吊架的牵引作用下，可沿着预设于节段顶面的槽钢导轨伸展或折叠，对位于浇筑台座区及厂房过渡区节段进行养护。其中位于浇筑台座区的养护设置如图7-23所示，位于厂房过渡区的养护设置如图7-24、图7-25所示。

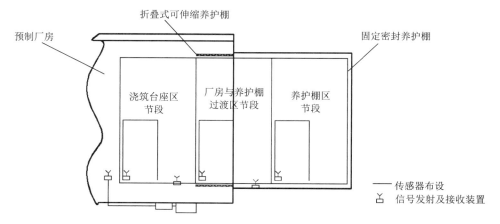

图7-23　节段养护平面布置图（折叠式养护棚收缩于厂房过渡区）

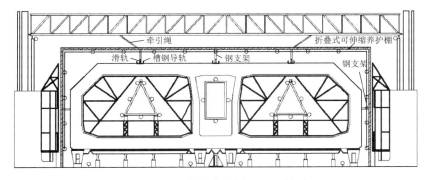

图 7-24　节段养护布置图（A-A 剖面）

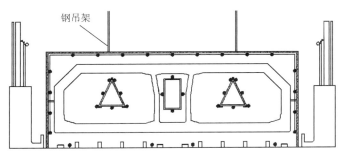

图 7-25　节段养护布置图（B-B 剖面）

（2）固定养护棚

固定养护棚长度为 35 m、宽度为 40.95 m、高度为 16.1 m，与节段顶板上表面及节段侧墙外表面的距离分别为 1.8 m 及 1.5 m。固定养护棚由钢框架结构、波形钢板、水管线路及喷水雾装置组成，可同时对顶推出厂房的半个节段及一个节段进行保温、保湿养护。固定养护棚的养护布置如图 7-26 所示。

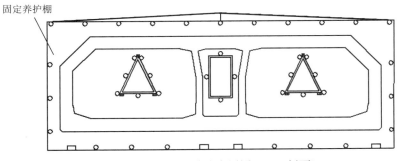

图 7-26　节段养护布置图（C-C 剖面）

（3）养护系统工作原理

节段养护系统将覆盖分别位于浇筑台座区、厂房与养护棚过渡区、养护棚区的三个节段。在厂房、养护棚及节段内部特定位置布设传感器，采用无线传输方案进行节段内部及养护环境的温度、湿度监测，在每个节段上布置一个或数个温度、湿度采集单元，采集单元和节段一起移动；采集单元与本单元的温度、湿度传感器通过有线连接，采集单元通过无线与中控系统进行数据传输。按照预设的温度、湿度预警临界值，中控系统对温度、湿度监测值进行处理与判断，自动控制工业主机加热或冷却养护水，通过预设在厂房、养护棚及针形梁等部位的水管，按照预定程序对节段采取相应的养护措施。当一个流程的养护措施采取完毕后，将整个过程的数据反馈到中控系统，中控系统再次从采集单元中获取实时温度、湿度数据，如仍旧超过预警临界值，则需要采取进一步提高或降低养护水温度，加大喷淋养护水流量、加密喷淋频率等措施。

由于养护系统将覆盖位于不同区段的三个节段，各节段的养护要求并不完全相同，特别是正在浇筑混凝土的区域，需要喷淋低温冷水降低浇筑环境的温度。因此，在进行养护系统设计时，需要配备可同时提供不同温度养护水的水箱及水路系统。养护系统工作原理图见图 7-27。

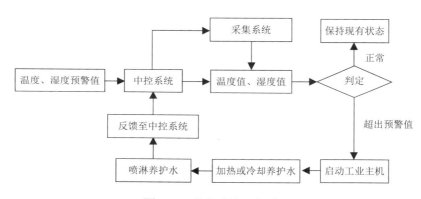

图 7-27　养护系统工作原理

7.4.6　现场监测方案

针对工程沉管预制工艺，采用无线传输网络，实现长时间无干扰连续监测，全方位监控，监测网络覆盖原材料区、搅拌生产区、浇筑区、养护区。实现温控及应力实时预警和施工前后场实时协调，监测数据实时传输、分析，为沉管控裂提供数据支持，整体信息化集成系统如图 7-28 所示。

预制曲线沉管对温控、应力监测和控制时效性和精确性要求高，采用全面覆盖预制各环节、全过程的可视化监测预警系统对预制沉管实施现场监控。系统具有以下特点。

①采集数据并输出数字和图形化信息，直观反映沉管大体积混凝土的状态，发现异常及时发出预警信息和处理建议，提醒工程技术人员采取措施；

②充分利用信息化手段，实现预制管节、原材料、搅拌站、预制厂房等相关温度、湿度信息的实时监测与预警。

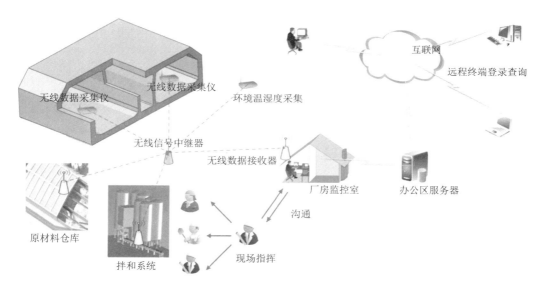

图 7-28　混凝土质量监控预警系统

　　结合现场施工的具体情况，在科学分析的基础上，确定现场裂缝控制参数。现场裂缝控制参数包括温度、湿度、凝结状态三大类。

　　①温度控制参数：包括混凝土各种原材料温度、搅拌站混凝土出机温度、混凝土浇筑温度、沉管混凝土内部最高温度、厂区环境温度、养护温度等；

　　②湿度控制参数：主要指预制区和养护区湿度；

　　③凝结状态参数：指预制沉管混凝土侧压力和凝结时间，用以指导浇筑速度控制。控制侧压力在合理范围，即保证其不超过模板设计承压力。同时检测现场混凝土凝结时间，防止混凝土出现冷缝。监测系统见图 7-29。

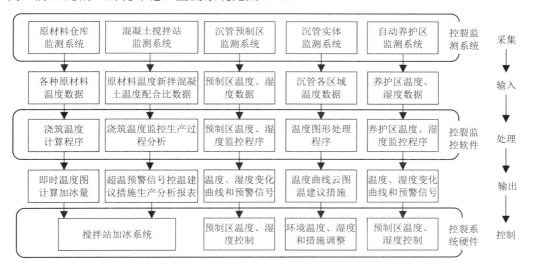

图 7-29　沉管预制监测系统

现场监测数据应及时绘制温度或应变随时间变化曲线，具体如图 7-30～图 7-32 所示，并获取相应阶段的温度控制指标，根据监测成果对施工情况进行评估，调整施工参数、优化工程施工方法和工艺要求。

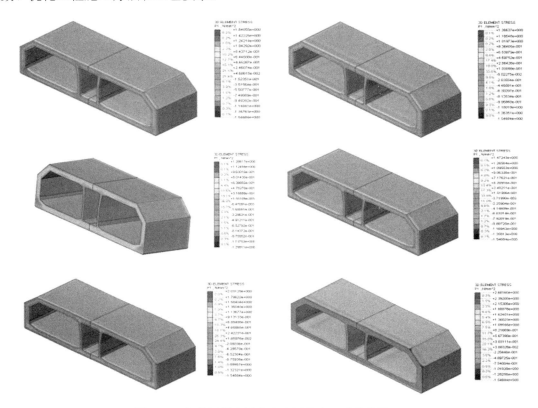

图 7-30　沉管混凝土温度应力场分布（后附彩图）

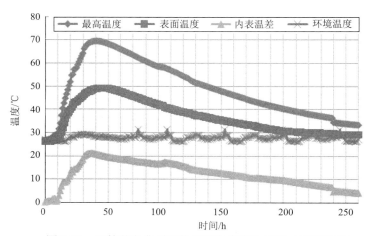

图 7-31　沉管节段典型部位监测温度变化规律（后附彩图）

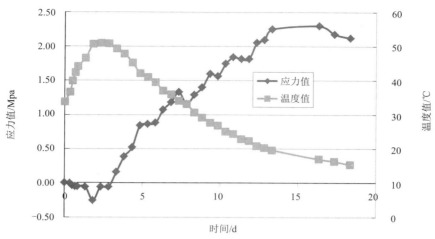

图 7-32　沉管节段开裂风险点监测温度与应力变化规律

对于沉管温度监控，以月为周期（每月每条生产线约预制 4 个节段），首个节段布设 20 个测点（包括 1 号、2 号、3 号、4 号测线），指导后续施工；之后每个节段布设 5 个校验测点（仅 1 号测线），具体布置如图 7-33 所示。依此类推，监测覆盖全部节段，共布设测点 2205 个。

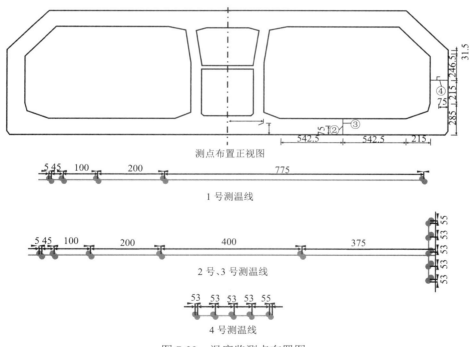

图 7-33　温度监测点布置图

现场监测频率要求：

①原材料仓库、搅拌站、预制厂房环境和自动养护区监测系统实施实时动态监控；

②混凝土的温度监测，峰值以前每 2 h 监测一次，峰值出现后每 4 h 监测一次，持续 5 d，然后转入每天测两次，直到温度变化基本稳定。

7.5 混凝土输送及布料系统

7.5.1 总体浇筑布局

总体浇筑截面共分 4 个区域进行浇筑，如图 7-34 所示，总浇筑时间控制在 30 h 左右，分区浇筑时间及强度见表 7-43 所示。

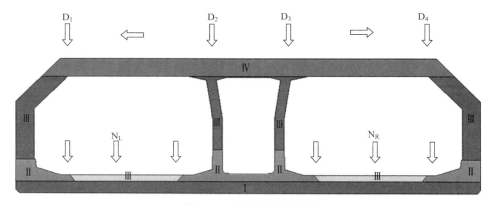

图 7-34 浇筑分区断面图

表 7-43 混凝土浇筑分区工效表

区号	区域及下料点描述	浇筑总量/m³	所需时间/h	浇筑工效/(m³/h)
I	平铺底板两层，1 m 厚度，从 D_1、D_2、D_3、D_4、N_L、N_R 下料	852	8	107
II	隔墙及侧墙导角和廊道底板，从 D_1、D_2、D_3、D_4、N_R 下料	481	4	120
III	隔墙、侧墙中上部及底板剩余部分，从 D_1、D_2、D_3、D_4、N_L、N_R、N_M 下料	987	8	110
IV	顶板，顶板 D_L、D_R 直接下料，从 D_1、D_2、D_3、D_{4L} 下料	1 094	10	110

7.5.2 混凝土输送

混凝土由罐车运输，配备 10 台罐车，罐体包裹透水篷布，搅拌站设置喷淋设施，在高温期对其洒水保湿。

每条生产线配置 6 台拖泵输送混凝土，经布料机入仓，输送系统布置见图 7-35。输送管外包厚型海绵材料，高温期洒水保湿。

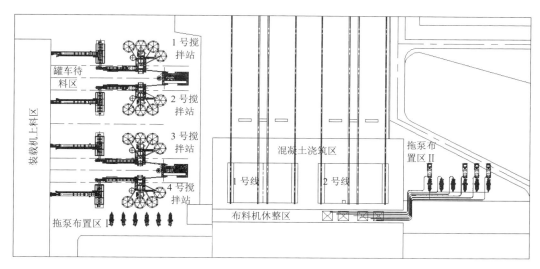

图 7-35 混凝土输送布置图

7.5.3 混凝土布料

混凝土的布料分为底板、侧墙和顶板 3 个部分，底板混凝土布料采用 4 台布料半径 7 m 倒置式布料杆，布料杆分别进行行车道底板的布料（每个车道内 2 台），布料杆悬挂于内模针形梁上。中间廊道通过中墙布料杆下放至合适高度进行布料；顶板浇筑通过 4 台布料半径为 32 m 的移动式布料机进行布料。各布料机的布料区域如图 7-36～图 7-41 所示。

浇筑底板时，1 号、2 号布料机浇筑方量各约为 160 m³，3 号布料机浇筑方量约为 220 m³，5 号、6 号、7 号、8 号布料机共同浇筑方量约为 325 m³，9 号皮带机浇筑方量约为 135 m³，累计浇筑时间约为 12 h；侧墙浇筑时，1 号、4 号各浇筑约为 340 m³，2 号、3 号各浇筑 155 m³，累计浇筑时间约为 8 h。顶板浇筑时 1 号、2 号、3 号、4 号各浇筑方量约为 270 m³，浇筑时间约为 10 h。每台布料机由一台拖泵供料，单点最大浇筑强度为 42.5 m³/h。

图 7-36 腔内布料

图 7-37　墙体及顶板布料

图 7-38　地泵布置

图 7-39　布料杆布置

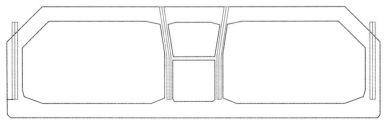

图 7-40　串筒布置图

图 7-41　串筒安装示意图

7.6　混凝土浇筑

　　沉管单个节段混凝土石方量为 3451 m^3，中横隔板为后期二次浇筑（其浇筑方量约为 38 m^3）外，其他浇筑部位采用全断面一次浇筑成型，方量约为 3413 m^3。

　　为保证沉管耐久性要求，管节预制采用全断面浇筑工艺，一次浇筑混凝土 3413 m^3，并且必须保证在 30 h 内浇筑完毕，平均浇筑强度约为 114 m^3/h。

7.6.1　全断面浇筑工艺

　　遵循模板设计受力要求，即中隔墙混凝土先于侧墙布料浇筑，断面上从中间向两侧布料浇筑。混凝土浇筑顺序及工艺流程如图 7-42、图 7-43 所示。

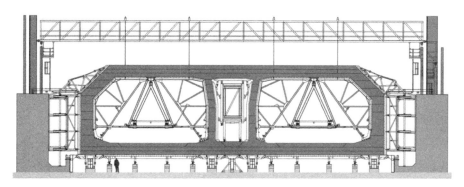

图 7-42　混凝土浇筑顺序

浇筑区			说明
I 浇筑区	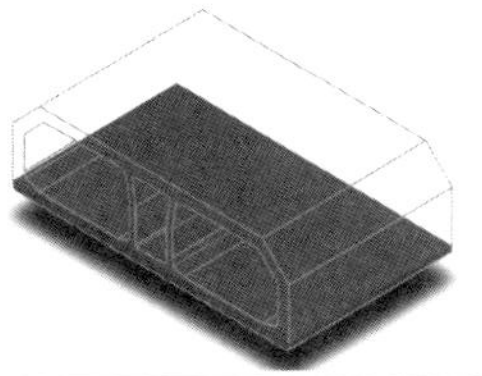		I区采用8台布料机布料：车道底板4台，顶部4台，从一端向另一端分层连续布料
II 浇筑区	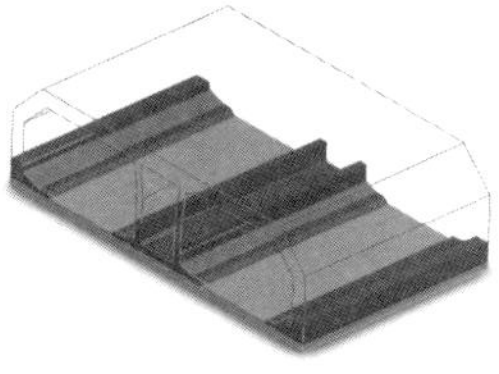	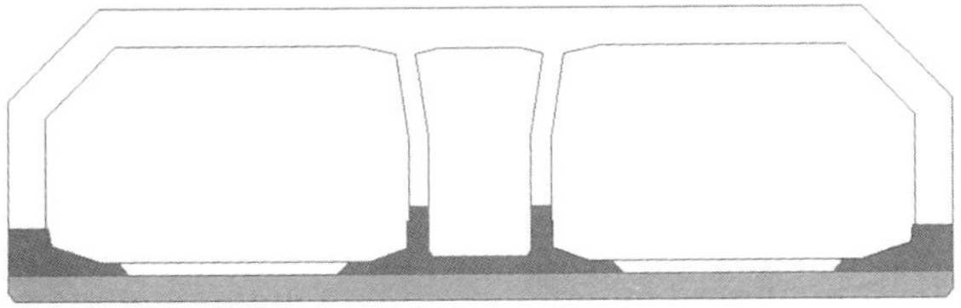	II区仍采用4台布料机布料：通过中墙和侧墙的串筒向II区布料从一端向另一端连续布料，从墙体下料时设溜筒防混凝土离析。II区浇筑步骤：底板中部浇筑2层，再浇筑1层侧墙处底板，再浇筑底板中部处
III 浇筑区	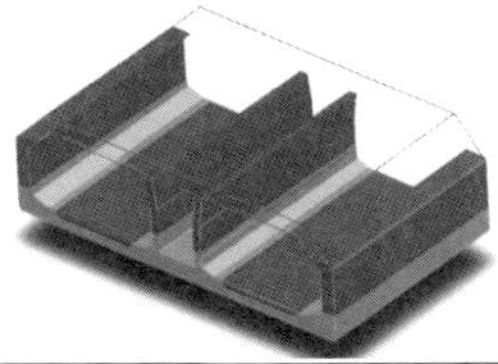	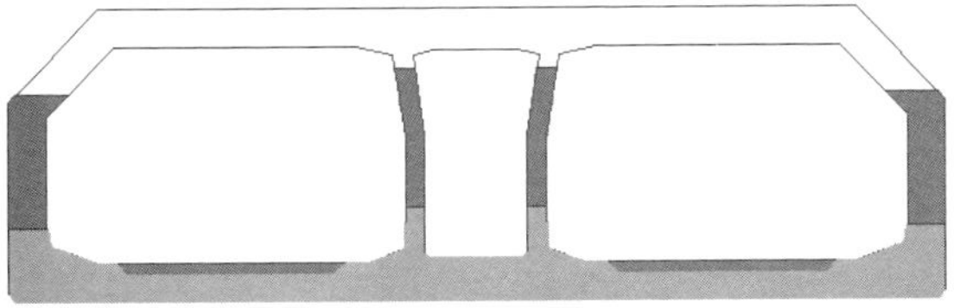	III区采用8台布料机布料：顶部4台通过中隔墙和侧墙的串筒向III区布料（可360°旋转布料）。车道内4台进行剩余底板的浇筑，从一端向另一端分层连续布料，从墙体下料时设溜筒防混凝土离析
	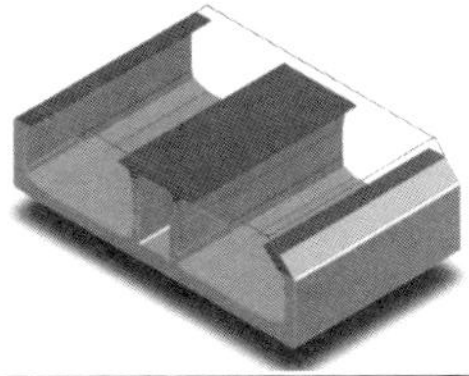	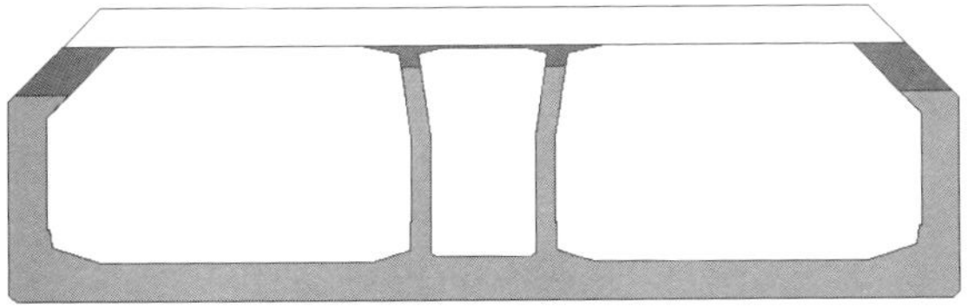	外侧模的上倒角模板就位，继续浇筑III区剩余混凝土
IV 浇筑区域			IV区采用4台布料机布料：顶部4台向IV区布料。混凝土浇筑需从一端向另一端分层连续布料。

图 7-43　混凝土浇筑安排流程图

7.6.2　振捣分区

底板、侧墙和中隔墙混凝土浇筑时振捣区域划分见图 7-44。底板划分为 20 个区域，由 8 个振捣小组进行责任施工，每个小组配置 2 人，轮换操作；侧墙和中隔墙共配置 12 个振捣小组，每个小组配置 2~3 人，负责纵向 7.5 m 范围内墙内振捣工作，配置 3 台振捣器（即每台振捣器负责 2.5 m 范围）。每次混凝土浇筑时，振捣人员工作按两班次考虑。

顶板则安排 12 个振捣区域进行振捣工作，每个区域 2 人，顶板混凝土浇筑时振捣区域划分见图 7-45。

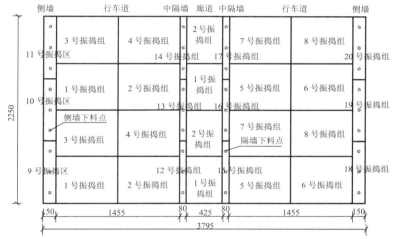

图 7-44　底板、侧墙和中隔墙混凝土振捣分区布置图（单位：cm）

注：廊道底板的只在最开始阶段浇筑，只需要用 1 号振捣组和 2 号振捣组振捣即可（此时行车道底板混凝土尚未开始浇筑）

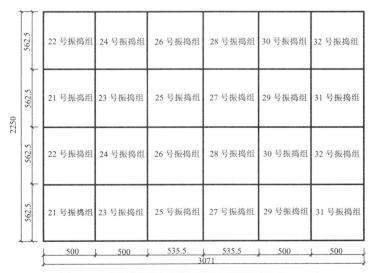

图 7-45　顶板混凝土振捣分区布置图（单位：cm）

7.6.3 优化

侧墙和中隔墙钢筋密集，并且高度达 11.4 m，混凝土振捣作业人员需进入钢筋笼内部方能保证振捣质量。故在钢筋笼内设置纵向振捣通道保证作业空间，纵向振捣通道设置如图 7-46、图 7-47 所示。中隔墙安全门、排烟道等大型预留洞室下方的混凝土振捣通过开设振捣孔进行。为改善作业环境，夏季施工期间采用大型空调向墙体内部吹送冷风，降低钢筋笼内环境温度，促进空气流动。

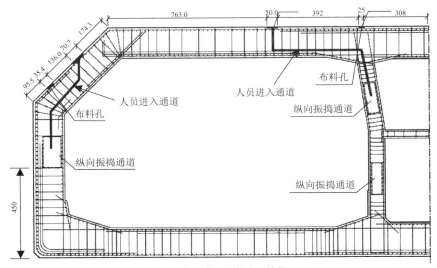

图 7-46　纵向振捣通道图（单位：cm）

图 7-47　冷风管道图

下倒角区域受内模遮挡，振捣棒无法直接到达，采用角钢辅助导向将振捣棒送入需振捣的部位，振捣的要求与普通区域相同。

剪力键、外侧牛腿预埋件、节段端部等钢筋密集区域，70 型振捣棒无法振捣，采用 50 型振捣棒，振捣间距 30 cm，振捣时间 40～50 s。为保证振捣棒顺利到达预定位置，在钢筋笼内预埋振捣棒导向钢筋笼，如图 7-48、图 7-49 所示。

图 7-48　预留振捣棒导向钢筋笼

图 7-49　下倒角振捣点布置图

　　止水带周边混凝土密实度对防水至关重要，但受止水带影响该部位气泡排出困难。该部位混凝土浇筑时先用 70 型振捣棒按要求进行振捣，然后由专人负责采用进口高频振捣棒进行复振，复振振捣间距 50 cm，每点振捣时间 50 s 左右。

　　预留孔洞位置混凝土的振捣，采用在预埋木盒上开孔并埋入 PVC 管，振捣棒穿过预埋木盒对下方混凝土进行振捣。对于剪力键钢筋密集处，采用开振捣孔的方式进行振捣，详见图 7-50。底板倒角处采用振捣棒导管进行振捣棒导向，使底板倒角处充分振捣。

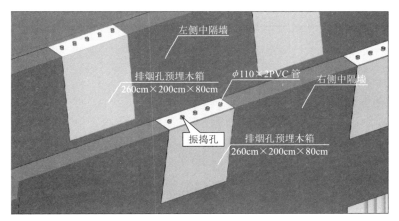

图 7-50　预留孔洞处振捣孔埋设

7.7 养　护

养护措施在 7.4.5 节已有描述，此不赘述。养护实景图见图 7-51～图 7-55。

总结沉管节段不同阶段采取的养护工艺措施，每节管节的 8 个节段养护均如表 7-44 所示。

表 7-44　沉管节段预制措施总结

序号	养护阶段	养护重点	工艺措施	养护时间/h
1	混凝土浇筑阶段	①降低混凝土浇筑环境温度；②减少混凝土水分散失速率	控制入模温度和浇筑环境问题，特别是墙体内混凝土，通冷风管降温	30
2	浇筑完成至拆模前	①与空气接触表面的保湿；②节段的整体保温	节段底板上表面、顶板上表面蓄水，覆盖土工布，保温、保湿	72
3	拆模及顶推过程	混凝土外露面的湿度、温度不出现突降	①节段底板上表面、顶板上表面蓄水，覆盖土工布；②底模下降后，底板在顶推过程中涂抹养护剂；③内模拆除后，启动所有针形梁上的喷雾装置，向四周喷淋水雾；④拆除端模后，端部涂抹养护剂；⑤侧面土工布包裹，保持湿润	>8
4	预制第二个匹配节段的过程	厂房及养护棚之间的环境差异	①启动伸缩养护棚内部分装置对过渡区半个节段进行养护；②保留包裹于节段顶部上表面、底板上表面及侧墙外表面土工布；③启动固定养护棚顶部、内腔针形梁上及两侧墙的喷雾装置；④第二个匹配节段拆除侧模后，利用钢筋吊架牵引展开养护棚，覆盖第二个匹配节段，启动养护棚内所有喷雾装置对第一个的半个节段及第二节段同时进行养护	148
5	预制第三个匹配节段的过程	①保湿；②为 7 d 后顶推出养护棚做准备	①养护棚顶部及两侧墙的喷雾装置进行喷雾养护；②节段的内腔底板上表面继续覆盖土工布；③节段顶板、端部喷涂养护剂	148
6	预制第四个匹配节段的过程	大风降温天气时的防护	保持土工布继续覆盖	148

图 7-51　养护棚喷雾养护

图 7-52　腔内喷雾养护

图 7-53　顶板蓄水养护

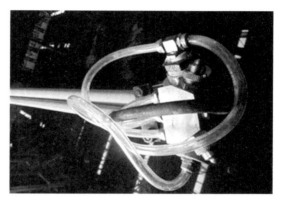

图 7-54　喷雾系统示意图

图 7-55　端面涂刷养护剂

第8章 管节顶推

8.1 限制条件

工厂法沉管预制不可回避的一个问题，就是管节顶推工艺，该工艺风险极大。

沉管预制采用节段匹配预制法，要求管节顶推工艺与之匹配，即在浇筑台座完成 1 号节段施工，1 号节段混凝土达到顶推强度后，将管节向前顶推 22.5 m（即单个节段长度），匹配浇筑 2 号节段；2 号节段达到顶推强度后，连同 1 号节段再向前顶推 22.5 m，匹配浇筑 3 号节段；依此类推完成 8 号节段的浇筑，并最终将 8 个节段组成的管节向前顶推 180 m 左右至浅坞区，进行后续工作。

沉管标准管节长 180 m，分 8 个节段，重量约 7.8 万 t，每个节段之间为柔性接头，内设中埋式可注浆钢边止水带，为当今陆上最大的移动钢筋混凝土结构，顶推风险及难度大，是沉管预制过程中最为关键的工序。

综上，对管节顶推工艺设如下限制条件。

①滑轨顶面高程误差：±10 mm；

②滑轨（4 条）轴线平行误差：±2 mm；

③管节重量：78 000 t（8×22.5 m）；

④支撑油缸控制精度：满足 C25 混凝土管节控裂要求（顶推时，要求混凝土强度为 C25）；

⑤顶推油缸同步精度：单行程精度±2 mm；

⑥导向系统具有检查和主动修正功能；

⑦顶推速度：满足 6 h 完成 22.5 m 行程，含准备、顶推和配套件安拆等事件；

⑧可提供电源：三相 400 V 或单相 220 V、50 Hz；

⑨起重设备：15 t 门吊（厂房内）；300 t·m 塔吊（厂房外沿滑道内）；

⑩使用环境：年平均相对湿度 78%～80%；年平均气温 22.3～23℃，极端最低温度 −1.8℃，最高温度 38.8℃；预制场地为广东省珠海市桂山岛。

8.2 难　　点

沉管顶推工艺存在如下难点。

1）顶推滑移轨道施工要求高

为防止节段在顶推过程中开裂，必须严格控制顶推滑移轨道的标高、平整度及平面位置等。

2）多点支撑均匀受力控制较难

每个节段下方均设置有若干支撑千斤顶，随着节段数量的增加，支撑千斤顶数量较大，必须设置高精度的控制装置来确保每个支撑千斤顶的均匀受力。

3）顶推系统同步性控制较难

管节顶推系统必须实现实时同步性控制，并且能满足曲线、标准管节轴线精确控制目标。

4）接头不能产生拉应力

管节每个节段之间为柔性接头，内设中埋式可注浆钢边止水带，不能产生破坏该永久止水结构的拉应力。

8.3 顶推方案比选

8.3.1 集中式顶推

1. 厄勒海峡沉管隧道顶推成功案例

2000年建成的厄勒海峡沉管隧道就采用集中式顶推施工，顶推系统设置于沉管后端轨道上，每个节段重量为7000 t，移动一节沉管的总荷载约为56 000 t。但厄勒海峡沉管隧道与港珠澳大桥岛隧工程沉管隧道的不同之处在于厄勒海峡沉管隧道均为直线段，顶推施工无须过多考虑沉管姿态控制问题。如图8-1、图8-2所示。

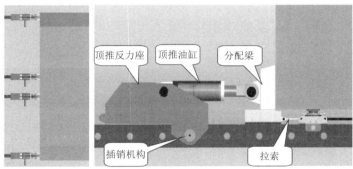

图8-1　千斤顶布置图

图 8-2　厄勒海峡沉管隧道管节顶推设备

厄勒海峡沉管如同港珠澳大桥沉管，每一节管节需要都进行 8 次连续的匹配浇筑。在浇筑每一节段 48 h 后，将其从浇筑台中顶推至养护区，以便为下一个节段腾出位置。继续这种操作，直至 8 个节段都浇筑完，然后将管节向顶推坞的舾装端推进 100 m。顶推操作的系统由以下 4 个部分组成：

①每条生产线上都有 6 条桩基支撑的滑移轨道；

②每个节段的下面都有一个三脚支撑的液压支撑系统；

③6 个装机容量为 3000 t 的液压推进部件；

④在第一个节段的下面固定一个液压导向系统。

沉管每个节段下设 36 个支撑千斤顶（整节管节下设 288 个），通过液压泵控制设计压力。这 36 个支撑千斤顶是和 3 个回路连在一起的，以便向每个节段提供一个独立的三脚支撑系统。3 个液压支撑系统都安装了一个液压蓄能器以提供一个明确的弹性常数，在沿着滑移轨道推进过程中，为该节段提供主动支撑。

集中式顶推的特点在于，顶推力集中作用在管节末端混凝土沉管上，整体管节所受摩擦力都需要末端顶推力来平衡，这会使沉管末端局部应力较大，因此需预埋大型顶推预埋构件，并且要求沉管混凝土的强度达到一定水平，从而避免发生局部受压迫坏。这对沉管浇筑结束后的养护时间与混凝土强度等提出了更高的要求。

通过在轨道表面焊接 3 mm 厚的不锈钢板来为顶推时滑移梁的移动提供一个光滑的工作面，该不锈钢板也将是顶推支撑千斤顶的工作面。在对称布置的 4 条预埋轨道上分别安置顶推设备，每套顶推设备提供 450 t/台的顶推力，4 条轨道上共 4 套顶推设备形成一组，可提供 1800 t 的顶推力。整个 180 m 管节在 180 m 方向上均匀布置 4 组上述顶推设备，整个管节可提供最大 7600 t 的水平推力，如图 8-3、图 8-4 所示。

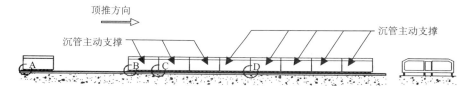

图 8-3　集中式顶推优化方案总体布置图

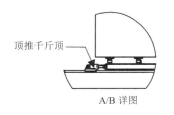
A/B 详图

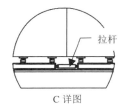
拉杆
C 详图

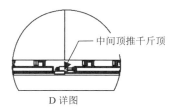
中间顶推千斤顶
D 详图

图 8-4 集中式顶推优化方案顶推设备布置图

2. 连续牵引方案

集中式顶推的另一种方式是在浅坞区的另一端安装连续拉力千斤顶，通过钢绞线将拉力传至设置在管节尾部的牵引横梁上，牵引横梁推着管节向前平移，由于拉力千斤顶为连续牵引，管节在钢绞线牵引作用下连续滑移，如图 8-5～图 8-7 所示。管节支撑系统同集中式顶推系统。

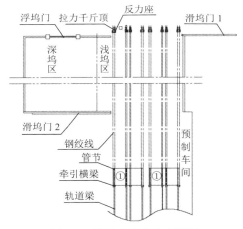

图 8-5 牵引方案总体布置图

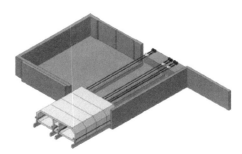

图 8-6 牵引方案效果图

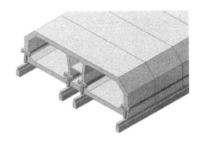

图 8-7　牵引方案详图

管节连续牵引方案相对于管节顶推方案有如下特点。

①其轨道不需要提供水平反力点，主要承受压应力，因此可采用钢筋混凝土结构，而管节顶推方案必须采用较大断面钢箱梁结构作为推力的支撑，所以需要大量钢箱钢材。管节连续牵引方案两条生产线所需钢材为 600 t，而管节顶推方案两条生产线所需的钢结构轨道需 6000 t，其总体造价远高于管节连续牵引方案。

②效率、安全性比较：管节连续牵引方案的千斤顶采用前后顶交替作业，保证了构件的连续牵引，在相同工期要求下，牵引的瞬时速度仅为管节顶推速度的 1/2，但其效率要比管节顶推方案高。从平移安全性方面看，瞬时速度慢更有利于结构的安全，也有利于多点同步调节，整个平移过程为连续牵引，沉管受力平稳，不会产生速度变化带来的冲击，因此不会对管节造成损坏，从而保证了沉管结构在平移过程中的安全，而管节顶推方案无此优势。

③就位精度高：连续牵引是采用液压拉力千斤顶伸、缩缸带钢绞线牵引管节滑移，其速度可通过计算机自动控制，在就位时可通过计算机将牵引速度控制在 0.2～0.5 mm/s，实现极慢速度平移，完全可以满足 2 mm 的就位精度要求。之前在大型龙门吊提升过程中采用此种工艺，其刚性腿和柔性腿与行走机构的销轴连接要求在 0.2 mm 范围内得到广泛应用，由此可见，采用连续牵引系统牵引沉管，其同步精度和就位精度完全可以满足误差 ±2 mm 要求。

综上所述，若参考厄勒海峡沉管隧道只安排一组顶推装置来推动整个 78 000 t 的管节，将会对混凝土轨道基础提出更大的顶推反力的强度要求。若采用分组优化集中式顶推系统，就必须在中间段的沉管结构内预埋牛腿来提供水平推力的受力点，这也会带来较大的结构和设计变化。另外，若采用单组顶推装置的话，其体积、重量将会变得很庞大，不利于工厂化作业，同时其制造难度、成本及体积重量都远远大于多组较小推力的油缸。

8.3.2　分散式顶推

分散式顶推的着力点分散于各个支撑千斤顶位置，有效避免了集中式顶推沉管局部应力大的缺点，同时考虑了曲线沉管的几何特征与受力情况，保证在顶推过程中可以随时纠正沉管水平姿态。从顶推力来看，沉管在顶推力和摩擦力的合力作用下滑移，在顶推起步时，所有的顶推力总和>摩擦力总和，即 $\sum_{i=1}^{8} T_i > f = \sum_{i=1}^{8} f_i$，并且要注意分散式顶推需满足后部分段的顶推力要大于前部分段的顶推力，保证管节之间不受拉，见图 8-8。

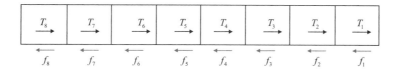

图 8-8 分散式顶推顶推力示意图

1. 方案一

在每个节段下，每条滑移轨道上布置 4 台重载滑移车，2 台主动型重载滑移车、2 台从动型重载滑移车，其间用可调拉杆相互连接，相邻 2 条滑移轨道上的重载滑移车由 1 台同步液压泵站控制。每个节段共用 8 台主动型重载滑移车与 8 台从动型重载滑移车，2 台同步液压泵站，如图 8-9～图 8-11 所示。

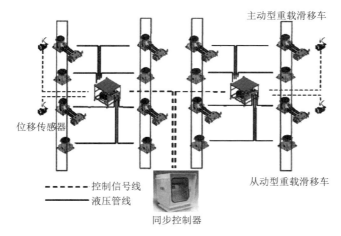

图 8-9 节段连接示意图

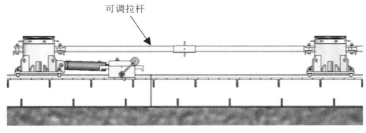

图 8-10 滑移车连接示意图

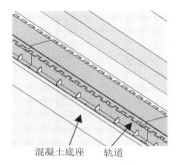

混凝土底座　轨道

图 8-11　轨道示意图

将主动型重载滑移车安放在轨道上，须使反力装置与轨道卡住安放完成后，再通过可调拉杆将主动型重载滑移车和从动型重载滑移车两两相连。

轨道同时具有导向功能，可以纠偏顶推设备。

2. 方案二

方案二采用独立的可前后推拉的夹具，来确保沉管底部的水平推力同步，该系统将支撑与顶推完美地集成为一个系统单元。与顶推相匹配的轨道底板上布置有可随时更换的滑移材料。在轨道中央安装一条可承受重载的竖向轨道，水平推拉夹具安置在该轨道上，夹具和轨道配合工作即可沿轨道方向水平推动滑移装置，同时实现导向功能。如图 8-12～图 8-14 所示。

千斤顶

图 8-12　滑轨示意图

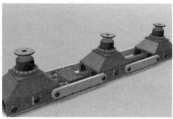

图 8-13　千斤顶安装示意图　　　　图 8-14　千斤顶总体布置图

在每个 22.5 m 节段下，一共布置 36 台支撑滑移装置，每条轨道安装 9 台。每 3 台支撑滑移装置配备 1 台推拉夹具装置，每 3 台支撑滑移装置与 1 台推拉夹具装置共同组成 1 套支撑及顶推滑移装置。每台支撑滑移装置与每套支撑及顶推滑移装置之间间隔均为 2.5 m，同时，支撑滑移装置之间由机械结构相互连接。

3. 方案三

（1）顶推滑移轨道

管节下方设置 4 条顶推滑移轨道梁，顶推滑移轨道位置设在沉管腹板正下方，以确保在管节支撑和顶推受力时底板形变程度最小。在基础梁上方安装顶推滑移钢轨，将顶推滑移轨道梁基础与钢板间的空隙用高强度环氧灰浆灌满，确保顶推滑移轨道的均匀受力。为抵抗顶推时顶推滑移钢轨与灰浆层、顶推滑移轨道基础的剪力，在顶推滑移钢轨下部每隔 1 m 设置 1 道加劲肋，加劲肋必须与顶推滑移钢轨焊接牢固，如图 8-15 所示。

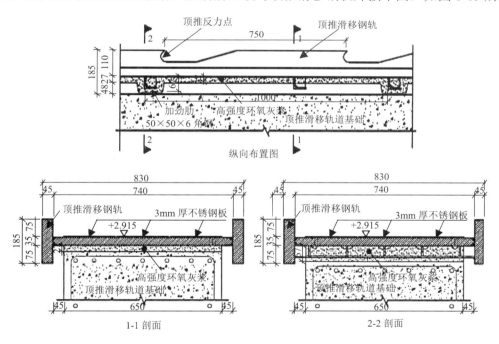

图 8-15 顶推滑移轨道钢轨图

注：图中尺寸标注单位为 mm，标高为 m

顶推滑移钢轨由两部分组成。

①水平钢板和不锈钢板：水平钢板，宽 740 mm，厚 35 mm，其上布置 3 条 3 mm 厚的不锈钢平行条，不锈钢板与水平钢板以角焊缝方式连接。

②侧向钢板：高 185 mm、宽 45 mm，共两块，钢板连续、垂直，并与水平钢板以熔透型焊接法连接；侧向钢板上还需进行开槽，用以作为顶推千斤顶的反力点，见图 8-16。

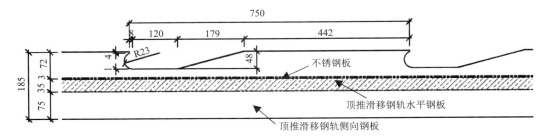

图 8-16　顶推滑移钢轨反力点结构图（单位：mm）

采用滑移板顶推施工方式，是面接触的形式，能够保证滑移面和滑道之间的接触压强相对减小，提高了顶推施工的稳定性和安全性。滑移材料的选取是本次顶推的关键之一，摩擦系数太大会导致顶推油缸尺寸过大，轨道固定强度增大，造成生产浪费、空间浪费和能源浪费。

本工程在顶推滑移钢轨顶部设置 3 条通长的不锈钢板，其上放置 PTFE 板（即聚四氟乙烯板），两者的接触面作为管节顶推的滑移面，滑移面根据厂家建议，选用非水溶性硅脂润滑，见图 8-17。

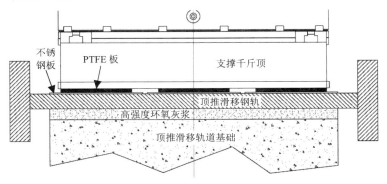

图 8-17　顶推滑移面示意图

（2）管节支撑及顶推系统

管节下方有 4 条滑轨支撑，每条滑轨上布设 6 个支撑千斤顶，即单节段共由 24 个支撑千斤顶支撑，1 节管节由 8 个节段制成，共有 8×24=192 个支撑千斤顶，如图 8-18 所示。

如图 8-19 所示，在 1 号、2 号千斤顶之间和 5 号、6 号千斤顶之间设置顶推装置（双杠），3 号、4 号千斤顶之间则不设置，即每个节段下方设置 8 对顶推千斤顶，即管节下方共有 8×16=128 个顶推千斤顶。

顶推千斤顶前端支撑在 1 号与 2 号支撑千斤顶（或 5 号与 6 号）的连接梁上，该连接梁与 1 号和 2 号（或 5 号与 6 号）上的连接顶板焊接牢固；将千斤顶（活塞端）的另一端销连接到带反力销系统的顶推支架，该系统可将顶推力转移到滑移钢轨的侧板凹槽中，凹槽纵向间距为 750 mm，即顶推步距为 750 mm。节段顶推时，反力销的支撑反力点受力，顶推千斤顶顶推节段前行 75 cm；收缩千斤顶，由于顶推千斤顶前端与支撑千斤顶连接，摩擦力较大，前端位置固定，后端则随着千斤顶的收缩前行至下一个支撑反力点位置，再固定，进行下一步顶推作业，如图 8-20 所示。

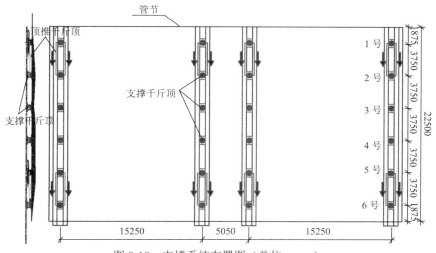

图 8-18 支撑系统布置图（单位：mm）

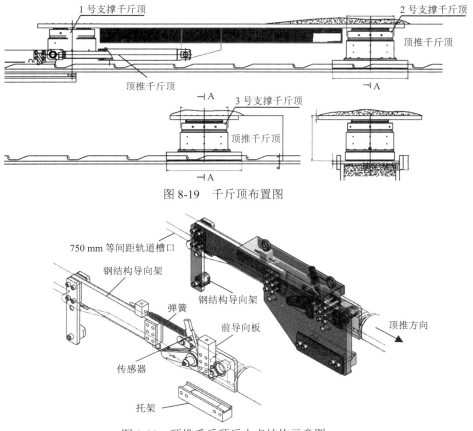

图 8-19 千斤顶布置图

图 8-20 顶推千斤顶反力点结构示意图

（3）管节导向系统

两个导向装置安装在管节的下侧，其中一个在前端（1号节段），另一个在尾端（正在浇筑的最后节段）。整个滑动操作期间，前端保持固定，而尾端导向装置位置不断转换到新浇筑的节段上，直到最后节段浇筑完成，导向系统布置如图8-21所示。导向装置在曲线管节顶推过程中，可根据情况适当增加，灵活布置。

导向装置控制管节对应两个内部滑轨进行对齐。导向装置配有水平放置的液压起重器，并支撑滑道边上的滑板。导向系统结构形式如图8-21、图8-22所示。

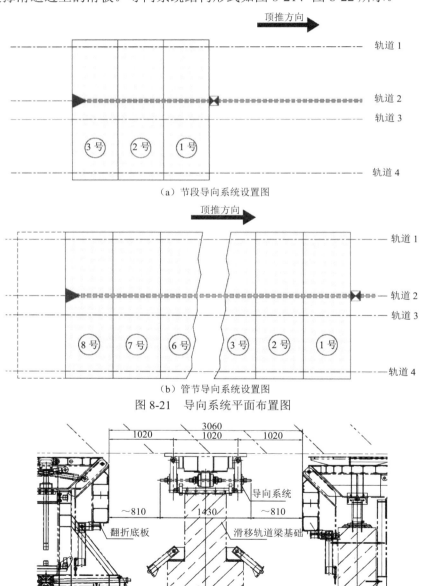

（a）节段导向系统设置图

（b）管节导向系统设置图

图8-21　导向系统平面布置图

图8-22　导向系统断面布置图（单位：mm）

8.3.3 结论

（1）集中式顶推方案分析

首先依据在建筑工程方面的经验,对于长细比较大的结构物若按尾部顶推方式前进,其在尾部的顶推位移误差会按长细比放大。以此项目为例,管节的长细比在 6∶1 左右,当尾部顶推同步误差为 1 mm 时,前端就会出现 6 mm 的轴线偏差。

其次尾部集中顶推及牵引时产生了巨大反作用力,给沉管混凝土结构、轨道及基础带来巨大的风险,因此将反作用力分散到多个受力点上能大大提高方案实施过程中的成功概率,降低破坏风险。

港珠澳大桥岛隧工程沉管隧道的 E29～E33 管节为曲线沉管,沉管的重心易偏移。集中式顶推在顶推曲线沉管时不利于控制管节姿态,一旦沉管发生偏移,顶推千斤顶对管节姿态调整能力有限,无法保证管节顶推的同步性。综上所述,无论何种集中式顶推方案还是连续牵引方案均无法应用到曲线管节顶推施工当中。

（2）分散式顶推方案分析

方案一、方案二从原理上满足分散式顶推要求,但是方案三在曲线管节纠偏能力上更有保障,故选择分散式顶推方案三作为港珠澳大桥管节顶推方案。

8.4 主动支撑分散顶推技术

8.4.1 总体工艺

管节顶推采用底部支撑多点连续顶推的方法:管节每预制一节段,由其下方的支撑千斤顶支撑,顶推千斤顶提供顶推力,向前顶推,管节节段顶推工艺流程如图 8-23、图 8-24 所示。

图 8-23 管节节段顶推示意图

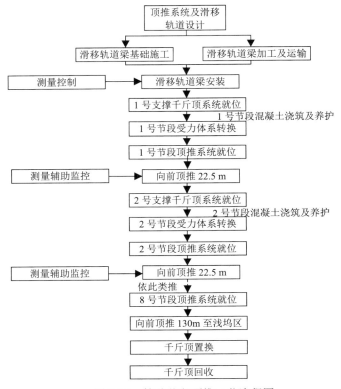

图 8-24　管节节段顶推工艺流程图

管节节段顶推施工流程如图 8-25 所示。

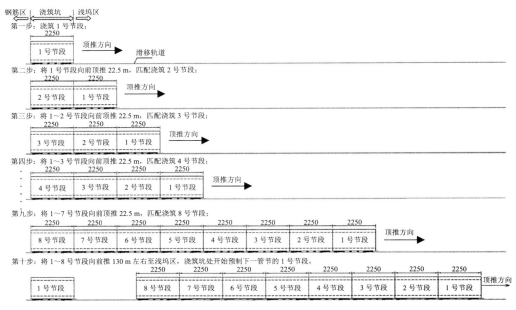

图 8-25　管节节段顶推施工流程示意图（单位：cm）

8.4.2 支撑系统及顶推系统

根据沉管直线及曲线管节的特征，对支撑系统受力进行分析计算，验算结构抗冲切及局部承压，最终设计管节支撑体系为三点并联主动式支撑系统。

1. 三点支撑布置原理

节段顶推始终由 3 台液压泵提供压力支撑预制节段。3 台液压泵由总的控制平台统一控制，确保每台支撑千斤顶始终处在相同的液压下。随着节段数量逐步增加，将液压泵移动到新的位置，调整液压连接件，再次为整个正在操作的管节创建一个对称的三点支撑平衡装置。

管节节段顶推时，需考虑内模随着节段移动的影响，故支撑点①为新浇筑节段 24 台支撑千斤顶和相邻节段后 2 台支撑千斤顶串联而成；支撑点②为 1 号、2 号轨道剩余千斤顶串联而成；支撑点③为 3 号、4 号轨道剩余千斤顶串联而成。

节段顶推时，单个节段及多个节段三点支撑系统布置图如图 8-26 所示。图中支撑点 ②+ 和 ③+ 为从支撑点②、③独立出来的附属支撑点。标准管节首端在沉管匹配预制过程中安装了端封门，造成了端部荷载不平衡，故独立了约半个节段支撑系统（②+ 和 ③+），以克服顶推过程中端部压力不平衡导致的频繁调整压力的情况。

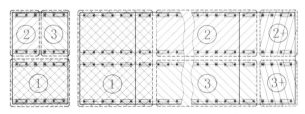

图 8-26 单个节段及多个节段三点支撑系统布置图

曲线沉管 E32、E33 管节（6 个节段）长距离顶推时三点支撑系统布置图见图 8-27；曲线沉管 E31 管节（8 个节段）长距离顶推时三点支撑系统布置图见图 8-28；曲线沉管 E29、E30 管节（7.5 个节段）最后一个节段只有大约 14.23 m，故管节长距离顶推时三点支撑系统布置图见图 8-29 所示（支撑点 ②+ 和 ③+ 为考虑端头安装端封门后从支撑点②、③独立出来的支撑点）。

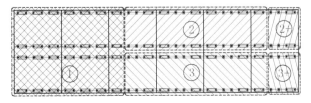

图 8-27 E32、E33 管节长距离顶推时三点支撑系统布置图

图 8-28 E31 管节长距离顶推时三点支撑系统布置图

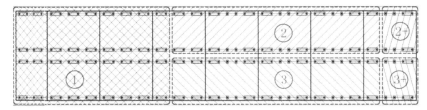

图 8-29 E29、E30 管节长距离顶推时三点支撑系统布置图

2. 千斤顶布置

沉管支撑千斤顶承载能力为 8500 kN/个，安全系数为 2.391，能在半数千斤顶失效的情况下确保结构安全，结构如图 8-30 所示。

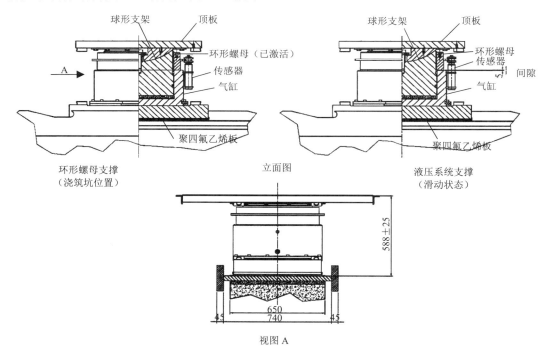

图 8-30 支撑千斤顶结构图（单位：mm）

每台顶推装置由一对长冲程顶推千斤顶组成，型号：HZP40-850 mm，即单个千斤顶

能够提供的最大顶推力约为 40 t，千斤顶最大行程为 850 mm，如图 8-31、图 8-32 所示。

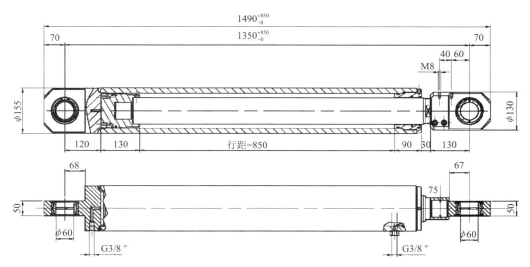

图 8-31 顶推千斤顶反力点结构示意图（单位：mm）

支撑千斤顶 SPE-850　　　　　　顶推千斤顶 HZP-40

图 8-32 千斤顶组装图

标准管节 8 个节段共 192 个支撑千斤顶，128 个顶推千斤顶。曲线管节 8 个节段共 192 个支撑千斤顶，168 个顶推千斤顶（1～4 号节段与标准管节相同，5～8 号节段增加 8 个/节段）。1 号、6 号支撑千斤顶距节段端头 1.875 m（n 号节段的 6 号支撑千斤顶与 $n+1$ 号节段的 1 号支撑千斤顶距离为 3.75 m），其余千斤顶之间间距为 3.75 m。支撑系统布置见图 8-33～图 8-35。

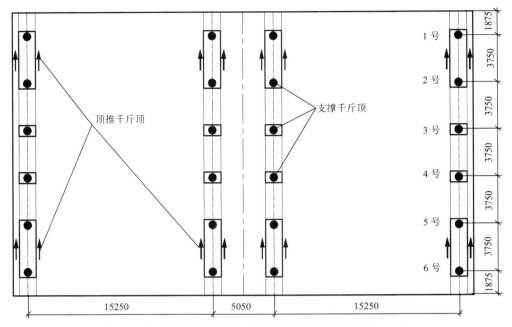

图 8-33　标准管节节段支撑及顶推系统布置图（单位：mm）

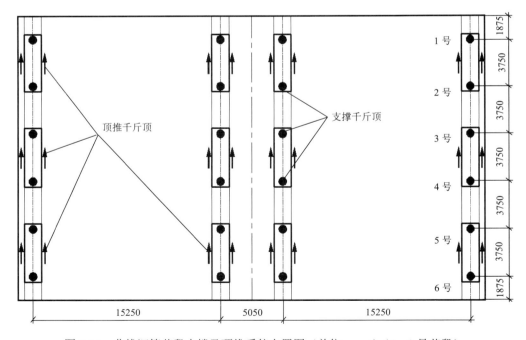

图 8-34　曲线沉管节段支撑及顶推系统布置图（单位：mm）（5～8 号节段）

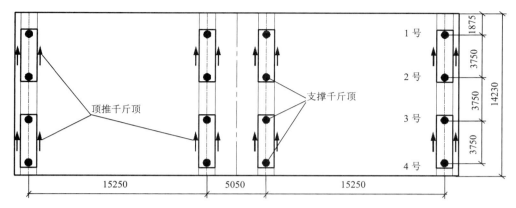

图 8-35　不标准长度节段支撑系统布置图（单位：mm）（8 号节段）

3. 油路布置

每台液压泵装配有"A"和"B"两个出口。每个支撑点的支撑千斤顶在交错群中将分为 a 类支撑千斤顶和 b 类支撑千斤顶。为避免当三个水平点的任一点出现液压故障时，顶推装置发生旋转，因此将支撑千斤顶"a"连接出口"A"，千斤顶"b"连接液压泵出口"B"，见图 8-36。

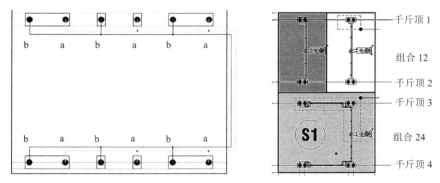

图 8-36　单个节段液压支撑示意图

8.4.3　侧导向装置

1. 设计原理

侧导向装置设计由导向臂顶住顶推轨道，以顶推轨道为反力依托提供侧向纠偏力，顶推过程中侧导向装置随管节一起向前滑移。侧导向装置提供侧向纠偏力的同时，导向臂与顶推轨道摩擦，产生与顶推方向相反的摩擦力。

另外，除了利用导向臂纠偏还可以通过调节各条轨道顶推压力和顶推油泵频率（实为控制油泵输出流量），在需调节轨道形成顶推压力差和供油流量差，从而改变单条轨道顶推速度和行程，同时达到管节里程、轴线偏差调控的目的。

2. 侧导向装置组成

①56 t 侧导向千斤顶：该千斤顶为双向行程千斤顶，可以左右方向运动。

②穿心式拉杆：穿心式拉杆被设计穿过侧导向千斤顶，通过活塞的左右移动，调节拉杆的移动。

③两侧导向臂：两侧导向臂上部由销轴固定在顶板底部，下部固定在拉杆的两端。侧向调整的拉力通过拉杆传递至导向臂，并通过导向臂施压在 H 型滑移梁垂直板侧壁上，产生的反作用力，对节段施加侧向纠偏力。

④液压部件：通过手压式油泵对导向千斤顶施加应力。施加力的主动力油缸，需要根据纠偏的方向调整，并设计有蓄能器，对导向千斤顶油路进行保压，如图 8-37、图 8-38 所示。

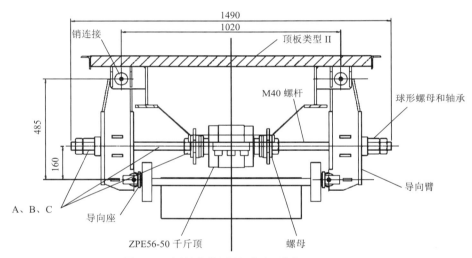

图 8-37　侧导向装置剖面图（单位：mm）

图 8-38　侧导向千斤顶组装图

3. 侧导向装置的布置

侧导向装置固定在垂直支撑千斤顶的顶板上，由一对液压千斤顶组成，通过支架组成整体，在垂直千斤顶移动过程中提供纠偏力。

标准沉管下方 2 号轨道首个节段及最后一个节段安装一套侧导向装置，满足标准管节顶推纠偏的功能；曲线沉管下方 2 号轨道每个节段的最后一套千斤顶上面安装一套侧导向装置。由于首个节段已装了钢端封门，前端重量加大，为此在第一节管节的第一套千斤顶上多加一套侧导向装置，增加纠偏的力度。如图 8-39 所示。

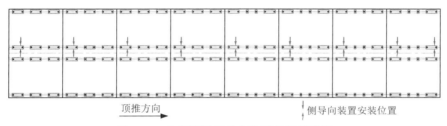

图 8-39 曲线沉管侧导向装置布置示意图

滑动操作期间，要对滑轨施压的侧导向装置进行连续监控，侧导向装置可通过采集的压力值的变化来判断曲线沉管是否发生偏移，但具体调整值应以测量观测的结果为准。当压力超过了预设值时，通过测量检测给出的纠偏值，利用侧导向千斤顶对曲线沉管施以水平力，促使曲线沉管发生平面内的微小转动，实现沉管轴线及姿态调整，将侧导向装置的压力减小到预设值，最终实现管节轴线纠偏，如图 8-40 所示。

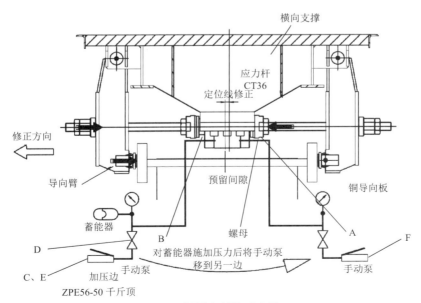

图 8-40 侧导向纠偏示意图

8.5 滑 移 系 统

8.5.1 轨道

轨道设计及施工见 3.5.6 节,这里不再叙述。

8.5.2 桥架块处理方案

管节顶推滑移轨道与浅坞区钢闸门滑移轨道交叉布置,当浅坞区钢闸门关闭时,交接处轨道要拆除,满足钢闸门启闭功能。故增设轨道桥架块,处理方案如下。

第一步:拆除两侧的滑移钢板,并凿除滑移钢板下的注浆层。

第二步:凿除垫设钢垫板区域的顶推滑移混凝土基础梁顶部 5 cm 厚的混凝土保护层,并进行植筋固定钢垫板(需对钢垫板进行精确调平),钢垫板与基础梁之间进行注浆密实。

第三步:安装桥架块两侧新铸造的滑移钢板,最后安装桥架块。

如图 8-41～图 8-43 所示。

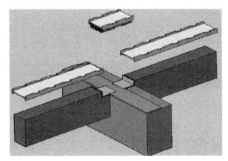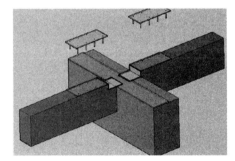

图 8-41 桥架块处理示意图一

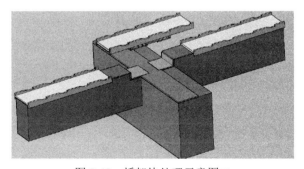

图 8-42 桥架块处理示意图二

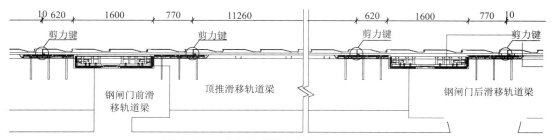

图 8-43 桥架块处理结构图（单位：mm）

8.5.3 滑移钢板最大允许焊接连接长度分析

滑移钢板是一块一块焊接而成的，它是决定轨道平整度和减少摩擦系数的一个保障，有待探究的是随着温度的变化是否会对滑移钢板焊接连接的长度产生影响。

根据现场情况，由于顶推滑移轨道钢筋混凝土基础梁下部基础均清理至基岩面，钢筋混凝土基础梁直接浇筑于素混凝土垫层上，可以认为钢筋混凝土基础梁与基础实现锚固，钢筋混凝土基础梁在温度变化的情况下不会发生纵向收缩变形，其状态为固定状态。

滑移钢板通过下部的角钢剪力键与钢筋混凝土基础梁锚固为一体。根据滑移钢板设计计算书，滑移钢板和钢筋混凝土基础梁之间的抗水平剪切黏结力为 2.7 MPa，根据该数据，采用 LUSAS 有限元软件建立 48 m 的顶推滑移轨道模型。考虑温度应力作用为对称结构，因此分析模型中仅建立 24 m 对称模型进行分析，计算分析模型如图 8-44 所示，模型分析中认为滑移钢板极端温差情况为±30℃，分析结果如图 8-45～图 8-47 所示。

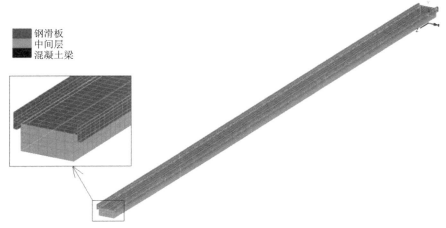

图 8-44 计算分析模型（后附彩图）

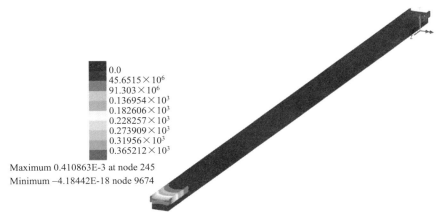

图 8-45 分析模型纵向变形云图（单位：m）（后附彩图）

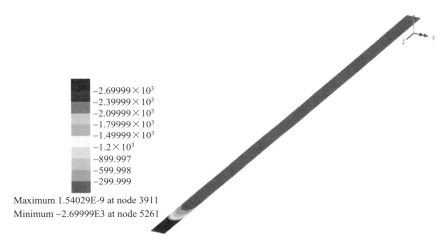

图 8-46 接触面应力云图（单位：kPa）（后附彩图）

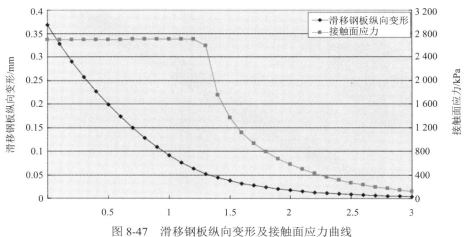

图 8-47 滑移钢板纵向变形及接触面应力曲线

从有限元模型分析结果可以看出,滑移钢板和钢筋混凝土基础梁之间实现黏结锚固,由于温度变化使得滑移钢板产生的水平向变形对端部 3 m 范围内的接触面产生的影响最大,3 m 范围以外区域的接触应力均较小。从受力机制来看,滑移钢板由于温度差产生的水平向温度应力的大小是一个与温差成正比的数值,温度应力与滑移钢板的分段长度无关。

只要滑移钢板和钢筋混凝土基础梁之间存在足够的黏结力,滑移钢板就不会发生水平向变位,滑移钢板与钢筋混凝土基础梁可实现锚固。从有限元分析的结果可以看出,滑移钢板通过注浆层和钢筋混凝土基础梁之间实现锚固,两者连为一体,滑移钢板与钢筋混凝土注浆层的薄弱位置为滑移钢板端部 3 m 范围的注浆层,如表 8-1 所示。

表 8-1　滑移钢板分析表

项目	数值
滑移钢板截面面积 A/m²	4.35×10^{-2}
钢材弹性模量 E/kPa	2.10×10^{8}
钢材线膨胀系数 α/℃	1.21×10^{-5}
考虑温差 Δt/℃	30
温度在长度为 L 处产生的变位 ΔL	$\alpha L \Delta t$
钢材的纵向刚度 K	EA/L
滑移钢板与注浆体之间的黏结力/kPa	2.70×10^{3}
因温度产生的水平荷载 $F = K\Delta L = EA\alpha\Delta t$/kN	3 288.6

经上述复核,采用 ±30℃ 的温差对滑移钢板进行核算属于极端情况,实际温差变化是一个缓和的过程,不会出现剧烈变化。分析结果表明,滑移钢板之间可不设结构缝,滑移钢板可通过焊接连为一体,但滑移钢板端部区域为整个滑道系统最薄弱处,可采取以下措施进行防护:

①加强滑移钢板端部区域的监测,发现脱开现象及时进行补浆处理;

②在滑移钢板端部区域设置剪力键,抵抗滑移钢板端部区域的纵向温度应力。

8.5.4　摩擦系数试验

1. 不同工况下滑移面的试验

采用滑移板顶推施工方式,是面接触的形式,能够保证滑移面和滑道之间的接触压强相对减小,提高顶推施工的稳定性和安全性。滑移材料的选取是本次顶推的关键之一,直接影响摩擦力大小,摩擦系数太大会导致顶推油缸尺寸过大,轨道固定强度增大,必然造成顶推功效降低、空间浪费和资源浪费。

在滑移钢轨顶部设置 3 条通长的不锈钢板,其上放置 PTFE 板,两者的接触面作为管节顶推的滑移面,如图 8-17 所示。

（1）试验目的

测试在干燥、湿润、硅脂条件下，不同竖向荷载作用下滑移轨道梁不锈钢板与 PTFE 板之间的摩擦系数（包括管节起动、滑动两种工况）及不锈钢板变形状态。

（2）试验原理

采用双剪法进行摩擦系数的测试，加载采用 20 000 kN 电液伺服压剪试验机进行，通过压剪试验机竖向油缸施加竖向力，模拟千斤顶顶推移动时的竖向反力；通过压剪试验机水平油缸施加水平力，拉动剪切拉板以模拟顶推力，见图 8-48。

试验过程中，竖向压力 N 保持不变，横向水平力逐级加载，并随时注意不锈钢板与 PTFE 板间的相对滑动，记录试件滑动前最大水平力 F_{max} 和开始滑动时的水平力 F_s。

则静、动摩擦系数分别为：$\mu_{静}=F_{max}/(2N)$；$\mu_{动}=F_s/(2N)$。

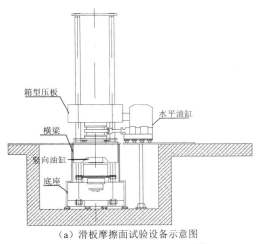

（a）滑板摩擦面试验设备示意图

（b）20 000 kN 电液伺服压剪试验机

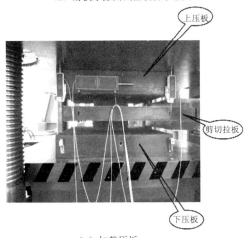

（c）加载压板

（d）毛面处理的剪切压板

图 8-48 顶推试验设备图

为尽量保证试验条件与现场工况相吻合，试验模型采取模拟现场实际条件下的垂直千斤顶底座和滑移梁作用的方式。试验模型安装顺序自下而上依次为：下压板→滑移梁试件（与现场方向一致）→垂直千斤顶底座板（与现场方向一致）→剪切拉板→垂直千斤顶底座板（与现场方向相反）→滑移梁试件（与现场方向相反）→上压板。

（3）测试工况

根据现场实际情况，试验应模拟在不同竖向荷载作用下，不锈钢板、PTFE 板界面间分别处于硅脂、湿润、干燥条件下的 3 种情况。即分别模拟千斤顶顶推移动时竖向反力为 2000 kN、3000 kN、4500 kN、5250 kN、6000 kN、6750 kN、7500 kN，3 种界面条件下的动静摩擦力。各工况下界面条件、竖向反力及水平力值关系如表 8-2 所示。

表 8-2　试验工况设置

工况编号	界面条件	竖向反力/kN	摩擦系数	水平力/kN
工况 1	硅脂	2 000	μ_{11}	4 000
		3 000	μ_{12}	6 000
		4 500	μ_{13}	9 000
		5 250	μ_{14}	10 500
		6 000	μ_{15}	12 000
		6 750	μ_{16}	13 500
		7 500	μ_{17}	15 000
工况 2	湿润	2 000	$\mu_{\mathrm{II}1}$	4 000
		3 000	$\mu_{\mathrm{II}2}$	6 000
		4 500	$\mu_{\mathrm{II}3}$	9 000
		5 250	$\mu_{\mathrm{II}4}$	10 500
		6 000	$\mu_{\mathrm{II}5}$	12 000
		6 750	$\mu_{\mathrm{II}6}$	13 500
		7 500	$\mu_{\mathrm{II}7}$	15 000
工况 3	干燥	2 000	$\mu_{\mathrm{III}1}$	4 000
		3 000	$\mu_{\mathrm{III}2}$	6 000
		4 500	$\mu_{\mathrm{III}3}$	9 000
		5 250	$\mu_{\mathrm{III}4}$	10 500
		6 000	$\mu_{\mathrm{III}5}$	12 000
		6 750	$\mu_{\mathrm{III}6}$	13 500
		7 500	$\mu_{\mathrm{III}7}$	15 000

注：表中 4500 kN 荷载级别：即在正常滑移时的计算竖向荷载（3750 kN）取 1.2 倍的安全系数。

（4）测试结果

各工况下竖向反力、实际加载最大水平力、实际加载水平力值及所计算的摩擦系数结果如表 8-3 所示。

表 8-3　试验工况设置

竖向反力/kN	实际加载最大水平力/kN	实际加载水平力/kN	静摩擦系数 $\mu_{静}$	动摩擦系数 $\mu_{动}$
90 000	3 500	3 060	3.90%	3.4%
180 000	7 405	6 480	4.1%	3.6%
270 000	11 570	10 125	4.25%	3.75%
360 000	16 250	14 220	4.5%	3.95%
450 000	24 170	21 150	5.35%	4.7%
540 000	30 240	26 460	5.6%	4.9%
630 000	36 720	32 130	5.82%	5.1%
720 000	54 310	47 520	7.5%	6.6%

2. 润滑油调配方案研发

由上面试验可知，在硅脂、湿润和干燥润滑 3 种情况下硅脂润滑时摩擦系数最小。为了使摩擦系数更小，节省成本，缩短工期提高功效，需要继续开发一种能最大程度上减少摩擦的润滑油。

方案一：直接使用一种非水溶性的硅脂[专家建议"非水溶性"硅脂（品牌：Spanjaard）]涂抹在滑板与轨道之间，以足尺试验顶推来得出各个轨道的顶推压力，从而计算出摩擦系数。

方案结果见表 8-4。

表 8-4　硅脂实验对管节顶推摩擦系数的影响

序号	顶推压力/bar					顶推千斤顶活塞面积=113.1 cm²	试验管节重量=4600 t	支撑压力/bar	距离/mm	顶推单元	备注
	T1 轨道	T2 轨道	T3 轨道	T4 轨道	轨道 T1～T4 平均值	千斤顶顶推力平均值/kN	摩擦系数平均值	轨道 T1～T4 平均值	—	—	—
1	270	265	300	280	279	315.3	5.48%	152～154			—
	250	270	270	280	268	304.5	5.43%	152～154	750	4	—
	255	278	276	283	273	310.2	5.46%	152～154			—
2	265	265	280	290	275	312.5	5.47%	152～154			—
	270	290	273	300	283	322.4	5.52%	152～154	750	4	—
	276	289	286	285	284	322.7	5.52%	152～154			—

足模试验节段 S1+S2 顶推数据

由表中可以看出使用"非水溶性"硅脂的时候摩擦系数平均值为 5.5% 左右。但是这种硅脂在温度较低的情况下不易化开，不能充分的发挥它的性能。所以冬季会导致摩擦系数加大，并且属于进口硅脂，价格昂贵。

方案二：根据工作中常用的润滑油进行配合比调配（液压油、石墨粉、机油、锂基脂）。以足尺试验顶推分别单独试验和配合比试验。

方案结果见表 8-5。

表 8-5　不同润滑油相对应的摩擦系数

轨道进行打磨抛光清理					
润滑油	液压油润滑	石墨粉润滑	机油润滑	锂基脂润滑	机油+石墨粉 （3.5∶1）	机油+锂基脂 （4∶1）
摩擦系数	22.2%	20.7%	18.3%	29.0%	18.6%	11.2%

由试验结果可以看出，当机油和锂基脂为 4∶1 配合比的时候摩擦系数是最小的为11.2%，可是这个已经超出了设计值 7%，可能造成顶不动或者卡着反力架的现象，安全性下降，产生裂缝，甚至是有可能造成整个沉管的报废。

方案三：机油和二硫化钼的配合比（比例 1.5∶1，2∶1，2.5∶1，3∶1，3.5∶1，4∶1 的顶推润滑油）。

方案结果见表 8-6。

表 8-6　机油和二硫化钼相对应的摩擦系数

轨道进行打磨抛光清理					
机油∶二硫化钼（比例）	1.5∶1	2∶1	2.5∶1	3∶1	3.5∶1	4∶1
摩擦系数	16.9%	10.5%	7.6%	5.4%	8.3%	11.3%

由试验结果可知当机油和二硫化钼在 3∶1 的配合比下摩擦系数最小为 5.4%，符合当初的设计值小于等于 7% 的要求，而且相对来说机油和二硫化钼的成本相对低且容易购买。

由 3 个试验方案和结果比较，选用机油和二硫化钼 3∶1 的情况下作为顶推滑移面所需的润滑油。

8.5.5　滑板的设计优化

根据国内外顶推施工的工程经验，PTFE 板与不锈钢板的摩擦系数如下。

①最大静摩擦系数：4%～5%；

②滑动摩擦系数：1%～3%。

沉管的顶推系统提供的顶推力只要大于最大静摩擦力即可。在实验室进行 PTFE 板的物理力学性能实验，PTFE 板（100 mm×87 mm×16 mm）在不同压力下得出以下 PTFE 板的压缩变形和塑性变形量及物理特性（表 8-7、表 8-8）。

表 8-7　PTFE 板试块试验情况分析表

外加载荷/kN	试验时间/min	压强/MPa	压缩变形/mm	塑性变形/mm	压缩变形比例/%	塑性变形比例/%
63	2	7.25	0.258	0	1.61	0
96	2	11	0.505	0.15	3.16	0.94
126	2	14.5	0.683	0.30	4.27	1.88
192	2	22	1.443	1.00	9.02	6.25

外加载荷/kN	试验时间/min	压强/MPa	压缩变形/mm	塑性变形/mm	压缩变形比例/%	塑性变形比例/%
252	2	29	2.303	2.10	14.38	13.12
504	2	58	5.660	4.50	35.4	28.13

表 8-8 PTFE 特性表

特性		单位	ASTM	PTFE
物理	熔融温度	℃	—	327
	密度	g/cm^2	D792	2.14~2.20
机械特性	拉伸强度	kgf[①]/cm^2	D638	140~350
	拉伸伸长率	%	D638	200~400
	压缩强度	kgf/cm^2	D695	120
	冲击强度（悬臂）	kgf·cm/cm^2	D256A	16.3
	邵氏硬度	—	D2240	D50~D55
	弯曲弹性模量	10^{3}kgf/cm^2	D790	5.6
	拉伸弹性模量	10^{3}kgf/cm^2	D638	4.1~5.6
	动态摩擦系数	kgf/cm^2 3m/min	—	0.1
耐热特性	导热系数	10^{-4}cal/m·s℃	C177	6
	比热	Cal/℃g	—	0.25
	线膨胀系数	10^{-5}/℃	D696	10
	BALL press 温度	℃	—	180
	热变形温度 18.5kgf/cm^2	℃	D648	55
	4.6kgf/cm^2			121
	无负荷最高使用温度	℃	—	260
电气特性	体积电阻	Ω·cm(50%，RH23℃)	D257	>1018
	绝缘破坏强度	kV/mm	D149	19
	介电常数 60~106 Hz	—	D150	<2.1
	介电损耗 60~106 Hz	—	D150	<0.0002
	耐电弧性	s	D495	>300
其他	吸水率	%	D570	≤0.001
	阻燃性	—	(Ul-94)	v-0
	耐候性	—	—	最佳

① 1kgf=9.80665 N。

由试验数据可以看出，PTFE 板在 22 MPa 的压缩变形和塑性变形量分别为 1.443 mm、1 mm，压缩变形和塑性变形比例为 9.02%、6.25%。一旦出现突变负荷或交变载荷（滑轨的大接缝或较大沉降量），滑板滑出，压缩变形和塑性变形交替进行，垂直千斤顶下滑板直接承力面积在减少，压强增大，压缩变形和塑性变形比例加速增大，产生恶性循环，最后滑板被压扁，千斤顶直接接触不锈钢板，这就是 PTFE 板滑出直至破坏的机制。

开始顶推 $P=Q/F$，P 为滑板压强，Q 为垂直千斤顶承载压力，F 为有效承载面积，

$a\%$，$b\%$，$c\%$为滑出的比例。

滑板经历突变负荷或交变载荷第一次滑出后，$P = Q/F(1 - a\%)$。

滑板滑出后首次碰到突变负荷 $P = Q/F(1 - a\% - b\%)$。

滑板滑出后再次碰到突变负荷 $P = Q/F(1 - a\% - b\% - c\%)$。

滑板滑出的面积增大后会使滑板压强增大，从 PTFE 滑板的性能曲线中看出，压强增大将加速滑板的压缩量，滑板加速变薄，滑板更容易滑出，导致需要进行千斤顶卸压、更换损坏的滑板。滑板变薄、千斤顶卸压对管节的局部水平姿态产生影响，也会对整体油压不平衡产生坏的影响，导致沉管产生裂缝的可能。而且，滑板价格昂贵，滑板损坏会较大增加顶推成本。

通过设计优化不同方案润滑油的调配，实现最大程度上减少滑移面的最大静摩擦系数。

滑板总长 1000 mm、宽 160 mm、厚 17 mm，如图 8-49 所示。

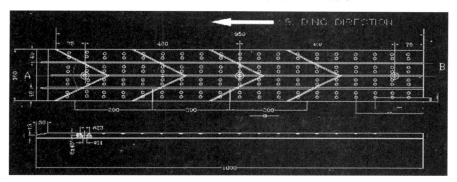

图 8-49　滑板整体尺寸

在滑板滑移方向前端加工了 30 mm 宽的斜倒角，如图 8-50 所示。目的是为了滑板滑移经过滑移轨道接缝时能够平稳过渡，避免由于轨道水平方向错台而对滑板产生剪切力以致损坏滑板。

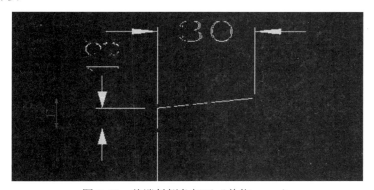

图 8-50　前端斜倒角加工（单位：mm）

整块滑板底部均匀加工了储油槽，在滑板安放到滑移轨道上时，均匀涂抹润滑油，储油槽能够储蓄润滑油，在滑移过程中起到润滑作用，如图 8-51、图 8-52 所示。

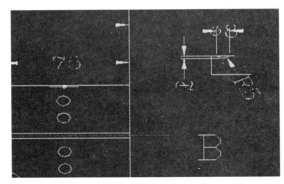

图 8-51　滑板储油槽加工（单位：mm）

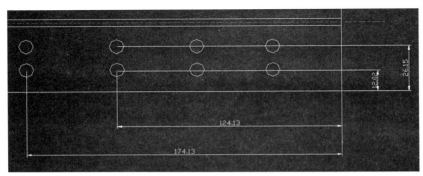

图 8-52　储油槽加工分布

　　滑板纵向方向加工了 3 条竖向导油槽，导油槽最前端宽 9 mm，最后端宽 5 mm，整个导油槽加工成喇叭形状。该加工目的是为了使涂抹在轨道上的润滑油能够通过导油槽顺利进入滑板与滑移轨道表面的摩擦面，并且喇叭形状有利于润滑油储存在滑板底部，如图 8-53、图 8-54 所示。

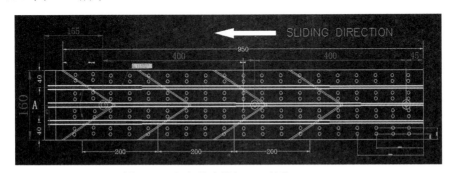

图 8-53　竖向导油槽加工（单位：mm）

　　滑板底部加工了 4 排斜向导油槽，斜向导油槽之间相隔 200 mm，斜向导油槽与竖向导油槽之间成 30°角，如图 8-55～图 8-57 所示。斜向导油槽的作用也是有利于润滑油进入滑板与滑移轨道表面之间的摩擦面。

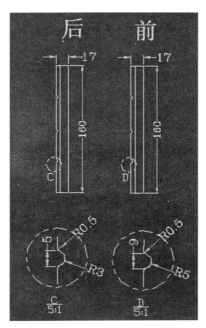

图 8-54 竖向导油槽前后端加工（单位：mm）

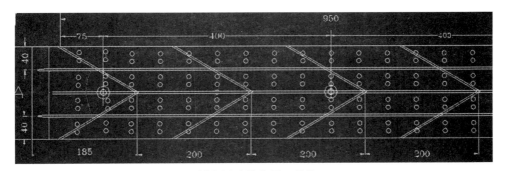

图 8-55 斜向导油槽布置（单位：mm）

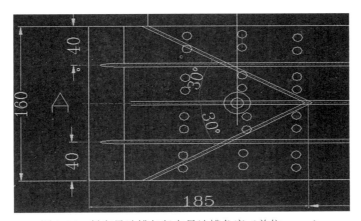

图 8-56 斜向导油槽与竖向导油槽角度（单位：mm）

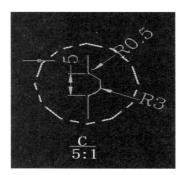

图 8-57 槽型加工（单位：mm）

滑板纵向中心线上加工了 3 个固定螺栓孔，滑板安装在预制管节的支撑千斤顶底部，通过尼龙螺栓固定在千斤顶底部。螺栓孔距离滑板尾端 45 mm，螺栓孔之间距离 400 mm，如图 8-58、图 8-59 所示。

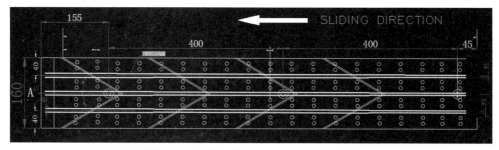

图 8-58 固定螺栓孔布置（单位：mm）

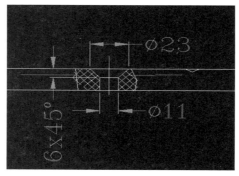

图 8-59 螺栓孔加工（单位：mm）

8.6 无缘支撑系统

8.6.1 方案设计

在浅坞区的滑移轨道梁两侧需设置置换墩混凝土基础，见图 8-60，用于支撑置换系统；采用自锁角度的楔形支撑来替换千斤顶，置换支撑的布置见图 8-61，楔形支撑（额定荷载 3000 kN，行程 16 mm）结构图见图 8-62。楔形支撑没有液压驱动，通过调节横向的锁紧螺栓实现自身的升高和降低操作，故必须将楔形支撑安装到位，确保支撑顶面与管节底面的良好接触，再锁紧横向调节螺栓后，方可对支撑千斤顶进行卸载。

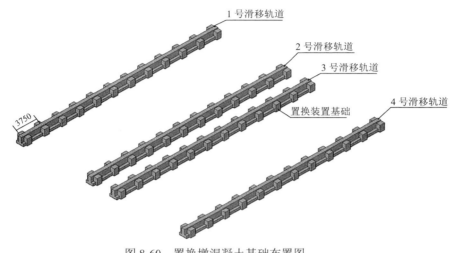

图 8-60 置换墩混凝土基础布置图

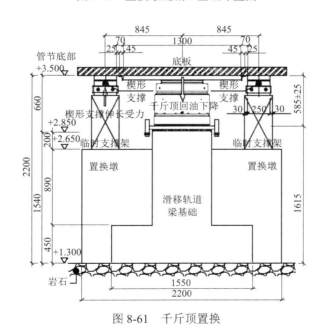

图 8-61 千斤顶置换

注：图中尺寸标注单位为 mm，标高为 m

置换步骤如下：1～8 号管节顶推到位→安装置换临时支撑架→安装楔形支撑→调整横向的锁紧螺栓上升楔形支撑→楔形支撑与管节底面接触良好→支撑千斤顶回油下落→体系置换，如图 8-63 所示。

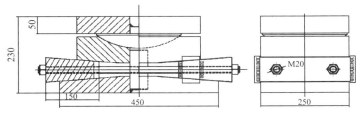

（a）缩回位置（楔形支撑）

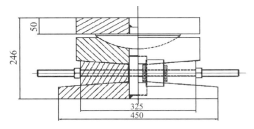

（b）伸长位置（楔形支撑）

图 8-62　楔形支撑结构图（单位：mm）

图 8-63　顶板置换

8.6.2　施工操作

（1）具体施工步骤

①将全部的无源支撑安放在混凝土支撑梁上。

②为了减少无源支撑与节段下拱腹面之间的间隙，在无源支撑上安装薄垫片。

③使用楔形块，以保障无源支撑。

④将支撑油泵连接到支撑系统中。

⑤打开全部交接处的全部针阀，除了一个必要的三点支撑。

⑥将油泵加压到与支撑系统相同的压力。

⑦打开油泵与支撑系统之间的截止阀。

⑧将支撑千斤顶加压，直到所有支撑千斤顶的环形螺母可以转动。

⑨向上转动环形螺母 5 mm。

⑩以每步 50 bar 的压力逐渐减少全部千斤顶的压力。

⑪在无源支撑结构下保持 50 bar 的压力 1 h。

⑫检查支撑结构。

⑬调整螺母至自由状态。

⑭完全释放支撑系统的压力。

⑮连接油箱与支撑系统，以便收集液压油。

⑯打开所有针阀。

⑰在底板与顶板之间的所有位置装入套筒螺母。

（2）千斤顶转运与重新组装

支撑千斤顶卸载，高度下降后，可直接通过小型卷扬机从管节下面分批拖出，并通过现场的移动塔吊吊离轨道。卷扬机和轨道通过轨道上的销孔安装来提供固定点。支撑油缸之间采用钢丝绳连接油缸上的吊点来连成一组，每组数量取决于卷扬机提供的拉力。

置换出来的千斤顶转运至专门的储存地点，并及时保养。

8.7 系 统 操 作

8.7.1 顶推系统调试

每台顶推油泵对应安装 1 个控制箱，MSR 油泵对应 MSR 控制箱，MS 油泵对应 MS 控制箱。系统所有传感器通过信号线连接到对应的控制柜，再通过主信号线与主控柜连接。顶推系统信号传输线路如图 8-64 所示。

支撑、顶推油路和控制线路连接完成后，开始顶推系统调试。通过主控柜查找各个传感器信号，调整传感器使主控台各个参数满足要求（图 8-65）。主控台控制顶推油泵运转，使千斤顶做空行程动作，排尽油路内空气；控制支撑油泵给千斤顶加压到计算压力值的 100%，调整管节水平姿态，同时调整支撑千斤顶环形螺母与液压缸的距离，使其保持在 10 mm 左右。

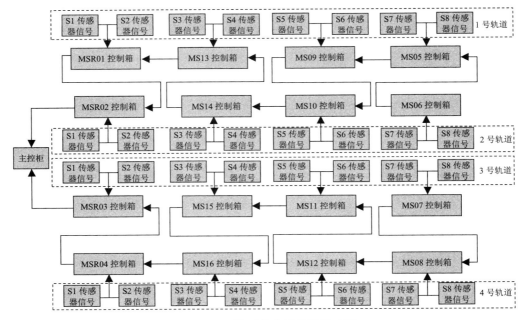

图 8-64 顶推系统信号传输线路图

图 8-65 顶推系统主控台实物图

8.7.2 节段顶推

顶推系统调试后，开始管节顶推。顶推过程严格控制管节里程和轴线，每顶推 5 个行程测量 1 次里程和轴线。如里程发生偏差，通过主控台调整顶推压力，里程偏小增大压力，反之则减小压力；如轴线发生偏差，通过纠偏系统调整，纠偏操作时，严格控制纠偏压力，防止压力过大损坏设备。

顶推的最后 3 个行程，每顶推 1 个行程测量 1 次里程和轴线，保证管节里程轴线偏差≤5 mm。顶推到位后，在每条轨道上安装阻挡装置，防止已浇筑节段在后续节段浇筑期间发生滑移，阻挡器安装示意图见图 8-66。

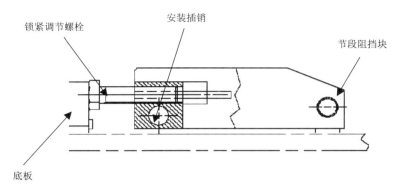

锁紧调节螺栓　　安装插销　　　　　　　　　　节段阻挡块

底板

图 8-66　阻挡器安装示意图

8.7.3　长距离顶推

整个管节预制完成后，顶推至浅坞区进行一次舾装（图 8-67）。顶推前对所有轨道抛光清理。每顶推 15 个行程，测量里程和轴线，并根据数据及时调整，避免出现较大偏差。过程中如发现滑板从千斤顶底座下滑出，停止顶推并重新调整，对于变形严重的滑板，及时更换，具体处理步骤如下。

①关闭所有支撑千斤顶球阀，关闭支撑油路针阀。

②用撑杆支撑对应支撑千斤顶的顶板。

③给该千斤顶单独卸压。

④把千斤顶锁紧螺母上旋到最高位置，排尽千斤顶液压油，使缸体回缩。

⑤用专用的套筒螺母把千斤顶底座和顶板连接，通过旋紧套筒螺母把底座吊离轨道。

⑥调整或者更换 PTFE 滑板。

⑦放下千斤顶底座，拆除套筒螺母，给千斤顶加压到计算压力值。

⑧拆除撑杆，恢复支撑油路，打开所有支撑千斤顶球阀，完成处理。

为防止滑移过程中节段接头被拉开，长距离顶推前对称张拉 8 束预应束，张拉力控制为 50%终张拉力。

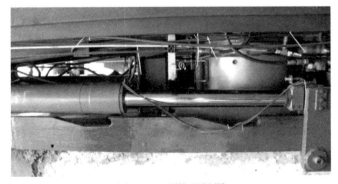

图 8-67　顶推现场图

8.7.4 顶推风险控制

①在顶推过程中管节水平姿态、裂缝及纠偏都存在风险，顶推设备由专业厂家设计加工，各构件由厂家进行专业试验，最后组成成套设备。通过正确安装支撑千斤顶、顶推千斤顶和导向系统，连接好电路、油路，试运行，并进行相关的试验（如操作协调性、灵敏性等）来保证设备的使用安全和管节的结构安全。

②待节段混凝土试验块强度达到C25混凝土抗裂要求后，才能进行节段的顶推作业，确保管节不出现裂缝和滑移轨道的结构安全。

③加强总控制室的管理，包括对各系统的监控，并根据反馈数据及现场测量结果及时调整顶推系统受力，确保管节的轴线偏位和标高。

④为防止设备故障导致管节间出现拉应力，在相邻管节间设置高强CT应力杆，通过杆端的应力片测试应力，一旦出现拉应力，立即启动警报措施，对各顶推及支撑千斤顶进行检查，排除故障后方可继续顶推施工。

8.7.5 系统维护保养

对顶推系统顶板、千斤顶、反力架、传感器、油泵、控制柜、主控台及其零部件进行维护保养（以下简称维保）。

1. 钢结构维保

钢结构主要有顶板、反力架、导向臂等部分。清理其上的混凝土、油污等杂物并修复变形或脱焊的受力部位。

2. 电气设备维保

①电气设备根据不同类型采用对应的清理材料，传感器用精密仪器清洗剂，信号线、接线端子排表面油污用油污清洗剂，插头部位用精密仪器清洗剂，清理完成后分类保存。

②对于顶推控制柜和主控柜，先清理灰尘等杂物，再检查接线，并做好防潮措施。

③油泵电控部分检查电机接线，防止电机受潮，检查控制箱电器元件。

④分类整理所有顶推电缆、电箱和照明灯具，修复破损电缆，检查电箱电器元件及接线，检查灯具。

3. 液压设备维保

①清理所有液压设备表面混凝土和油污，脱漆部位补漆，不同液压设备采用专项

维保。

②检查支撑千斤顶缸体和底座连接螺栓，对缸体锁紧螺母进行除锈，在螺牙上涂抹滑石粉润滑。

③对顶推千斤顶进行 200 bar 试压检测，如有内泄，更换密封圈。

④清理油泵油箱（图 8-68），更换液压油，对油泵进行 400 bar 试压检测和流量检查，如压力和流量达不到要求，检修泵站阀件。

⑤清理纠偏千斤顶、液压油管等其他液压附属设备，按保养手册维护后分类保存。

图 8-68　油泵清理图

4. 顶推滑移轨道维保

轨道对管节顶推摩擦力有重要影响，非顶推期间覆盖保护，顶推前，对轨道不锈钢表面抛光处理，保证干净光滑。顶推完成后，在管节底部 1 号、4 号轨道外侧悬挂遮帘，防止灰尘落入，污染轨道。

8.8　实 施 效 果

港珠澳大桥岛隧工程的沉管预制厂顺利完成了 33 节管节顶推横移施工，顶推全过程未造成沉管的结构损伤。刚开始前 3 批管节，从混凝土浇筑区顶推至浅坞区（135 m）用时分别为 13 d、14 d、10 d（每天工作 12 h）。随着工艺的成熟，顶推至 15 批管节时，仅用时 3 d 即可完成，效率极高，如表 8-9 所示。

第 6 批管节整体顶推施工中，出现了因外界因素造成的摩擦力增大，导致管节后 3 个节段与前 5 个节段行程相差约 10 mm 的情况，节段接头存在拉应力。

经讨论，确定了预张拉 8 束预应力的二次张拉方案。即在沉管浇筑完成后，进行 8 束预应力钢绞线的预张拉工作，张拉力为 50%设计终应力，待管节顶推至浅坞区后，再进行所有预应力的张拉工作。

通过此方案，大大降低了顶推过程中节段接头产生拉应力的风险。

表 8-9　管节顶推时间汇总表

批次	开始顶推时间	顶推结束时间	历时/d
第 1 批	2012-10-26	2012-11-07	13
第 2 批	2013-03-03	2013-03-16	14
第 3 批	2013-05-27	2013-06-05	10
第 4 批	2013-08-15	2013-08-21	7
第 5 批	2013-11-05	2013-11-10	6
第 6 批	2014-01-19	2014-01-26	8
第 7 批	2014-04-12	2014-04-17	6
第 8 批	2014-06-22	2014-06-27	6
第 9 批	2014-09-30	2014-10-05	6
第 10 批	2014-12-09	2014-12-15	7
第 11 批	2015-05-23	2015-05-27	5
第 12 批	2015-08-09	2015-08-13	5
第 13 批	2015-11-04	2015-11-08	5
第 14 批	2016-01-17	2016-01-20	4
第 15 批	2016-12-30	2017-01-02	3
第 16 批	2016-08-25	2016-08-29	5
第 17 批	2016-04-26	2016-04-29	4

第9章　沉管预应力

9.1　设　计　方　案

180 m 管节预应力体系：采用黏结与无黏结结合的方式设置，即管节的每个节段接头 3 m 处设置无黏结预应力，其余部分采用有黏结预应力，如图 9-1 所示。

根据管节埋深不同，预应力钢束数量和控制应力也有所不同，如表 9-1 所示。预应力束平面布置如图 9-2 所示。

采用直径为 15.2 mm 的高强、低松弛钢绞线，其技术指标应符合《预应力混凝土用钢绞线》（GB/T 5224—2014）技术要求，标准强度为 1860 MPa，计算弹性模量为 1.95×10^5 MPa。采用 15-12、15-15、15-22 和 15-25 4 种预应力束及防水密封型锚具，锚垫板、锚头、密封罩、夹片、锚下螺旋筋、压浆管及排气管等分别采用与锚具规格相应的配套产品，如图 9-3 所示。

表 9-1　预应力束数量与控制应力一览表

管节号	预应力束规格				控制应力 /MPa
	15-12	15-15	15-22	15-25	
E1～E6	12	10	4	10	1 395
E7～E26	—	—	—	56	1 265
E27、E28	—	—	—	60	1 265
E29～E33	—	—	—	56	1 265

注：表中数量为预应力束数量，每个管节另设有 4 个备用孔道。

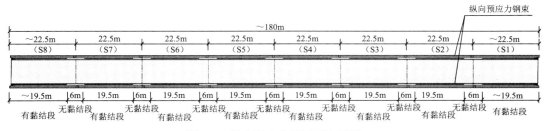

图 9-1　管节预应力纵断面布置图

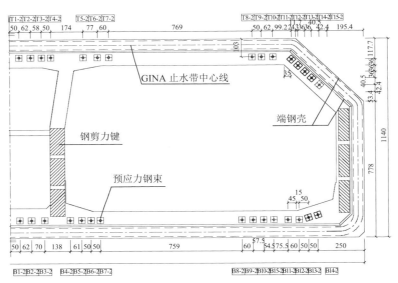

图 9-2 预应力束平面布置图（单位：mm）

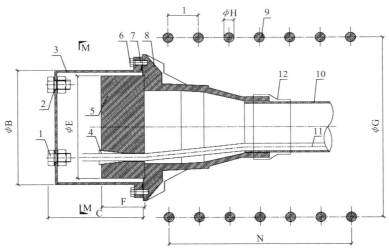

图 9-3 预应力锚头示意图（单位：mm）

1：密封螺钉；2：铜垫圈；3：锚头密封罩；4：工作片夹；5：工作锚板；6：固定螺钉；
7：密封铜环；8：锚垫板；9：螺旋筋；10：液纹管；11：钢纹线；12：热塑套

9.2 永久预应力体系

9.2.1 节段接头处无黏结预应力体系

　　沉管结构纵向通过预应力筋张拉，使各节段纵向连为一个整体。预应力设计使用年限应与沉管隧道设计使用年限相同，同时考虑浮运、安装及运营阶段结构需要，保证在施工过程中各个节段接头处的压应力不小于最小压应力。

预应力筋采用"全长有黏结+节段接头前后一定范围无黏结"的方案，节段接头在极端不利情况下允许微小的张开来释放内力。预应力张拉后，48 h 内应进行管道内真空压浆，两端预应力锚头设置有能承受 0.6 MPa 水压的密封罩。

节段接头处为无黏结预应力段，节段连接管对应设置在相邻两个节段的接缝处，包括连接外管和设于连接外管内的连接内管，预应力钢绞线依次穿过节段连接管和波纹管，连接外管的两端分别与其两端的波纹管对接。此种连接方式可通过部分无黏结或弱黏结的连接外管配合连接内管，用以保证管节节段之间的拼接面具有有限张开的柔性特性，又同时通过有黏结的波纹管有效约束管节节段间的张开量，防止过度张开。连接外管两端的内壁分别设有限位块，用于限制连接内管的位置，保证连接内管和连接外管中心基本一致，如图 9-4～图 9-7 所示。

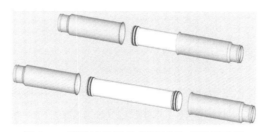

图 9-4　节段接头波纹管连接件产品示意图

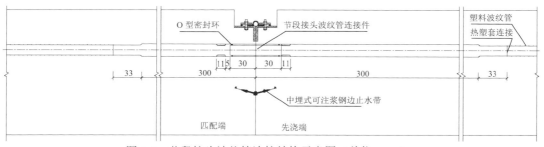

图 9-5　节段接头波纹管连接结构示意图（单位：cm）

图 9-6　三件套安装图

图 9-7　波纹管接头的对接匹配

9.2.2 有黏结预应力体系

在每个节段接头处前后一定范围，钢绞线与节段截面混凝土无黏结，并在该节段剩余长度范围内，与混凝土节段截面完全黏结。典型的半刚性管节预应力纵断面布置如图 9-8 所示。

图 9-8　半刚性管节预应力纵断面布置图（单位：cm）

9.2.3 节段接头波纹管连接件试验

①水密性试验：本次试验用于验证预应力管道连接件在接缝位置的水密性。试验将模拟管节接缝位置产生不同距离间隙的极限工况下，预应力管道连接件的密封性，间隙的距离设置从 4 mm 开始，本次试验的极限最大间隙为 16 mm。

②节段接头波纹管连接件无黏结拉拔试验：用于验证预应力节段连接件的预埋套管 1 或套管 2，在预埋进入混凝土后的无黏结性。

1. 试验目的

在每节 22.5 m 沉管节段设计有永久纵向预应力，预应力管道被浇筑在管节混凝土中。为防止深海环境下预应力筋可能遭受的腐蚀，施工时需保证节段接缝位置的预应力管道接头的连续性和密封性；同时，预应力管道在节段接缝两侧特殊设计的各 3 m 长的连接件应与混凝土无黏结作用，如图 9-9 所示。

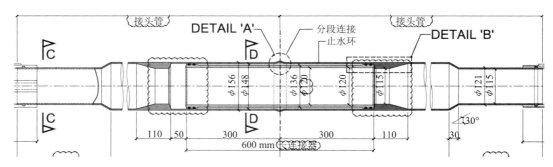

图 9-9　连接件示意图

2. 试验方案

（1）水密性试验

试验方案将接头管 1 和接头管 2 分别预埋在 2 件混凝土墩块中，并安装有内接管完全模拟隧道预制预应力管道接头部位，使用密封盖帽将接头管 1 和接头管 2 两端进行密封，在浇筑的混凝土墩块中形成管道内部的密封环境，如图 9-10、图 9-11 所示。

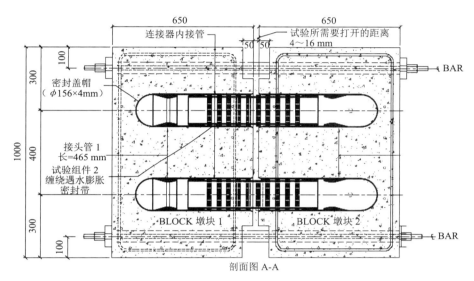

图 9-10　水密性试件立面图（单位：cm）

图 9-11　水密性试件

试验通过给试验连接件构件内部施加至 6 bar 水压，检测两件混凝土墩块接缝是否漏水，验证接缝连接件的水密性。同时，试验将模拟管节接缝位置产生不同距离间隙的极限工况下，预应力管道连接件的密封性。间隙的距离设置从 4 mm 开始逐渐加大，达到设计理论最大值 6~8 mm 时，检验水密性；并继续逐渐加大至 16 mm 的水密性失效的极限位置。

水密性试验共试验了 4 组水密性试件在 0.6 MPa 水压作用下是否漏水。试验结果表明，节段接头连接件在水压 0.6 MPa、接缝间隙最大为 16 mm 的超极限工况下不漏水。为进一步模拟验证施工中连接件位置可能发生的横向或纵向位移后的水密性，上述试验完成后，试验组将水密性试件一侧垫高 4 mm，然后在 0.6 MPa 的水压下保压 24 h，在连接件接缝处也未见到漏水，如图 9-12 所示。

（2）无黏结拉拔试验方案

试验将接头管 1 和接头管 2 分别预埋在两组混凝土墩台内，并通过张拉千斤顶和预应力粗钢筋张拉锚具，对安装在接头管内预应力粗钢筋（已压浆）进行拉拔作用。预应力粗钢筋上的拉拔力通过管内的固定端钢板受力在浆体上，并传递给接头管 1 和接头管 2，如图 9-13 所示。

图 9-12　水密性试件一侧垫高

图 9-13　拉拔试件

由于使用的聚丙烯（PP）接头管的光滑外壁与混凝土的无黏结作用，当接头管 1 和接头管 2 受到一定拉拔力后，与混凝土接触面产生位移。为了试验不同润滑条件下的拉拔力，分别在两组试验中采用：

试验组 1：接头管 1 外表面为光滑聚丙烯塑料表面，并涂抹低黏度润滑油；

试验组 2：接头管 2 外表面为光滑聚丙烯塑料表面，并涂抹低黏度润滑油。

由此，验证设计要求提出的节段接头波纹管连接件预埋进入混凝土后的无黏结性，并对比两组试验数据，分析总结。

设计试验了两组无黏结性试件，试验结果表明，千斤顶分别加压至 2 MPa、3 MPa 时，两试件中的连接件与试件本体产生了较大的竖向位移，试验证明了连接件与混凝土之间无黏结性。

9.3　预应力施工

9.3.1　穿束

预应力钢绞线的穿束方法有整束穿束和单根穿束两种，两种方法均为成熟工艺，但长达 180 m 的预应力束还是不多见。

根据试验证明，整束穿束和单根穿束都是可行的，但对于预制沉管来说，单根穿束具有更大的优势。

①无需提前下料、编束，不仅可节约时间和成本，而且可以消除雨季期间已下料的钢绞线在低洼的浅坞区内被水浸泡的风险；

②受浅坞区长度限制，整束穿束时在坞区前端设置转向钢轮，如果转向钢轮不转动则钢绞线会与钢轮发生摩擦，可能损伤钢绞线，而单根穿束则无此问题；

③单根穿束利用管节顶推及设备维护检查时进行，顶推完成时预应力穿束工作也基本结束，流水施工组织更顺畅，如图 9-14 所示。

9.3.2　张拉

张拉按设计控制应力要求，规范施工，并遵循左右及上下对称同步张拉。

特殊注意：在最后一个节段混凝土强度达到 28 d 设计强度的 70%、管节长距离顶推前，进行 B9、B10、T8、T9（共 8 束）预应力束张拉，控制应力取 50%终张拉力。待顶推到位且混凝土强度达 28 d 设计强度的 90%后，再补张拉至设计控制应力。

张拉具体施工流程及施工规范执行如图 9-15 所示。

图 9-14　预应力钢绞线穿束图　　　　图 9-15　张拉示意图

9.3.3　真空压浆

1. 施工方法

沉管预应力孔道压浆采取真空辅助压浆，原理如图 9-16 所示，良好的节段接头波纹管连接密封性、锚具密封保护罩与锚垫板间的密封性是真空辅助压浆成功的关键。

沉管压浆配备 2 台高速灰浆搅拌机（配 1 个 1.5 m³ 储浆桶）、2 台压浆泵、1 台真空泵。单根预应力孔道最大压浆量约 1.5 m³，要求一次性连续完成。根据国外经验，压浆时浆液温度宜≤30℃，采用掺加冰屑的方法来降低浆液温度。

孔道压浆完成后，打开锚具密封保护罩出浆口检查保护罩内压浆饱满度，如不饱满需补注环氧浆液填满间隙。

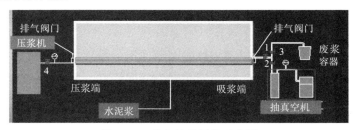

图 9-16　真空辅助压浆示意图

2. 质量控制

（1）技术要求

1）性能技术要求

孔道压浆浆液性能指标应符合《公路桥涵施工技术规范》（JTG/T F50—2011）中的技术要求，具体见表 9-2。

表 9-2　孔道压浆浆液性能指标要求

项目	水胶比/%	凝结时间/h		流动度(25℃)/s		
		初凝	终凝	初始流动度	30 min 流动度	60 min 流动度
性能指标	0.26～0.28	≥5	≤24	10～17	10～20	10～25
项目	泌水率/%		压力泌水率/%		自由膨胀率/%	
	24 h 泌水率	3 h 钢丝间泌水率	0.22 MPa	0.36 MPa	3 h	24 h
性能指标	0	0	≤2	≤2	0～2	0～3
项目	充盈度	抗压强度/MPa			抗折强度/MPa		
		3 d	7 d	28 d	3 d	7 d	28 d
性能指标	合格	≥20	≥40	≥50	≥5	≥6	≥10

2）配合比与原材料

①采用水胶比为 0.26 的配合比，水泥∶压浆剂∶水=1500∶130∶430。

②水泥采用华润牌 P.Ⅱ 强度等级为 42.5 普通硅酸盐水泥。

③预应力管道压浆剂采用武汉中桥科技有限公司生产的 GR-200 型产品，推荐掺量为内掺 9%。

经过原材料进场检验，材料的相关指标均符合规范要求。

3）设备技术要求

①搅拌机的转速应不低于 1000 r/mm，叶片线速度不宜小于 10 m/s 且不大于 20 m/s，并满足在规定时间内搅拌均匀。

②临时储存罐亦具有搅拌功能，设置网格不大于 3 mm 的过滤网。

③采用压力表最小分度值不大于 0.1 MPa 可连续作业的活塞式压浆泵。

④采用真空辅助压浆工艺，并且真空泵应能达到 0.1 MPa 的负压力。

⑤用于配料计量各种材料的设备经检定合格,满足称量(均以质量计算)精确到±1%要求。

4）浆液主要指标的试验方法

①流动度的测试方法：采用流锥法,是将搅拌均匀的浆液倾入漏斗内,浆液从规定体积(1725±5) ml 的流锥容器中完全自由流出的时间。

②泌水率和自由膨胀率的测试方法：采用刻度高为 120 mm 且带密封盖的有机玻璃制成试验容器,将搅拌好的浆液注入容器内高约 100 mm,记下初始浆液液面高度,然后盖严静置 3 h 和 24 h,分别量测各时间段其离析水面和浆液膨胀面,加以记录,然后按照计算公式计算泌水率和自由膨胀率：

泌水率（%）=（离析水面高度－初始浆液液面高度)/初始浆液液面高度×100%。

自由膨胀率（%）=（膨胀后液面高度－初始浆液液面高度）/初始浆液液面高度×100%。

（2）浆液性能影响因素

在这里主要试验浆液搅拌温度、搅拌转速两种因素对压浆浆液性能的影响,重点分析搅拌转速。

1）搅拌温度对流动度性能的影响

孔道压浆浆液经拌和之后形成一定的流动性,浆液中水化作用的快慢除了与浆液自身材料组成及配合比有关,也与外界温度变化有相当大的关系。不同温度下,水泥水化作用可在很大程度上影响浆液的流动度及流动度保持性,这是压浆工艺中浆液一项很重要的指标。为此按照上述配合比,分别做了在 0℃、10℃、20℃、40℃下的试验,分析温度对流动度具体的影响。

按照不同搅拌温度下的试验要求,提前把配合比中相应材料在规定温度下放置 24 h。然后经过正确计量,启动搅拌设备,根据先放水后放压浆剂再放水泥的试验步骤放齐材料,再调至相同转速下搅拌 5 min 后进行性能测试,测试过程控制在 1 min 之内完成。为了更直观地观察具体试验结果,将试验数据作成曲线图来进行分析,见图 9-17。

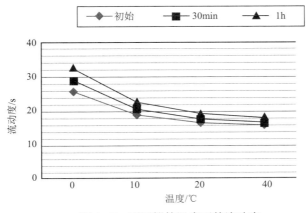

图 9-17　不同搅拌温度下的流动度

由图 9-18 可以看出，随着温度的升高，压浆浆液的初始、30 min 和 1 h 后的流动度均呈现下降趋势，且在 0～20℃的流动度变化要比 20～40℃的变化要大。分析原因：从流变学的角度出发，浆液流动性的主要参数是浆液的屈服应力，屈服应力和体系黏性变形重颗粒间的摩擦力有关，温度升高摩擦力减小导致流动性增加，反之温度降低摩擦力增大流动性降低。

2）搅拌转速对流动度性能的影响

采用施工现场的环境温度（25～30℃）进行试验，根据上述配合比，每种试验搅拌转速都按总容量 3 L 的材料进行计量搅拌，材料放齐后在不同转速条件下搅拌 5 min 进行性能测试，测试过程控制在 1 min 之内完成，具体数据见图 9-18。

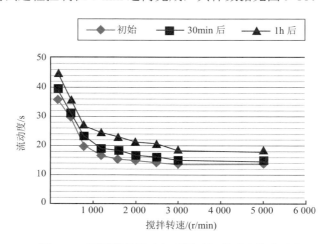

图 9-18　不同搅拌转速与不同时间段对应的流动度

不同转速下分别做了初始、30 min 和 1 h 后的流动度检测，从以上曲线图可以直观地看出，搅拌机转速对压浆浆液流动度具有本质性的影响。在搅拌转速从最初增加到 2000 r/min 的过程中，浆液流动度急剧变化，而当转速达 3000 r/min 以后，浆液的流动度趋于稳定，变化非常小，分析原因主要有以下几点。

①宏观上搅拌机转速越高，浆液搅拌越均匀，浆液中各种成分混合越充分，能在最大程度上发挥配合比中各种材料分子的作用。

②微观上在一定的范围内，随着转速的提高，浆体的流动性逐渐加强，浆液也随着搅拌转速一起转动，在搅拌过程中由于机械原因使得浆体发热，浆液的温度上升使得浆液水化速度加快，浆体中各种成分之间的化学反应速度也随之加快。

③随着搅拌机高速旋转，搅拌机叶轮对浆体进行高速剪切，破坏了原浆液中的各种成分结构，使得粒子间的作用变小，相应地增大了浆液的流动性。

④当搅拌转速到达一定程度后，浆液中各成分之间混合均匀程度、短时间内的化学反应程度和粒子间的作用程度基本达到极限状态，所以继续提高转速对浆液流动度的影响不会再有太大的变化。

3）搅拌转速对浆液泌水与膨胀的影响

抗泌水性对浆液来说很重要，由于压浆孔道是封闭的，压浆浆液泌出的水在孔道内无法被蒸发掉，这样就会在孔道的最高点形成泌水透镜，这些水随着浆液强度的形成而慢慢吸收，便在孔道中形成了空隙。如果浆液泌水严重的话，在浆液完全水化后体积减缩量非常大，会导致硬化后浆体内部产生较大的收缩应力，当应力大于抗拉强度时，则会产生收缩裂缝，如图 9-19 所示。

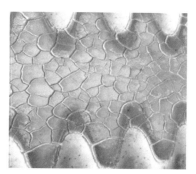

图 9-19　浆液泌水后的浆体干缩

同步做了不同搅拌转速下浆液 3 h 泌水率和 3 h、24 h 自由膨胀率的试验，将试验数据作成柱状图和曲线图进行比较，分析得出以下结论（图 9-20）。

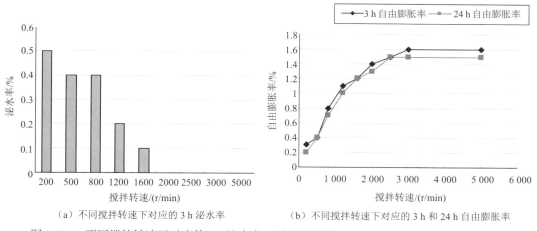

（a）不同搅拌转速下对应的 3 h 泌水率　　　（b）不同搅拌转速下对应的 3 h 和 24 h 自由膨胀率

图 9-20　不同搅拌转速下对应的 3 h 泌水率、不同搅拌转速下对应的 3 h 和 24 h 自由膨胀率

①浆液 3 h 的泌水率受搅拌机转速影响很大，当搅拌转速在 2000 r/min 内，转速越低，泌水会越严重，转速在达到 2000 r/min 后基本不会泌水。主要原因是在高速搅拌下浆液中的各种成分除了混合均匀外，它们之间发生的化学反应也增加了一定的抗泌水性，当转速达到一定程度后，各种化学反应与结合在短时间内已经达到饱和状态。

②虽然在不同转速下的泌水率不同，转速慢的泌水率也较大，但浆液中有亲水成分，在水化到一定时间后，亲水成分充分反应可将泌出的水全部吸收掉，所以在不同搅拌转

速下浆液 24 h 后的泌水率都为 0，区别在于硬化后体积变化不同。

③浆液 3 h 膨胀情况与 3 h 泌水情况基本相同，表现在当转速一定范围内逐渐加快时，3 h 泌水率逐渐减少，而 3 h 自由膨胀率逐渐增加，当转速达到一定程度时，浆液不再泌水，膨胀状况也在达到某一值后而稳定。

④同一转速下 3 h 和 24 h 的膨胀变化基本不大，这说明在一定的转速范围内，转速对浆液膨胀的情况自始至终都有很大的影响，只有在转速达到一定的程度后才能保证浆液充分发挥其膨胀性能，从而确保压浆浆液的质量。

4）搅拌转速对强度的影响

浆液强度的影响主要是基于浆液各成分之间混合均匀程度和化学反应程度来考虑，对前面的试验也留取了试件，分别进行了 3 d、7 d 和 28 d 的抗折抗压强度检测，其试验结果如图 9-21 所示。

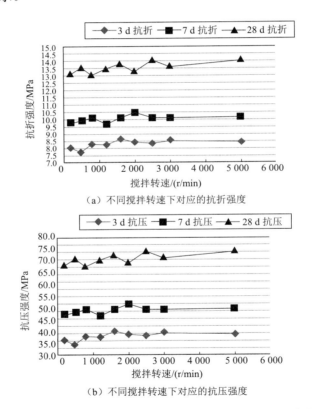

（a）不同搅拌转速下对应的抗折强度

（b）不同搅拌转速下对应的抗压强度

图 9-21　不同搅拌转速下对应的抗折强度、不同搅拌转速下对应的抗压强度

由图 9-21 可见，在相同温度和环境条件下，随着搅拌机转速的变化，试件强度并没有明显变化，对强度基本没影响。

（3）施工注意事项

预应力孔道压浆施工相对复杂，针对 180 m 超长沉管孔道压浆，现场操作规范性、严谨性和施工过程中每一个步骤都可能影响压浆质量的效果，同时压浆原材料、配合比、施工现场环境、设备条件和施工人员作业水平等因素也会对压浆质量的效果产生影响，因此孔道压浆工艺及压浆过程中质量控制是至关重要的环节，要特别注意以下几点。

①压浆浆液从拌制完成到进入孔道的时间宜控制在 50 min 内，并且在压入整个过程中，要始终保持临时存储罐中的浆液处于搅拌状态。管节单孔用浆量较大，如整个工作延续时间太长，浆液流动性必然会降低，容易造成孔道堵塞或压浆不饱满，为防止浆液流动度损失，应加快搅拌制浆与压浆过程时间。

②为避免水化温度对浆液影响过大，现场采用加冰水措施进行搅拌，放缓浆液中水泥水化时间，平衡浆液在搅拌压浆过程中流动度的稳定。

③检查管节中预应力孔道安装质量，节段接头连接件的密封性能。对压浆施工所用机械设备必须满足《公路桥涵施工技术规范》（JTG/T F50—2011）中的技术要求与规定，确保浆液的均匀性和连续性，配用真空辅助压浆设备，保证孔道顺畅排气，整个压浆工作过程持续顺利进行，同一孔道连续压浆一次完成。浆液从孔道最低点压入，同时按照顺序依次打开和关闭高点的排气孔，使孔道中的泌水和空气处于浆液的最上面，由高点的排气孔一一排除，避免浆液从高处往下压时形成的气囊在硬化后形成气孔，降低其强度与耐久性。

④压浆料的性能对孔道压浆质量有着决定性的影响，在孔道压浆前必须对所用材料（水泥、压浆剂、水）的工作性能进行检验，务必根据现场的施工环境与条件对试验室所设计的配合比进行现场压浆试拌验证工作，必要时进行适当调整使用。

第10章 预设、预埋工程

10.1 概　述

预设、预埋件按照部位、使用功能主要分为：接头预埋件、交通工程预留预埋设施和沉管安装辅助设施预埋件 3 类。

①接头预埋件：分为接头抗剪预埋件和接头防水预埋件，接头抗剪预埋件主要包括混凝土剪力键预埋件、钢剪力键和竖向剪力键预埋件，接头防水预埋件主要包括 OMEGA 止水带预埋件、端钢壳、中埋式可注浆钢边止水带、预应力三件套等。

②交通工程预留预埋设施：主要包括安全门、排烟孔、消防预留洞室、线缆预留孔等。

③沉管安装辅助设施预埋件：该类预埋件主要是沉管系泊、浮运、安装过程中的辅助设施基础，包括系缆柱预埋件、拉合台座、导缆器预埋件、绞缆盘台座预埋件、羊角单滚轮导缆器预埋件、导向杆预埋件、导向托架预埋件、测量塔预埋件、人孔预埋件、吊点预埋件、水下电缆固定支座预埋件、钢梁牛腿预埋件、外侧牛腿预埋件、压载水箱预埋件等。

预埋件大多为钢结构，根据所处的位置和环境，采用不同的防腐措施，见表 10-1。

表 10-1　沉管钢结构外露表面防腐措施表

部件	防腐年限要求	油漆说明	干膜厚度/μm	颜色
端钢壳	20 年	PPG-Sigmashield880 耐磨环氧漆	300	灰色 RAL7001
		PPG-Sigmashield880 耐磨环氧漆	250	灰色 RAL7001
		PPG-Sigmacover300 焦油环氧漆	100	黑色
钢梁牛腿预埋件、外侧牛腿预埋件（干燥）	10 年	PPG-Sigmazinc100 环氧富锌底漆	50	灰色
		PPG-Sigmacover410 环氧云铁漆	100	灰色
		PPG-Sigmadur188 聚氨酯面漆	50	橘红色 RAL2002
钢梁牛腿预埋件、外侧牛腿预埋件（浸水）	10 年	PPG-Amerlock400 聚酰胺环氧漆	125	灰色

较之其他工程而言，港珠澳大桥岛隧工程沉管预埋件有以下特点。

①种类及数量多；

②安装精度高，如端钢壳平整度＜1 mm/1 m 后增加全断面平整度为 5 mm；

③体量大、重量重，端钢壳总宽和总高与沉管断面相同，钢剪力键高度与中隔墙相

近，这些大型预埋件均重达数吨，制作、运输、安装和调位困难。

10.2 管节接头预埋件

管节接头预埋件主要包括端钢壳和钢剪力键预埋件两种，是管节接头防水和受力的关键，施工流程如图 10-1 所示。

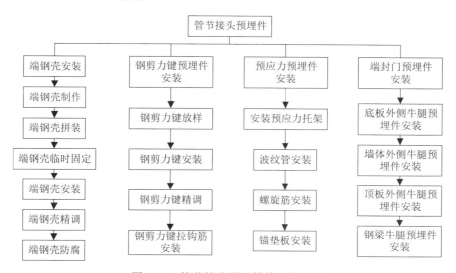

图 10-1 管节接头预埋件施工流程图

10.2.1 端钢壳

1. 设计标准

作为管节柔性接头的关键构件，端钢壳设置在沉管管节两端，与管节混凝土连为一体，为安装 GINA 止水带和 OMEGA 止水带而设置在管节端部，是管节结构重要的永久性构件。

本工程分为 33 个管节，共计 34 个管节接头。除东人工岛、西人工岛暗埋段采用特殊构造的端钢壳外，沉管管节端钢壳采用两种类型：A 型（安装 GINA 止水带）、B 型。充分考虑工厂法施工的特点，为提高管节预制施工工效，设计采用一次性整浇端钢壳。

根据 GINA 止水带尺寸及沉管管节的纵断面、横断面布置，端钢壳尺寸为 650 mm×280 mm，主要由端部面板、翼缘板、加劲板及连接焊钉组成。整个端钢壳断面宽度 37.95 m，高度 11.4 m，呈环形，在工厂内分块制作，运输至现场后拼装焊接成型。端钢壳与混凝土接触面内预埋 ϕ10 mm 注浆管，当混凝土强度达到 C45 的 90% 后作注浆处理。端钢壳 A 型、B 型如图 10-2 所示。管节端钢壳验收标准见表 10-2。

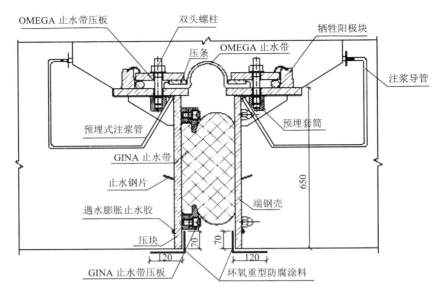

图 10-2　端钢壳 A 型、B 型示意图（单位：mm）

表 10-2　管节端钢壳验收标准

主控项目	允许偏差	备注
外包宽度/mm	±10	—
外包高度/mm	±10	—
表面不平整度/mm	≤5	—
GINA 止水带接触面不平整度/mm	≤1/(每 1 延米)	—
OMEGA 止水带接触面不平整度/mm	≤1/(每 0.5 延米)	—
横向垂直度/mm	≤3	左侧、右侧壁外缘两点之差
竖向倾斜度/mm	≤3	顶板、底板外缘两点之差

2. 制作

为提高端钢壳的加工制作精度，端钢壳由专业钢结构制作厂家分 14 块在工厂内制作，如图 10-3 所示。为方便制作过程的变形控制，端钢壳相关材料均使用数控下料，采用专业工装进行拼装固定后再进行分段焊接成型。考虑沉管预制在岛上施工，为保证端钢壳对接接头的焊接质量及控制单块构件的变形，在方便构件装车运输情况下，将部分较小的端钢壳加工成型后对接成整体，减少后期现场拼装、焊接的工作量，根据端钢壳加工分块的特点，到达预制厂时为 10 个大块。

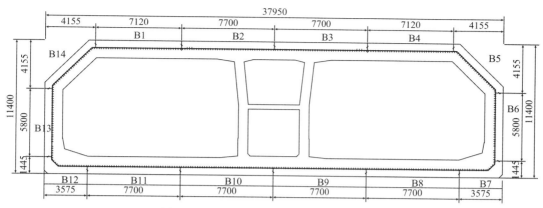

图 10-3　端钢壳加工分段图（单位：mm）

3. 安装

（1）拼装

端钢壳拼装分为三部分，一是在工厂内预拼装，二是在预制厂拼装场地拼装，三是在预制厂厂房内拼装。预制厂拼装场地拼装指的是端钢壳运输到达预制厂后，为减少安装对接的工作量，加快端钢壳安装进度，在拼装场地专用拼装台座上，提前将（B1+B2）、（B3+B4）、（B9+B10）对接成整体再运输至预制厂厂房内，拼装完成后，端钢壳共分为 7 块。

预制厂厂房内拼装指的是在端钢壳安装前，提前将端钢壳转运至厂房内，将 B1+B2+B3+B4、B7+B8+B9+B10+B11+B12 在厂房内进行拼装、焊接、调整平整度，并提前对焊接点进行焊缝检测，以减少在钢筋笼上的对接工作量，拼装完成后，端钢壳共分为 4 块，分别底板 1 块、墙体 2 块、顶板 1 块，如图 10-4、图 10-5 所示。

图 10-4　端钢壳拼装台座拼装、厂房内拼装

图 10-5　遇水膨胀止水胶、注浆管安装

（2）安装固定

顶板钢筋笼绑扎过程完成后，开始安装端钢壳。按照先底板、后侧墙、再顶板的安装顺序，对底板端钢壳与墙体端钢壳接头进行对接、焊接及打磨；顶板端钢壳安装前，提前对底板与墙体接头平整度及焊缝进行检测，再根据测量台架上的放样点，安装顶板端钢壳，并固定于钢筋笼上，随钢筋笼一起顶推至浇筑坑，如图 10-6、图 10-7 所示。

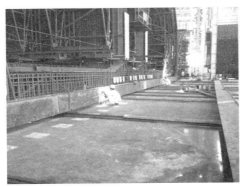

图 10-6　底板端钢壳焊缝位置打磨、端钢壳随钢筋笼一起顶推

图 10-7　底板端钢壳接头焊缝检测、底板端钢壳接头平整度检测

（3）调整

端钢壳调整，共分为 3 个阶段：体系转换后、模板安装后、混凝土浇筑过程。

钢筋笼顶推至浇筑坑，完成体系转换后，通过全站仪测量，按底板、侧墙、顶板的顺序，采用手拉葫芦将端钢壳整体初调至基准线。

端钢壳初调到位，安装模板端模系统，通过端钢壳与端模支撑系统上的定位螺栓对端钢壳进行精调，并调节端模支架的支撑螺栓，使支撑与端钢壳紧贴、固定。再仔细检查各支撑螺栓的预紧情况，并再次对端钢壳进行全面复测，确认平整度满足要求的情况下，用角钢将端钢壳与钢筋笼进行焊接加固。

在管节混凝土浇筑过程，对端钢壳进行全过程实时监测，根据测量数据通过调节支撑螺栓对端钢壳的平整度进行微调，确保端钢壳质量。端钢壳加固系统如图 10-8～图 10-10 所示。

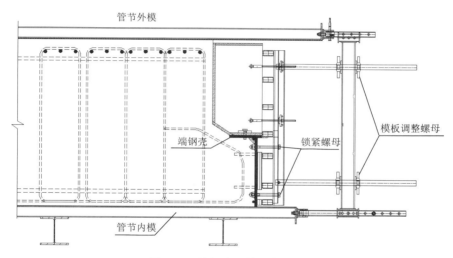

图 10-8　端钢壳调整示意图

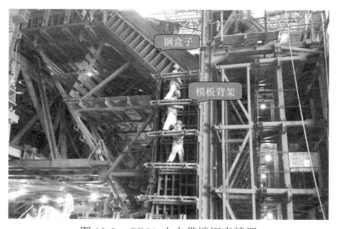

图 10-9　GINA 止水带端钢壳精调

图 10-10　非 GINA 止水带端钢壳精调

（4）防腐

端钢壳除在钢结构厂内进行防腐处理外，在管节顶推到浅坞区，完成预应力施工后，也需要对所有焊接位置及表面重新进行防腐处理。端钢壳防腐按永久钢结构等级标准执行，采用热浸锌 70 μm 重度防腐涂装，并在底板内侧钢结构附加牺牲阳极保护，外侧设置 5 mm 预留腐蚀厚度，如图 10-11 所示。

图 10-11　端钢壳防腐油漆涂刷、端钢壳防腐油漆厚度检测

4. 监测

（1）初步方案

为加强端钢壳精度控制和管节间端钢壳平整度对比分析,端钢壳测点布置如图 10-12 所示，共设置 50 个测点，选用测角和测距精度分别不低于 1″、1 mm+1 ppm 的全站。在端钢壳拼装、浇筑、顶推及张拉完成过程中，均采用此测点进行全程监测（图 10-13）。

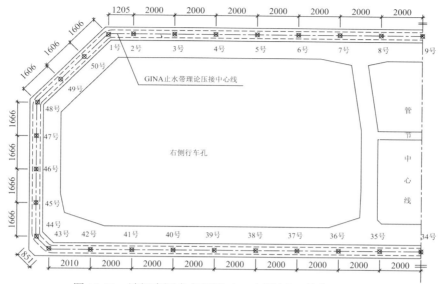

图 10-12　端钢壳测点布置图（50 个测点）（单位：mm）

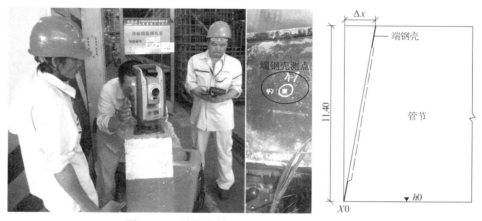

图 10-13　端钢壳精调及测量图（单位：m）

端钢壳平整度检测应在管节张拉压浆及托举转换完成后进行，要求面板不平整度≤5 mm。端钢壳平整度检测的操作方法如下。

①在沉管预制施工控制网坐标系下，采用全站仪对端钢壳的 50 个测点的三维坐标进行实测。

②对 50 个测点的实测坐标按式（10-1）、式（10-2）、式（10-3）计算出端钢壳的拟合面。

$$XY=[\text{ones}(50，1)\ x\ y] \tag{10-1}$$

$$b=\text{vpa}(\text{regress}(h，XY)，10) \tag{10-2}$$

$$h=b(1)+b(2)x+b(3)y \tag{10-3}$$

③最后根据拟合参数按照式（10-4）、式（10-5）、式（10-6）计算出测点到拟合面的距离（即平整度）及端钢壳端面的竖向和水平向偏角。

$$d = (Ax + By + Ch + D)\Big/\sqrt{A^2 + B^2 + C^2} \qquad (10\text{-}4)$$

式中，$A=b(2)$，$B=b(3)$，$C=-1$，$D=b(1)$。

$$竖向偏角=\arctan(b(2)) \qquad (10\text{-}5)$$

$$水平向偏角=\arctan(b(3)/b(2)) \qquad (10\text{-}6)$$

（2）优化

沉管预制现场施工严格按照上述方法对端钢壳的制作、拼接、安装、测量、监测及检测等工序进行控制。通过对前 7 个管节共 14 个端钢壳的面板平整度进行检测分析，其统计结果如表 10-3 所示。

为了提高端钢壳面板平整度的可信度，避免由于 50 个测点布置的不合理性导致端钢壳平整度拟合出现局部失真的情况，在后续管节检测时又增加如下措施。

①在两个相邻的检测点中间加密，将检测点数由 50 个加密到 96 个（图 10-14）。

②分别用 96 和 50 个测点的测量数据进行拟合分析，并检测端钢壳两套数据的平整度是否均满足设计要求。

③采用 50 个测点的拟合参数按式（10-4）对 96 个点的平整度进行重新计算，再次检测端钢壳的平整度是否满足设计要求，其计算及比较结果如表 10-4 所示。

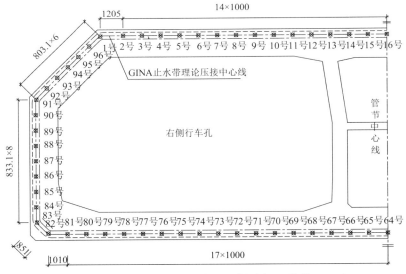

图 10-14　端钢壳测点布置图（96 个测点）（单位：mm）

通过表 10-3 的统计数据和已沉放安装的管节的实际情况分析，管节间 GINA 止水带的止水效果均很好，表明上述关于端钢壳拼接、安装、精调、测量及平整度分析检测的方法是可行的。

表 10-3　端钢壳平整度分析数据表

项目 \ 管节	E1S1	E1S5	E3S1	E3S8	E5S1	E5S8	E7S1	E7S8	E9S1	E9S8	E11S1	E11S8	E13S1	E13S8
不平整度最大值/mm	5.39	4.33	4.85	3.27	5.60	5.09	3.88	3.86	3.42	3.59	4.26	4.04	4.58	3.92
总测点数/个	50	50	50	50	50	50	50	50	50	50	50	50	50	50
合格点数/个	49	50	50	50	48	49	50	50	50	50	50	50	50	50
合格率/%	98	100	100	100	96	98	100	100	100	100	100	100	100	100
竖向偏角实测值/(°)	88.297 8	88.256 1	89.087 7	89.057 2	89.127 6	89.127 1	89.033 5	88.998 8	88.920 2	88.856 1	89.544 2	89.544 0	89.919 1	89.949 8
竖向偏角理论值/(°)	88.286 7		89.075 3		89.141 0		89.025 1		88.909 5		89.557 7		89.944 7	
水平向偏角实测值/(°)	0.000 0	-0.013 8	0.006 1	0.020 8	-0.010 7	0.004 1	0.000 6	0.010 9	0.007 5	0.006 4	0.000 7	0.022 0	-0.004 7	-0.005 1
水平向偏角理论值/(°)	0		0		0		0		0		0		0	

表 10-4　端钢壳平整度分析数据比较表

管节 \ 项目	96 个点拟合的不平整度最大值①/mm	96 个点拟合的不平整度合格率/%	50 个点拟合参数计算 96 个点的不平整度最大值②/mm	50 个点拟合参数计算 96 个点的不平整度合格率/%	①-②的最大值/mm	①-②>0.1 mm 的比率
E9S1	4.38	100	4.53	100	0.16	30.2%(29/96)
E9S8	4.31	100	4.15	100	0.24	68.7%(66/96)
E11S1	4.22	100	4.42	100	0.23	61.4%(59/96)
E11S8	4.31	100	4.43	100	0.13	42.7%(41/96)
E13S1	4.58	100	4.58	100	0.12	14.6%(14/96)
E13S8	4.36	100	4.44	100	0.09	0% (0/96)

同时，从表 10-4 的数据中可以看出，在后续施工中应加强管节顶推监测，提高顶推行程的一致性，以便匹配浇筑时减小端钢壳的水平向偏角，从而可以继续提高端钢壳的安装及测量精度。

10.2.2　管节接头剪力键

管节接头剪力键是管节之间传递剪力的关键构件，分外侧墙剪力键和中隔墙剪力键。外侧墙剪力键为钢结构，与预埋件栓接连接。E1～E8 中隔墙剪力键为混凝土剪力键，在管节沉放后现浇，E9～E33 为钢剪力键，与预埋件焊接连接。钢剪力键布置如图 10-15 所示，施工如图 10-16、图 10-17 所示。

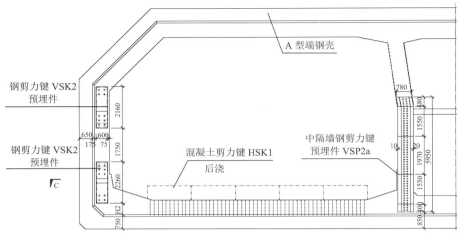

图 10-15　钢剪力键布置图（单位：mm）

图 10-16　侧墙钢剪力键安装、中隔墙钢剪力键安装

图 10-17　中隔墙钢剪力键、拉钩筋安装

　　钢剪力键预埋件在墙体钢筋安装区安装并进行初定位，因预埋件重量较大，在钢筋笼内增设支架。中隔墙钢剪力键初调到位后按设计要求在侧板穿入钢筋。

　　钢筋笼体系转换完成后，在测量监控下进行钢剪力键预埋件精调，并与钢筋笼焊接固定。严格控制好外侧墙预埋件锚栓拧入长度，以保证钢剪力键安装时螺栓连接长度。所有施工作业均要做好预埋件防腐涂层保护，如发现防腐涂层破损要按设计要求补涂。

钢剪力键制作和安装精度要求见表 10-5。

表 **10-5**　**钢剪力键制作及安装精度要求**

序号	主控项目	允许偏差	备注
1	外包宽度/mm	0～+4	—
2	外包高度/mm	0～+3	—
3	预埋件定位偏差/mm	≤10m（水平向）20m（竖向）件	—

10.3　节段接头预埋件

节段接头预埋件主要包括 OMEGA 止水带预埋件及节段接头混凝土剪力键预埋件。OMEGA 止水带预埋件作为小 OMEGA 止水带安装的载体，具体尺寸为 180 mm×249 mm，主要由端部面板、翼缘板及锚筋组成。整个预埋件断面宽度为 35.71 m，高 9.16 m，呈环形布置。在节段接头混凝土剪力键作为节段间剪力传递构造，在节段接头设置 4 组水平向钢筋混凝土剪力键和 4 组竖向钢筋混凝土剪力键，其中水平向剪力键在顶板、底板各设置 2 组；竖向剪力键分别在 2 个侧墙、2 个中墙各设置 1 组。

施工流程如图 10-18 所示。

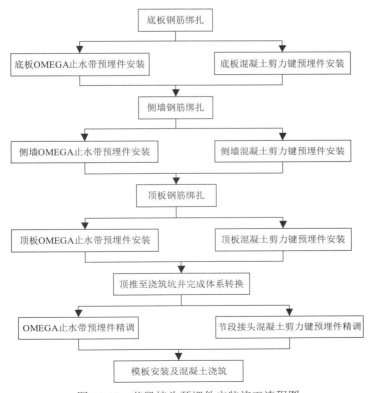

图 10-18　节段接头预埋件安装施工流程图

10.3.1 OMEGA止水带预埋件

OMEGA 止水带预埋件设计为不等边角钢，其上设置焊钉、锚筋、止水钢片及预埋盖形螺帽，匹配端的预埋件上还设有水密试验用的检漏水管，如图 10-19 所示。预埋件在厂内分块制作，现场焊接成形。为填充混凝土收缩带来的钢混结合面微小缝隙，弥补排气困难带来的混凝土缺陷，在预埋件角部位置设置全断面注浆管，一次舾装时注入环氧浆液。

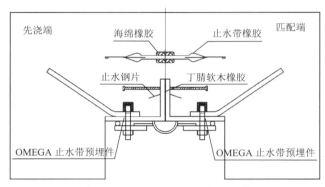

图 10-19　OMEGA 止水带预埋件

OMEGA 止水带预埋件安装与钢筋安装同步进行，全部安装完成后焊接为整体。OMEGA 止水带预埋件安装如图 10-20、图 10-21 所示。

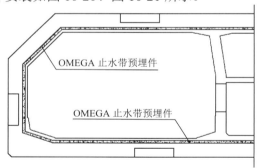

图 10-20　OMEGA 止水带预埋件安装图

图 10-21　侧墙 OMEGA 止水带预埋件安装、底板 OMEGA 止水带预埋件安装

OMEGA 止水带预埋件安装注意事项主要如下。

①底板钢筋安装过程中应提前安装 OMEGA 止水带预埋件固定支架。

②预埋件对接调整以螺栓孔间距为主要控制指标，焊接时采取有效措施控制焊接变形，焊缝平整度不超过 1 mm/0.5 m，平整度超标时须调校或重新焊接。焊缝须保证水密性，满足 60 m 水压下不渗漏。焊缝验收合格后按设计防腐要求进行焊缝处防腐补涂。

③焊接成整体后安装全断面注浆管，注浆管要紧贴预埋件角部位置，安装后其周边禁止气割、焊接等作业以防毁损注浆管。

④钢筋笼顶推入模前在预埋件匹配面按设计要求粘贴丁腈软木橡胶板，预埋螺栓涂抹黄油并用布条堵塞，表面粘贴铝箔防止进浆。

⑤钢筋笼体系转换后进行预埋件精调，与已浇节段的预埋件精确对应，匹配无错台。

10.3.2　节段接头剪力键预埋件

混凝土剪力键是节段之间传递剪力的关键构件，分为水平向剪力键和竖向剪力键。顶板、底板各设置 2 组水平剪力键；侧墙和中隔墙各设置 1 组竖向剪力键。每组剪力键包括剪力键榫和剪力键槽，分别位于先浇端和匹配端，榫槽间采用聚苯乙烯泡沫板充填，混凝土剪力键如图 10-22、图 10-23 所示。

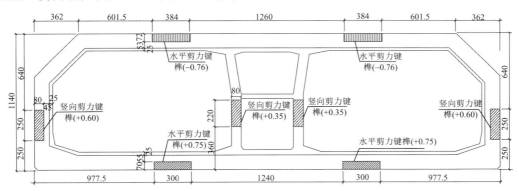

图 10-22　先浇端钢筋混凝土剪力键布置示意图（单位：mm）

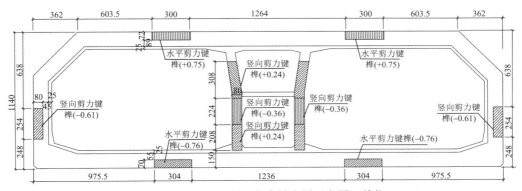

图 10-23　后浇端钢筋混凝土剪力键布置示意图（单位：mm）

　　每组混凝土剪力键成对设置混凝土剪力键预埋件，共分为 A、B、C、D、E、F、G 7种规格。

　　预埋件在钢筋安装过程中安装并初定位，因预埋件锚筋较长，如与钢筋冲突，需要适当调整钢筋位置，钢筋笼体系转换完成后进行预埋件精调、匹配，最后与钢筋笼焊接固定，如图 10-24、图 10-25 所示。

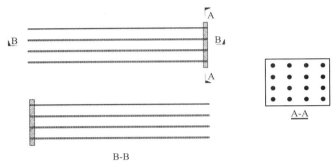

图 10-24　混凝土剪力键

图 10-25　侧墙混凝土剪力键预埋件安装

　　预埋件 A（B）位于先浇端，在剪力键预埋件 C（D、F、G）精调后再进行安装，预埋件安装就位后用初定位钢筋将侧面预埋件焊接固定，安装精度同预埋件 C（D、F、G），如图 10-26 所示。

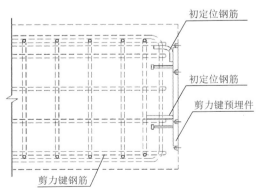

图 10-26　先浇端混凝土剪力键预埋件 A、B 安装

10.4　封门及管内预设预埋件

10.4.1　封门

端封门预埋件分钢梁牛腿预埋件和外侧牛腿预埋件，作为端封门的受力、止水结构与之配套使用。

（1）钢梁牛腿预埋件

钢梁牛腿预埋件是承受端封门传递的水压力的关键受力构件，根据所处位置和尺寸大小分为 6 种规格，顶板预埋件安装于沉管顶板，中廊道预埋件安装于中廊道后浇上隔板上，底板预埋件安装于底板的后浇枕梁上，如图 10-27～图 10-29 所示。

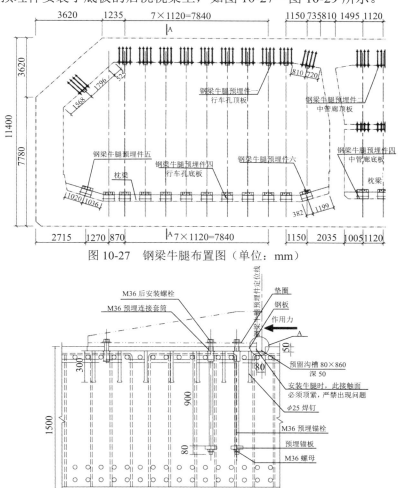

图 10-27　钢梁牛腿布置图（单位：mm）

图 10-28　钢梁牛腿预埋件结构示意图（单位：mm）

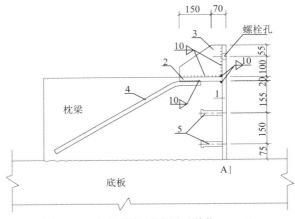

图 10-29　枕梁结构示意图（单位：mm）

　　每个管节首节段、末节段顶板钢筋安装台架调整到位后，在台架上精确测量放样顶板钢梁牛腿预埋件位置，并拉线复核。然后安装预埋件，并用型钢固定预埋件相对位置。内模就位后，复测钢梁牛腿预埋件位置并精确调整，最后与钢筋笼焊接固定。

　　底板钢梁牛腿预埋件在枕梁施工前安装，采用激光投线仪放样，使底板和顶板预埋件位置准确对应。

　　中廊道钢梁牛腿预埋件在上隔板钢筋安装时安装，安装方法与底板钢梁牛腿预埋件相同，如图 10-30、图 10-31 所示。

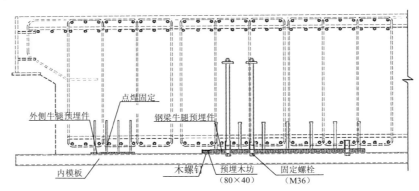

图 10-30　钢梁牛腿预埋件精确定位示意图

图 10-31　木枋安装、钢梁牛腿预埋件与钢筋笼固定

（2）外侧牛腿预埋件

外侧牛腿预埋件用于安装端封门密封钢板，由面板、锚筋、止水钢片、全断面注浆管等组成，如图 10-32～图 10-35 所示。

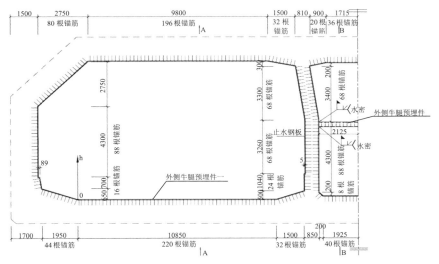

图 10-32　外侧牛腿预埋件布置图（单位：mm）

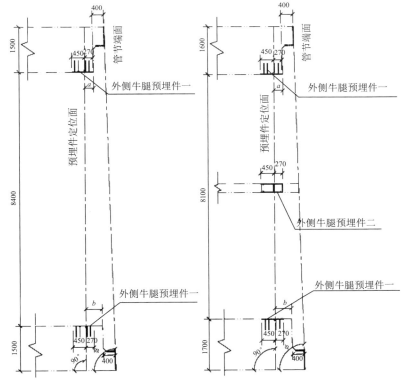

图 10-33　A-A、B-B 断面图（单位：mm）

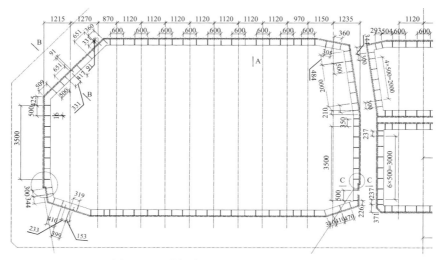

图 10-34　外侧牛腿预埋件（单位：mm）

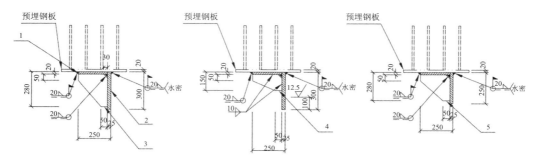

图 10-35　A-A、B-B、C-C 断面图（单位：mm）

外侧牛腿预埋件在厂家分块加工，与钢筋同步安装，待钢筋笼体系转换后，精确调位并焊接成整体，焊缝水密性要求与 OMEGA 止水带预埋件相同，如图 10-36～图 10-38 所示。安装和焊接的主要注意事项如下。

①锚筋与钢筋、波纹管冲突时适当弯折锚筋避让，严禁随意割除锚筋或损伤波纹管。

②焊缝处的止水钢片也要焊接连接，以增强止水性能。

③转角处与内模相应位置对应，预埋件面板与内模紧贴。

图 10-36　中隔墙外侧牛腿预埋件安装、侧墙外侧牛腿预埋件安装

④在底板预埋件上安装辅助型钢增加抗变形能力，保证预埋件平整度和水平度。

⑤外侧牛腿预埋件与钢梁牛腿预埋件之间设定位型钢保证相对位置准确，外侧牛腿预埋件距管节端面距离要保证满足端封门安装距离。

⑥全断面注浆管在焊接完成后安装，外露胶管采用与端钢壳注浆管不同颜色予以区分，并粘贴文字标识。

图 10-37　外侧牛腿预埋件焊接、外侧牛腿预埋件焊缝检测

图 10-38　外侧牛腿预埋件固定

10.4.2　水箱系统及其他

压载水箱及灌排水管道系统是管节沉放、姿态调整的辅助设施。标准管节在 S2、S4～S5、S7 节段左右行车道共布置 6 个压载水箱（压载水箱为钢木组合结构），并在中廊道设置相应的管道系统用于压载水箱灌排水，在压载水箱处通过中隔墙上预埋钢管与压载水箱连通。压载水箱及灌排水管道系统预留、预埋主要包括压载水箱立柱预埋件、压载水箱撑杆预埋件、管道穿舱预埋件、水泵预埋件等。

其他预留、预埋主要包含交通工程预留预埋和预留阴极保护设施等。交通工程预留预埋分为预留洞室和预埋管两类，用于管内交通监控、通信、标志标线、广播、通风、照明、消防、供配电、火灾监测等设施设备安装。预留洞室主要包括安全门、排烟孔、消防栓及灭火器预留洞室、紧急电话预留洞室等；预埋管包括疏散标志、摄像机、扬声器线缆预埋管等。预留阴极保护设施包括电导通、阴极保护接头、二氧化锰参比电极、电位测试接头及接地端子等。

　　所有预留洞室、预埋管及预留阴极保护设施均安装于墙体，在墙体钢筋安装时同步安装，如与混凝土下料孔或模板对拉螺杆位置冲突，则适当调整混凝土下料孔位置或调整对拉螺杆安装。预留预埋的种类、规格和数量均较多，并且各节段均不相同，在管节预制开始前应整理预留预埋设施一览表，下发给作业人员遵照执行。

　　施工流程如图 10-39 所示。压载水箱预埋件布置如图 10-40、图 10-41 所示。

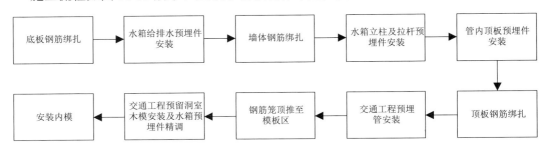

图 10-39　管内预埋件及交通工程预留预埋安装施工流程图

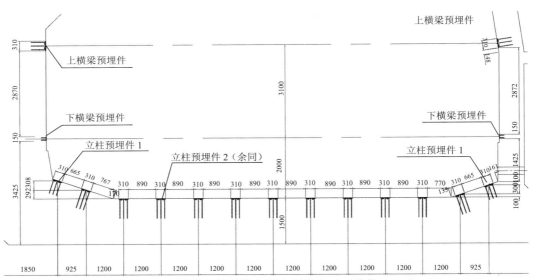

图 10-40　压载水箱预埋件布置示意图（一）（单位：mm）

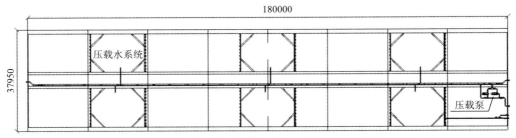

图 10-41　压载水箱预埋件布置示意图（二）（单位：mm）

　　预埋件安装与钢筋安装同步进行，混凝土浇筑前精确定位，墙体上的预埋件安装要与模板紧贴，底板上的单个预埋件与钢筋笼焊接固定，压载水箱立柱预埋件采用角钢定位和固定，如图 10-42～图 10-44 所示。

图 10-42　压载水箱立柱预埋件安装示意图

图 10-43　水箱横梁及拉杆预埋件安装示意图

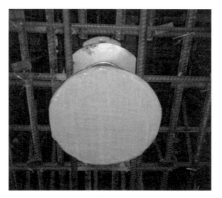

图 10-44　压载水箱给排水预埋件安装示意图

10.5　管顶舾装预埋件

　　管顶舾装预埋件是沉管沉放辅助设施的基础,包括吊点预埋件、系缆柱预埋件(120 t、65 t)、导缆器预埋件、绞缆盘预埋件、导向杆预埋件、导向托架预埋件、测量塔预埋件、人孔预埋件等。

　　除人孔预埋件在钢筋安装过程中安装之外,其余管顶舾装预埋件在钢筋笼体系转换施工后安装,若预埋件锚栓与钢筋位置冲突,以钢筋合理避让的办法解决。为保证管顶舾装件能够顺利安拆,要严格控制螺栓外露长度。

第11章 结构防水

11.1 沉管防水体系设计

沉管隧道防水体系分为三部分。

①沉管结构采用钢筋混凝土自防水，具体指标见表11-1。

表 11-1　管节结构混凝土主要设计指标

构件		环境作用等级	设计使用年限/年	最低强度等级	抗渗等级	氯离子扩散系数/($\times 10^{-12} \mathrm{m^2/s}$)	最小混凝土保护层/cm	备注
主体结构	沉管结构外侧	III-E	120	C45（28 d 龄期）C50（56 d 龄期）	P12	≤6.5（28 d 龄期）≤4.5（56 d 龄期）	7	预制
	沉管结构内侧	III-D					5	预制，含中管廊上隔板
	接头端面	III-E					7	预制
	节段接头混凝土剪力键（除中墙）	III-E					7	预制
	节段接头中墙混凝土剪力键	III-D					5	预制
	管节接头混凝土剪力键	III-D					5	现浇

②管节接头防水采用 GINA 止水带和 OMEGA 止水带体系，具体见 11.2 节。

③节段接头防水采用 3 道防水，从外到内有：外包喷涂聚脲防水层、中埋式可注浆钢边止水带及 OMEGA 止水带，具体见 11.3 节。

11.2 管节接头防水

管节接头设置两道防水构造：GINA 止水带和 OMEGA 止水带，如图 11-1、图 11-2 所示。

1）GINA 止水带的设计要求

①材质为天然橡胶。

②GINA 止水带压件系统中的压板、压块采用内六角圆柱头螺钉固定。

2）OMEGA 止水带的设计要求

①材质为丁苯橡胶。

②OMEGA 止水带压件系统中的压板、压条、圆钢采用不锈钢双头螺柱、螺母、弹簧垫圈固定。

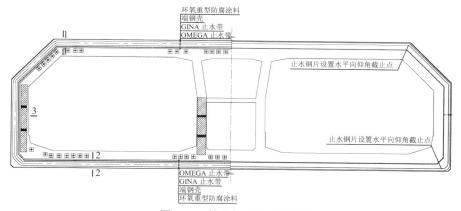

图 11-1 管节接头防水构造图

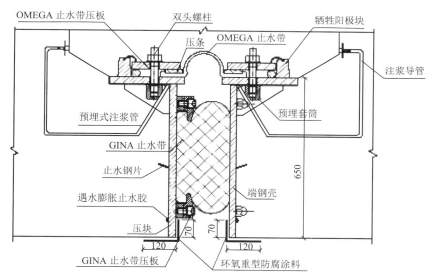

图 11-2 管节接头防水结构示意图（单位：mm）

11.2.1 GINA止水带

1. 概况

GINA 止水带是沉管隧道管节接头的重要止水结构，截面两侧设置翼缘，顶面设置鼻尖。管节对接安装时鼻尖首先接触到对接面，千斤顶拉合后，管节结合腔形成密闭空间，在水力压接作用下，挤压止水带达到止水效果。

止水带安装在管节端面的 A 型端钢壳上（端钢壳共分两种类型，A 型和 B 型。管节对接时 A 型端钢壳上 GINA 止水带压缩与 B 型端钢壳匹配），采用压板夹紧两侧翼缘，螺栓锁紧固定，安装示意图如图 11-3 所示。单条止水带长约 91.5 m，重量约 9.3 t（GINA 止水带为定制产品，不同安装位置，长度重量略有不同），呈与管节端面匹配的环状形态，按每个管节端面尺寸在厂家定制，整体供应到现场。

　　GINA 止水带施工过程中，所使用的吊装工具简单、易操作，并且能通过不同长度的吊带和手拉葫芦调节止水带吊运时的形状和状态，使安装过程中出现的形状变化便于调节；这种方式也很容易使止水带起吊后能够整体成型，与沉管端钢壳形状进行匹配，便于安装。压板样式图详见图 11-4。

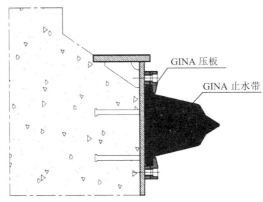

图 11-3　GINA 止水带压板固定示意图

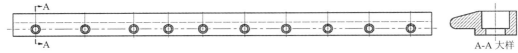

图 11-4　直形压板样式图

2. 吊架设计

　　GINA 止水带采用多点起吊方案。根据 GINA 止水带的重量对 GINA 止水带吊点设置间距并对吊架主吊点位置进行计算，保证吊架的强度及刚度满足设计规范要求。GINA 止水带重 9.3 t，吊点间距为 1.5 m，采用 5 t 吊带配 2 t 的手拉葫芦进行吊装，吊架采用三角桁架形式，根据受力情况采用倒立使用。设置吊点间距为 1.5 m，吊架纵向三角桁架间距也按 1.5 m 间距设置，如图 11-5 所示。

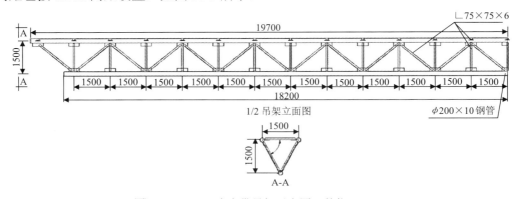

图 11-5　GINA 止水带吊架示意图（单位：mm）

3．安装

（1）施工流程

GINA 止水带安装施工流程见图 11-6。

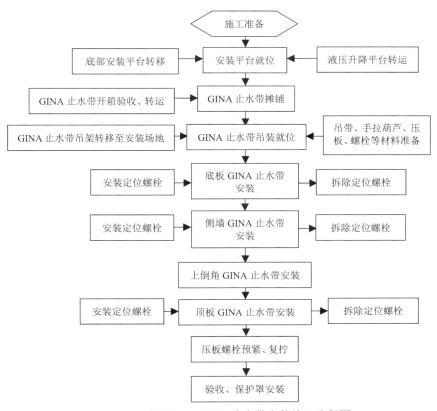

图 11-6　GINA 止水带安装施工流程图

（2）施工条件

GINA 止水带安装为大型起重吊装作业，同时存在高空作业。施工前必须做好交底，收集气象信息，大风、降雨天气不得进行 GINA 止水带安装施工。机具、材料使用情况见表 11-2。

表 11-2　GINA 安装机具、材料统计表

序号	名称	型号	单位	数量	序号	名称	型号	单位	数量
1	手拉葫芦	0.8 t-1.5 m	个	32	5	吊带	1.5 t-3 m	条	4
2	手拉葫芦	1.5 t-1.5 m	个	25	6	吊带	1.5 t-1.5 m	条	32
3	吊带	1.5 t-14.5 m	条	26	7	自制平台	6 m×1.2 m	个	5
4	吊带	1.5 t-5 m	条	4	8	升降平台	13 m	台	5

序号	名称	型号	单位	数量	序号	名称	型号	单位	数量
9	无极平吊带	1 t-0.8 m	条	30	13	卸扣	2 t	个	100
10	吊带	4 t-16 m	条	4	14	卸扣	9.5 t	个	15
11	吊带	8 t-22 m	条	2	15	平板车	40 t	台	1
12	吊带	12 t-3 m	条	2	16	汽车吊	50 t	台	1

（3）GINA 止水带摊铺及端钢壳标记

GINA 止水带开箱后，进行外观质量、尺寸验收。验收合格后，转运至安装现场。在铺有土工布的地面上，对 GINA 止水带进行摊铺，防止重叠影响整体吊装。按分中原则用粉笔做好 1/2、1/4、1/8 的标记，同时对应在端钢壳标出，如图 11-7、图 11-8 所示。

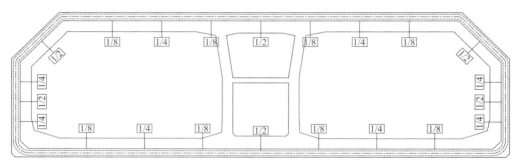

图 11-7　GINA 止水带及端钢壳标记示意图

图 11-8　GINA 止水带摊铺完成图

GINA 止水带起吊后，调节每根吊带上的手拉葫芦，使 GINA 止水带调平，然后吊运至安装位置前方进行定位，如图 11-9、图 11-10 所示。

GINA 止水带在压板的挤压作用下，与端钢壳接触，调整位置后压紧调节螺栓，安装底板上的其他 M24 内六角圆柱头螺钉，使底板固定 GINA 止水带，如图 11-11 所示。

图 11-9 通过手拉葫芦调节 GINA 止水带

图 11-10 GINA 止水带吊装示意图

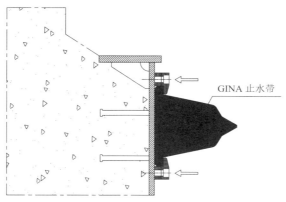

图 11-11 GINA 止水带螺栓示意图

继续按分中原则，将 GINA 止水带对准端钢壳的标记，完成底板 GINA 止水带的安装，如图 11-12 所示。

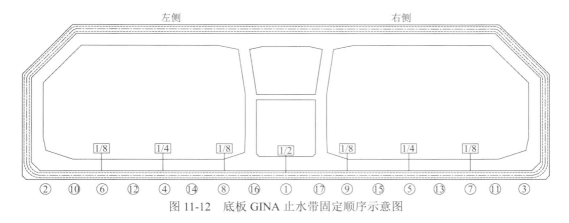

图 11-12 底板 GINA 止水带固定顺序示意图

底板 GINA 止水带固定完成后，将侧墙 GINA 止水带 1/2 位置标记对准端钢壳的对应标记后，用扣件固定，然后再根据分中原则按顺序固定侧墙 GINA 止水带，如图 11-13 所示。

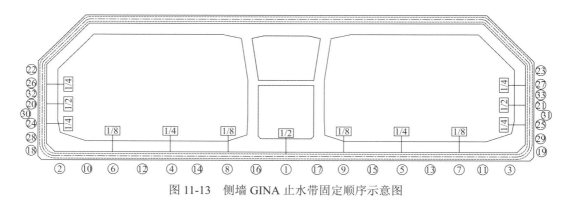

图 11-13　侧墙 GINA 止水带固定顺序示意图

　　侧墙 GINA 止水带固定完成后，将顶部倒角 GINA 止水带 1/2 位置标记对准端钢壳的对应标记后，用扣件固定，然后再根据分中原则按顺序固定顶部倒角 GINA 止水带，如图 11-14 所示。

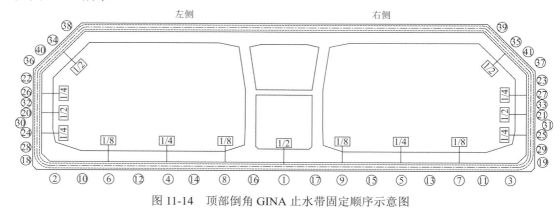

图 11-14　顶部倒角 GINA 止水带固定顺序示意图

　　顶部倒角 GINA 止水带固定完成后，将顶板 GINA 止水带 1/2 位置标记对准端钢壳的对应标记后，用扣件固定，然后再根据分中原则按顺序固定顶部倒角 GINA 止水带。在安装顶板时，应先将底部吊带拆除，然后调节手拉葫芦使顶部 GINA 止水带水平，利用长螺杆将 GINA 止水带顶推就位后安装压板螺栓，如图 11-15 所示。

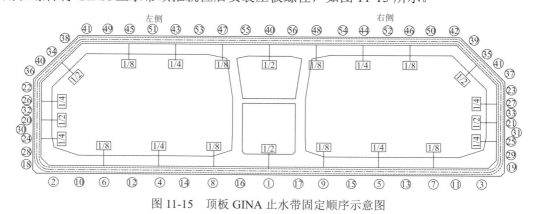

图 11-15　顶板 GINA 止水带固定顺序示意图

4. 检测

（1）螺栓终拧扭矩

GINA 止水带安装完成后，逐个进行螺栓拧扭矩检测。安装完成 24 h 后进行复拧，如图 11-16 所示。

图 11-16　GINA 螺栓拧扭矩检测

（2）外观检测

联合监理对止水带、压板及压板螺栓进行外观检测，检查止水带是否损伤、压板防腐油漆涂刷是否到位，这是管节横移到深坞区最重要的检查程序。

11.2.2　管节接头OMEGA止水带

1. 概况

管节接头 OMEGA 止水带是管节接头第二道防水线，工程共 34 条 OMEGA 止水带，每件长度为 89.084 m，止水带安装在止水带预埋件上，沿管节四周分布，采用压条压块及螺栓安装固定，如图 11-17 所示。

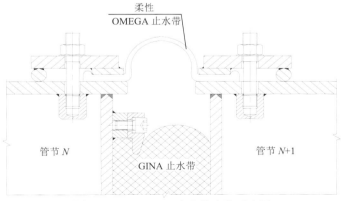

图 11-17　OMEGA 止水带安装示意图

2. 安 装

止水带的安装流程为：止水带的存储→止水带的运输→搭制脚手架平台→预埋件清理检查→压板的分类及清理→安装 OMEGA 止水带→止水带接驳。

（1）止水带的存储

OMEGA 止水带应避免阳光照射或带有紫外线的人工光线照射，储存应置于气密性良好的地方，避免暴露于流通空气中，不得接触有机溶剂、油脂等材料；止水带表面若有污物，严禁采用砂纸、尖锐物、有机溶剂清理表面，可采用清水结合软刷或硬刷清理橡胶表面。

（2）搭设脚手架平台

OMEGA 止水带沿管节接头内部四周分布，最高处的顶板距底板高度为 8.4 m，必须专门搭设脚手架平台后方可进行施工，同时考虑管内工序交叉作业频繁，为方便拆除舾装件倒运，需将脚手架平台开设一个临时通道，临时通道尺寸约为：5 m（长）×4.5 m（高），以便材料及设备进出。

（3）预埋件清理

OMEGA 止水带安装前，必须先对预埋件进行全面清理，采用水将表面冲洗干净并排除积水，安装前必须保证表面干燥，其作用是确保 OMEGA 止水带水密质量。

待表面清理完成后，再对预埋件表面防腐层进行全面检查，发现破损需根据端钢壳油漆修补工艺进行修复（图11-18），并逐个对预埋套筒进行全面检查及螺栓试拧，确保螺栓能够顺利安装。

图 11-18 端钢壳表面油漆修复

（4）安装 OMEGA 止水带

OMEGA 止水带从顶部开始安装，先安装止水带转角位置，再安装止水带中间部位，最后安装止水带转角处与中部之间的中点部位，方向依次为：转角→1/2→1/4→1/8→1/16，如图 11-19 所示。

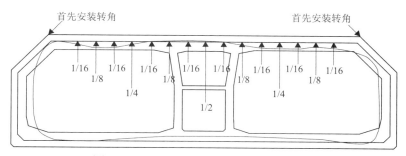

图 11-19　OMEGA 止水带管顶安装顺序图

按同样的方法依次安装左右上斜边、侧面墙身、左右下斜边、底板区域的 OMEGA 止水带，如图 11-20 所示。

图 11-20　OMEGA 止水带其他位置安装顺序图

3．接驳

OMEGA 止水带按要求摊铺就位，量准止水带接驳的对接位置，将多余止水带切除，采用砂轮机将接驳两端部 15 cm 区域进行打磨，同时将 OMEGA 止水带内侧一层橡胶去除，然后将其放入专用接驳硫化模具中，收紧螺栓将止水带接驳压紧，打开接驳电源进行加热硫化，如图 11-21 所示。

接驳加热硫化时间约为 5 h，在加热过程中，收紧模具的螺栓，模具加热到一定温度并持续约 1.5 h 后才能开始自然降温，必须待降至常温后方可拆模。

图 11-21　OMEGA 止水带硫化接驳

4. 检测

（1）OMEGA 止水带开箱检验

在 OMEGA 止水带安装前，须对止水带进行开箱检验，并对止水带外观及外形尺寸进行测量，确认无误后方可安排下一步工序。

（2）整体水密试验

全部压板完成安装后，用电动扳手初拧，再用扭力扳手复拧。间隔 24 h 及一星期后分别再次进行拧紧，前后共拧三次，并用扭力扳手进行最终检测。

根据设计要求对 OMEGA 止水带进行水密试验，在试验过程中为达到水密检测效果，首先将压力值调至 0.1 MPa，并保压 10 min，观察是否有异常情况，然后将试验压力调升至 0.2 MPa，再进行观察，最后将压力调到设计图纸要求压力，保压 120 min，观察渗漏现象。具体检测步骤如下（图 11-22）。

①打开预埋水管 1 截止阀，由预埋水管 1 处灌水，将预埋水管 3 作为排气管；

②待预埋水管 3 出水后，用管帽封闭预埋水管 3，根据检漏要求逐级加压到 0.25 MPa 后，关闭预埋水管 1 截止阀检查是否漏水；

③检查完毕后，开启预埋水管 2 截止阀，用抽水泵将剩余水密试验用水抽走；

④关闭预埋水管 2 截止阀。

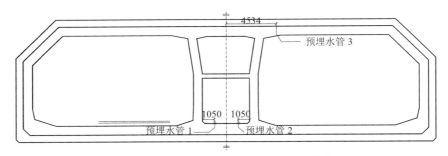

图 11-22　OMEGA 止水带检漏水管布置图（单位：mm）

OMEGA 止水带水密试验记录见表 11-3。表中详述了每一级的试验压力及持压时间。

表 11-3　OMEGA 止水带水密试验记录表

试验压力/MPa	持压时间/min	渗漏情况
0.10	30	
0.20	10	
0.30	10	
0.36	30	
0.43	30	
0.51	120	

11.3 节段接头防水

节段接头设置 3 道防水构造，从外到内有：外包喷涂聚脲防水层、中埋式可注浆钢边止水带及 OMEGA 止水带，接头如图 11-23、图 11-24 所示。

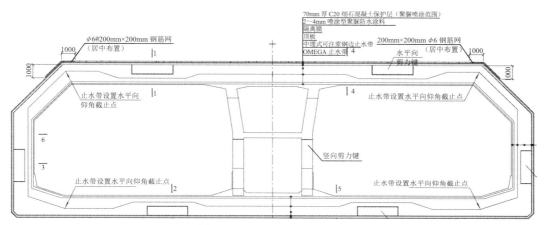

图 11-23 节段接头防水设计

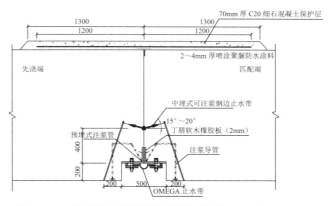

图 11-24 接头防水构造设计详图（单位：mm）

1）外包喷涂聚脲防水层的设计要求

①在混凝土养护完成后，沿节段接头外侧喷涂聚脲防水层。喷涂聚脲防水涂料应符合《喷涂聚脲防水涂料》（GB/T 23446—2009）中 II 型指标要求。

②喷涂聚脲防水涂料施工前，应首先施作与涂料相配套的底涂料。与喷涂聚脲防水涂料配套使用的底涂料、涂料修补材料、层间处理剂的施工要求、性能指标、基面处理及干燥程度要求应符合《喷涂聚脲防水工程技术规程》（JGJ/T 200—2010）的要求。

2）中埋式可注浆钢边止水带的设计要求

①材质为丁苯橡胶。

②注浆管的设置间距为 4 m 左右。

3）OMEGA 止水带的设计要求

①材质为丁苯橡胶。

②OMEGA 止水带压件系统中的压板、压条、圆钢采用不锈钢双头螺柱、螺母、弹簧垫圈固定。

11.3.1　中埋式可注浆钢边止水带

1. 概况

中埋式可注浆钢边止水带是嵌入在节段之间的止水带，是沉管节段接头防水的重要组成部分，主要由橡胶带、不锈钢片、氯丁海绵橡胶条（注浆用）、注浆管等几部分组成。每圈止水带的理论长度为 88.258 m，止水带尺寸布置及断面结构如图 11-25、图 11-26 所示。

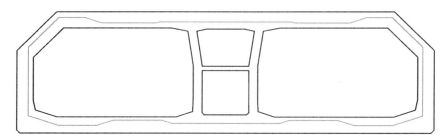

图 11-25　中埋式可注浆钢边止水带断面示意图

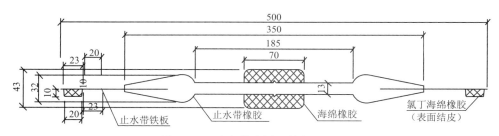

图 11-26　止水带大样（单位：mm）

2. 安装

中埋式可注浆钢边止水带安装流程如图 11-27 所示。

图 11-27　中埋式可注浆钢边止水带安装流程图

中埋式可注浆钢边止水带吊装步骤如图 11-28 所示。

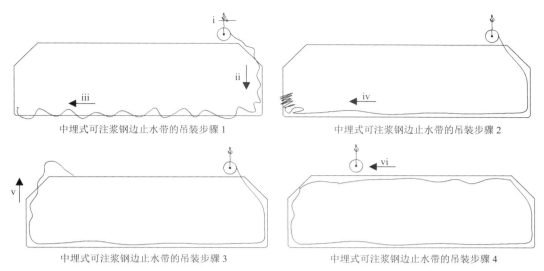

中埋式可注浆钢边止水带的吊装步骤 1　　　　中埋式可注浆钢边止水带的吊装步骤 2

中埋式可注浆钢边止水带的吊装步骤 3　　　　中埋式可注浆钢边止水带的吊装步骤 4

图 11-28　中埋式可注浆钢边止水带的吊装步骤图

中埋式可注浆钢边止水带的吊装如图 11-29 所示。

图 11-29　中埋式可注浆钢边止水带的吊装

3. 接驳

接驳位置左右各预留 1 m 暂不固定，由厂家专业工程师现场接驳。止水带的接驳按如下顺序进行，如图 11-30～图 11-33 所示。

①量准止水带接头的对接位置，将多余止水带切除。接头两侧各有 15 cm 采用砂轮机进行打磨。

图 11-30　中埋式可注浆钢边止水带的剪裁、打磨

②将止水带内侧一层橡胶去除，刷上界面处理剂，并连接接头位置的钢边。

图 11-31　界面处理剂的涂刷、钢边的连接

③晾干后将硫化的生胶贴在止水带外侧，再用剪刀剪出小条生胶塞入接头处。放入专用接头硫化模具中，收紧螺栓将止水带接头压紧，接头电源进行加热硫化。

图 11-32　接头处生胶的粘贴、硫化

④接头加热硫化时间约为 2 h，在加热过程中，必须不断收紧模具的螺栓，使中埋式可注浆钢边止水带压紧，模具加热到一定温度并持续约 1 h 后才能开始降温，但必须等降温完成后方可进行拆模。

图 11-33　止水带接驳完成

4. 优化

通过止水带的运用和相关试验验证，尤其是中期对于防水设计的优化，对于止水带进行了部分优化。

受中埋式可注浆钢边止水带宽度影响，其周边混凝土气泡排除困难，易出现不密实现象，通过设置于迎水面的氯丁海绵橡胶条（注浆用）压注环氧浆液予以弥补。因注浆时混凝土内气泡仍然无法排出,注浆的范围受到制约,从而影响了注浆的效果,深埋沉管仍然存在中埋式可注浆钢边止水带失效的风险。经注浆模型试验和多方论证,在中埋式可注浆钢边止水带背水面增加一条氯丁海绵橡胶条,如图 11-34 所示,可以有效扩大注浆范围,提升注浆防水效果。

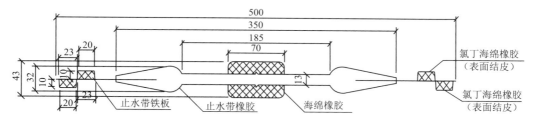

图 11-34   改进后中埋式可注浆钢边止水带断面构造(单位:mm)

原设计每条中埋式可注浆钢边止水带布置 24 根注浆管,间距较大,注浆压力衰减较大,对注浆质量产生一定的影响。根据注浆和水密试验实际情况,从 E17 开始将注浆管数量增加为 36 根(图 11-35),提升了注浆质量。

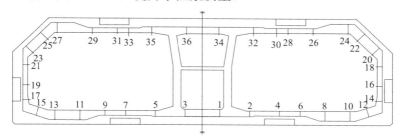

图 11-35   改进后中埋式可注浆钢边止水带注浆管断面构造

11.3.2   节段接头OMEGA止水带

1. 概况

节段接头 OMEGA 止水带作为节段接头的内侧防水装置,沿节段四周分布,采用压块安装固定。每个标准管节安装 7 圈节段接头 OMEGA 止水带,每圈止水带理论长度为83.735 m。节段接头 OMEGA 止水带断面图如图 11-36 所示。

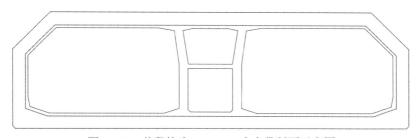

图 11-36   节段接头 OMEGA 止水带断面示意图

2. 安装

（1）施工流程

OMEGA 止水带安装流程见图 11-37。

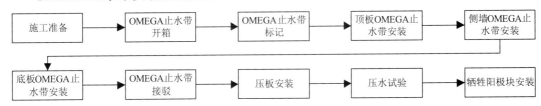

图 11-37　OMEGA 止水带安装流程图

（2）OMEGA 止水带安装准备工作

OMEGA 止水带安装前须搭设操作平台，用以对预埋件表面进行清理、找平及防腐处理。平整度验收合格后，方可安装止水带压板螺栓，如图 11-38 所示。

图 11-38　OMEGA 止水带预埋件清理及螺栓安装

（3）止水带开箱检查及标记

OMEGA 止水带由专业厂家生产、包装及运输至现场使用。安装前须对止水带外观及尺寸开箱检查，并在每边的 1/2、1/4、1/8、1/16 位置及预埋件上对应部位做标记，对位安装（图 11-39）。

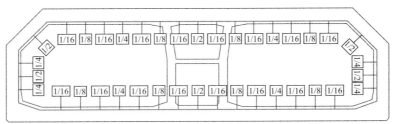

图 11-39　OMEGA 止水带标识示意图

（4）止水带安装

首先将 OMEGA 止水带摊铺就位，接头留在行车道底板，再按顶板、侧墙、底板的顺序进行压板安装。压板安装采用分中原则，根据所做标记，先安装转角点及 1/2 标记处压板，再安装 1/4 标记处压板，依次类推。分中原则可分散止水带安装误差，提高整体安装精度，保证转角位置止水带与预埋件准确贴合，安装现场见图 11-40。

图 11-40　OEMGA 止水带现场安装图

1）顶板 OMEGA 止水带安装

摊铺就位后，将 OMEGA 止水带左上角对准转角点，压件压紧固定，采用分中原则将顶部倒角处 OMEGA 止水带用压件扣上，并用手力上紧。安装如图 11-41、图 11-42 所示。

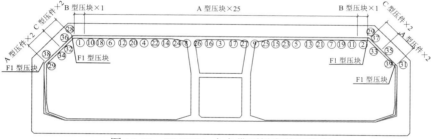

图 11-41　OMEGA 止水带顶板安装示意图

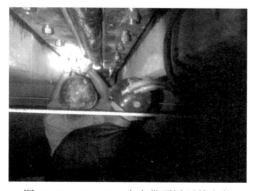

图 11-42　OMEGA 止水带顶板压件安装

2）侧墙 OMEGA 止水带安装

侧墙 OMEGA 止水带安装固定同样采用分中原则，先两端后中间，不断用压件将 OMEGA 止水带压紧固定，如图 11-43 所示。

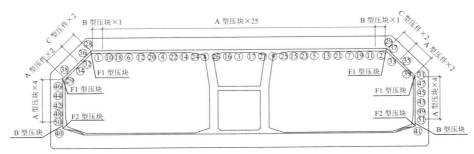

图 11-43 OMEGA 止水带侧墙安装示意图

3）底板 OMEGA 止水带安装

为方便 OMEGA 止水带接头的硫化施工，底板 OMEGA 止水带固定时，必须注意最后接头的位置，在安装压件时，接头两侧各留出 3~4 m 位置，等完成接头硫化后再进行安装，如图 11-44 所示。

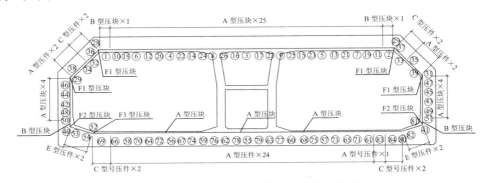

图 11-44 OMEGA 止水带底板安装示意图

3．接驳

生产厂家安排专业人员使用专用模具在止水带接头位置进行硫化接驳，使 OMEGA 止水带形成闭合的整体，如图 11-45 所示。硫化接驳耗时 2~3 h，加热硫化 6 h。接驳后完成方可进行剩余压板安装。

图 11-45 OMEGA 止水带接驳

4. 保护措施

OMEGA 止水带安装完成后，加盖钢盖板并安装牺牲阳极块保护。

1）钢盖板根据管节廊道内底板尺寸进行分块、定制，安装时需按编号安放到位。

2）每个节段设置 18 个锌-铝-镉合金牺牲阳极块，用 7 铜芯电缆连接在压板螺母上，电缆与阳极块及螺母连接位置使用不锈钢卡箍机械连接，并进行检测。安装完成后，OMEGA 预埋件与牺牲阳极块之间的连接电阻不大于 0.01 Ω。

5. 检测

全部压板完成安装后，用电动扳手初拧，再用扭力扳手复拧。间隔 24 h 及一星期后分别再次进行拧紧，前后共拧 3 次，并用扭力扳手进行最终检测。

压水试验使用恒压专用压水设备，预埋如图 11-46 所示 3 根检漏水管，向 OMEGA 止水带空腔内注水并逐级加压至 0.51 MPa，并保持恒压 2 h 以上，检查渗漏情况。检漏步骤及压力值同管节接头 OMEGA 检测，这里不再详述。

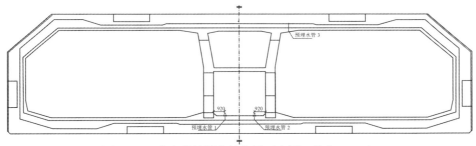

图 11-46　止水带检漏水管位置示意图（单位：mm）

11.3.3　聚脲防水层

1. 概况

沉管节段接头聚脲防水层应在节段接头 OMEGA 止水带检漏试验通过后、浅坞区灌水前进行喷涂作业。喷涂范围为接头外侧整圈，宽 2.40～3.00 m，喷涂厚度 2～4 mm，按结构部位分为顶板、侧墙和底板三部分，每个接头聚脲喷涂面积约为 249.70 m²，总面积近 4 万 m²。主要材料组成如表 11-4 所示。

表 11-4　聚脲防水涂层材料组成表

组分名称	成分	CAS 编码	质量分数/%	备注
A 组	二苯甲烷二异氰酸酯（MDI）	26447-40-5	45～55	—
	预聚物	68400-69-1	55～45	—

续表

组分名称	成分	CAS 编码	质量分数/%	备注
B 组	聚醚胺	9046-10-0	80	—
	二乙基甲苯二胺	68479-98-1	20	—
添加剂	丙酮	67-64-1	—	视情况添加

施工流程如图 11-47 所示。

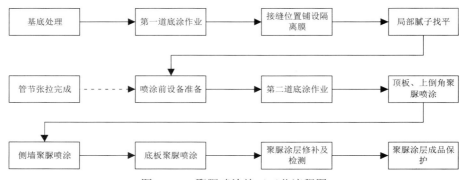

图 11-47　聚脲喷涂施工工艺流程图

2. 基底处理

基底处理腻子使用环氧树脂底涂料（Qtech-112）。聚脲原材料在原装密封容器内储存，运输温度在 5℃以上，现场储存于避光、通风良好、避高温、干燥、远离火源、温度为 10～40℃的环境中。

基底处理前需对喷涂部位进行初步清理，清除混凝土表面的水泥浮浆、油污及灰尘，再对涂刷腻子的部位进行打磨，吹掉浮灰，并用堵缝料对裂缝、孔洞进行修补，如图 11-48 所示。

图 11-48　打磨后局部气泡

基底处理时，需用环氧树脂底涂料进行两次腻子找平。第一次对大于聚脲喷涂范围 10 cm 的区域进行辊涂施工，封闭针孔、排除气体。腻子干燥后，采用人工刮涂方式进行第二次修补。腻子涂抹需均匀、平整，保证聚脲涂层的附着力，如图 11-49 所示。

图 11-49 刮腻子找平

基层找平并硬化、干燥后，采用点粘贴方式在管节接缝处均匀铺设隔离膜，贴紧沉管混凝土表面，用毛巾擦拭表面，保证无气泡、无空隙，如图 11-50 所示。

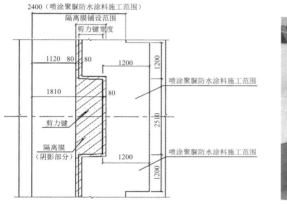

图 11-50 隔离膜粘贴范围、顶板隔离膜粘贴（单位：mm）

3. 聚脲喷涂

设备使用美国固瑞克公司生产的喷涂机 H-20/35 主机及 GX-7-400 喷枪一套，电动抽料泵两套，洗枪罐一个，如图 11-51 所示。

图 11-51 聚脲喷涂主机

①喷涂前进行现场试验并测试。施工要求环境温度在 5℃以上、相对湿度在 85%以下，基层温度大于露点温度 3℃以上，作业实时风力不大于四级。

②将喷涂设备主加热器加热到 60～70℃，压力设定在 2500 psi[①]左右，调整工艺参数，保证压力平衡、雾化均匀，A、B 组分的动态压力差小于 200 psi。

③喷涂时，顶板、侧墙、底板等不同部位采用不同的喷涂手法。喷涂平面按照一般速度进行，立面和底面时保持快速喷涂，涂层轻而薄，喷涂数次直到达到厚度要求，避免流挂。每一道喷涂要保证覆盖上一道喷涂面积的 20%左右，以保证喷涂厚度均匀。聚脲涂层的喷涂间隔小于 7 h,超过应打磨已施工涂层表面,刷涂一道层间黏合剂后再施工。顶板聚脲喷涂施工如图 11-52 所示。

图 11-52　顶板聚脲喷涂施工

④聚脲喷涂结束后对周边进行处理，封边部分采用角磨机将边缘修平，保证防水层不易受破坏、擦损。

⑤喷涂完成后，养护 7 d。养护后在顶板浇筑 C20 细石混凝土保护层，保护层厚 70 mm，范围覆盖顶板喷涂范围及在上倒角处横向延伸 1 m。顶板范围细石混凝土中部设置钢筋网。

4. 检测

聚脲喷涂完成后对涂层进行以下几个方面的检测。

①现场试模检测：每班喷涂前喷制 3 块 500 mm×500 mm 聚脲防水涂料试模，养护 7 d 后选择两块进行拉伸强度、断裂伸长率、撕裂强度、硬度等物理性能检测。

②外观检测：聚脲表面平整、无流挂、无针孔、无起泡、无空鼓、无开裂、无异物混入。

③厚度检测：超声测厚仪检查涂层厚度，厚度≥2.0 mm；节段接头两侧各 15 cm 的范围内加厚至 4 mm，如图 11-53 所示。

④现场拉拔试验检测：喷涂施工 7 d 后进行，在涂层上随机布点，专用仪器检测，保证拉拔力>2 MPa。检测后的部位用聚脲防水涂料喷涂，做快速修补、刮平，如图 11-54 所示。

---

① 1psi=6.89476×10³Pa。

图 11-53 厚度检测

图 11-54 拉拔力检测

⑤不透水性检测：在防水层上选定测试部位，清除灰尘，按透水仪底座大小涂抹一圈密封材料，将仪器底座安置并按紧。将水注入带有刻度的玻璃管内，至 570 mm 刻度为止，每 30 s 记录一次水位高度，直至 30 min 为止。

主控项目质量要求见表 11-5。

表 11-5 主控项目质量要求

项目	质量要求	监测频率	监测方法
正拉黏结强度/MPa	大于 2.0 mm 且正常破坏	每 500 m² 监测一次	拉拔仪器
涂层厚度/mm	平均厚度应符合设计要求。监测最小厚度不应小于设计厚度的 80%	每 500 m² 监测一次	拉拔仪器、游标卡尺

11.4 注 浆

11.4.1 封门注浆

封门注浆管布置 10 条，每条一端为注浆入口，另一端为出浆口，沿外侧牛腿预埋件布置，具体布置如图 11-55 所示。

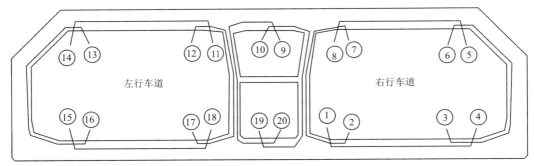

图 11-55　封门注浆管布置示意图

预埋管初期方案：预埋式注浆管由外层织物过滤膜、内层非织物过滤膜、内部衬有螺旋形增强弹簧钢丝且全长带有多孔的管材组成。预埋式注浆管单根长度为 12 m，注浆接头处有 20～30 mm 交错搭接宽度。

优化方案：混凝土浇筑前，沿外侧牛腿预埋件两侧粘贴泡沫板（边长约 10 mm），如图 11-56 所示。待注浆前，清除泡沫板，预埋直径约 5 mm 的软管，用快速凝固水泥封堵，凝固后抽掉软管，形成的通道即为注浆通道。

效果分析：原方案由于封门焊接施工过程中易损坏注浆管，加上提前粘贴的注浆管易脱落，想达到注浆管完全紧贴预埋件很困难。采用优化方案后，外侧牛腿预埋件与混凝土接触面的缺陷均可通过注浆填补，止水效果良好。

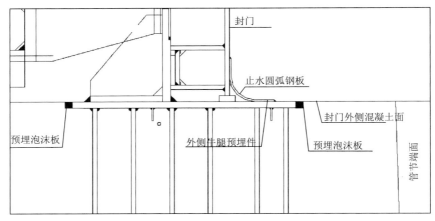

图 11-56　封门注浆管

（1）施工工艺流程

封门注浆施工工艺流程见图 11-57。

（2）施工准备

1）设备调试

调试压浆机泵体使之试压顺畅，检查压力表工作是否正常及注浆管线安装是否牢固，压浆设备见图 11-58。注浆后用丙酮清洗机器，避免浆液凝固堵塞机器影响下次使用。

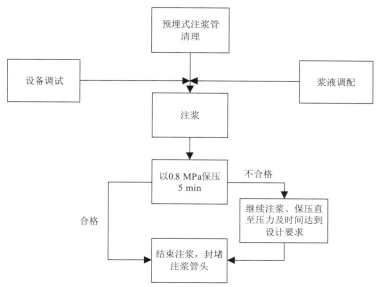

图 11-57 封门注浆施工工艺流程

（a）电动压浆机

（b）手动压浆机

图 11-58 压浆设备

其中，电动压浆机适用于工作量较大的注浆工作，手动压浆机适用于工作量较小及注浆不饱满时的补压工作。

2）浆液调配

注浆材料采用 SJK-02 改性环氧树脂灌浆液 II 型，由 A 组分改性环氧树脂和 B 固化剂组成，AB 组分的配合比是 100∶8。注浆材料性能达到《混凝土裂缝用环氧树脂灌浆材料》（JC/T 1041—2007）固化物性能指标 II 要求。固化物性能详见表 11-6。

表 11-6　环氧树脂灌浆材料固化物性能表

序号	项目	固化物性能	
		I	II
1	抗压强度/MPa	40	70
2	拉伸剪切强度/MPa	5.0	8.0
3	抗拉强度/MPa	10	15

序号	项目		固化物性能	
			I	II
4	黏接强度	干黏接/MPa	3.0	4.0
		湿黏接*/MPa	2.0	2.5
5	抗渗压力/MPa		1.0	1.2
6	渗透压力比/MPa		300	400

*湿黏接强度：潮湿条件下必须进行测定。

注：固化物性能的测定试龄期为 28 d。

（3）注浆

注浆时注浆管压力为 0.8 MPa，每根注浆管的注浆时间为 7～15 min，保压时间 5 min。封门注浆顺序见图 11-59，其中↓表示进浆口，√表示出浆口。按照先底板后顶板的顺序注浆，其中底板按照先中部、后两侧顺序注浆，顶板按照先两侧、后中部顺序进行注浆。

注浆时首先从注浆管 1 注浆，待注浆管口 4 出浆后封闭注浆管口 4，保压 5 min，若压力无明显下降则结束注浆；若在保压时间内压力有损失情况则继续进行二次注浆，保压时间内注浆压力达到要求方可封口停止注浆。然后从注浆管口 2 注浆，管口 7 出浆后封闭并保压，依次类推完成全部注浆管注浆。

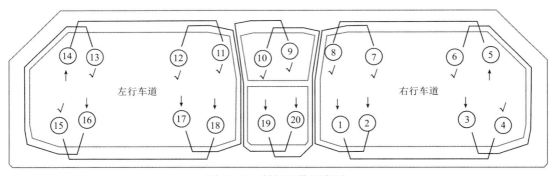

图 11-59　封门注浆顺序图

（4）钻孔

当局部注浆管遭到破坏时，需进行钻孔注浆。采用空心磁力钻配与注浆管直径相近的钻头，在预埋式注浆管附件补钻注浆孔，成孔后用鼓风管进行粉末清理，确保注浆质量。

11.4.2　端钢壳注浆

端钢壳注浆管布置 8 条，每条一端为注浆入口，另一端为出浆口，端钢壳注浆管布置见图 11-60，施工方法同封门注浆。

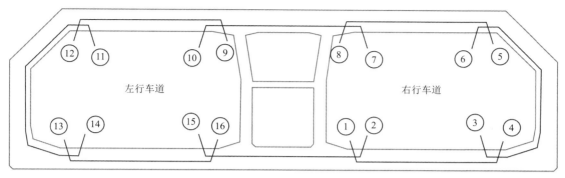

图 11-60 端钢壳注浆管布置示意图

11.4.3 中埋式可注浆钢边止水带注浆

中埋式可注浆钢边止水带注浆施工工艺流程见图 11-61。

（1）准备工作

①根据注浆管的设置间距和安装注浆管时所做标记查找注浆管。中埋式注浆管结构见图 11-62。

②拔出环形螺钉，使管口完全露出后对管口进行清理，再用铝管对注浆管接管，以微膨胀快干水泥封堵注浆管周边。

③设备调试及浆液调配。内容同封门及端钢壳注浆。

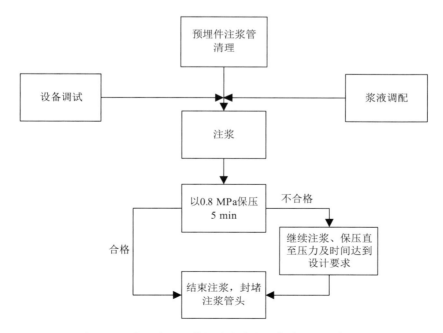

图 11-61 中埋式可注浆钢边止水带注浆施工工艺流程图

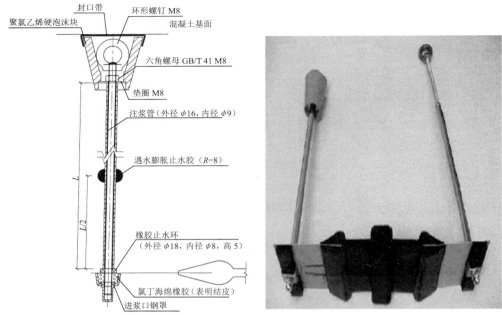

图 11-62　中埋式注浆管结构图

（2）注浆

使用两台泵从两侧同时注浆。注浆管注浆压力 0.5～1 MPa，注浆时间 7～15 min。

中埋式可注浆钢边止水带注浆顺序如图 11-63 所示：从注浆管 1 开始注浆，待注浆管 3 出浆后用第二台手压泵从注浆管 3 注浆，待注浆管 2 和 5 等出浆后暂时封闭出浆的管口，至注浆管 1 和注浆管 3 完成保压后，封闭注浆管 1 和注浆管 3，打开注浆管 2 和注浆管 5 的管口进行注浆，依此类推，直至注浆管 29 出浆。

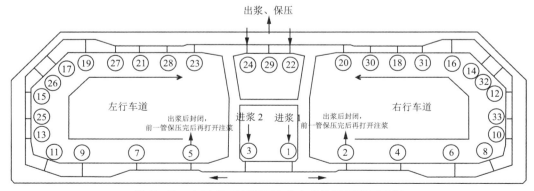

图 11-63　中埋式可注浆钢边止水带注浆顺序示意图

两侧注浆汇聚到注浆管 29 时，先使用一侧压浆机注浆，待注浆管 29 出浆后，另一侧开始注浆，待出浆量变大后，封闭注浆管 29 管口，两侧同时进行保压，保压压力 0.6 MPa，保压时间 7～15 min。

中埋式可注浆钢边止水带采用间歇性注浆、逐渐提升注浆压力的方式处理可能出现的浆液外渗，施工中需持续注浆并缓慢提升注浆压力，直至将有渗出浆液的位置全部封堵、保证注浆密实为止。

11.4.4　节段接头OMEGA止水带注浆

OMEGA 预埋式注浆管单根长度 12 m 左右，注浆接头处有 20～30 mm 交错搭接长度，全断面共布置 8 根，如图 11-64、图 11-65 所示。注浆施工工艺及方法与封门相同。

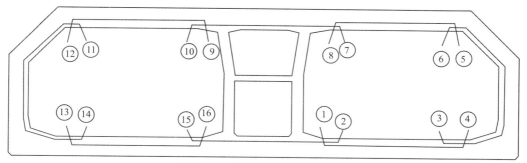

图 11-64　预埋式注浆管布置图

11.4.5　压密注浆

压密注浆是利用较高的压力填充混凝土空隙的压浆方法。由于混凝土空隙并无规律，故压密注浆只需一个注浆入口，一个排浆兼排气口即可。

通常情况下，压密注浆需要在出入口位置凿开混凝土约 20 mm 深，用快干胶凝材料埋管头，达到封闭注浆接管的目的，如图 11-66 所示。

压密注浆施工工艺及方法与封门、端钢壳相同。

图 11-65　安装预埋式注浆管

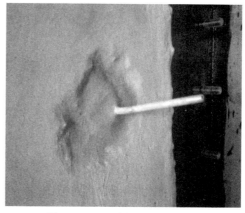

图 11-66　注浆管管头封口接管

第12章 舾 装

12.1 概 述

管节舾装施工是沉管浮运安装系统中的重要组成部分，为管节在浮运安装过程中的水密性、稳定性提供可靠保障。标准管节一次舾装主要施工内容见表 12-1。

表 12-1 管节一次舾装主要施工内容

分项工程	工作量
端封门施工	钢封门单侧共 16 件，最大尺寸 2.2 m×8.36 m，最大重量 4.2 t
	外侧牛腿单侧共 24 节
	钢梁单侧共 30 根，最大长度 8.525 m，最大重量 5.58 t
	钢梁牛腿单侧共 33 个
压载系统	管系主管采用 $\phi273$ 钢管，支管采用 $\phi219$ 钢管
	压载水箱单管节 6 个，尺寸为 14.55 m×20 m，单个水箱包含 26 根钢立柱
管顶舾装件	120 t 系缆柱 4 个，65 t 系维柱 4 个，450 kN 吊点 4 个，短人孔 1 个，GINA 止水带保护罩 1 个
二次舾装	管顶测控系统，管内系统调试，船管连接系统

12.2 端 封 门

12.2.1 方案比较

封门结构一般有木结构、混凝土结构及钢结构。早期沉管用木结构，后来发展至混凝土结构及钢结构。目前比较常用的是钢结构封门，有装配式、焊接式、焊接装配式 3 种。

（1）装配式

装配式封门主要由钢梁牛腿、钢梁、外侧牛腿、封门及止水橡胶条组成，结构如图 12-1、图 12-2 所示。

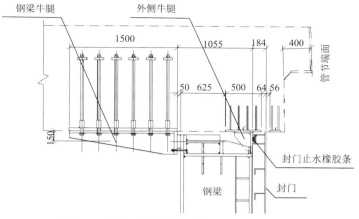

图 12-1　封门底部结构示意图（单位：mm）

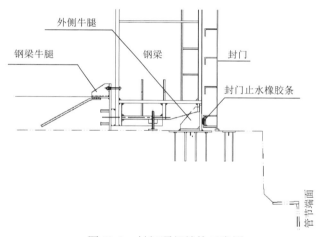

图 12-2　封门顶部结构示意图

优点：无大量的焊接作业，安装效率极高。

缺点：封门结构在外部荷载或周转使用情况下，止水效果不佳。只适用于浮运海况较好，并且单次或周转次数有限的工程中。

（2）焊接式

焊接式有整体焊接及分块焊接两种。采用焊接式端封门，安装之前，需事先在端钢壳前面组装满堂脚手架用于施工作业，如图 12-3 所示。整体焊接式端封门如图 12-4 所示。

优点：焊接止水效果有保证，可适应复杂海况下浮运过程的全过程止水。

缺点：焊接面板外侧为焊接 H 型钢檩条，整扇钢端封门安装和拆除时的焊接工作量很大，而且除了内侧的 H 型钢主梁可重复利用外，其余均不能重复利用。与流水线生产模式不匹配，施工效率低。

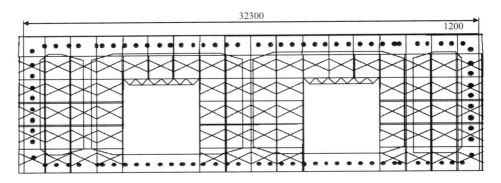

图 12-3　端封门前面脚手架安装图（单位：mm）

图 12-4　整体焊接式端封门

（3）焊接装配式

焊接装配式封门结构受力体系相似于装配式封门结构，不同点在于封门分块大小及止水结构。装配式封门止水结构为橡胶条，而焊接装配式封门止水结构为全闭合的焊接钢板，如图 12-5～图 12-7 所示。

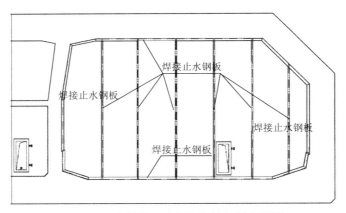

图 12-5　焊接装配式封门焊接钢板布置图

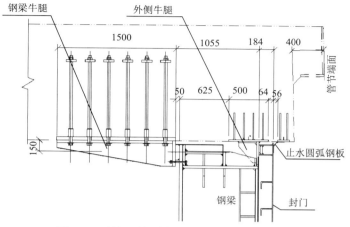

图 12-6　封门顶部结构示意图（单位：mm）

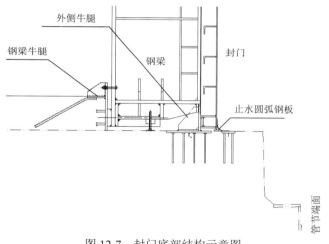

图 12-7　封门底部结构示意图

　　焊接装配式封门从 H 型钢主梁到分块钢门板都可模块化拼装，现场焊接工作量少，而且除支座预埋件外其余钢构件均可拆卸后重复利用，具有安装效率高、周转方便，止水效果好的特点。特别适合港珠澳大桥岛隧工程沉管隧道工期紧，管内施工空间狭窄、施工交叉作业多，机械化程度高的施工要求，符合港珠澳大桥岛隧工程沉管隧道工程施工总体目标。

12.2.2　止水圆弧钢板拉伸试验

　　止水圆弧钢板拉伸试验目的：为了验证止水圆弧钢板（图 12-8）拉伸变形与焊缝性能之间的关系，更好地指导后续钢封门的施工。

　　理论分析表明，当止水圆弧钢板的固定点发生较小位移（5 mm）时，其应力将超出钢材及焊缝的容许强度应力，止水圆弧钢板将被拉裂而失去止水功能。因此，止水圆弧钢板的变形大小将直接影响工程的风险。试验模型如图 12-8、图 12-9 所示。

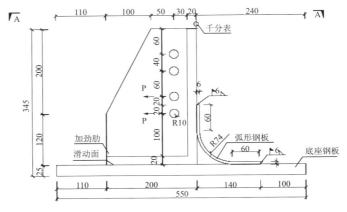

图 12-8　试验模型（单位：mm）

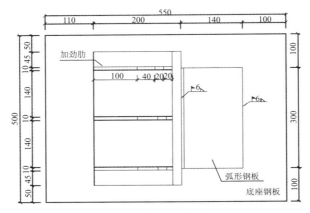

图 12-9　A-A 断面（单位：mm）

试验过程：

现场试验模型模拟止水圆弧钢板设计受力结构模型，取材及焊接工艺与实际封门施工相同，以一弧形钢板模拟止水圆弧钢板模型试验详见图 12-10、图 12-11。

图 12-10　模型施工图

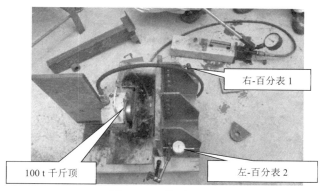

右-百分表 1

100 t 千斤顶

左-百分表 2

图 12-11 模型试验图

采用千斤顶在弧形钢板上端直线端部施加荷载，分级逐步加大荷载，观测焊缝的裂缝发展情况，记录焊缝开始出现裂缝时的位移及压力。

试验所用工具（表 12-2）：100 t 千斤顶一台、位移百分表 2 个，试验磨具 1 套。

表 12-2 加压试验记录表

序号	压力/MPa	总位移量（左）/mm	总位移量（右）/mm	焊缝表观情况	磁粉探伤结果
1	1.05	2.561	2.432	无损伤	—
2	1.05	4.466	4.633	无损伤	—
3	2.00	6.359	7.086	无损伤	—
4	2.00	8.263	9.136	无损伤	—
5	2.35	10.335	11.042	无损伤	—
6	3.50	11.915	13.413	表面轻微异常	无损坏
7	10.11	15.637	16.133	表面轻微异常	无损坏
8	30.50	17.785	18.283	表面轻微异常	无损坏
9	60.50	18.545	20.180	表面轻微异常	无损坏
10	60.50	3.500	3.300	卸载回弹	无损坏

加载试验后，通过对焊缝的检查，发现除了表面轻微异常，其他无任何钢材及焊缝的拉裂情况，详见图 12-12～图 12-14。最后通过探伤结果显示，表观轻微异常现象未造成焊缝损伤。

图 12-12 加压试验后模型图

图 12-13　加压试验后焊缝

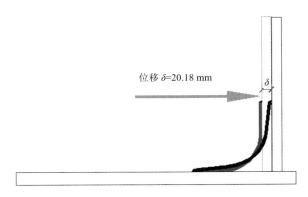

图 12-14　弧形钢板变形图

结论：通过试验证明，钢封门模型位移小于 20.18 mm 时，未造成止水圆弧钢板焊缝损伤，经磁粉检查未受损。故焊接式钢封门结构合理，止水满足设计要求。

12.2.3　焊接装配式封门设计

端封门位于管节两端，由钢封门、外侧牛腿、钢梁、钢梁牛腿等构成。除外侧牛腿在现场加工外，其他构件全部在工厂加工完成后到现场安装。

根据管节的廊道及车道截面尺寸，沿水平方向划分为 16 件钢封门，钢封门最大重量约为 4 t，如图 12-15、图 12-16 所示。

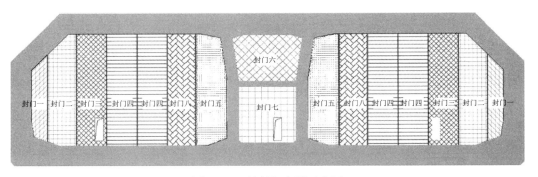

图 12-15　端封门布置示意图

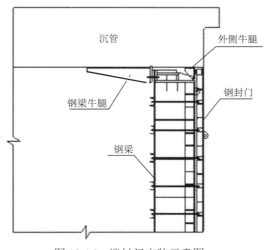

图 12-16　端封门安装示意图

12.2.4　封门制作、安装、检测

1. 制作

（1）放样

根据图纸要求，在水平台架上划出钢封门密封橡胶条基座框架外形地样线及钢封门整体外形地样线。

（2）钢封门拼装

①根据地样线拼装密封橡胶条基座框架。

②根据图纸安装角钢及门框加强筋。

③基座框架拼装完毕后需要检查外形尺寸及基座面的整体平整度。要求长度偏差控制在 $L1/2000$ mm，宽度偏差控制在 $B1/1000$ mm，对角线 $D1$ 偏差控制在 5 mm 之内（1 表示每 2000 mm 控制 1 mm 偏差）。基座密封橡胶条安装面整体平整度需≤3 mm。

（3）结构检查

整体检查钢封门外形，要求长度 L 偏差为 $L/2000$ mm，宽度 B 偏差为 $B/1000$ mm，单扇钢封门整体平整度误差需≤5 mm，基座密封橡胶条安装面整体平整度≤3 mm。

2. 安装

端封门的安装流程为：钢梁牛腿安装→钢梁安装→外侧牛腿安装→钢封门安装→钢封门密封板安装。

（1）钢梁牛腿安装

每个钢梁牛腿重量约为 650 kg，因钢梁牛腿位于管节顶板下部，无法采用垂直起吊进行对位安装，故设计专用吊架进行安装，如图 12-17 所示。

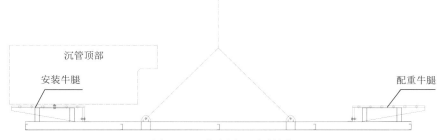

图 12-17　钢梁牛腿安装图

（2）钢梁安装

钢梁根据长度不同分为 6 种类型，单根钢梁最大长度为 8.3m，最大重量为 5.71 t。钢梁安装采用移动塔吊吊装，内部配手拉葫芦等设备进行初步定位，如图 12-18 所示。

图 12-18　钢梁安装

（3）外侧牛腿安装

外侧牛腿沿廊道及车道四周分布，如图 12-19 所示。外侧牛腿焊接完毕后，根据规范要求对所有焊缝进行检测，不得有裂纹、夹渣、未填满、弧坑等缺陷，焊缝合格后，应按设计要求进行局部防腐处理。

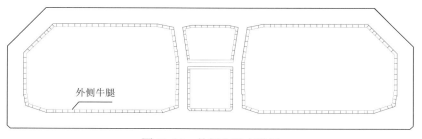

图 12-19　外侧牛腿布置图

（4）钢封门安装

钢封门采用移动塔吊配合 2 台手拉葫芦进行安装就位，如图 12-20 所示。

图 12-20 钢封门安装

（5）钢封门密封板安装

各个钢封门之间，钢封门与外侧牛腿预埋件之间，设置一道厚度为 6 mm、宽为 100 mm（外侧牛腿为 140 mm×140 mm 的弧形钢板）的密封钢板，密封钢板四周采用 6 mm 的焊缝满焊，保证水密，安装如图 12-21 所示。

图 12-21 密封钢板安装

（6）优化

最初设计时，为确保钢封门水密效果，采用两道密封设计，即第一道为外侧钢制密封条，第二道为钢封门与贴板之间的橡胶条。在施工过程中发现橡胶条与钢结构大面积接触时存在很难密封的问题，并且橡胶材质具有很强的弹性及时效性，导致螺栓预紧一段时间后还会出现松动，其水密效果不理想。

经过多次专题研讨，决定取消橡胶条，采用密封板与钢封门焊接的方式保证水密设计。目前钢封门无一处漏水现象，水密效果好。

3. 检测

端封门的检测工作可分为：钢梁牛腿螺栓检测，封门钢梁垫板检测，端封门焊缝检测，水密喷淋检测。

（1）钢梁牛腿螺栓检测

钢梁牛腿螺栓采用 M36 高强度螺栓，预紧力要求为 150 kN，检验采用扭力扳手，按图纸要求对高强螺栓预紧力逐一检测。

（2）封门钢梁垫板检测

为确保封门安全承载，钢梁与封门之间必须紧密贴合。要求钢梁与封门之间的间隙超过 1 mm 时，须增加钢垫板进行垫实处理；小于或等于 1 mm 的间隙可不做处理。

（3）端封门焊缝检测

端封门焊缝检测包括外侧牛腿焊缝检测和密封贴板焊缝检测两种情况，在完成焊接后，为确保焊缝的密封性，须对焊缝进行 UT100%+MT100%检测和气密检测。

（4）水密喷淋检测

钢封门安装完成后，采用高压水枪对钢封门人孔门密闭位置，进行压力喷水试验，以确保其水密性。为方便试漏检查，喷水前先在管内一侧钢封门与钢梁、外侧牛腿接触处，以及人孔门内侧区域，刷涂宽约 50 mm 的石灰水，待石灰水干后，在外侧，采用高压水枪从上到下、从左到右，对各个待检区域进行喷水，喷水压力为 0.1 MPa，在喷水的同时，须派专人在管内同步检查，如果石灰变色则证明该处发生渗漏，如图 12-22、图 12-23 所示。

图 12-22　钢封门人孔门喷淋

图 12-23　封门施工完成

12.3 压 载 系 统

12.3.1 压载系统设计

沉管压载水系统在沉管沉放过程中起着关键作用，压载水系统主要实现以下功能。

①沉管消除干舷、提供负浮力、克服海水密度变化、最终加载时向压载水箱内灌水增加沉管负浮力。

②沉放过程中及沉放完成后遇到问题，需要将水箱内水排出减少沉管负浮力。

③水力压接时，排出结合腔内的水。

④特殊工况下，需要向结合腔内灌水，使待安管节与已安管节稍微或完全脱离。

⑤浇筑完压载混凝土后，将水箱内的水排出。

1. 压载水系统主要参数设计及原理

压载水系统在设计时考虑以下要求。

①为避免在大深度沉放作业时的施工风险，整个压载水系统通过远程操控来运行。

②在压载水箱空的情况下，利用管节浇捣的压载混凝土把管节干舷控制到 30 cm 以内，避免浮运过程中压载水自由液面的影响。

③压载水箱均匀分布在管节内部，以便控制管节的弯矩。

④水箱容积须满足管节在沉放完成后负浮力达到 5%的要求，考虑沉管周围和基槽底部因回淤、涨落潮和洪水下泄等原因引起海水容重的增加，以及安装纵坡的影响，实际的加载量需要在此基础上有一定的富余量。

⑤压载水系统设计计算选用的参数应与实际施工时实测的参数数据进行对照复核，必要时调整水箱设计方案，确保抗浮系数的实现。

⑥考虑沉放水力压接过程中两端封门间空腔排水的方式。

2. 水箱及尺寸选择

水箱主要分为钢结构水箱、钢木组合结构水箱等，一般根据水箱尺寸及数量选择合适结构。

管节在不同时期负浮力的要求如下，管节沉放期间，抗浮系数为 1.015～1.02 倍；管节沉放就位后，抗浮系数大于 1.05 倍。

为满足管节在不同期间负浮力的要求，因此在标准管节设 6 个水箱，单个压载水箱由两道相对设置的挡墙、沉管侧墙及中隔墙围成，平面尺寸为 14.55 m×20 m。挡墙由钢框架及木板墙组成，木板墙高度 5 m，宽度 14.55 m，木板墙内侧附防水布隔水，防水布安装后最大水位高度为 5 m。

3. 管路直径选择

压载水系统管路直径主要考虑以下几点。

①主水管管径大小的选择应满足施工过程中给排水时间的要求，同时结合排水泵的选型。

②主水管的分节，要充分考虑到水管的运输、安装、使用、拆卸等方面的因素，选择合理的分节长度，保证压载水系统使用方便、安全、可靠。

③管节端封门进口处主水管与管节底板之间的净空高度不得低于 50 cm。

④支管路按单根管，考虑支管路断面积之和略大于主管路断面积之和：$r^2 \times \pi \times 6 > 40^2 \times \pi \times 2$。

因此，本工程的压载水系统管路选择管径为 40 cm，支管路选择管径为 25 cm，管道长度选取 6 m/段，支架间距 3 m。

4. 水泵

本工程排水泵考虑 1 备 1 用，同时根据管路的布置、管径的大小及排水时间的要求，选择安全、可靠、高效的排水泵型号和规格。

参考国内外施工经验，本工程压载水系统设置主水泵 2 台，1 备 1 用，排量 600 m³/h，扬程 60 m。

压载水系统设备对比见表 12-3。

表 12-3　压载水系统设备对比一览表

名称	对比项目	工程名称			
		日本东京湾临海公路沉管隧道	土耳其博斯普鲁斯海峡沉管隧道	韩国釜山—巨济沉管隧道	本工程
水泵	数量	1 台/套	2 台/套	2 台（1 备 1 用）	
	排量	—	—	1 000 t/h	600 m³/h
	扬程	—	—	—	60 m

5. 压载水系统设备组合方案研究

如图 12-24 所示，本工程使用的压载水系统主要由压载水箱、压载泵、压载管系、电动阀门、控制台等组成。

管节压载水系统主要设备分布于主安装船、副安装船及待安管节三大区域，相关区域的主要设备组成见表 12-4。

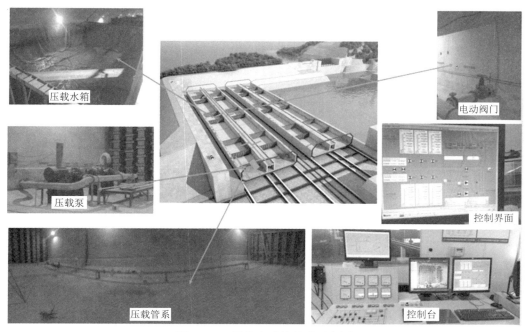

图 12-24　压载水系统组成示意图

表 12-4　压载水系统主要仪器设备表

位置	仪器设备	数量	位置	仪器设备	数量
主安装船	主控制台	1	待安管节	管节控制柜	1
	主控网络	1		压载泵	2
	无线终端	1		潜水泵	4
副安装船	副控制台	1		遥控阀门	13
	副控网络及无线终端	1		阀门驱动器	13
	副控制柜	1		水箱液位传感器	6
	主电缆	2		浸水报警传感器	4
	组合电缆	2		海水密度传感器	3
	电缆滚筒	4		端封门压力传感器	1
—	—	—	—	流量计	1

12.3.2　压载水系统安装

　　压载管系由主管进水管路、支管进水管路、水泵、阀门等部件组成，如图 12-25 所示。
　　主管为 $DN250$ 的钢管，采用法兰连接，中心离地面为 650 mm，两端采用支架支撑，支架与地面采用膨胀螺栓固定，每个压载水箱处采用 $DN200$ 的支管与水箱穿舱件预埋管连接，主管与支管之间设置 1 个电控阀门，并与两端的钢封门各设置 1 处进水口，以便水量加载控制。

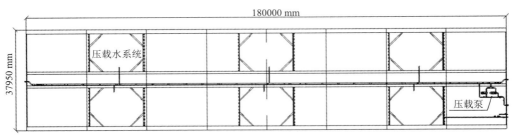

图 12-25　管节压载水系统布置示意图

管系安装主要流程为：主管支架安装→主管及阀件安装→支管及阀件安装→压载泵安装→管路水密试验。

（1）主管支架安装

根据图纸尺寸，先划出主管安装位置地样线，再划出主管支架的安装位置线，并根据支架的类型将支架固定就位。

（2）主管及阀件安装

支架安装完成后，按管线安装图，将主管、阀件、橡胶条（密封圈）等构件准备到位，将主管安装在支架上，采用管箍对主管进行初步固定，并将橡胶条（密封圈）安装在接头处，开始安装下一段主管。调整轴线及法兰盘方向使两段钢管接头螺孔对位后收紧连接螺栓，再次检查钢管的安装轴线后将上一段钢管的管箍螺栓收紧固定，完成前段主管的安装。

（3）支管及阀件安装

支管分为两部分，一是中隔墙预埋穿舱支管与主管连接；二是压载泵预埋穿舱支管与泵区主管连接。支管及阀件安装前应先检查型号及外观的完好性。

（4）压载泵安装

压载水系统设置两台压载泵，安装时应注意方向和位置。压载泵安装完成后，安装连接管路及阀件，将两台压载泵串联成整体，如图 12-26 所示，并通过穿舱件预埋件与主管线及钢封门上的进水口连接。

（5）管路水密试验

压载管系安装完成后必须进行水密试验，检查是否渗漏。试验时先关闭所有压载水箱进水管处阀件，其次从主管进水管路进行灌水并用试压泵加压至设计值，保持 30 min 后观察管路的渗漏情况，并做好试验记录，同时检查压载水系统运转情况。

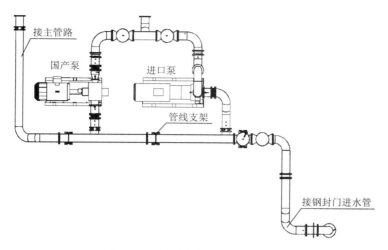

图 12-26　管系安装示意图

12.3.3　压载水箱安装

（1）简述

每个管节共有 6 个压载水箱，每个压载水箱由两道相对设置的挡墙、沉管侧墙及中隔墙围成，平面尺寸为 14.55 m×20 m。挡墙由钢框架及木板墙组成，钢框架主要包括有钢立柱、上横梁、斜拉杆，木板墙高度为 5 m，采用 TB13 及 TC13 以上等级木材。压载水箱内部采用整体式防水布作为压载水箱的防水层，如图 12-27 所示。

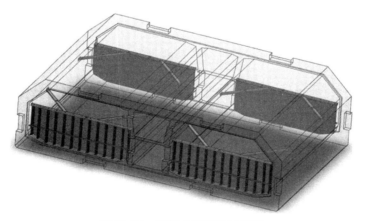

图 12-27　压载水箱三维示意图

（2）安装

压载水箱安装流程为：预埋件位置复测→钢立柱安装→上横梁安装→斜拉杆安装→下横梁安装→木板墙面安装→水袋安装，最终实景如图 12-28 所示。

图 12-28　压载水箱安装最终实景图

12.4　管顶一次舾装

12.4.1　概述

管顶一次舾装件在管节顶推到浅坞区后即可开始安装，标准管节管顶一次舾装件主要包含 4 个 120 t 系缆柱、4 个 65 t 系缆柱、4 个 450 kN 吊点、1 个短人孔井及 1 个 GINA 止水带保护罩。标准管节管顶一次舾装件平面布置见图 12-29。

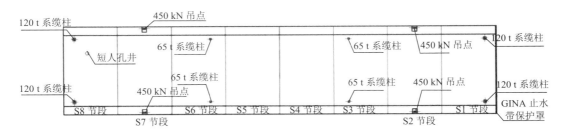

图 12-29　标准管节管顶一次舾装件平面布置图

为方便舾装件管理，管面舾装件总体安装顺序以舾装件类型分类安装，如安装时 S1 节段混凝土强度尚未达到允许施工强度，则先将舾装件吊装就位，达到强度后再施加预紧力。

12.4.2　吊点

每节标准管节共有 4 个 450 t 吊点，分别设置在 S2、S7 节段顶板上。吊点采用移动塔吊进行吊装，人工辅助就位后，用液压扳手将吊点与预埋螺栓连接固定，并进行螺栓的初拧、终拧施工。吊点安装时每个螺栓应按设计要求施加 600 kN 的预紧力。450 t 吊点安装如图 12-30 所示。

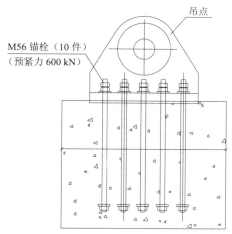

图 12-30 450 t 吊点安装示意图

12.4.3 系泊系统

标准管节设 4 个 120 t 系缆柱，4 个 65 t 系缆柱，分别设置在 S1、S8 及 S3、S6 节段顶板。系缆柱安装时每个螺栓应按设计要求施加 550 kN、450 kN 的预紧力。螺栓的预紧采用扭矩法施工，应按设计及规范要求严格控制初拧和终拧的施工顺序，不得出现漏拧和重拧现象，如图 12-31 所示。

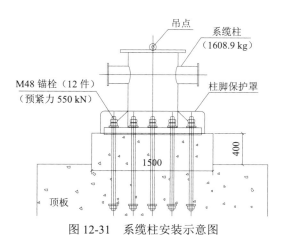

图 12-31 系缆柱安装示意图

12.4.4 GINA保护罩

GINA 止水带安装完成后，在管节顶推分块安装 GINA 止水带保护罩。GINA 止水带保护罩单块重量为 626.4 kN，M24 的螺栓固定，如图 12-32 所示。

图 12-32　GINA 止水带保护罩安装

12.4.5　短人孔井

为方便操作人员在坞内管节系泊时进入管节内部，在管节顶板人孔对应位置安装 1 个临时作业用短人孔井，短人孔井直径 1.5 m，高 2.5 m，在二次舾装时换为长人孔井。

12.5　二 次 舾 装

12.5.1　概况

受施工场地及交叉工序的影响，同时考虑减少舾装件周转数量，管节横移到深坞区进行系泊寄放，在管节出坞前进行二次舾装作业。二次舾装对沉管浮运安装质量与安全具有重要影响，直接影响管节对接精度，故完成各类舾装件的组装后，进行多次系统联调联试。导向装置作为管节对接重要设备，配备 7 套；其余舾装件按照 2 套进行配置。具体二次舾装内容见表 12-5。

表 12-5　二次舾装施工内容表

序号	类别	施工内容
1	管顶舾装类	绞缆盘台座、导缆器、锚点柱、安装船、测量塔、长人孔井、导向装置、拉合装置、测控设备
2	管内舾装类	压载水系统、管内 CCTV 监控系统、照明系统、测量系统、钢封门监测系统和管节姿态监测系统
3	船管连接	吊点连接、水下线缆连接

12.5.2　管顶舾装

管节移至二次舾装区后，首先进行绞缆盘台座及四滚柱导缆器的安装；安装船进坞后，剩余管顶舾装依次展开。压载水系统调试完毕后，管节调平，进行导向装置标定、安装，管顶二次舾装工作。管顶舾装件布置见图 12-33。舾装件重量、塔吊吊装性能及标准管节舾装件数量见表 12-6。

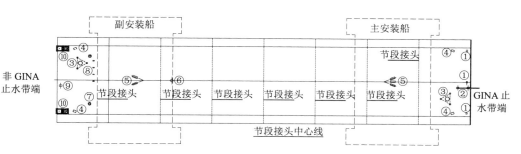

①中间导缆器；②导向杆；③测量塔、长人孔井；④四滚柱导缆器；⑤绞缆盘台座；
⑥锚点柱；⑦羊角单滚轮导缆器；⑧水下线缆固定支座；⑨导向托架；⑩被动拉合单元

图 12-33　标准管节管顶舾装件布置图

表 12-6　舾装件重量、塔吊吊装性能及标准管节舾装件数量

序号	二次舾装件名称	标准管节数量	与塔吊的距离/m	起重机的承载力/t	舾装件最大重量/t
1	绞缆盘	4	45	5.9	4.9
2	羊角单滚轮导缆器	2	50	5	2.1
3	长人孔井	10	35	7.3	5.074
4	测量塔	9	35	7.3	5.047
5	导缆器	4	50	5	3.2
6	导向杆	1	32	8.2	7.3
7	导向托架	1	32	8.2	2.8

1. 测量塔、长人孔井

根据不同管节安装水深，各管节配置测量塔及长人孔井高度不同，最高可达 38.2 m。测量塔、长人孔井采取节段式拼接，单节测量塔最大高度 4.5 m、重量 5.047 t，单节人孔井最大高度 5.5 m、重量 5.074 t。测量塔安装完成后必须进行标定。

长人孔井作为管节安装过程中进入沉管内部的应急通道，需在长人孔井节段间铺设橡胶止水板，并涂抹遇水膨胀胶，以保证其 0.5 MPa 水压下的水密性。

2. 导向装置

导向杆和导向托架用于沉管横向对接，导向杆位于沉管艏端，导向托架位于沉管艉端，其作用是为确保待安管节和已安管节在横向位置上保持一致。在管节浮运至安装区后，管节逐步下沉至导向杆，位于导向托架上方，然后使待安管节导向杆滑入已安管节导向托架卡槽内，管节落至基床，如图 12-34 所示。

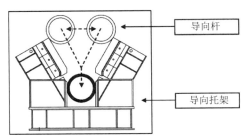

图 12-34　导向杆入座过程示意图

压载水系统及管节倾斜仪舾装调试完成后调平管节，进行导向杆及导向托架标定，调整导向装置安装轴线正位。

E1～E10 管节导向托架在卡槽贴焊相应厚度钢板来校正误差，根据现场施工经验，这样可便于管节对接精度控制。

E10 管节之后改为限位螺旋千斤顶形式，管节对接前，由潜水员水下操作，分别将两侧千斤顶旋出相应长度。导向托架结构见图 12-35。

图 12-35　导向托架结构

12.5.3　管内舾装

管内二次舾装工作主要包括：压载水系统、管内 CCTV 监控系统、照明系统、测量系统、钢封门监测系统和管节姿态监测系统。管内二次舾装内容如表 12-7 所示。

表 12-7　管内舾装内容

序号	所属系统	舾装设备名称	单位	数量
1	压载水系统	控制柜	台	6
		驱动头	台	13
		水箱液位传感器	个	6
		潜水泵浸水液位传感器	个	4
		潜水泵	台	4
		排水泵进口、出口压力传感器	个	4
		结合腔压力传感器	个	1
		线缆	m	若干

序号	所属系统	舾装设备名称	单位	数量
2	管内 CCTV 监控系统	摄像头	台	9
		监控中继箱	台	2
		监控接线盒	个	3
3	照明系统	照明灯	盏	27
		照明控制箱	台	1
4	测量系统	倾斜仪	台	4
5	钢封门监测系统	一套钢封门监测系统	套	1
6	管节姿态监测系统	一套姿态监测系统	套	1

管内二次舾装布置示意图见图 12-36。

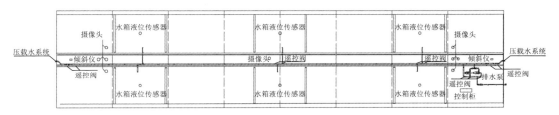

图 12-36　管内舾装布置图

12.5.4　船管连接

安装船进坞系泊完成后进行船管连接，船管连接包括：吊点连接和压载水系统水下线缆连接。

1. 吊点连接

安装船吊钩采用液压插销，安装船进坞后对吊钩进行检查、保养，见图 12-37。

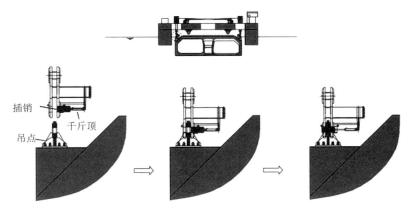

图 12-37　吊点连接图

2. 压载水系统水下线缆连接

压载水系统水下线缆一端与安装船控制室内控制台连接，另一端与管节尾端钢封门上的水下插座连接，需潜水员水下连接线缆接头。压载水系统水下线缆布置见图12-38。

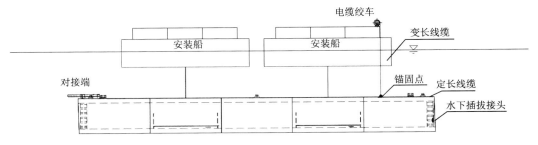

图 12-38　水下线缆布置图

第13章 管节起浮、横移、系泊

13.1 概 述

管节在厂房预制完成后，顶推到浅坞区进行一次舾装及水密性试验，随后起浮、横移至深坞区系泊寄存，安装前在深坞区完成二次舾装。深坞区设置4个寄存泊位，管节横移是沉管下水、出运的关键工序，包括一次横移、二次横移和三次横移。

一次横移：将管节从浅坞区横移到深坞区的3号、4号泊位，又称管节起浮横移，见图13-1。

图 13-1 一次横移

二次横移：将深坞区内3号、4号泊位的管节横移到1号、2号泊位，空出3号、4号泊位便于下一批管节下水，见图13-2。

图 13-2 二次横移

三次横移：是指将深坞区内2号泊位的管节移到1号泊位进行二次舾装等待出坞，见图13-3。

图 13-3　三次横移

管节系泊：横移到位后采用 8 条 40 mm 高强尼龙缆绳锚固在寄存泊位，4 点交叉双缆系泊，保持相对位置。

13.2　深坞区、浅坞区灌水及检漏

灌水在浅坞区钢闸门及深坞门关闭后开始。灌水过程中，在水位达到+6.3 m 并完成检漏后，打开管节压载水系统阀门，将压载水箱水位均匀、对称地加载至 4.5 m 水深；水位达到+15.1 m 时开始水箱排水，进行管节起浮，水箱内平均水位由+4.5 m 下降至+0.5 m。

管节检漏分为低水位检漏和高水位检漏两个阶段，低水位检漏主要是检验管节底板及底部钢封门的水密性，高水位检漏主要是检验管节侧墙及顶板、人孔及上部钢封门的水密性。在低、高水位检漏的同时对压载水箱、管系等部位进行检漏。

13.2.1　灌水

灌水泵房位于深坞口西南侧重力式沉箱外，设置 8 台 220 kW 水泵，进水管直径 1000 mm，共 4 根，预埋在拦水坝沉箱内。灌水时同时开启 7 台水泵，剩余 1 台按顺序停机检查，灌水总耗时 65～75 h，见图 13-4。

图 13-4　进水管出水口

水位达到+15.1 m 时，关闭水泵，并持续监察水位，在水位下降时补水。

13.2.2　检漏

（1）拦水坝、钢闸门、深坞门检漏

在整个灌水过程中，需对拦水坝沉箱、浅坞区钢闸门及深坞门小钢闸门等位置进行检漏。风险较高的位置主要有：深坞门小钢闸门、浅坞区钢闸门与拦水坝连接转角处等。

（2）管节检漏

①浅坞区蓄水至+6.3 m，管节浸泡高度 2.8 m，开始对管节底板混凝土、节段接头底板 OMEGA 止水带、端封门底部枕梁内部位置进行检漏（图 13-5）。

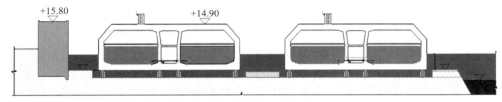

图 13-5　蓄水至+6.3 m 管节断面图（单位：m）

②浅坞区蓄水至+7.5 m，管节浸泡高度 4 m，开始对管节端封门、水密门及水下电缆接头处进行检漏（图 13-6）。

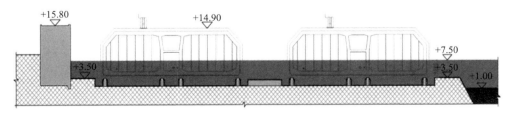

图 13-6　蓄水至+7.5 m 管节断面图（单位：m）

③浅坞区蓄水至+9.5 m，管节浸泡高度 6 m，对管节端封门、水密门、管节底板、侧墙混凝土、节段接头 OMEGA 止水带周边及水箱周边等位置检漏（图 13-7）。

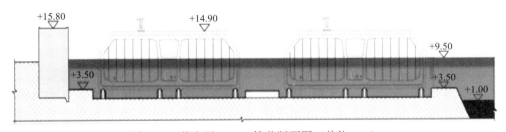

图 13-7　蓄水至+9.5 m 管节断面图（单位：m）

④浅坞区蓄水至+15.10 m，这时水位没过管节顶板 0.10 m，对管节整体进行检漏（图 13-8）。

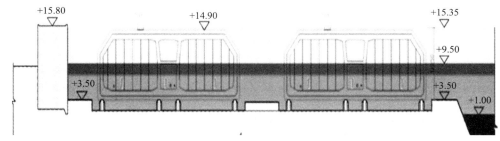

图 13-8　蓄水至+15.10 m 管节断面图（单位：m）

管节带缆及端封门检漏如图 13-9 所示。

图 13-9　管节带缆及端封门检漏

13.3　起　浮

13.3.1　管节起浮

管节起浮指在深坞区、浅坞区水位达到+15.10 m，满足管节起浮吃水要求时，浅坞区坐底的沉管水箱排水，将管节浮出水面的过程。

起浮前，确认管节起浮系泊缆 6 根和横移牵引缆 2 根及溜尾缆 2 根均已完成系缆，并适当收紧。当深坞区水位达到+14.6 m 时，可开始管节内水箱排水作业。

排水过程中，观察各个水箱的水位是否同高，否则调节各水箱阀门开闭程度，使各个水箱的水位高度达到一致。当各水箱水位排到剩下 2.5 m 高度时，管节将接近起浮的临界状态，这时应高度注意各水箱的排水均衡情况，力求做到各水箱水位高度一致，使管节平衡起浮。

管节起浮施工流程见图 13-10。

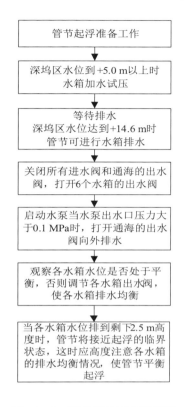

图 13-10 管节起浮施工流程图

管节起浮见图 13-11。

水位: +15.10 m

图 13-11 管节起浮

13.3.2 起浮监测

（1）监测目的及要求

沉管的起浮过程按照坞内灌水、管节水箱内加压载水、干坞灌水淹没整个管节、管内水箱排水管节起浮的过程进行。整个起浮过程持续时间长，需要实时调控管内 6 个水箱的水位。

由于沉管荷载的不均匀及水箱内水量的不均匀,在沉管浮起过程中可能会发生沉管不能同步浮起的情况,造成沉管结构或者支座的损坏,需要在沉管起浮过程中采取相应的监控措施。在管节底部布置测量支座,通过对沉管底部测量支座的压力变化量进行监测,调控管节不同水箱加压载水量,确保沉管各部位同步起浮。

(2)监控方法

通过在沉管支座安装轴力计的方式对支座反力进行监测。采用轴力计测试可定性分析沉管两端支座反力变化情况,通过调整压载水量,控制沉管两端支座受力均匀,以确保沉管同步浮起。

选择量程为2500 kN的振弦式轴力计,轴力计见图13-12,参数见表13-1。

图 13-12　轴力计示意图

表 13-1　轴力计关键参数

规格代号	参数数值
最大量程/kN	2 500
分辨率	0.6%FS
误差	1%FS
温度范围/℃	−20~+80
耐水压/MPa	0.5

轴力计设置在有水箱对应节段中间截面位置处。每个管节布设6个测点,每个测点串联2支轴力计,确保获得可靠、有效的数据。根据浅坞区沉管底部无源支座基础设计图,将轴力计测点设置在无源支座位置附近以反映支座受力情况,测点布置见图13-13、图13-14。

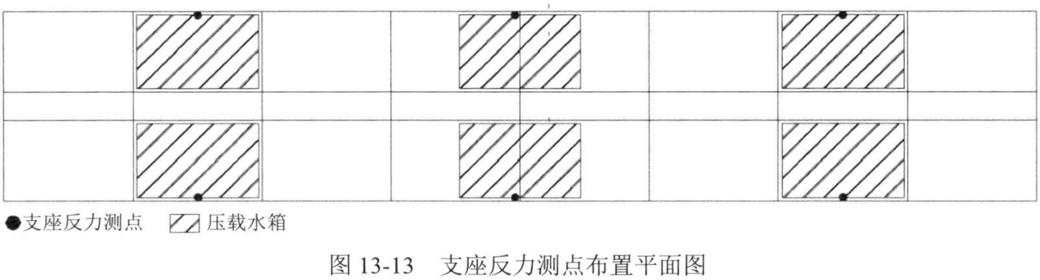

●支座反力测点　▨压载水箱

图 13-13　支座反力测点布置平面图

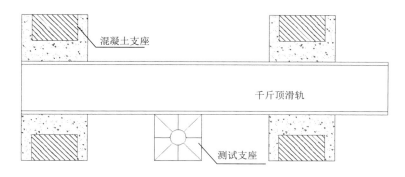

图 13-14　测试支座布置示意图

测点组成由上至下分别为：钢垫板、球形支座、2 支轴力计、自锁千斤顶、测试支座，测试支座通过螺栓固定于地面。安装过程中，采用三角形肋板将千斤顶、轴力计限位在支座顶端，可防止掉落。支座组成见图 13-15。

测试支座与无源支座相对位置见图 13-16。

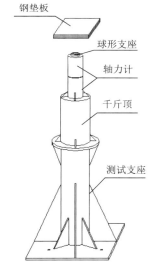

图 13-15　支座组成示意图

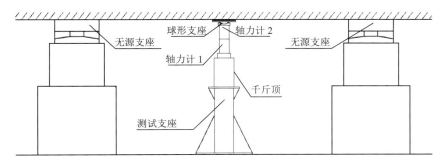

图 13-16　测试支座与无源支座相对位置示意图

　　轴力计线缆沿浅坞区底部布设并进行保护，线缆延伸至浅坞区陆上进行测试。线缆布设示意图见图13-17。

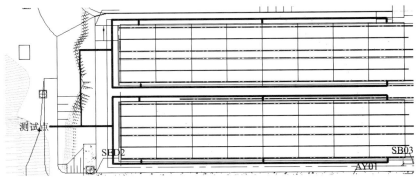

图13-17　传感器线缆布设示意图

　　沉管底部支座反力监测，贯穿整个浅坞区灌水期及沉管上浮期间，最高监测频次为6 min 1次。具体监测频次见表13-2。

表13-2　监测频次统计表

监测频次	监测阶段
1 h 1 次	坞内灌水动水位期间
1 h 1 次	沉管内灌水动水位期间
6 min 1 次	沉管起浮过程

（3）监控结果及注意事项

　　管节起浮过程中的监测结果用压力值降低率 R 来表示：

$$R =[\ (F_s - F_0)\ /\ F_0\ ] \times 100\%　　　　　　(13-1)$$

式中，F_s——s 时刻的压力值；

　　　　F_0——浅坞区灌水前的压力值。

　　R 值越小，代表管节底部支座所受压力越小，管节越接近于起浮状态，当 R 值接近 −100% 且再无变化时，可以认为管节已经起浮。

　　管节监控结果及后续对无源支座排查结果表明管节起浮情况较好。在 E3 管节起浮监测过程中发现，坞内灌水结束时，管节四角压力降低约80%；管内水箱排水开始后，管节非 GINA 止水带端压力下降速度较慢，GINA 止水带端压力下降速度较快，其原因是管节内水泵等主要设备主要集中于非 GINA 止水带端，使得管节非 GINA 止水带端较重；随着水箱排水，管底压力平稳下降，当管节非 GINA 止水带端最终起浮前，压力下降速度明显增加，E3 管节起浮监测结果如图 13-18 所示。

　　针对 E3 管节起浮过程中所发现的问题，后续的管节起浮过程中对水箱水位调控进行调整，起浮过程中注意保持管节非 GINA 止水带端水箱水位略低于 GINA 止水带端水箱水位。

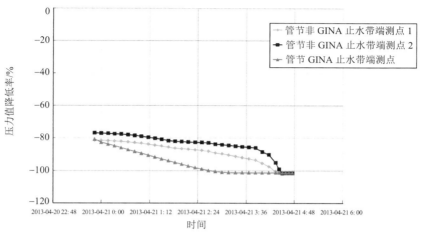

图 13-18　E3 管节起浮监测结果

在 E7 管节起浮监测过程中发现，管节 GINA 止水带端起浮后有支座压力增加的现象，其原因可能是管节非 GINA 止水带端起浮速度过快导致管节不平衡，在后续管节起浮过程加强了对水箱水位降低速度的控制，E7 管节起浮监测结果如图 13-19 所示。

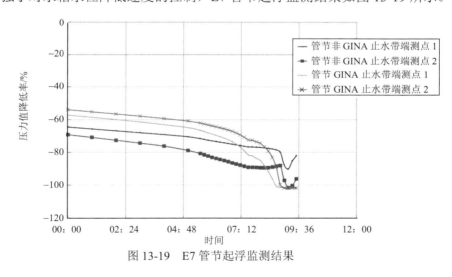

图 13-19　E7 管节起浮监测结果

13.4　横　　移

13.4.1　施工条件

管节横移为高风险水上作业，施工前必须做好交底等充分准备。横移的重要准备工作是带缆，一次横移前准备工作包括高强尼龙缆绳系带、卷扬机钢丝缆绳系带、管节排水起浮。二次、三次横移主要是卷扬机钢丝缆绳系带。

13.4.2 施工流程

管节一次横移施工流程见图 13-20。

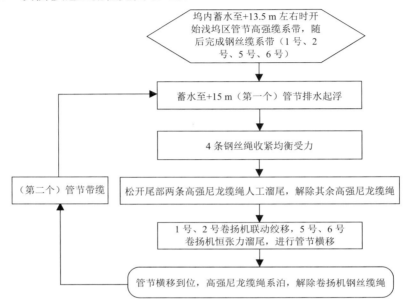

图 13-20 管节一次横移施工流程图

管节二次横移施工流程见图 13-21。

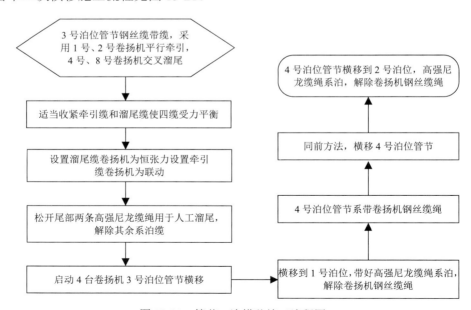

图 13-21 管节二次横移施工流程图

管节三次横移施工流程见图 13-22。

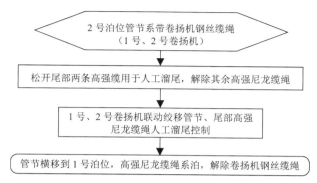

图 13-22　管节三次横移施工流程图

13.4.3　施工方法

一次横移：采用两台 25 t 绞车即 1 号、2 号绞车，在平行牵引，后面采用两台 15 t 恒张力绞车即 5 号、6 号绞车，在交叉恒张力控制管节偏移。钢丝绳缆布置见图 13-23，1 号、2 号绞车见图 13-24。采用 GPS 实时监测管节里程、轴线，指挥人员根据测量数据下达指令调整牵引卷扬机速度和控制卷扬机恒张力大小。管节一次横移到位施工见图 13-25。

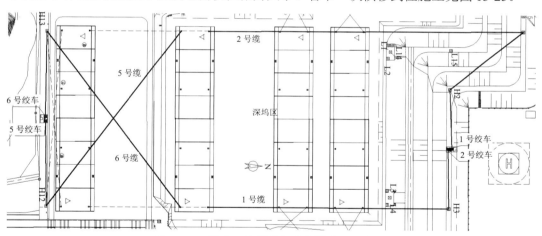

图 13-23　管节一次横移钢丝绳缆布置示意图

图 13-24　1 号、2 号绞车现场图

图 13-25　管节一次横移到位

二次横移：采用 1 号、2 号绞车平行牵引；后面采用两台 25 t 恒张力绞车即 4 号、8 号绞车，在南边控制管节偏移。钢丝绳缆布置见图 13-26。其余操作与一次横移相同。

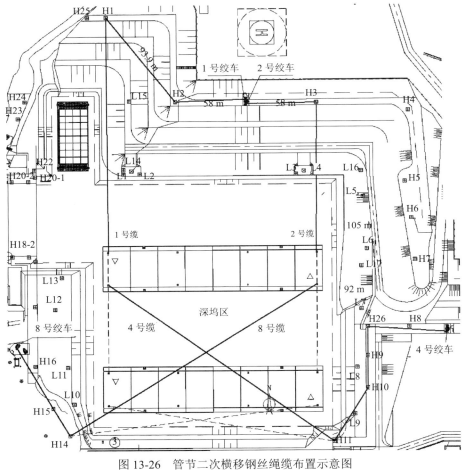

图 13-26　管节二次横移钢丝绳缆布置示意图

三次横移：采用 1 号、2 号绞车平行牵引；两条高强尼龙缆绳缠绕于系缆柱，人工调节缆绳松紧程度控制偏移。缆绳布置见图 13-27。其余操作与一次横移相同。

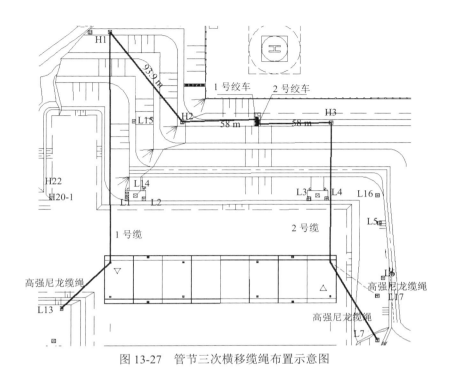

图 13-27　管节三次横移缆绳布置示意图

13.5　系　泊

13.5.1　管节系泊缆绳布置

浅坞区管节起浮前,需带 14 条 40 mm 高强尼龙缆绳,防止管节起浮后漂动,见图 13-28,所有缆绳系于 11 号、12 号、13 号、14 号高水位缆桩。

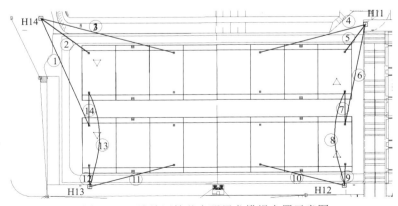

图 13-28　浅坞区管节高强尼龙缆绳布置示意图

管节一次横移到位后,高水位缆绳布置见图 13-29。3 号泊位管节用 4 条 130 m 高强尼龙缆绳系泊，系于 10 号、16 号、17 号、26 号缆桩。4 号泊位管节用 5 条 130 m 高强尼龙缆绳系泊，系于 10 号、11 号、15 号、16 号缆桩。

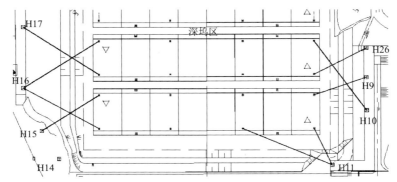

图 13-29　高水位 3 号、4 号泊位管节高强缆绳布置示意图

深坞区灌水，水位超过低水位缆桩后，管节在 1 号、2 号泊位高水位缆绳布置见图 13-30。1 号泊位管节用 4 条 130 m 高强尼龙缆绳系泊，系于 5 号、6 号、18-1 号、20-1 号缆桩。2 号泊位管节用 4 条 130 m 高强尼龙缆绳系泊，系于 7 号、8 号、17 号、18-1 号缆桩。

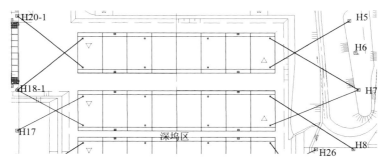

图 13-30　高水位 1 号、2 号泊位管节高强尼龙缆绳布置示意图

排水完成后，管节在 2 号、3 号、4 号泊位低水位寄存缆绳布置见图 13-31。深坞区管节寄存见图 13-32。

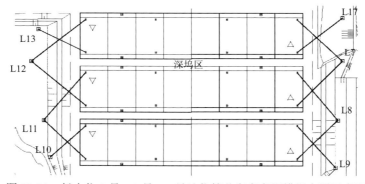

图 13-31　低水位 2 号、3 号、4 号泊位管节寄存高强缆绳布置示意图

图 13-32　深坞区管节寄存

三次横移完成后，管节在 1 号泊位缆绳布置见图 13-33。管节采用 5 条 130 m 高强度尼龙缆绳系泊，系于 1 号、2 号、5 号、6 号、13 号缆桩。高强度尼龙缆绳收紧现场施工见图 13-34。

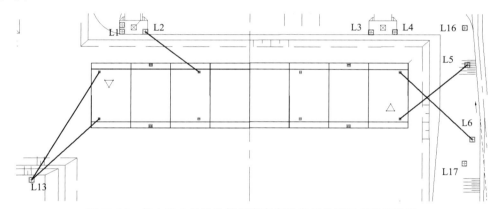

图 13-33　低水位 1 号泊位管节寄存高强度尼龙缆绳布置示意图

图 13-34　高强度尼龙缆绳收紧现场施工图

13.5.2　存在问题及解决措施

①寄存管节风险：寒潮、台风、季风、突风等大风大浪恶劣天气威胁到坞内寄存管

节安全，缆绳存在被拉断风险，可能导致管节相互碰撞或碰撞到坞区边坡。

解决措施：各系泊点增加一条缆绳系泊，靠近坞口位置涌浪大，增加一条 ϕ60 mm 高强度尼龙缆绳；根据专业气象预报判断对项目区域影响，必要时关闭深坞门，阻挡风浪；组织应急小组应对突发情况，安排人员在安全位置 24 h 值班监控管节状态。

②系泊缆绳：受潮位变化、风浪等影响，管节在一定范围内漂动，系泊缆绳会在坞区边坡来回磨蹭，容易造成缆绳损伤。

解决措施：通知厂家进场对系泊缆绳进行防磨损保护处理，在边坡有棱角容易加剧缆绳磨损的地方，对缆绳包裹土工布或者橡胶皮。

第14章 测控与施工放样

14.1 沉管预制测控简介

港珠澳大桥岛隧工程沉管测控是以节段为单元，每个节段的预制从钢筋绑扎到沉管长距离顶推都需要全过程线形实时监测，因此在沉管预制之前，需要在沉管预制工厂区域布设合理的施工控制网，以提供施工测量基准。

沉管预制施工控制网，包括了平面控制和高程控制两部分。

沉管安装线形控制要求管节几何尺寸尤其是端钢壳（钢帽）的平整度控制指标非常严格，因此高精度的测量方法能够提高沉管的预制精度，有效降低沉管安装后的调位风险。

14.2 施工控制网

14.2.1 施工平面控制网设计

结合沉管预制的特点和技术要求，以覆盖两条预制生产线和一次舾装区为基本原则进行整体布设，平面控制网设计为国家二等边角网。施工平面控制网点位全部采用浇筑观测墩、安装强制归心装置方式进行埋设来减少测量仪器对中的误差，提高平面控制网的精度。点位选择保证各控制点之间相互通视，避免旁折光的影响。为了便于采用其他测量方法进行加密或扩展，控制点总数设为 7 个点，施工平面控制网布设见图 14-1。

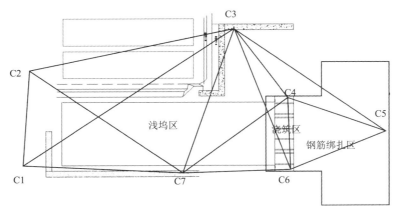

图 14-1 沉管预制施工平面控制网布设示意图

14.2.2 高程控制网设计

高程控制网布测等级为国家二等，高程控制点布设在平面控制观测墩的附近底部的地面上，点位布设在平面控制观测墩浇筑时进行同步埋设，高程控制点总数为 9 个，9 个点之间构成一个闭合水准路线，布设见图 14-2。

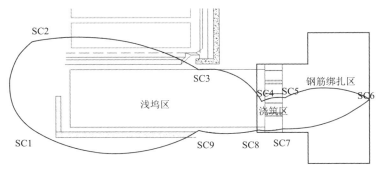

图 14-2 沉管预制高程控制网布设示意图

14.2.3 平面控制点精度分析

1. 沉管预制轴线精度对控制点精度的要求

施工测量引起放样的点位误差的因素主要有两部分：一部分就是控制网中最弱点点位误差的影响，另一部分是施工放样过程所产生的误差，测量误差公式可用式（14-1）表示：

$$M^2 = m_{控}^2 + m_{放}^2 \qquad (14\text{-}1)$$

式中，M——首级控制网最弱点测量误差；

$m_{控}$——首级控制网最弱点点位误差；

$m_{放}$——放样误差。

一般取：$m_{控}^2 = 0.2 m_{放}^2$，由式（14-1）可得

$$m_{控} = 0.4M \qquad (14\text{-}2)$$

由式（14-2）可以推出：当控制点所产生的误差小于测量误差的 0.4 倍时，控制点精度对放样的点位总误差不产生显著的影响。

根据施工规范和设计要求，沉管预制平面位置偏移轴线最大限差为 ±10 mm，要求结构物位置误差优于 10 mm，因为测量误差一般应为结构物位置误差的 1/2，所以测量误差应优于 5 mm，即控制点误差优于 2 mm，就能满足沉管预制施工测量要求。

2. 控制点精度的分析

二等平面控制网的控制点精度，即控制网平差后的控制点之间的实际误差，从极限情况分析，主要取决于最弱边边长相对中误差和三角形最大闭合差的影响。根据《工程测量规范》（GB 50026—2007）的技术要求，最弱边边长相对中误差为≤1/120000，三角形最大闭合差为 3.5″。

本工程平面控制网设计的边长不超过 200 m，结合最弱边边长相对中误差来观察，则其影响的最大位移为（200/120000），即 1.6 mm。

本工程平面控制网设计为多个闭合环，按最小闭合环（3 个点）、最大闭合差来观察，则角度的最大影响为 3.5″/3，即 1.17″。再结合最长边长 200 m 来计算，则水平角度改正影响的最大位移为[200×tan（0°00′1.17″）]m，即 1.1 mm。

根据误差定律，控制点的最大误差应为 $\sqrt{1.6^2 + 1.1^2}$ mm，即 1.9 mm，其精度优于 2 mm。

3. 放样误差的分析

由于 $m_{控}^2 = 0.2m_{放}^2$，将控制点的最大误差 1.9 mm 代入，则放样的最大误差应为 $\sqrt{5 \times 1.9^2}$ mm，即 4.2 mm。

4. 仪器精度的分析

结合所使用全站仪的标称精度，对仪器本身精度进行估算。以徕卡 TS30 全站仪为例，标称精度：测距：±(1mm+1ppm·D)，测角：±0.5″。控制网边长不超过 300 m，根据极坐标点位中误差公式：

$$m^2 = m_D^2 + (D^2/\rho^2) \cdot m_\beta^2 \qquad (14\text{-}3)$$

式中，m ——测点点位中误差；

$\quad m_D$ ——距离观测中误差，$m_D = a + b \cdot D$ 代入式（14-3），其中 a 为仪器测距固定误差 1 mm，b 为比例误差 1 ppm，D 为放样距离 300 m；

$\quad m_\beta$ ——仪器测角中误差 0.5″。

由式（14-3）计算，当所布设的控制网边长不超过 300 m 时，测点点位中误差≤1.5 mm，采用徕卡 TS30 全站仪在测量时的精度影响优于 2.0 mm。

综上，本次设计的平面控制网的控制点精度≤1.9 mm，放样精度≤4.2 mm，则测量误差，即测量精度为 $\sqrt{1.9^2 + 4.2^2}$ mm，应≤4.6 mm，在最大情况下的精度影响能优于 5 mm，因此采用徕卡 TS30 全站仪按照二等边角网设计能够满足要求。

施工测量方面的误差可以采用多种方法进行控制，如尽量直接采用首级控制点施测精度要求高的点位、加密控制点时避免使用首级控制网中的最弱点等。

14.2.4　评估

1. 施工平面控制网施测

施工平面控制网采用徕卡 TS30 全站仪对控制网的边长和角度按照国家二等边角网的规范要求进行观测，在测定平面控制网时，采用强制归心装置减少仪器的对中误差，充分利用了多余观测值，进行多种方法检核处理成果，满足二等边角网测量的规范要求。

2. 施工平面控制网成果评估

外业数据采集完成后经过内业计算检核后，采用南方平差易进行严密平差。

沉管预制工程的平面基准是基于引入 1954 北京坐标系的工程独立坐标系，测量边长应该投影到工厂区域平均高程面上，工程所在测区位于东经 113°48′，中央子午线为 114°，长约 500 m、宽约 100 m，面积较小，H=10 m（正常高），沉管预制厂施工高程范围 3.5～16 m，此工程所在地的高程异常及中央子午线对边长投影的影响正负接近（本工程中央子午线对边长影响大约为+1/15.6 万，高程异常对边长影响大约为–1/14.55 万），所以该坐标系边长基准对施工放样基本不造成影响。另外，由于 C1-C3 边的距离较长、与投影面的高差最大，其投影改正在全部边长中最大；因 C1-C3 距离为 310.303 m，C1 高程约为 17.5 m，C3 高程约为 16.8 m，沉管预制工厂的正常高为 10 m，根据投影改正公式 ds=s·dh/2R 可以计算出 C1-C3 边的投影改正数为 0.174 mm，由这种最大情况可以看出边长投影改正的影响很小，可以忽略不计，所以在内业数据处理中边长观测值不进行投影改正。

平差后结果如下：

验前单位权中误差±0.50″，验后单位权中误差±0.45″。

控制网总边长 2238.272 m，平均边长 172.175 m，最小边长 83.676 m，最大边长 268.986 m。

最大角度闭合差为–2.25″（限差±2.60″），最小角度闭合差为 0.20″，所有角度闭合差均满足限差要求。

最大点位误差±0.60 mm，平均点位误差±0.50 mm。

最大点间误差±0.90 mm，最大边长比例误差 1/233358。

通过对控制网的测量和对数据检查分析后，控制网测量质量合格，可以作为沉管预制施工放样的依据。各控制点分别布设在大型混凝土坝体上和基岩上，能够满足沉管预制的尺寸放样、钢筋笼线形控制、端钢壳（钢帽）安装调整、管节顶推线形控制的精度要求。在施工放样时采用平面控制网的最弱点点位时需采取多方向检测。

14.3　钢 筋 测 控

14.3.1　底板钢筋

底板钢筋绑扎前节段的 4 个角点和 2 个轴线点共 6 个控制节点的精确放样是底板钢筋笼线形控制的关键。除了采用仪器放样、复核等常规方法进行多方检核、多次测量外，还需采用物理复核方法，利用钢尺丈量节段长度、宽度、特征点与轨道间的相对关系，将多余观测数据进行对比分析，防止出现粗差。

14.3.2　墙体钢筋

精确放样并调整中隔墙台架是墙体钢筋绑扎线形控制的主要措施。钢筋笼顶推到墙体区驻停就位后，先测定并调整外墙绑扎架边线，及时调整底板区已绑扎完成的侧墙钢筋的几何尺寸和线形，并采用拉线法进行复核。中隔墙钢筋绑扎前先安装中隔墙绑扎台架，测点进行测量调整，直到轴线位置及线形满足要求后再开始中隔墙钢筋的绑扎（图 14-3）。中隔墙绑扎台架线形调整采用计算公式为

$$d = (x - x_0)\sin\alpha - (y - y_0)\cos\alpha \qquad (14\text{-}4)$$

式中，d ——测点至节段轴线的垂直距离；

　　x/y ——测量点坐标值；

　　x_0/y_0 ——节段轴线先浇端坐标值；

　　α ——指向顶推方向的轴线方位角。

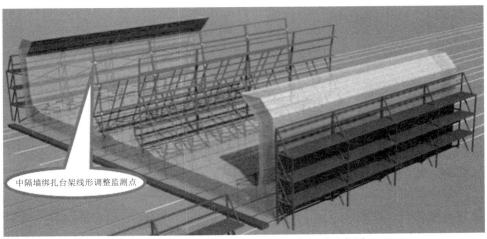

中隔墙绑扎台架线形调整监测点

图 14-3　中隔墙绑扎台架调整测点布置示意图

中隔墙绑扎台架调整见图 14-4。

图 14-4　中隔墙绑扎台架调整图

14.3.3　顶板钢筋绑扎线形监控

沉管顶板钢筋绑扎线形的正确放样及顶板钢筋绑扎台架的预拱度调整是钢筋绑扎最终成型控制的主要措施。在钢筋笼顶推就位后，根据滑移方钢的监测线将钢筋端面线引测到顶板绑扎台架，并根据沉管尺寸调整台架高度、轴线及线形，最后再放样特征点供钢筋绑扎参考，如图 14-5 所示。

图 14-5　顶板钢筋绑扎复核图

14.3.4　钢筋笼顶推实时监控

钢筋笼顶推过程中，对钢筋笼纵向线形进行预警和预测，对横向线形同步监控预警，确定每个阶段的受力和变形方面的理想状态，控制施工的进程。

底板钢筋绑扎前先铺设 16 条滑移方钢，使滑移方钢的监测线（图 14-6）位于一条直线上，该监测线主要用于节段钢筋铺设及钢筋笼顶推驻停的基准线。在钢筋笼顶推驻停后应分别对 16 条滑移方钢的监测线进行测量并微调，确保 16 条监测线前后相差不超过 5 mm。与直线沉管所不同的是曲线沉管每个节段为扇形结构，重心偏离，为保证钢筋笼顶推的同步性，需实时监控钢筋笼顶推，顶推油缸每顶推 3 个行程（700 mm/行程）之后进行一次校核确保钢筋笼整体按直线前行。

钢筋笼顶推至每个区域（墙体绑扎、顶板绑扎、浇筑区）时必须经测量复核校准后确定位置，严格控制顶推千斤顶的同步性。钢筋笼采取分区绑扎、逐步顶推的流水施工。

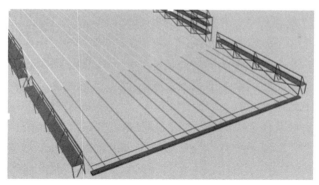

图 14-6   滑移方钢监测线示意图

根据对曲线沉管节段 E33-S1 的顶推测量资料研究分析，发现在侧墙上面的第二排第三排的观测点，由于钢筋笼在顶推前进过程中，难免会有一些微弱的晃动，这就导致上面的点的数据不太稳定。为了提高效率，在钢筋笼前进过程中，只观测底板侧墙的 3 个观测点，共 6 个控制点。在顶推到第 15 个行程时候，钢筋笼的偏移量达到了 5 mm，当时即刻通知顶推班组开始纠偏，从后面的行程监测可以发现，纠偏效果明显，到最后顶推结束，偏离范围控制到了 3 mm 的精度范围，效果很好。

在直线沉管的顶推过程中，由于直线沉管钢筋笼重心不会发生偏移，顶推相对易控制，在直线钢筋笼顶推过程的监控中，只在顶推开始测一次，中间测一次，顶推结束测一次；在第二次测量中，横向偏差超过了 10 mm，虽然及时进行了纠偏，到最后也只纠回到 6 mm 左右，由此可得出结论，实时监控中，以 5 mm 为限度，一旦横向偏移达到 5 mm 及时发出预警，通知顶推班组实行纠偏措施，以保证工程质量及曲线节段的线形合格。

钢筋笼顶推进入浇筑坑匹配前，除了考虑匹配的需要，还需严格控制钢筋笼的驻停位置，匹配过程中必须减慢顶推速度，使钢筋笼在匹配过程中精确缓慢就位。钢筋笼顶推监测见图 14-7。

图 14-7   钢筋笼顶推监测点示意图

14.4　模板系统测控

港珠澳大桥沉管预制模板施工的难点主要是：沉管姿态各异，模板调整频繁，为满足曲线的尺寸要求，每一个节段均需对外墙模、内模、针形梁、端模等进行位置调整，而对于模板姿态的调整，涉及众多的螺栓、螺杆等小型构件，必须要保证每个节点受力要求，操作要求更加精细，控制要求更加严格，方可保证模板的整体受力安全。

预制曲线沉管采用以直代曲的方式。由于曲线沉管每个节段都有固定的角度和位置，模板也需要根据具体位置调整角度，保证保护层厚度满足 5 mm 精度要求及端面和侧面满足 5 mm 平整度要求的难度很大。为了实现此目标，经过反复研究讨论，从各部分模板详细分析，得出了一套测控方案。

14.4.1　针形梁（内模）线型测控

针形梁是内模板可以准确定位的关键，曲线沉管的角度问题使得针形梁的定位要求更精确。为了保证高要求的精度，通过分析，得出了针形梁测控技术。

曲线沉管行车道与中廊道的针形梁线形调整是利用针形梁前、后支腿位置水平调整实现的，以达到与底模形成夹角并与该节段轴线平行的要求，如不平行将直接影响钢筋笼匹配对接后内模调整的困难和就位精度。针形梁的水平调整尺寸根据每次浇筑节段的曲率的设计要求，每段都不相同。因此针形梁纵向线形调整监测是内模就位后线形正确与否的关键。

首节段钢筋笼入模前，提前在针形梁两端找出设计图纸中给定的 6 个特征点并贴上反射片用于线形调整测量，分别在浇筑台座两侧的测量观测墩上架设全站仪对针形梁的 6 个特征点（图 14-8）进行线形调整，特征点的实测数据采用计算公式得出该点至轴线的垂直距离，再与针形梁与轴线的理论距离相比较，就可以计算出针形梁水平调整的实时尺寸。

由于在匹配节段浇筑时，针形梁后支腿无法与控制点通视，测量放样校核的测站转移困难。故将针形梁上的线形调整特征点转移到后支腿两侧可观测的位置，保证在同一仪器测站上能看到前支腿和后支腿测量校核点。即将后支腿顶端布置的测量点投影到后支腿底座上，并左右移到一定位置保证通视。测量前，待管节顶推驻停后滑出针形梁及内模，然后再根据节段轴线调整针形梁。

14.4.2　侧模平整度测控

由于曲线沉管每个节段的平面位置不同，就单个曲线节段的侧模安装的位置必须重新放样、重新调整。

曲线沉管外墙侧模（图 14-8）的线形调整，较直线沉管侧模是由一维变化转成二维变化，调整的过程更为复杂，控制难度更大。外墙侧模安装及调整在曲线沉管预制中，每个节段与轨道的夹角都不同，因此在每次钢筋笼入模前，都要对侧模的角度进行准确的线形调整来保证混凝土保护层达到设计要求和沉管的外包尺寸要求。侧模调整时，如果等钢筋笼就位后再调整，会使得视线受阻难以测量，也会使得模板容易受到损坏，因此需提前调好侧模线形再让钢筋笼入模。

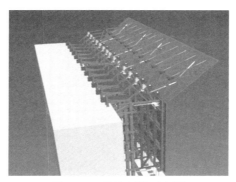

图 14-8　外墙侧模示意图

侧模线形调整前，先在侧模内表面上吸附定制的吸盘棱镜或端头粘贴反射片用于测量校核，所有工作完成后再到现场进行施工测量及调整工作。

首节段钢筋笼入模前，先分别在侧模两端架设全站仪对外墙侧模的 6 个特征点进行测量调整，计算公式和计算方法与针形梁线形调整方法是一致的。

在 6 个特征点调整就位后，再在每面侧墙内表面设置上、中、下共 3 排，每排 22 个测点，用于测量检查外墙侧模表面的平整度。平整度检查合格后，拆除反射贴片，用模板拉杆锁定模板位置，外墙侧模后移，顶推钢筋笼入模。

匹配浇筑节段时，待管节顶推驻停后滑出针形梁及内模，然后再根据节段模板轴线进行先浇端测量调整，调整时匹配端以模板面紧贴沉管混凝土表面为原则，外墙侧模调整特征点如图 14-9 所示。

图 14-9　外墙侧模调整特征点位图

14.4.3　端模线形测控

端模板由多块小型钢模板组成，最终由钢围楞与拉杆将堵头模板连接在内模、外模与底模上，端模结构形式如图 14-10 所示。

图 14-10　端模结构图

在直线沉管预制中，除了首个节段和最后一个节段的端面线形要求准确定位，中间端面线形并不需要严格监测，但在曲线沉管预制中，每个节段的端模线形都需要准确定位，实时监测，如果某个节段的端面线形偏差太大，会导致下个节段匹配对接时难以调整，最终会影响整个沉管整体的线形。因此，需要对每个节段的端模线形进行严格的监测定位。

曲线沉管接头间的端模上下倾斜度始终处于铅锤状态，左右垂直度通过测量点与节段轴线的间距进行确定，在端模安装完成后通过架设免棱镜全站仪直接采集端模表面的每个观测点的平面坐标进行调整，端模调整计算公式为

$$\Delta X = X_{实} - \left[X_{端} + \frac{Y_{实} - \Delta Y}{37.95} \times \Delta L \right] \qquad (14\text{-}5)$$

式中，ΔX——该测点的调节量；

$\quad X_{实}$——该点的实测 X 坐标；

$\quad X_{端}$——底板轴线先浇端端部 X 坐标；

$\quad Y_{实}$——该点的实测 Y 坐标；

$\quad \Delta Y$——节段实际轴线偏移坐标轴线的距离；

$\quad \Delta L$——节段长边与短边的长度差。

在浇筑过程中，随着浇筑的进行，端模受到混凝土侧向的压力，会产生一定的变形，因此，在安装定位时要有一定的预留量，在浇筑时，要每隔一定时间监测一次，及时观测端模位置，一旦出现过大变形要及时采取措施调整。

14.5 管节顶推测控

14.5.1 顶推施工的测控精度与限差要求

顶推施工的测控精度与限差要求见表 14-1。

表 14-1 顶推施工的测控精度

工况	内容	限差要求/mm
任意节段驻位	里程偏差	≤5
	高程偏差	≤5
180 m 管节顶推作业	沉管前端节段轴线偏差	≤5
	匹配浇筑节段轴线偏差	≤3
尾端倒数第二个节段驻停就位后	沉管前端节段轴线整体偏移	≤3
	首尾端轴线左右偏差之和	≤3

14.5.2 监测点布设

每节段底板浇筑完成后，混凝土初凝之前在左右行车道首尾两端共埋设 8 个水平姿态监测点。为便于长期观测，标志点采用钢质结构（长 50 mm × φ20 mm 的铜头），埋设于底板内，高出混凝土面 5 mm。水平姿态监测点布设如图 14-11 所示。

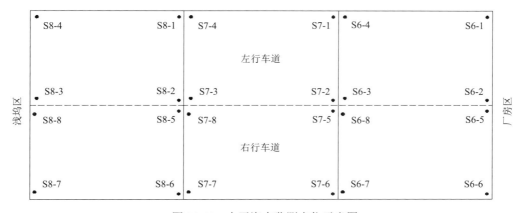

图 14-11 水平姿态监测点位示意图

里程、轴线的监测点在 1 号、4 号顶推滑移轨道上方管节首、尾两端共布设 5 个顶推监测点（30 mm × 30 mm 反射贴片），顶推监测点布设如图 14-12 所示。

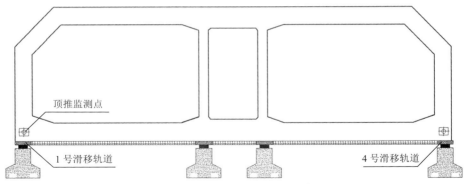

图 14-12　管节顶推监测点位示意图

14.5.3　顶推施工过程监测

1. 水平姿态监测

水平姿态监测采用 NA2 水准仪按照碎部测量方法进行观测。

①每节段混凝土浇筑完毕后，进行首次高程（初始值）观测，采用经检定合格的徕卡 NA2 水准仪按照监测点水准路线进行往、返观测取其平均数作为高程起始数据。

②支撑系统完成施加 90%支撑力后，采取同样的测量方法进行第二次观测。

③降低底模后，支撑体系承受 100%荷载，进行第三次观测。

④管节顶推至驻停位置（顶推距离 22.5 m）后，进行第四次观测。

⑤每次高程测量结束后，与初始值进行比较。当管节水平姿态变化较大（＞5 mm）并影响下节段底模支撑时，顶推组相关人员进行微调，再次进行观测直至满足要求。

监测结果分析：2 号生产线至今已完成 13 节管节的所有预制工作，其间共进行 101 个节段的顶推水平姿态的监测工作，以 E25 管节为例，E25 管节 8 个节段的水平姿态监测数据见表 14-2。

表 14-2　E25 管节顶推水平姿态监测数据表

点号	90%支撑力 ΔH/mm	100%支撑力 ΔH/mm	顶推驻停就位 ΔH/mm	观测日期	点号	90%支撑力 ΔH/mm	100%支撑力 ΔH/mm	顶推驻停就位 ΔH/mm	观测日期
S8-1	1	2	−1		S4-1	3	1	−2	
S8-2	2	1	1		S4-2	3	1	−2	
S8-3	2	4	15		S4-3	3	2	1	
S8-4	1	0	9	08-22～08-25	S4-4	−1	0	−1	10-02～10-05
S8-5	4	2	0		S4-5	0	1	−2	
S8-6	1	−2	14		S4-6	−1	0	−5	
S8-7	0	−1	9		S4-7	0	1	2	
S8-8	1	2	9		S4-8	1	0	3	

续表

点号	90%支撑力 ΔH/mm	100%支撑力 ΔH/mm	顶推驻停就位 ΔH/mm	观测日期	点号	90%支撑力 ΔH/mm	100%支撑力 ΔH/mm	顶推驻停就位 ΔH/mm	观测日期
S7-1	2	1	−5		S3-1	1	1	−4	
S7-2	2	1	−5		S3-2	1	0	−5	
S7-3	3	2	−3		S3-3	1	1	4	
S7-4	1	2	−4	08-31~09-03	S3-4	0	1	3	10-12~10-14
S7-5	4	0	1		S3-5	−1	−2	−6	
S7-6	0	0	−4		S3-6	−3	−3	−8	
S7-7	0	3	1		S3-7	−3	−4	−2	
S7-8	0	3	1		S3-8	−3	−4	−3	
S6-1	−1	1	−11		S2-1	1	1	−6	
S6-2	−2	0	−9		S2-2	1	0	−6	
S6-3	−2	1	0		S2-3	1	1	1	
S6-4	−1	1	−2	09-09~09-11	S2-4	1	2	0	10-21~10-24
S6-5	0	1	−4		S2-5	−2	−2	3	
S6-6	−2	−2	−4		S2-6	−1	−1	−1	
S6-7	−3	0	7		S2-7	0	2	4	
S6-8	0	−3	5		S2-8	2	1	5	
S5-1	1	−1	−4		S1-1	2	0	−3	
S5-2	1	2	−4		S1-2	1	1	−1	
S5-3	1	1	0		S1-3	3	2	6	
S5-4	1	0	0	09-19~09-22	S1-4	0	−2	4	11-01~11-05
S5-5	1	0	−5		S1-5	−2	−3	−6	
S5-6	2	1	−3		S1-6	−2	−1	−7	
S5-7	2	−1	−1		S1-7	−3	−2	1	
S5-8	2	2	1		S1-8	−1	−1	2	

注：1. ΔH 为当次测量值与初始值的差值；
　　2. ΔH 正值表示向上，负值反之。

　　从表 14-2 可以看出，整节管节的 8 个节段在节段顶推前的水平姿态数据都小于 5 mm，说明支撑体系施加荷载系统比较稳定；顶推 22.5 m 驻停后的水平姿态数据较大，是因为滑移轨道前期施工原因和预制时间长，4 条轨道面高差比较大而引起的。

2. 顶推行程及轴线监测

　　①采用高精度全站仪 S8/TS30 采集初始数据。管节首端（浅坞区侧）的仪器架设在 2 号、3 号轨道中间（基本处于管节中轴线上）、尾端（厂房侧）的仪器架设在顶板钢筋绑扎区前方的两个固定测量墩上。观测时按照盘左、盘右顺序取平均值作为各点的起始里程及轴线偏差数据。顶推监测见图 14-13。

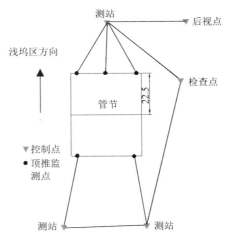

图 14-13　顶推监测示意图（单位：m）

②顶推过程中，根据顶推总控室负责人的指令实时测量监测点的坐标值，计算里程和轴线，与初始值进行比较，计算出坐标增量△*A*（顶推里程），坐标增量△*B*（轴线偏差），及时反馈测量结果，及时纠偏，直至管节顶推驻停就位。

③整个管节顶推分为 8 次节段顶推和 1 次管节长距离整体顶推。节段顶推每 5 个行程（共 31 个行程）观测一次，最后 3 个行程是每个行程观测一次。管节长距离顶推需时 6 d（共 183 个行程），每 10 个行程观测一次。

④每次顶推及测量结束后，及时整理测量数据并汇总后，分析里程、中轴线偏差情况，将本次的顶推结果作为下一节段的顶推里程和轴线控制参考。

监测结果分析：2 号生产线至今已完成 E1～E25（奇数管节）共 13 个管节的所有预制工作，其间共进行 101 个节段顶推监测和 13 个管节长距离整体顶推监测，以 E25 管节为例，E25 管节节段的顶推监测数据见表 14-3，E25 管节长距离顶推监测数据见表 14-4。

表 14-3　E25 管节节段顶推监测数据表

节段编号	部位	累计行程差/mm	累计轴线偏差/mm	观测日期
S8	首端	0	1	2015-08-24
	尾端		−2	
S8-S7	首端	3	1	2015-09-02
	尾端		−1	
S8-S6	首端	2	−2	2015-09-11
	尾端		−1	
S8-S5	首端	4	−2	2015-09-21
	尾端		0	
S8-S4	首端	2	−1	2015-10-03
	尾端		−3	

续表

节段编号	部位	累计行程差/mm	累计轴线偏差/mm	观测日期
S8-S3	首端	3	−2	2015-10-14
	尾端		−1	
S8-S2	首端	4	−1	2015-10-24
	尾端		1	
S8-S1	首端	5	0	2015-11-04
	尾端		−2	

注：1. 行程差设计控制值≤10mm、轴线偏差设计控制值≤10mm；
　　2. 累计行程差为 1 号轨与 4 号轨的差值；
　　3. 轴线偏差正值为偏向北侧，负值反之。

表 14-4　E25 管节长距离顶推监测数据表

管节部位	顶推轨道	累计行程/m	累计行程差/mm	累计轴线偏差/mm
首端	1 号	293.881	3	—
	4 号	293.878		
	轴线	—		9
尾端	尾端			4

　　从表 14-3 可以看出，整个管节的 8 个节段顶推的监测数据都在 5 mm 内，都小于设计控制值，说明在整个顶推过程中，对滑移轨道的清理、保养工作比较到位，使整个顶推过程比较顺利，顶推控制、纠偏结果比较理想。

　　从表 14-4 可以看出，管节长距离整体顶推的监测数据都小于 10 mm，达到设计要求，说明在整个长距离顶推过程中，顶推控制、纠偏结果比较理想，对管节的张拉、体系置换等后续工作奠定了较好的基础。

14.6　端钢壳测控

　　端钢壳测控详见 10.2.1 节中的内容。

第15章 曲线管节预制

15.1 概 述

港珠澳大桥岛隧工程沉管隧道曲线段总长度约 793.4 m，包括 5 节（E29～E33）钢筋混凝土预制管节和 1 节钢壳混凝土最终接头，曲率半径 5500 m，标准预制节段轴线长 22.5 m，曲线管节横断面尺寸及混凝土性能要求与直线管节相同。

曲线管节预制通过以折代曲的方式进行曲线拟合，单个节段为直线，节段之间设夹角，以 180 m 标准曲线管节为例，基本原理如图 15-1 所示。

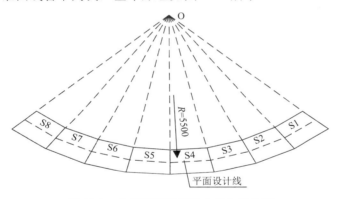

图 15-1 曲线管节以折代曲拟合示意图

15.2 曲线设计方案

曲线管节节段数量，长度尺寸参数见表 15-1，曲线管节总体参数统计见图 15-2。曲线管节结构见图 15-3、图 15-4。

表 15-1 曲线管节节段数量及长度表

管节编号	节段数量	管节长度/m	备注
E29	8	171.6(c+22.5×7)	c 为最终接头调整长度
E30	8	171.8(22.5×7+a)	a 为最终接头调整长度
E31	8	180（22.5×8）	——
E32/E33	6	135（22.5×6）	——
最终接头	1	9.6（11.996）	——

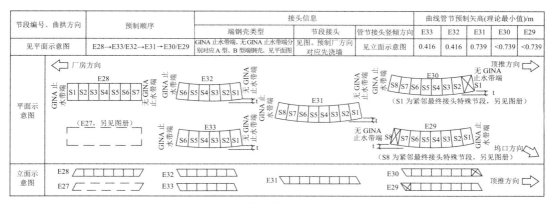

图 15-2　曲线管节总体参数图

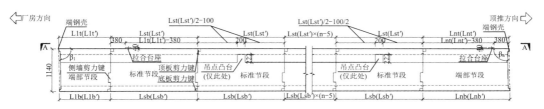

图 15-3　曲线管节结构立面图

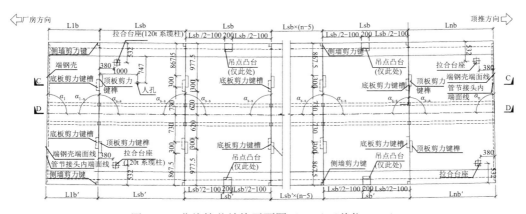

图 15-4　曲线管节结构平面图（A-A）（单位：cm）

15.3　曲线管节预制

15.3.1　与直线管节主要差异

与直线管节相比，曲线管节施工具有以下主要差异。

①曲线管节每个节段轴线与生产线轴线的夹角均不相同，每个节段施工前均要进行钢筋位置、钢筋安装台架、模板放样的调整，施工控制精度高，工作量大幅增加。

②由于节段尺寸各异，钢筋变尺型号大量增加，绑扎时对于半成品分类工作需要更加细致。

③顶板钢筋安装台架底座支撑杆无法与顶推滑轨对齐，存在左右偏位，需增加型钢分载梁。

④顶推移动过程中钢筋笼重心偏移，对于同步顶推的控制需更加严格。

⑤内模支腿、端模角度和支撑位置有变化，需要针对性改造。

⑥由于沉管重量存在偏心，为加强顶推的轴向控制，增加了侧导向液压千斤顶。

⑦由于管节驻停位置左右有偏移，浅坞区根据管节驻停位置增加无源支墩。

⑧曲线管节预应力穿束，张拉变形控制难度增大。

⑨最终接头处端钢壳尺寸大、重量重，制造、安装、调位难度大。

15.3.2　钢筋

1. 设施改造

钢筋笼偏转及横向位置变化后，部分侧墙钢筋将脱离顶推滑轨而失去支撑，最大悬臂长度达 40 cm。为此，在 1 号、14 号顶推滑轨内侧 40cm 处分别安装 15 号、16 号轨道，以满足钢筋笼支撑需要，如图 15-5 所示。

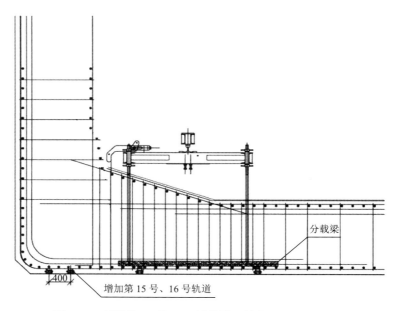

图 15-5　新增第 15 号、16 号轨道（单位：mm）

底板、侧墙外侧绑扎台架增加调节螺杆，以满足钢筋笼侧墙的转角变化，如图 15-6 所示。顶板区域侧墙台架为固定式，改造时按节段最大偏移量将台架后移 25 cm，台架与钢筋笼之间设限位板定位。

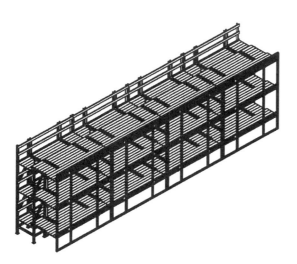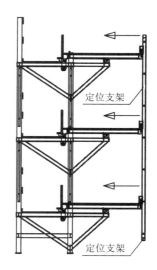

定位支架

定位支架

图 15-6 侧墙绑扎台架

2. 钢筋加工及安装

与直线沉管相比，曲线钢筋变尺型号多。以纵向主筋长度为例，钢筋在横断面宽度范围内按每延米分组变尺，型号多达 75 种。钢筋加工需做好变尺钢筋的分组加工、成捆、堆放和标识。钢筋安装总体流程和方法与直线管节基本相同，主要的不同点有如下几点。

①由于钢筋笼偏位不同，将使用不同滑轨组成支撑滑移系统，底板钢筋安装前，各节段所用滑轨号如表 15-2 所示。

表 15-2 顶推滑轨使用表

节段号	轨道编号					说明	备注
	1 号	15 号	2～13 号	16 号	14 号		
S1/S8	√	×	√	√	×	左侧使用 1 号轨道，气囊按直线段安装； 右侧使用 16 号轨道，气囊安装 16 号内侧；	—
S2/S7	×	√	√	×	√	左侧使用 15 号轨道，气囊安装 15 号内侧； 右侧使用 14 号轨道，气囊安装 14 号内侧；	—
S3/S6	×	√	√	×	√	左侧使用 15 号轨道，气囊安装 15 号内侧； 右侧使用 14 号轨道，气囊按直线段安装；	—
S4/S5	×	√	√	×	√	左侧使用 15 号轨道，气囊按直线段安装； 右侧使用 14 号轨道，气囊按直线段安装；	—

②测量检测加密：钢筋笼顶推至墙体绑扎区、顶板绑扎区后，复测驻停位置，对墙体、顶板钢筋放样。所有测量数据由两人单独计算，互为校核，核对无误后才能使用。测量放样时进行换手测量，并经作业队技术员、工程部、质检部利用直线钢筋安装时的控制点与曲线管节钢筋笼相对位置测量进行复核，复核无误后才能进行钢筋安装。

③底板钢筋笼内设置型钢分载梁，分载梁由 H12.5 号工字钢加工而成，长 2.7 m、3.75 m，支撑杆位置设有限位装置，纵向间距 1.8 m，如图 15-7 所示。分载梁在底板底层钢筋安装完成后与底板劲性骨架同时安装，并与底板钢筋焊接定。

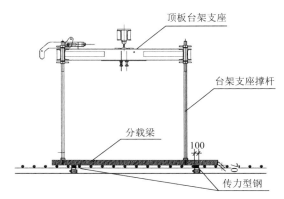

图 15-7　分载梁安装图（单位：mm）

④曲线管节钢筋笼为不规则四边形结构，每个节段钢筋笼两侧墙长度差值为 15.6 cm，节段取两端 16 个钢筋间距进行调整，其余范围按直线管节的间距安装，如图 15-8 所示。

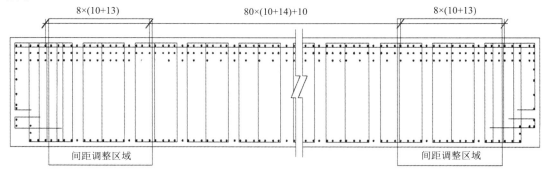

图 15-8　横向主筋间距调整图（单位：cm）

曲线管节钢筋安装的主要注意事项如下。

①曲线管节的预制精度主要取决于底板钢筋安装精度和顶推精度，所有测量数据和测量放样都要进行反复复核，确认无误才开始施工。

②钢筋笼顶推滑块根据节段尺寸和偏移量进行长度调整，避免顶推滑块与先浇节段冲突。

③变尺钢筋做好分组和标识。

3. 钢筋笼顶推及体系转换

曲线管节钢筋笼顶推设备和体系转换的设备配置、总体施工流程和方法与直线管节基本相同，主要存在以下不同点。

①顶推梁与顶推轨道不垂直，顶推过程中需测量全程跟踪监测，每 5 个行程测量一次。

②钢筋笼顶推入模时按照底模上的控制点控制驻停位置，驻停位置要求更加精确，

波纹管专用连接件匹配时减慢顶推速度。

③根据钢筋笼偏移量确定气囊安放位置。

④顶板台架下降高度＞15 cm，以免刮擦钢筋笼。

15.3.3　模板

1. 模板改造

（1）针形梁改造

针形梁左右调整幅度加大，需加长支座底座，如图 15-9 所示。底座加长段与原底座采用螺栓连接。

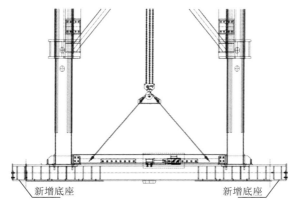

图 15-9　针形梁新增底座

（2）端模改造

由于节段位置的变化，但端模后支撑点固定，前后支撑位置有错位，故需在端模背侧指定位置增加水平背梁，并使用 L 型支撑构件与原端模连接，如图 15-10 所示。

EJ、SJ 端模均按该方式改造，现场施工见图 15-11。

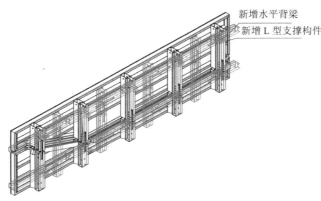

图 15-10　端模新增背梁

图 15-11　端模新增背梁施工

（3）吊点模板改造

钢筋笼位置的变化导致吊点位置变化，针对吊点模板进行改造，如图 15-12 所示。在配件上加工连接螺栓孔，保证模板支撑系统的安装。

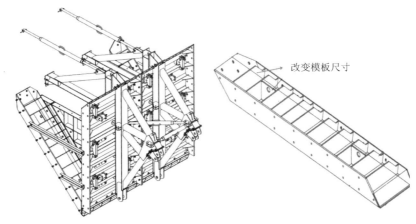

改变模板尺寸

图 15-12　吊点模板改造

（4）增加测量检测点

曲线侧模上焊接相应角钢用于测量点布置，测量点布置在轴线方向上成阶梯型，纵向上分层布置（共计 3 层），现场新增测量点布置如图 15-13 所示。

图 15-13　新增测量点示意图

2. 模板调整

（1）底模调整

按照直线段的模板调整方式调整。

（2）侧模调整

曲线段调试的测量点分成 3 纵排，每 1 排含 7 个测量点（其中 3 个点设置在侧模面板上，其余 4 个设置在框架上），结合设计图纸上测量点的位置和对应坐标值逐点对侧模进行调试。

具体调试步骤为：松开拉杆螺栓，将手动液压千斤顶架在侧模外架立柱与滑动框架之间，如图 15-14 所示；布置 2 层，每层 3 台千斤顶同步调试；再结合测量监控调整滑动框架至侧模到设计位置；按照上述方法对测量点逐个调试。

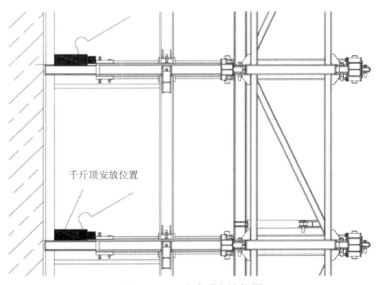

千斤顶安放位置

图 15-14　千斤顶安放位置

侧模初调完成后顶推钢筋笼进入模板区，到位后对所有测量点进行复测，将测量数值与设计图纸上相应点坐标值进行比较，误差较大点按照上述调试方式重新调整。

（3）内模调整

类似于侧模，钢筋笼进入模板区前，提前对内模轴线、标高及整体姿态进行调整。内模滑移安装到位后使用手动液压千斤顶 P-801 在针形梁前支腿上进行左右调试，如图 15-15 所示，调整数值为设计图纸上给出的各节段点坐标值。前支腿调整到位后，保持该千斤顶处于受力状态；再使用另一台千斤顶左右调节相应针形梁的后支腿，测点转换到针形梁两侧可观测区域。轴线调整到位后，需使用水平仪调整内模标高，除测量点增加外其余调整方式和直线段基本一致。廊道针形梁与行车道针形梁调整方式相同。针形梁测量点布置见图 15-16。

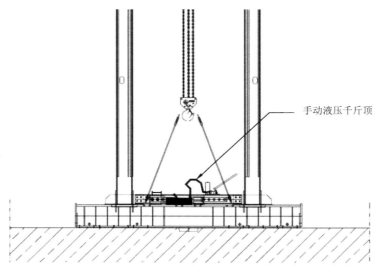

图 15-15 针形梁轴线调试

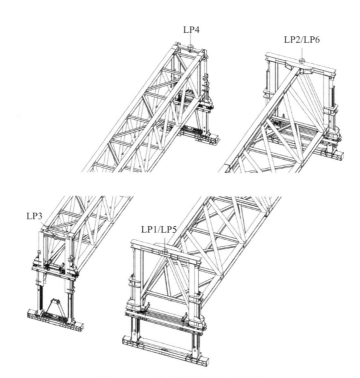

图 15-16 针形梁测量点示意图

内模测控点布置见图 15-17。

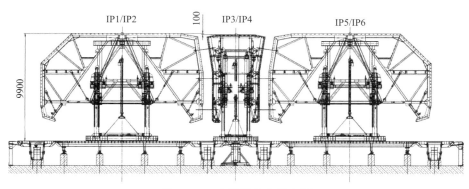

图 15-17　内模测控点示意图

　　轴线、标高均调整到位后对内模平整度、净宽、净高统一采集，对局部变形较大位置提前修整。

15.3.4　顶推

　　曲线管节顶推系统布置在第 8 章有详细描述。

第16章 工厂文化

16.1 "6S"管理文化

港珠澳大桥岛隧工程沉管预制工厂通过"走出去，引进来"方式，到丰田汽车工厂学习交流，引入"6S"科学管理方法，即"整理、整顿、清扫、清洁、安全、素养"，不断强化现场基础性工作的管理，建立标准化的管理方法，规范所有参建人员的行为，打造标准化文明工地（图16-1～图16-10）。

通过成立标准化领导小组，召开动员大会，编制《"6S"管理宣传手册》，开展培训，制定《"6S"实施方案》《"6S"管理规定》《"6S"管理奖惩办法》等一系列针对性措施，实行"周检查、月评比"，每月设置流动红旗，做到有奖有罚，不断规范工人现场操作行为，即实现"要我标准化"到"我要标准化"的转变，也实现现场规范化、标准化管理，工人综合素质与超级工程相符。

人改变环境的过程最终就是环境改变人的过程。规范、整洁的工作环境，净化了一线工人的心灵，为更好地执行"6S"管理打下了坚实的基础。

图16-1 丰田汽车工厂参观

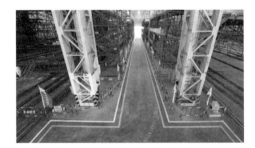
图16-2 工厂标准化布置

（a）

（b）

图16-3 标准化专业培训

（a） （b）

图 16-4 标准化布置施工现场休息区

（a） （b）

图 16-5 标准化布置工具箱及档案室

（a） （b）

图 16-6 标准化设备管理

（a） （b）

图 16-7 "6S"管理标准化

（a）

（b）

图 16-8　标准化作业

（a）

（b）

图 16-9　标准化物资管理

图 16-10　标准化施工

16.2　教学文化、工匠精神

1. 依托"民工夜校""牛头岛讲坛"，加强基础技能培训

开厂前，预制厂相应开办了"民工夜校"，成立了"牛头岛讲坛"，针对不同阶段、不同时期的特点，制定相应的培训计划。每周制定不同的主题内容，利用工余时间分批、分群体组织夜校进行系统、专业、全方位的培训。据不完全统计，6 年多来，工厂通过专项培训、技术交底、农民工夜校等形式共组织培训数万人次（图 16-11）。

2. 开展"技能比武"活动，培育工匠精神

开展"技能比武"活动，比武过程全覆盖，分批培训、现场结合理论，有针对性地

开展定人、定岗、定级的专项培训。其间，为培育优良工匠，对不同等级工人进行常态化考核，考核结果与工级实力不对称工人要求重新参加培训、考试，以此来促进工人操作水平和综合素质能力稳步提升。经过不断的培训、定级、考核等方式，不同等级工人的操作水平逐步上升，一级带动一级，提升整个协作队伍的技能水平（图 16-12）。

（a）

（b）

图 16-11　专项培训

（a）

（b）

图 16-12　工匠文化

16.3　两 会 文 化

早班会、收班会是预制厂日常例行会议，目的是为了更好地传达管理信息，加强人员之间的沟通交流，增强每个团队的凝聚力和向心力，提高工作质量与效率，使每位员工每天都能轻松高效、快乐地工作，最终逐步实现"在工作中享受人生"的境界（图 16-13 和图 16-14）。

图 16-13　班前会一

图 16-14　班前会二

16.4　风　险　文　化

　　"每一个节段都是第一个节段"是预制厂开厂就定下的规矩，并在厂房的休整区高高挂起，时刻提醒着所有参建人员，沉管预制风险极大，不能把任何隐患带到下一道工序，任何的纰漏，都有可能引起工程安全及质量问题，导致流水线停滞或更为严重的后果。工程不到最后一刻，时刻保存"一丝不苟不让隐患出坞门"的预制宗旨，保证沉管120 年耐久性是一项艰巨而伟大的目标（图 16-15 和图 16-16）。

图 16-15　"第一次"文化

图 16-16　一丝不苟文化

16.5　人 文 关 怀

　　针对岛隧工程长周期、高风险、重复性，"孤岛""孤船"水上作业特点，项目与工程建设同步推进"人心工程"，聚合力量、激发干劲。关爱员工，倾听群众心声、了解内心需求，"孤岛"建"文化广场""情侣路"，施工现场设置休息厅、饮水处，工地宿舍统一配备空调、网络、生活用品，送医送药到现场，电影院、理发店、健身房、超市走上工地。

　　多年来，伶仃洋的风浪依旧，建设者的风采不减，始终保持了高昂的激情和良好的状态，推动着工程建设顺利进行。

　　应该说受尊重的劳动人民，才能制造出受世界尊重的世纪工程（图 16-17～图 16-21）。

（a）

（b）

图 16-17　休闲娱乐场所设置

图 16-18　孤岛超市及医务室

图 16-19　长跑等竞赛活动

图 16-20　预制厂千人大会

图 16-21　竞技活动

参 考 文 献

[1] 林鸣，林巍. 沉管隧道结构选型的原理和方法[J]. 中国港湾建设，2016，36(1)：1-5.

[2] 中交第四航务工程勘察设计院有限公司. 港珠澳大桥预制厂选址报告[R]. 广州：中交第四航务工程勘察设计院有限公司，2010.

[3] 中交公路规划设计院有限公司，中交第四航务工程局有限公司. 港珠澳大桥海底隧道工法比选研究专题之一 沉管隧道施工组织设计方案[Z]. 北京：中交公路规划设计院有限公司，2008.

[4] 中国交通建设股份有限公司. 港珠澳大桥主体工程岛隧工程设计施工总承包 投标文件[Z]. 北京：中国交通建设股份有限公司，2010.

[5] 中交公路规划设计院有限公司，COWIA/S（丹麦科威国际咨询公司），上海市隧道工程轨道交通设计研究院，等. 港珠澳大桥岛隧工程 施工图设计 桂山沉管预制厂工程 桂山沉管预制厂施工图设计说明、总平面图、水工结构施工图（上、中、下）、岩土工程、建筑结构（上、中、下）、码头施工图[Z]. 北京：中交公路规划设计院有限公司，2011.

[6] 中交公路规划设计院有限公司，COWIA/S（丹麦科威国际咨询公司），上海市隧道工程轨道交通设计研究院，等. 港珠澳大桥岛隧工程 施工图设计 第四篇 隧道 第二册 沉管段 第四分册 管节结构施工图[Z]. 2012.

[7] 中交公路规划设计院有限公司，COWIA/S（丹麦科威国际咨询公司），上海市隧道工程轨道交通设计研究院，等. 港珠澳大桥岛隧工程 施工图设计 第四篇 隧道 第二册 沉管段 第五分册 管节接头、节段接头施工图[Z]. 2012.

[8] 中交公路规划设计院有限公司，COWIA/S（丹麦科威国际咨询公司），上海市隧道工程轨道交通设计研究院，等. 港珠澳大桥岛隧工程 施工图设计 第四篇 隧道 第二册 沉管段 第七分册 临时辅助安装设施施工图[Z]. 2012.

[9] 中交公路规划设计院有限公司，COWIA/S（丹麦科威国际咨询公司），上海市隧道工程轨道交通设计研究院，等. 港珠澳大桥岛隧工程 施工图设计 第四篇 隧道 第二册 沉管段 第九分册 工艺流程及施工技术要求[Z]. 2012.

[10] 中交公路规划设计院有限公司，COWIA/S（丹麦科威国际咨询公司），上海市隧道工程轨道交通设计研究院，等. 港珠澳大桥岛隧工程 施工图设计 第四篇 隧道 第二册 第八分册 沉管段预留、预埋设施施工图[Z]. 2012.

[11] 中交第四航务工程勘察设计院有限公司. 港珠澳大桥沉管预制厂厂址比选报告[R]. 广州：中交第四航务工程勘察设计院有限公司，2010.

[12] 中交第四航务工程勘察设计院有限公司. 港珠澳大桥沉管预制厂工程可行性研究报告[R]. 广州：中交第四航务工程勘察设计院有限公司，2010.

[13] 中交第四航务工程勘察设计院有限公司. 港珠澳大桥沉管预制厂工程初步设计报告[R]. 广州：中交第四航务工程勘察设计院有限公司，2010.

[14] 中交第四航务工程勘察设计院有限公司. 港珠澳大桥沉管预制厂工程初步设计深化报告[R]. 广州：中交第四航务工程勘察设计院有限公司，2010.

[15] 中交公路规划设计院有限公司，等. 港珠澳大桥主体工程初步设计文件[Z]. 北京：中交公路规划设计院有限公司，2009.

[16] 中交港珠澳大桥岛隧工程项目总经理部，中交武汉港湾工程设计研究院有限公司，中交四航工程研究院有限公司. 港

珠澳大桥岛隧工程 沉管节段足尺模型试验实施方案[Z]. 珠海：中交港珠澳大桥岛隧工程项目总经理部，2012.

[17] 中交股份联合体港珠澳大桥岛隧工程项目经理部. 港珠澳大桥主体工程岛隧工程沉管预制厂建设施工方案[Z]. 珠海：中交股份联合体港珠澳大桥岛隧工程项目经理部，2011.

[18] 中交股份联合体港珠澳大桥岛隧工程项目总经理部，派利系统模板有限公司（PERI）. 港珠澳大桥主体工程岛隧工程管节预制模板设计总体方案[Z]. 珠海：中交股份联合体港珠澳大桥岛隧工程项目经理部，2011.

[19] 中交股份联合体港珠澳大桥岛隧工程项目总经理部. 港珠澳大桥主体工程岛隧工程预制沉管混凝土控裂方案[Z]. 珠海：中交股份联合体港珠澳大桥岛隧工程项目经理部，2011.

[20] 中交股份联合体港珠澳大桥岛隧工程项目总经理部. 沉管预制施工组织设计[Z]. 珠海：中交股份联合体港珠澳大桥岛隧工程项目经理部，2012.

[21] 中交股份联合体港珠澳大桥岛隧工程项目总经理部. 港珠澳大桥岛隧工程总体施工组织设计[Z]. 珠海：中交股份联合体港珠澳大桥岛隧工程项目经理部，2011.

[22] VSL 设计图纸：2000-Sliding Track-Ground Beam/Cast-in、3000-Steelwork-sliding plate & lateral guide、4000-Pushing System、5000-Vertical Support、6000-Hydraulics & controlsystem & power、7000-Method Statement-Equipment installation，2012.

[23] 中交股份联合体港珠澳大桥岛隧工程项目总经理部. 沉管预制管节顶推施工方案[Z]. 珠海：中交股份联合体港珠澳大桥岛隧工程项目经理部，2012.

[24] 中交股份联合体港珠澳大桥岛隧工程项目总经理部. 沉管预制混凝土施工方案[Z]. 珠海：中交股份联合体港珠澳大桥岛隧工程项目经理部，2012.

[25] 中交股份联合体港珠澳大桥岛隧工程项目总经理部. 沉管预制钢筋施工方案[Z]. 珠海：中交股份联合体港珠澳大桥岛隧工程项目经理部，2012.

[26] 中交股份联合体港珠澳大桥岛隧工程项目总经理部. 一次舾装及水密性试验专项施工方案[Z]. 珠海：中交股份联合体港珠澳大桥岛隧工程项目经理部，2012.

[27] 中交股份联合体港珠澳大桥岛隧工程项目总经理部. 管节横移、寄放及二次舾装施工方案[Z]. 珠海：中交股份联合体港珠澳大桥岛隧工程项目经理部，2012.

[28] 中交股份联合体港珠澳大桥岛隧工程项目总经理部. 沉管管节曲线段预制施工测量方案[Z]. 珠海：中交股份联合体港珠澳大桥岛隧工程项目经理部，2016.

[29] 中交股份联合体港珠澳大桥岛隧工程项目总经理部. 沉管预制曲线段管节顶推施工方案[Z]. 珠海：中交股份联合体港珠澳大桥岛隧工程项目经理部，2016.

[30] 中交股份联合体港珠澳大桥岛隧工程项目总经理部. 沉管预制曲线段管节钢筋专项施工方案[Z]. 珠海：中交股份联合体港珠澳大桥岛隧工程项目经理部，2016.

[31] 傅琼阁. 沉管隧道的发展与展望[J]. 中国港湾建设，2004，(5)：43-49.

[32] 杨文武. 沉管隧道工程技术的发展[J]. 隧道建设，2009，29(4)：397-404.

彩　图

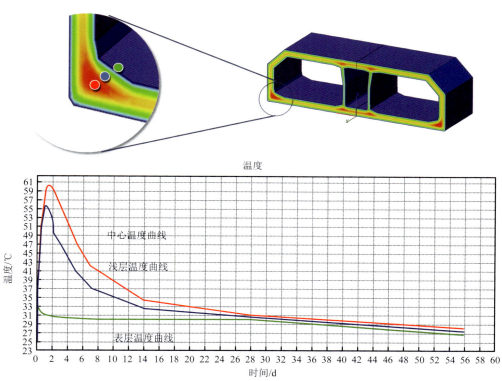

温度

图 4-48　中心、浅层、表层温度发展曲线

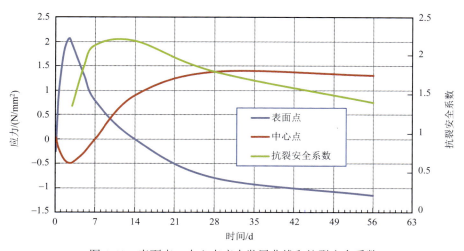

图 4-49　表面点、中心点应力发展曲线和抗裂安全系数

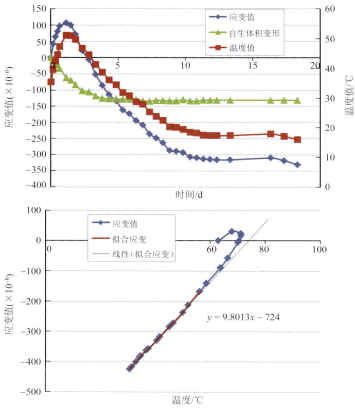

图 4-63 节段无应力计测试结果

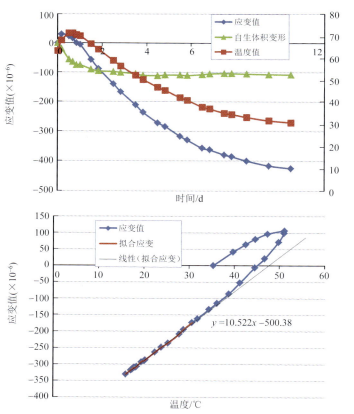

图 4-64 S2 节段无应力计测试结果

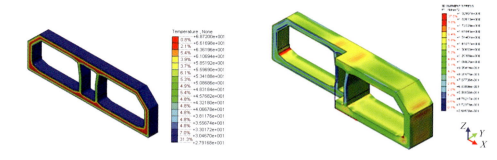

图 4-66　温度应力反演

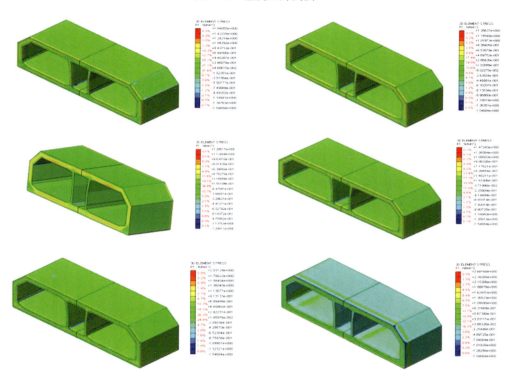

图 7-30　沉管混凝土温度应力场分布

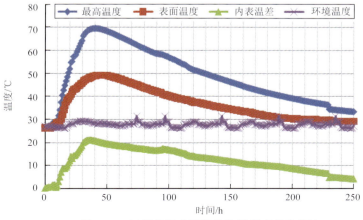

图 7-31　沉管节段典型部位监测温度变化规律

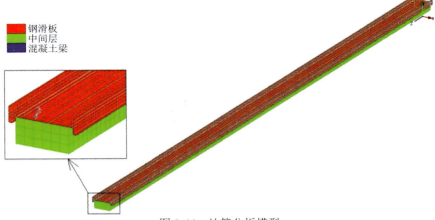

钢滑板
中间层
混凝土梁

图 8-44　计算分析模型

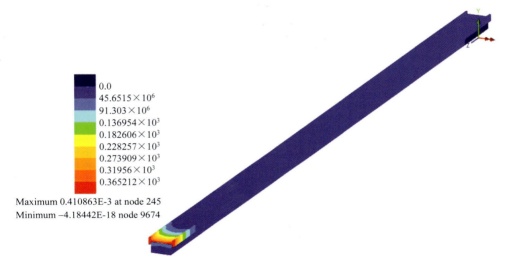

0.0
45.6515×10⁶
91.303×10⁶
0.136954×10³
0.182606×10³
0.228257×10³
0.273909×10³
0.31956×10³
0.365212×10³

Maximum 0.410863E-3 at node 245
Minimum −4.18442E-18 node 9674

图 8-45　分析模型纵向变形云图（单位：m）

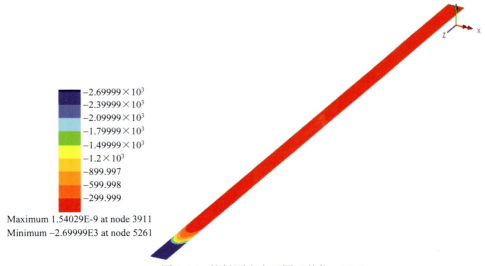

−2.69999×10³
−2.39999×10³
−2.09999×10³
−1.79999×10³
−1.49999×10³
−1.2×10³
−899.997
−599.998
−299.999

Maximum 1.54029E-9 at node 3911
Minimum −2.69999E3 at node 5261

图 8-46　接触面应力云图（单位：kPa）